L-TAB

롯데그룹 온라인 직무적합진단

기출이 답이다

KB199813

시대에듀

2025 최신판 시대에듀 기출이 답이다
롯데그룹 온라인 L-TAB 10개년 기출 + 무료롯데특강

Always **with you**

사람의 인연은 길에서 우연하게 만나거나 함께 살아가는 것만을 의미하지는 않습니다.
책을 펴내는 출판사와 그 책을 읽는 독자의 만남도 소중한 인연입니다.
시대에듀는 항상 독자의 마음을 헤아리기 위해 노력하고 있습니다. 늘 독자와 함께하겠습니다.

머리말 PREFACE

롯데그룹은 글로벌 기업으로 롯데제과를 설립한 이후 40여 년 동안 식품, 유통, 관광, 화학, 건설, 금융 등으로 꾸준히 사업을 다각화하면서 국가 경제 발전과 고객의 삶의 질 향상에 기여해왔다. 또한 철저한 품질주의와 내실 경영으로 건전한 재무구조를 구축하고, 핵심 사업에 역량을 효율적으로 집중하였다. 이를 통해 글로벌 경쟁력을 지속적으로 강화하여 세계 기업으로의 도약을 위한 기반을 다져왔다.

롯데그룹은 미래 50년 동안에도 지속가능한 성장을 이룰 수 있도록 그룹의 성장 방향을 질적 성장으로 전환하고, 이에 맞춰 새로운 비전인 「Lifetime Value Creator」를 선포하여 고객에게 전 생애주기에 걸쳐 최고의 가치를 선사하도록 노력하고 있다.

롯데그룹은 사고와 행동방식의 기준으로 'Beyond Customer Expectation', 'Challenge', 'Respect', 'Originality'라는 핵심가치와 함께 '투명 경영', '핵심 역량 강화', '가치 경영', '현장 경영'이라는 네 가지 경영방침을 제시한다. 이를 바탕으로 적극적으로 세계 시장을 개척하여 아시아를 선도하는 글로벌 기업의 꿈을 반드시 실현해 나갈 수 있도록 우수인재 확보를 위한 롯데그룹만의 인재 선발방식인 L-TAB을 실행하고 있다.

이에 시대에듀에서는 롯데그룹 온라인 직무적합진단 L-TAB을 준비하는 수험생들이 시험에 효과적으로 대비할 수 있도록 다음과 같은 특징의 본서를 출간하게 되었다.

도서의 특징

❶ 롯데그룹 온라인 L-TAB의 출제영역별 기출유형 뜯어보기를 수록하여 유형분석 및 풀이 Tip을 학습할 수 있도록 하였다.

❷ 2024~2015년 시행된 10개년 기출복원문제를 수록하여 롯데그룹만의 출제경향을 한눈에 파악할 수 있도록 하였다.

❸ 2023~2022년 2개년 주요기업 기출복원문제를 수록하여 적성검사 최신 출제경향을 분석할 수 있도록 하였다.

끝으로 본서를 통해 롯데그룹 입사를 준비하는 여러분 모두에게 합격의 기쁨이 있기를 진심으로 기원한다.

SDC(Sidae Data Center) 씀

◇ **미션**

사랑과 신뢰를 받는 제품과 서비스를 제공하여
인류의 풍요로운 삶에 기여한다.

We enrich people's lives by providing superior products and services
that our customers love and trust.

풍요	기여	확장
롯데가 설립 이래 지속적으로 고객에게 제공해 온 '풍요'의 가치를 강조해 타 그룹과 차별성을 나타낸다.	'고객의 사랑과 신뢰를 받고 인류의 삶에 기여'하기 위한 끊임없는 노력의 동기를 제공한다.	'제품과 서비스' 그리고 '인류'라는 포괄적인 표현으로 신규 사업영역 확장의 의지를 피력한다.

◇ **비전**

Lifetime Value Creator
'새로운 50년을 향한 다짐'

롯데는 미래 50년 동안에도 지속가능한 성장을 이룰 수 있도록 그룹의 성장 방향을 질적 성장으로 전환하고, 이에 맞춰 새로운 비전을 선포하였다. 「Lifetime Value Creator」에는 롯데의 브랜드를 통해 고객에게 전 생애주기에 걸쳐 최고의 가치를 선사하겠다는 의미가 담겨 있다.

◇ **핵심가치**

Beyond Customer Expectation

....

우리는 고객의 요구를 충족하는 데 머무르지 않고, 고객의 기대를 뛰어넘는 가치를 창출해낸다.

우리는 업무의 본질에 집중하며 끊임없는 도전을 통해 더 높은 수준의 목표를 달성해 나간다.	우리는 다양한 의견을 존중하며 소통하고, 원칙을 준수함으로써 신뢰에 기반한 공동체를 지향한다.	우리는 변화에 민첩하게 대응하고, 경계를 뛰어넘는 협업과 틀을 깨는 혁신을 통해 쉽게 모방할 수 없는 독창성을 만든다.

◇ **인재상**

자신의 성장과 함께 우리 사회를 보다 성숙시켜 나갈
열정과 책임감을 갖춘 글로벌 인재

....

실패를 두려워하지
않는 인재

실력을 키우기 위해
끊임없이 노력하는 인재

협력과 상생을
아는 인재

2024년 하반기 기출분석

총평

2024년 하반기 롯데그룹 온라인 L-TAB은 상반기 시험과 비슷한 유형으로 출제되었다. 어렵지 않은 시험이었기에 L-TAB 특유의 시험 방식을 잘 수행해 내는 것이 관건이었다. 특히 자료해석 유형을 꼼꼼하게 푸는 것이 중요했으며, 기초적인 수리 이론을 빠르고 정확하게 응용하는 능력이 필요했다. 평소 문제를 풀 때 시간 관리에 철저한 습관과 갑작스러운 업무 상황에도 당황하지 않는 적응력이 요구되는 시험이었다. 문제의 수준이 평이했던 만큼 안정적인 전략을 세우는 것이 합격의 가능성을 높이는 길이다.

◇ 핵심전략

롯데그룹 온라인 L-TAB의 가장 큰 특징은 타 기업의 일반적인 인적성검사와 달리 실제 업무 상황처럼 Outlook 메일함 혹은 자료실 등의 환경이 주어진다는 것이다. 이메일 및 메신저를 통해 동시다발적으로 주어지는 과제를 직접 수행해야 하는 만큼 낯선 시험 형태에 당황할 수 있다. 그러나 실제 문제 풀이에 사용되는 개념은 언어적 사고의 사실적 독해, 수리적 사고의 자료해석 등 타 인적성검사와 비슷하다는 것을 인지하고 이를 활용할 수 있어야 한다.

실제 업무 환경과 유사하게 진행되는 온라인 시험이므로 필기도구의 사용은 제한되며, 프로그램 내 계산기와 메모장만 사용할 수 있다. 따라서 직무적합진단 응시 전 사전검사를 필수적으로 시행하여 시험에 대한 이해도를 높여야 한다. 화면만 보며 문제를 푸는 일에 익숙해지고, 계산기와 메모장을 빠르고 정확하게 사용할 수 있도록 충분히 연습해야 한다.

◇ 시험진행

구분	개요	시간
조직적합진단	• 롯데그룹의 인재상에 부합하는 인재인지 평가 • 지원자 개인 성향 및 인성 위주 질문 구성	1시간
직무적합진단	• 실제 업무 상황처럼 구현된 Outlook 메일함/자료실 환경에서 이메일 및 메신저 등으로 전달된 다수의 과제 수행 • 문항에 따라 객관식, 주관식, 자료 첨부 등 다양한 형태의 답변이 가능 • 문항 수 구분은 없으나 대략적으로 하나의 상황마다 3~4문제가 주어짐	3시간 (사전 준비 1시간 포함)

※ 조직적합진단은 직무적합진단 시행 이전에 진행되며, 일반적인 인성검사와 유사하다.
※ 직무적합진단 시작 전에 1시간의 점검 및 준비 시간이 주어진다.

◇ 영역별 출제비중

- 언어적 사고
- 수리적 사고
- 문제해결

※ 실제 시험에서는 영역 구분 없이
복합적으로 출제됨

◇ 영역별 출제특징

구분	영역	출제특징
직무 적합 진단	언어적 사고	• 추론적 독해를 통해 지문의 핵심을 파악하는 문제 • 글의 흐름을 파악하여 개요/내용을 올바르게 수정하는 문제 • 진술의 진실 및 거짓 여부를 확인하는 문제
	수리적 사고	• 거리 · 속력 · 시간, 농도, 금액, 일률, 경우의 수, 확률을 구하는 문제 • 통계자료를 해석하는 문제 • 순위, 비율, 증감률을 구하는 문제 • 제시된 자료의 규칙을 찾아 미래의 값을 추론하는 문제
	문제 해결	• 조직생활에서 발생할 수 있는 여러 가지 상황에 대한 대처 능력을 평가하는 문제 • 가격 계산, 스케줄 관리, 고객 응대, 시스템 관리 매뉴얼 등 다양한 상황을 가정한 문제

신입사원 채용 안내 INFORMATION

롯데그룹은 수시채용을 통해 계열사별로 필요한 시기와 인원을 판단하여 신입사원을 채용하고 있다. 전반적인 채용절차는 다음과 같으나, 지원 회사 및 모집 분야에 따라 세부적인 절차가 달라지므로 정확한 절차는 개별 채용 공고를 통해 확인해야 한다.

◇ 채용절차

서류전형   조직 · 직무적합진단(L-TAB)   면접전형   건강검진   최종합격

서류전형
- ▶ 롯데그룹의 미션과 비전에 공감하고 핵심가치에 부합하는 지원자를 선별하는 전형
- ▶ 지원자의 기본적 자질 및 가치관을 심사하고 입사지원서 기재사항에 대한 사실 여부 확인

L-TAB
- ▶ 지원자의 조직적응력 및 직무적합성을 판단하기 위한 기초능력 진단
- ▶ **조직적합진단** : 지원자의 성격과 가치관이 롯데그룹의 문화와 얼마나 부합하는지 판단
- ▶ **직무적합진단** : 지원자가 직무 수행을 위한 기초역량을 갖추었는지 종합적으로 판단

면접전형
- ▶ 지원자의 역량, 가치관 및 발전 가능성을 종합적으로 심사
- ▶ 다양한 방식을 하루 동안 ONE-STOP으로 진행(역량면접, 임원면접, PT면접, GD면접, 외국어 평가 등)
- ※ 지원하는 계열사 · 직무에 따라 면접유형이 상이할 수 있습니다.

건강검진 및 합격
- ▶ 건강검진은 계열사별로 진행하며, 안내받은 일정과 장소에 방문하여 검진 시행
- ▶ 최종합격자에 한하여 입사 후 그룹 및 계열사 입문교육 시행

❖ 채용절차는 채용유형, 채용직무, 채용시기 등에 따라 변동될 수 있으므로 반드시 발표되는 채용공고를 확인하기 바랍니다.

온라인 시험 Tip TEST TIP

◇ 직무적합진단(적성검사) 형식 및 답변 방식

영역	• 3개 영역 • 언어적 사고, 수리적 사고, 문제해결
문제 형식	• 실제 업무 상황처럼 구현된 Outlook 메일함/자료실 환경에서 신입사원으로서 겪을 수 있는 다양한 과제를 해결해 가는 형식
답변 방식	• 이메일 혹은 메신저 형태로 제시된 과제에 대하여 응시자가 [이메일-회신] 혹은 [메신저-답장]을 통해 답변 등록 • 객관식, 주관식, 특정 자료 첨부 등의 여러 가지 형태로 답변 가능

◇ 필수 준비물

❶ 타인과 접촉이 없으며 원활한 네트워크 환경이 조성된 응시 장소
❷ 권장 사양에 적합한 PC 및 주변기기(웹캠, 마이크, 스피커, 키보드, 마우스)
❸ 신분증(주민등록증, 주민등록증 발급 확인서, 운전면허증, 여권, 외국인거소증 중 택 1), 휴대전화

◇ 유의사항

❶ 반기 1회 응시 결과를 해당 반기 내 활용한다(상반기 6/30, 하반기 12/31까지 유효).
❷ 사전 검사 미실시 시 본 진단에 참여할 수 없으므로 반드시 실시해야 한다.
❸ 부정행위 의심을 받을 수 있으니 문제 풀이 외의 행동을 삼간다.
❹ 준비 물품 이외의 물품은 책상 위에서 제거하도록 한다.
❺ 시험 도중 화장실에 갈 수 없으므로 주의한다.
❻ 시험을 보기 전날, 롯데그룹에서 제공하는 직무적합진단 응시자 매뉴얼을 마지막으로 숙지한다.

주요 대기업 적중 문제 TEST CHECK

언어적 사고 ▶ 추론적 독해

Hard

07 다음 글 뒤에 이어질 내용으로 가장 적절한 것은?

> 테레민이라는 악기는 손을 대지 않고 연주하는 악기이다. 이 악기를 연주하기 위해 연주자는 허리 높이쯤에 위치한 상자 앞에 선다. 오른손은 상자에 수직으로 세워진 안테나 주위에서 움직인다. 오른손의 엄지와 집게손가락으로 고리를 만들고 손을 흔들면서 나머지 손가락을 하나씩 펴면 안테나에 손이 닿지 않고서도 음이 들린다. 이때 들리는 음은 피아노 건반을 눌렀을 때 나는 것처럼 정해진 음이 아니고 현악기를 연주하는 것과 같은 연속음이며, 소리는 손과 손가락의 움직임에 따라 변한다. 왼손은 손가락을 펼친 채로 상자에서 수평으로 뻗은 안테나 위에서 서서히 오르내리면서 소리를 조절한다.
> 오른손으로는 수직 안테나와의 거리에 따라 음고(音高)를 조절하고 왼손으로는 수평 안테나와의 거리에 따라 음량을 조절한다. 따라서 오른손과 수직 안테나는 음고를 조절하는 회로에 속하고 왼손과

수리적 사고 ▶ 자료분석

08 다음은 우리나라 일부 업종에서 일하는 근로자 수 및 고령근로자 비율과 국가별 65세 이상 경제활동 참가율 현황에 관한 자료이다. 이에 대한 설명으로 적절한 것은?

〈업종별 근로자 수 및 고령근로자 비율〉

문제해결 ▶ 문제해결

08 인사업무를 담당하고 있는 귀하는 전 직원을 대상으로 몇 년 동안 혼인 여부와 업무성과를 연계하여 조사를 실시해왔다. 그 결과 안정적인 가정을 꾸린 직원이 더 높은 성과를 달성한다는 사실을 확인할 수 있었다. 조사 내용 중 특히 신입사원의 혼인율이 급격하게 낮아지고 있으며, 최근 그 수치가 매우 낮아 향후 업무성과에 좋지 못한 영향을 미칠 것으로 예상되었다. 이러한 문제의 근본원인을 찾아 도식화하여 팀장에게 보고하려고 한다. 다음 중 현상 간의 인과관계를 따져볼 때, 귀하가 (D)에 입력할 내용으로 적절한 것은?

> • 배우자를 만날 시간이 없다.
> • 신입사원이어서 업무에 대해 잘 모른다.
> • 매일 늦게 퇴근한다.
> • 업무를 제때 못 마친다.
> • 업무에 대한 OJT나 업무 매뉴얼을 활용하여 업무시간을 줄인다.

〈문제〉

삼성

수리 ▶ 자료계산

03 다음은 S기업 영업 A ~ D팀의 분기별 매출액과 분기별 매출액에서 각 영업팀의 구성비를 나타낸 자료이다. A ~ D팀의 연간 매출액이 많은 순서와 1위 팀이 기록한 연간 매출액을 바르게 나열한 것은?

〈영업 A ~ D팀의 분기별 매출액〉

(억 원)

추리 ▶ 도식추리

※ 다음 도식에서 기호들은 일정한 규칙에 따라 문자를 변화시킨다. 물음표에 들어갈 적절한 문자를 고르시오(단, 규칙은 가로와 세로 중 한 방향으로만 적용되며, 모음은 단모음 10개를 기준으로 한다). [1~4]

추리 ▶ 참 또는 거짓

※ 다음 글의 내용이 참일 때 항상 거짓인 것을 고르시오. [24~26]

24 권리와 의무의 주체가 될 수 있는 자격을 권리 능력이라 한다. 사람은 태어나면서 저절로 권리 능력을 갖게 되고 생존하는 내내 보유한다. 그리하여 사람은 재산에 대한 소유권의 주체가 되며, 다른 사람에 대하여 채권을 누리기도 하고 채무를 지기도 한다. 사람들의 결합체인 단체도 일정한 요건을 갖추면 법으로써 부여되는 권리 능력인 법인격을 취득할 수 있다. 단체 중에는 사람들이 일정한 목적을 갖고 결합한 조직체로서 구성원과 구별되어 독자적 실체로서 존재하며, 운영 기구를 두어 구성원의 가입과 탈퇴에 관계없이 존속하는 단체가 있다. 이를 사단(社團)이라 하며, 사단이 갖춘 이러한 성질을 사단성이라 한다. 사단의 구성원은 사원이라 한다. 사단은 법인(法人)으로 등기되어야 법인격이 생기는데, 법인격을 가진 사단을 사단 법인이라 부른다. 반면에 사단성을 갖추고도 법인으로 등기하지 않은 사단은 '법인이 아닌 사단'이라 한다. 사람과 법인만이 권리 능력을 가지며, 사람

주요 대기업 적중 문제 TEST CHECK

언어이해 ▶ 사실적 독해

03 다음 글의 내용으로 적절하지 않은 것은?

> 생물 농약이란 농작물에 피해를 주는 병이나 해충, 잡초를 제거하기 위해 자연에 있는 생물로 만든 천연 농약을 뜻한다. 생물 농약을 개발한 것은 흙 속에 사는 병원균으로부터 식물을 보호할 목적에서였다. 뿌리를 공격하는 병원균은 땅속에 살고 있으므로 병원균을 제거하기에 어려움이 있었다. 게다가 화학 농약의 경우 그 성분이 토양에 달라붙어 제 기능을 발휘하지 못했기 때문에 식물 성장을 돕고 항균 작용을 할 수 있는 미생물에 주목하기 시작한 것이다.
>
> 식물 성장을 돕고 항균 작용을 하는 미생물 집단을 '근권미생물'이라 하는데, 여러 종류의 근권미생물 중 농약으로 쓰기에 가장 좋은 것은 뿌리에 잘 달라붙는 것들이다. 근권미생물의 입장에서 뿌리 주변은 사막의 오아시스와 비슷한 조건이다. 뿌리 주변은 뿌리에서 공급되는 양분과 안락한 서식 환경을 제공받지만, 뿌리 주변에서 멀리 떨어진 곳은 황량한 지역이어서 먹을 것을 찾기가 어렵기 때문이다. 따라서 뿌리 주변에서는 좋은 위치를 선점하기 위해 미생물 간의 치열한 싸움이 벌어진

자료해석 ▶ 자료추론

Hard

15 다음은 우리나라 지역별 가구 수와 1인 가구 수에 대한 자료이다. 이에 대한 설명으로 옳은 것은?

〈지역별 가구 수 및 1인 가구 수〉

(단위 : 천 가구)

구분	전체 가구	1인 가구
서울특별시	3,675	1,012
부산광역시	1,316	367
대구광역시	924	241
인천광역시	1,036	254
광주광역시	567	161
대전광역시	596	178
울산광역시	407	97
경기도	4,396	1,045
강원도	616	202
충청북도	632	201
충청남도	866	279

언어추리 ▶ 진실게임

01 S사 직원들끼리 이번 달 성과급에 대해 이야기를 나누고 있다. 성과급은 반드시 늘거나 줄어들었고, 직원 중 1명만 거짓말을 하고 있을 때, 항상 참인 것은?

> • 직원 A : 나는 이번에 성과급이 늘어났어. 그래도 B만큼은 오르지 않았네.
> • 직원 B : 맞아 난 성과급이 좀 늘어났지. D보다 조금 더 늘었어.
> • 직원 C : 좋겠다. 오~ E도 성과급이 늘어났네.
> • 직원 D : 무슨 소리야! E는 C와 같이 성과급이 줄어들었는데.
> • 직원 E : 그런 것보다 D가 A보다 성과급이 조금 올랐는데?

① 직원 A의 성과급이 오른 사람 중 가장 적다.
② 직원 B의 성과급이 가장 많이 올랐다.

포스코

언어이해 ▶ 주제 / 맥락 이해

02 다음 글의 주제로 적절한 것은?

> '새'는 하나의 범주이다. [+동물], [+날 것]과 같이 성분분석을 한다면 우리 머릿속에 떠오른 '새'의 의미를 충분히 설명했다고 보기 어렵다. 성분분석 이론의 의미자질 분석은 단순할 뿐이다. 이것이 실망스러운 이유는 성분분석 이론의 '새'에 대한 의미 기술이 고작해야 다른 범주, 즉 조류가 아닌 다른 동물 범주와 구별해 주는 정도밖에 되지 못했기 때문이다. 아리스토텔레스 이래로 하나의 범주는 경계가 뚜렷한 실재물이며 범주 구성원은 서로 동등한 자격을 가지고 있다고 믿어왔다. 그리고 범주를 구성하는 단위는 자질들의 집합으로 설명될 수 있다고 생각해 왔다. 앞에서 보여준 성분분석 이론 역시 그런 고전적인 범주 인식에 바탕을 두고 있다. 어휘의 의미는 의미성분, 곧 의미자질들의 총화로 기술될 수 있다고 믿는 것, 그것은 하나의 범주가 필요충분조건으로 이루어져있다는 가정에서만이 가능한 것이었다. 그러나 '새'의 범주를 떠올려 보면 범주의 구성원들끼리 결코 동등한 자격
> 을 가지고 있지 않다. 가장 원형적인 구성원이 있는가 하면, 덜 원형적인 것, 주변적인 것도 있는

문제해결 ▶ 대안탐색 및 선택

`Easy`

04 다음 그림과 같이 O지점부터 D지점 사이에 운송망이 주어졌을 때, 최단 경로에 대한 설명으로 옳지 않은 것은?(단, 구간별 숫자는 거리를 나타낸다)

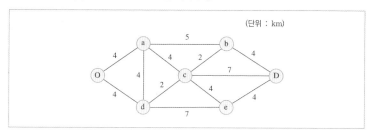

(단위 : km)

① O에서 c까지 최단거리는 6km이다.

② O에서 D까지 a를 경유하는 최단거리는 13km이다.

추리 ▶ 명제

`Easy`

15 P사의 A ~ F팀은 월요일부터 토요일까지 하루에 2팀씩 함께 회의를 진행한다. 다음 〈조건〉을 참고할 때, 반드시 참인 것은?(단, 월요일부터 토요일까지 각 팀의 회의 진행 횟수는 서로 같다)

> **조건**
> • 오늘은 목요일이고 A팀과 F팀이 함께 회의를 진행했다.
> • B팀은 A팀과 연이은 요일에 회의를 진행하지 않는다.
> • B팀은 오늘을 포함하여 이번 주에는 더 이상 회의를 진행하지 않는다.
> • C팀은 월요일에 회의를 진행했다.
> • D팀과 C팀은 이번 주에 B팀과 한 번씩 회의를 진행한다.
> • A팀과 F팀은 이번 주에 이틀을 연이어 함께 회의를 진행한다.

① E팀은 수요일과 토요일 하루 중에만 회의를 진행한다.

② 화요일에 회의를 진행한 팀은 B팀과 F팀이다.

기출유형 뜯어보기

롯데그룹의 최신 출제경향을 바탕으로 구성한 영역별 대표유형과 상세한 해설을 수록하여 각 영역의 출제유형 및 학습방법을 확인하고 학습할 수 있도록 하였다.

10개년 기출복원문제

2024~2015년까지의 롯데그룹 L-TAB 기출복원문제를 수록하여 변화하는 출제경향을 파악하고 분석할 수 있도록 하였다.

CHAPTER
01 언어적 사고 주제·제목 찾기

유형분석

- 언어 영역에서 가장 보편적인 유형으로 난이도가 낮은 편이다.
- 설명문부터 주장, 반박문까지 다양한 성격의 지문이 제시되므로 글의 성격별 특징을 알아두는 것이 좋다.

다음 제시문의 제목으로 가장 적절한 것은?

① 아리스토텔레스의 중용의 의미
② 서양 의학과 우리 의학의 차이
③ 서양과 우리의 가치관
④ 서양의 중용관과 우리 중용관의 차이
⑤ 균형을 중시하는 중용

CHAPTER
01 2024년 하반기 기출복원문제

※ L사 마케팅 부서 소속인 귀하는 자사 요식업 매장의 매출 증대 방안을 모색하던 중 다음과 같은 글을 읽었다. 이어지는 질문에 답하시오. [1~3]

PART 3 2개년 주요기업 기출복원문제

정답 및 해설 p.070

| 언어 |

01 다음 중 제시문의 중심 내용으로 가장 적절한 것은?

| 2023년 하반기 CJ그룹

그리스 철학의 집대성자라고도 불리는 철학자 아리스토텔레스는 자연의 모든 물체는 '자연의 사다리'에 의해 계급화 되어 있다고 생각했다. 자연의 사다리는 아래서부터 무생물, 식물, 동물, 인간, 그리고 신인데, 이러한 계급에 맞춰 각각에 일정한 기준을 부여했다. 18세기 유럽 철학계와 과학계에서는 이러한 자연의 사다리 사상이 크게 유행을 했으며 사다리의 상층인 신과 인간에게는 높은 이성과 가치가 있고, 그 아래인 동물과 식물에게는 인간보다 낮은 가치가 있다고 보기 시작했다. 이처럼 서양의 자연관은 인간과 자연을 동일시하던 고대에서 벗어나 인간만이 영혼이 있으며, 이에 따라 인간만이 자연을 지배할 수 있다고 믿는 기독교 중심의 중세시대를 지나, 여러 철학자들을 거...

Easy

02 다음 제시문의 주제로 가장 적절한 것은

동양 사상이라 해서 언어와 개념을 무조건
경전이나 저술을 통해 언어화되지 않고 순
실이 아니다. 동양 사상도 끊임없이 언어

Hard

26 S부서는 회식 메뉴를 선정하려고 한다.
다음 중 반드시 주문할 메뉴를 모두 고르

> **조건**
> • 삼선짬뽕은 반드시 주문한다.

CHAPTER 01 2023년 하반기 기출복원문제

01	02	03	04	05	06	07	08	09	10
③	⑤	⑤	④	③	②	①	④	④	②
11	12
③	⑤

01 정답 ③

제시문은 영화의 리얼리즘 미학에 대한 바쟁의 영화관을 주제로 한다. 네 번째 문단에 따르면 바쟁은 '형식주의적 기교가 현실의 복잡성과 모호성을 침해하여 현실을 왜곡할 수 있다.'고 보았기 때문에 '현실의 참모습을 변조하는 과도한 편집 기법보다는 단일한 숏(shot)을 길게 촬영하는 롱 테이크 기법을 지지'하는데, 그것은 사건의 공간적 단일성을 존중하고 현실적 사건으로서의 가치를 보장한다고 여기기 때문이다. 따라서 ③과 같은 진술은 바쟁의 의견과 거리가 멀다.

이 책의 차례 CONTENTS

Add+

특별부록

※ 정답 및 해설은 기출복원문제 바로 뒤 p.018에 있습니다.

※ L사 마케팅 부서 소속인 귀하는 자사 요식업 매장의 매출 증대 방안을 모색하던 중 다음과 같은 글을 읽었다. 이어지는 질문에 답하시오. [1~3]

언택트란 접촉을 뜻하는 '콘택트(Contact)'에 부정을 뜻하는 '언(Un)'을 붙여 만든 신조어로, 고객과 대면하지 않고 서비스나 상품을 판매하는 기술이 생활 속에서 확산되는 현상을 가리킨다. 쉽게 말해 키오스크(Kiosk), 드론, VR(가상현실) 쇼핑, 챗봇 등으로 대표되는 첨단기술을 통해 사람 간의 대면 없이 상품이나 서비스를 주고받을 수 있게 된 것을 '언택트'라고 하는 것이다. 최근 많은 기업과 기관에서 언택트를 핵심으로 한 이른바 '언택트 마케팅'을 펼치고 있는데, 그 영역이 대면 접촉이 불가피했던 유통업계로까지 확장되면서 사람들의 관심을 모으고 있다.

어느새 우리 일상에 자리한 ㉠ <u>언택트 마케팅</u>의 대표적인 예로 들 수 있는 것이 앞서 언급한 키오스크 무인 주문 시스템이다. 특히 패스트푸드 업계에서 키오스크가 대폭 확산 중인데, A업체는 2014년 처음 키오스크를 도입한 후 꾸준히 늘려가고 있고, B업체도 올해까지 전체 매장의 50% 이상인 250개 곳에 키오스크를 확대할 예정이다. 이러한 흐름은 패스푸드점에만 국한되는 것이 아니며, 더 진화한 형태로 다양한 업계에서 나타나고 있다. 최근 커피전문점에서는 스마트폰 앱을 통해 주문과 결제를 완료한 후 매장에서 제품을 수령하기만 하면 되는 시스템을 구축해 나가고 있고, 마트나 백화점은 무인시스템 도입을 가속화하는 것에서 한 발 더 나아가 일찌감치 '쇼핑 도우미 로봇' 경쟁을 펼치고 있다.

이처럼 언택트 마케팅의 봇물이 터지는 이유는 무엇일까? 소비자들이 더 간편하고 편리한 것을 추구하는 데 따른 결과이기도 하지만, 판매 직원의 과도한 관심에 불편을 느끼는 소비자들이 늘고 있는 것도 한 요인으로 볼 수 있다. 특히 젊은 층에서 대면 접촉에 부담을 느끼는 경향이 두드러지는데, 이를 반영하듯 '관계'와 '권태기'를 합성한 신조어인 '관태기' 그리고 모바일 기기에 길들여진 젊은 층이 메신저나 문자는 익숙한 반면 전화 통화는 두려워한다는 뜻의 '콜포비아'라는 신조어가 화제가 되기도 했다. 언택트 마케팅의 확산을 주도한 또 다른 요인으로는 인공지능(AI)과 빅데이터, 사물인터넷(IoT) 등 이른바 '4차 산업혁명'을 상징하는 기술의 진화를 꼽을 수 있다. 하지만 우리는 기술의 진화보다 소비자들이 언택트 기술에 익숙해지고, 나아가 편안하게 느끼기 시작했다는 것에 더 주목할 필요가 있다. 언택트 마케팅을 이해하고 전망하는 데 있어 절대 간과해선 안 될 것이 언택트 기술을 더 이상 낯설게 여기지 않는 인식이라는 이야기다.

언택트 기술의 보편화는 구매의 편의성을 높이고 소비자가 원하는 '조용한 소비'를 가능하게 한다는 점에서 긍정적으로 볼 수도 있으나, 일자리 감소와 같은 노동시장의 변화와 디지털 환경에 익숙하지 않은 고령층을 소외시키는 '언택트 디바이드(Untact Divide)'를 낳을 수 있다는 점도 무시할 수 없다. 이와 관련해서 한 소비트렌드 분석센터는 '비대면 접촉도 궁극적으로는 인간이 중심이 되어야 한다.'라며 굳이 인력이 필요하지 않은 곳은 기술로 대체하고, 보다 대면 접촉이 필요한 곳에는 인력을 재배치하는 기술과 방법이 병행되어야 함을 시사했다. 또한 그에 따라 그동안 무료로 인식됐던 인적 서비스가 프리미엄화되는 동시에 차별화의 핵심 요소로 등장할 것이라는 전망을 내놓고 있다.

01 윗글의 내용과 일치하지 않는 것은?

① 언택트 기술은 소비자가 원하는 '조용한 소비'를 가능하게 한다.
② 키오스크 무인주문 시스템은 다양한 업계에서 더 진화한 형태로 나타나고 있다.
③ 소비자들은 언택트 기술을 더 이상 낯설게 여기지 않는다.
④ 최대한 인력을 언택트 기술로 대체하여 인력 낭비를 줄여야 한다.
⑤ 언택트 마케팅은 대면 접촉이 불가피했던 유통업계로까지 확장되고 있다.

02 밑줄 친 ㉠의 확산 원인으로 적절하지 않은 것은?

① 더욱더 간편하고 편리한 것을 추구하는 소비자
② 판매 직원의 과도한 관심에 불편을 느끼는 소비자의 증가
③ 인공지능, 사물인터넷 등 기술의 진화
④ 대면 접촉에 부담을 느끼는 젊은 층의 경향
⑤ 디지털 환경에 익숙하지 않은 고령층의 증가

03 언택트 마케팅을 통해 L사 패스트푸드 매장 A지점의 매출액이 작년 대비 25%가 상승하여 a원만큼 세금이 부과되었다. 작년에 부과된 세금은?(단, 당해 매출액의 2%가 세금으로 부과된다)

① $0.5a$원
② $0.6a$원
③ $0.7a$원
④ $0.8a$원
⑤ $0.9a$원

※ L사 문화재단 소속인 귀하는 상사로부터 업무 이해도를 높이기 위해 L사 사보에 실린 글을 분석하라는 지시를 받았다. 이어지는 질문에 답하시오. [4~7]

방송의 발달은 가정에서 뉴스, 교양, 문화, 예술 등을 두루 즐길 수 있게 한다는 점에서 일상생활 양식에 큰 변화를 가져왔다. 영국 런던의 공연장에서 열창하는 파바로티의 모습이나, 미국의 야구장에서 경기하는 선수들의 멋진 모습을 한국의 안방에서 위성 중계 방송을 통해 실시간으로 볼 수 있게 되었다. 대중들은 고급문화와 대중문화를 막론하고 모든 종류의 문화 예술과 오락 프로그램을 저렴한 비용으로 편안하게 즐길 수 있게 되었다. 방송의 발달이 고급문화와 대중문화의 경계를 허물어 버린 셈이다.

20세기 말에 들어와 위성 텔레비전 방송과 인터넷 방송이 발달하면서, 고급문화와 대중문화의 융합 차원을 넘어 전 세계의 문화가 더욱 융합하고 혼재하는 현상을 보이기 시작했다. 위성 방송의 발전 및 방송 프로그램의 국제적 유통은 국가 간, 종족 간의 문화 차이를 좁히는 기능을 했다. 이렇게 방송이 세계의 지구촌화 현상을 더욱 가속화하면서, 각국의 다양한 민족이 즐기는 대중문화는 동질성을 띠게 되었다.

디지털 위성 방송, HDTV, VOD 등 방송 기술의 눈부신 발전은 방송이 다룰 수 있는 내용의 범위와 수준을 이전과 비교할 수 없을 만큼 높이 끌어올렸고, 우리의 일상생활 패턴까지 바꾸어 놓았다. 또한 이러한 기술의 발전으로 인해 방송은 오늘날 매우 중요한 광고 매체의 하나로 자리 잡게 되었다. 방송이 지닌 이와 같은 성격은 문화에 큰 영향을 주는 요인으로 작용했다. 커뮤니케이션 학자 마셜 맥루한은 방송의 이러한 성격과 관련하여 "미디어는 곧 메시지이다."라고 말한 바 있다. 이 말은 방송의 기술적·산업적 기반이 방송의 내용에 매우 큰 영향을 끼친다는 의미로 해석할 수 있다. 요즘의 대중문화는 거의 매스 미디어에 의해 형성된다고 해도 과언이 아닐 정도로 방송의 기술적 측면이 방송의 내용적 측면, 즉 문화에 미치는 영향력이 크다. 이러한 방송의 위상 변화는 방송에 의한 대중문화의 상업주의적, 이데올로기적 성격을 그대로 드러낸다. 이를 단적으로 보여 주는 한 가지 예가 '스타 현상'이다. 오늘날의 사회적 우상으로서 대중의 사랑을 한 몸에 받는 리오넬 메시, BTS 등은 방송이 만들어 낸 대중 스타들이다. 이러한 슈퍼스타들은 대중의 인기로 유지되는 문화 산업 시장을 독점하는 문화 상품이다. 현대 사회에서 방송이 만들어 낸 스타들은 인문학자 레오 로웬달이 말하는 '소비적 우상들'인 것이다. 이러한 대중문화 우상들의 상품화를 배경으로 하여 형성된 문화 산업 구조는 대중을 정치적 우중으로 만들기도 한다.

앞으로도 방송의 기술적·산업적 메커니즘은 대중문화에 절대적인 영향을 미칠 것으로 보인다. 방송 메커니즘은 다양하면서도 차별화된 우리의 문화적 갈증을 풀어 주기도 하지만, 대중문화의 상업주의, 소비주의, 향락주의를 더욱 심화시킬 우려 또한 크다. 21세기의 대중문화가 보다 생산적이고 유익한 것이 될 수 있을지는 우리가 방송에 의한 폐해를 경계하는 한편, 방송 내용에 예술적 가치, 진실성, 지적 성찰 등을 얼마나 담아낼 수 있는가에 달려 있다.

04 윗글에 대한 설명으로 적절하지 않은 것은?

① 방송이 문화에 미치는 영향력을 고찰하고 있다.
② 전문가의 견해를 인용하여 논지를 강화하고 있다.
③ 구체적 사례를 들어 방송의 특성을 부각하고 있다.
④ 방송의 속성을 친숙한 대상에 빗대어 유추하고 있다.
⑤ 기술 발전에 따른 방송의 위상 변화를 서술하고 있다.

05 다음은 윗글을 읽은 L사 직원들의 반응이다. 글의 중심 내용으로 가장 적절한 것은?

① 고급문화와 대중문화의 정체성을 확보하는 일이 중요하다.
② 대중문화에 미치는 방송의 부정적 영향을 경계해야 한다.
③ 문화 산업 시장을 독점하기 위한 전략을 만드는 일이 중요하다.
④ 스타 시스템을 통해 문화 산업 발전의 수장을 만들어 내야 한다.
⑤ 매스 미디어의 기술적·산업적 메커니즘을 광고 매체에 활용해야 한다.

06 L사 문화재단의 갑부서, 을부서, 병부서에서 대표로 2명씩 미디어 사업 확장을 위한 회의에 참석하였다. 원탁에 같은 부서 사람끼리 옆자리에 앉는 방식으로 자리를 배치한다고 할 때, 6명이 앉을 수 있는 경우의 수는?

① 15가지   ② 16가지
③ 17가지   ④ 18가지
⑤ 19가지

07 L사 문화재단에서 근무하는 A ~ E사원 5명 중 1명은 이번 주 금요일에 열리는 미디어 세미나에 참석해야 한다. 다음 A ~ E사원의 대화에서 2명이 거짓말을 한다고 할 때, 이번 주 금요일 세미나에 참석하는 사람은?

- A사원 : 나는 금요일 세미나에 참석하지 않아.
- B사원 : 나는 금요일에 중요한 미팅이 있어. D사원이 세미나에 참석할 예정이야.
- C사원 : 나와 D사원은 금요일에 부서 회의에 참석해야 하므로 세미나는 참석할 수 없어.
- D사원 : C와 E사원 중 1명이 참석할 예정이야.
- E사원 : 나는 목요일부터 금요일까지 휴가라 참석할 수 없어. 그리고 C사원의 말은 모두 사실이야.

① A사원   ② B사원
③ C사원   ④ D사원
⑤ E사원

※ 다음은 어느 해 2월 L사 인사부 직원 및 임원들의 스케줄을 표시한 일정표이고, 〈보기〉에 따라 신입 사원을 채용하려 한다. 이어지는 질문에 답하시오. [8~10]

〈2월 일정표〉

월	화	수	목	금	토	일
						1
2 B(연차)	3	4	5 병	6 갑	7	8
9	10	11 D	12 을, 병	13 B, C	14	15
16	17 A, C	18	19 E	20	21	22
23 갑	24	25 L사 문화 행사	26 L사 문화 행사	27 L사 문화 행사	28 L사 문화 행사	29

※ 출장인 직원 및 임원은 일정표에 직책을 제외하고 표시함

보기

- 채용일정은 '서류 접수 – 서류합격자 발표 – 필기시험 – 필기합격자 발표 – 면접시험 – 최종합격자 발표' 순서로 진행하고, 가능한 한 빠른 기간 내에 마무리한다.
- 최종합격자는 80명이고, 필기시험 응시자는 최종합격자의 2배이다.
- 채용일정 단계가 끝날 때마다 그다음 날부터 2일 이상의 결재 기간이 필요하다.
- 결재 기간은 월요일부터 토요일까지 가능하다.
- 인사부 직원은 A사원, B사원, C대리, D과장, E부장 5명이며, 임원은 갑, 을, 병 3명이다.
- 회사의 다른 행사가 있는 날에는 채용일정의 진행이 불가능하다.

08 다음 〈조건〉에 부합하는 면접시험 날짜는 언제인가?

조건

- 필기시험 날짜는 2일 월요일이다.
- 면접관은 임원 1명과 인사부 대리 이상의 직원 2명이 참석한다.
- 면접시험 날에 인사부 직원 중 진행요원 2명이 필요하다.
- 합격자 발표는 1일, 면접시험은 연속 2일 동안 진행한다.
- 면접시험은 주중에만 시행할 계획이다.

① 7일
② 10일
③ 17일
④ 25일
⑤ 28일

09 필기시험 응시자의 60%가 필기시험에 합격하여 면접시험을 준비한다. 면접시험 응시자 4명을 1팀으로 하여 15분씩 면접을 보며, 1팀이 끝날 때마다 다음 팀의 면접 시작 전에 면접관은 5분의 휴식을 갖는다. 하루에 면접시험 진행시간을 4시간 이하로 정했을 경우, 2일 동안 실시되는 면접시험에서 면접관의 휴식시간은 총 얼마인가?(단, 면접시험 진행시간에는 휴식시간도 포함한다)

① 1시간 40분 ② 1시간 45분
③ 1시간 50분 ④ 1시간 55분
⑤ 2시간

10 L사의 인사부, 미디어홍보부, 기획재정부, 경영전략부에 지원한 5명은 선발 결과에 대해 다음과 같이 진술하였다. 이 중 1명의 진술만 거짓일 때, 항상 참인 것은?(단, 부서별로 1명이 합격한다)

- 지원자 1 : 지원자 2가 인사부에 선발되었다.
- 지원자 2 : 지원자 3은 인사부 또는 경영전략부에 선발되었다.
- 지원자 3 : 지원자 4는 기획재정부가 아닌 다른 부서에 선발되었다.
- 지원자 4 : 지원자 5는 경영전략부에 선발되었다.
- 지원자 5 : 나는 경영전략부에 선발되었는데, 지원자 1은 선발되지 않았다.

① 지원자 1은 미디어홍보부에 선발되었다.
② 지원자 2는 인사부에 선발되었다.
③ 지원자 3은 경영전략부에 선발되었다.
④ 지원자 4는 미디어홍보부에 선발되었다.
⑤ 지원자 5는 기획재정부에 선발되었다.

기업은 근로자에게 제공하는 보상에 비해 근로자가 더 많이 노력하기를 바라는 반면, 근로자는 자신이 노력한 것에 비해 기업으로부터 더 많은 보상을 받기를 바란다. 이처럼 기업과 근로자 간의 이해가 상충하는 문제를 완화하기 위해 근로자가 받는 보상에 근로자의 노력이 반영되도록 하는 약속이 인센티브 계약이다. 인센티브 계약에는 명시적 계약과 암묵적 계약을 이용하는 두 가지 방식이 존재한다.

명시적 계약은 법원과 같은 제삼자에 의해 강제되는 약속이므로 객관적으로 확인할 수 있는 조건에 기초해야 한다. 근로자의 노력은 객관적으로 확인할 수 없으므로, 노력 대신에 노력의 결과인 성과에 기초하여 근로자에게 보상하는 약속이 명시적인 인센티브 계약이다. 이 계약은 근로자로 하여금 자신의 노력을 증가시키도록 하는 매우 강력한 동기를 부여한다. 가령, 근로자에 대한 보상 체계가 '고정급+a×성과(0≤a≤1)'라고 할 때, 인센티브 강도를 나타내는 a가 커질수록 근로자는 고정급에 따른 기본 노력 외에도 성과급에 따른 추가적인 노력을 더 하게 될 것이다. 왜냐하면 기본 노력과 달리 추가적인 노력에 따른 성과는 a가 커질수록 더 많은 몫을 자신이 갖게 되기 때문이다. 따라서 a를 늘리면 근로자의 노력 수준이 증가함에 따라 추가적인 성과가 더욱 늘어나, 추가적인 성과 가운데 많은 몫을 근로자에게 주더라도 기업의 이윤은 늘어난다.

그러나 명시적인 인센티브 계약이 가진 두 가지 문제점으로 인해 a가 커짐에 따라 기업의 이윤이 감소하기도 한다. 첫째, 명시적인 인센티브 계약은 근로자의 소득을 불확실하게 만든다. 왜냐하면 근로자의 성과는 근로자의 노력뿐만 아니라 작업 상황, 여건, 운과 같은 우연의 요인에 의해서도 영향을 받기 때문이다. 그런데 소득이 불확실해지는 것을 근로자가 받아들이게 하기 위해 기업은 근로자에게 위험 프리미엄* 성격의 추가적인 보상을 지급해야 한다. 따라서 a가 커지면 기업이 근로자에게 지급해야 하는 보상이 늘어나 기업의 이윤이 줄기도 한다. 둘째, 명시적인 인센티브 계약은 근로자들이 보상을 잘 받기 위한 노력에 치중하도록 하는 인센티브 왜곡 문제를 발생시킨다. 성과 가운데에는 측정하기 쉬운 것도 있지만 그렇지 않은 것도 있기 때문이다. 중요하지만 성과 측정이 어려워 충분히 보상받지 못하는 업무를 근로자들이 등한시하게 되면 기업 전체의 성과에 해로운 결과를 초래하게 된다. 따라서 a가 커지면 인센티브를 왜곡하는 문제가 악화되어 기업의 이윤이 줄기도 하는 것이다.

합당한 성과 측정 지표를 찾기 힘들고 인센티브 왜곡의 문제가 중요한 경우에는 암묵적인 인센티브 계약이 더 효과적일 수 있다. 암묵적인 인센티브 계약은 성과와 상관없이 근로자의 노력에 대한 주관적인 평가에 기초하여 보너스, 복지 혜택, 승진 등의 형태로 근로자에게 보상하는 것이다. ㉠ 암묵적 계약은 법이 보호할 수 있는 계약을 실제로 맺는 것이 아니다. 이에 따르면 상대방과 협력 관계를 계속 유지하는 것이 장기적으로 이익일 경우에 자발적으로 상대방의 기대에 부응하도록 행동하는 것을 계약의 이행으로 본다. 물론 어느 한쪽이 상대방의 기대를 저버림으로써 얻게 되는 단기적 이익이 크다고 생각하여 협력 관계를 끊더라도 법적으로 이를 못하도록 강제할 방법은 없다. 하지만 상대방의 신뢰를 잃게 되면 그때부터 상대방의 자발적인 협력을 기대할 수 없게 된다. 따라서 암묵적인 인센티브 계약에 의존할 때에는 기업의 평가와 보상이 공정하다고 근로자가 신뢰하게 하는 것이 중요하다.

*위험 프리미엄 : 소득의 불확실성이 커질 때 근로자는 사실상 소득이 줄어든 것으로 느끼게 되는데, 이를 보전하기 위해 기업이 지급해야 하는 보상

11 윗글에 대한 이해로 적절하지 않은 것은?

① 기업과 근로자 사이의 이해 상충은 근로자의 노력을 반영하는 보상을 통해 완화할 수 있는 문제이다.

② 법이 보호할 수 있는 인센티브 계약으로 근로자의 노력을 늘리려는 것이 오히려 기업에 해가 되는 경우가 있다.

③ 명시적인 인센티브 계약에서 노력의 결과인 성과에 기초하는 것은 노력 자체를 객관적으로 확인할 수 없기 때문이다.

④ 합당한 성과 측정 지표를 찾기 힘들 경우에는 객관적 평가보다 주관적 평가에 기초한 보상이 더 효과적일 수 있다.

⑤ 성과를 측정하기 어려운 업무에 종사하는 근로자에 대한 보상에서는 명시적인 인센티브의 강도가 높은 것이 효과적이다.

12 밑줄 친 ㉠에 대한 설명으로 적절하지 않은 것은?

① 법원과 같은 제삼자가 강제할 수 없는 약속이다.

② 객관적으로 확인할 수 있는 조건에 기초한 약속이다.

③ 자신에게 이익이 되기 때문에 자발적으로 이행하는 약속이다.

④ 상대방의 신뢰를 잃음으로써 초래되는 장기적 손실이 클수록 더 잘 지켜지는 약속이다.

⑤ 상대방의 기대를 저버림으로써 얻게 되는 단기적 이익이 작을수록 더 잘 지켜지는 약속이다.

13 L사의 인사 평가 공유 클라우드 안에 저장된 인센티브 관련 파일의 수가 다음과 같은 규칙을 보일 때, 10년 뒤 저장될 파일의 수는?

〈L사의 인사 평가 공유 클라우드 내 파일 수〉

(단위 : 천 개)

구분	1년	2년	3년	4년	5년	⋯	10년
파일 개수	1	3	7	15	31	⋯	

① 511천 개

② 765천 개

③ 1,023천 개

④ 1,685천 개

⑤ 2,047천 개

14 귀하는 워크숍을 다녀온 후 직원들의 근무평정 업무를 수행하려 한다. 가점평정 기준표를 참고할 때, 귀하가 K과장에게 부여해야 할 가점은?

〈가점평정 기준표〉

구분		내용	가점	인정범위	비고
근무경력		본부 근무 1개월 (본부, 연구원, 인재개발원 또는 정부부처 파견근무기간 포함)	0.03점 (최대 1.8점)	1.8점	동일 근무기간에 다른 근무경력 가점과 원거리, 장거리 및 특수지
		지역본부 근무 1개월 (지역본부 파견근무기간 포함)	0.015점 (최대 0.9점)	1.8점	가점이 중복될 경우 원거리, 장거리 및 특수지 근무가점은 $\frac{1}{2}$만 인정
		원거리 근무 1개월	0.035점 (최대 0.84점)		
		장거리 근무 1개월	0.025점 (최대 0.6점)		
		특수지 근무 1개월	0.02점 (최대 0.48점)		
내부평가		내부평가결과 최상위 10%	1회당 0.012점	0.5점	현 직급에 누적됨 (승진 후 소멸)
		내부평가결과 차상위 10%	1회당 0.01점		
제안	제안상 결정 시	금상	0.25점	0.5점	수상 당시 직급에 한정함
		은상	0.15점		
		동상	0.1점		
	시행 결과평가	탁월	0.25점	0.5점	제안상 수상 당시 직급에 한정함
		우수	0.15점		

〈K과장 가점평정 사항〉

- 입사 후 36개월 동안 본부에서 연구원으로 근무
- 지역본부에서 24개월 근무
  - 지역본부에서 24개월 근무 중 특수지에서 12개월 동안 파견근무
- 본부로 복귀 후 현재까지 총 23개월 근무
- 팀장(직급 : 과장)으로 승진 후 현재까지 성과
  - 내부평가결과 최상위 10% 총 12회
  - 내부평가결과 차상위 10% 총 6회
  - 금상 2회, 은상 1회, 동상 1회 수상
  - 시행결과평가 탁월 2회, 우수 1회

① 3.284점
② 3.454점
③ 3.604점
④ 3.854점
⑤ 3.974점

※ 정답 및 해설은 기출복원문제 바로 뒤 p.021에 있습니다.

※ L사 마케팅 부서에 재직 중인 귀하는 자사 상품의 매출 증대를 위한 기획 회의에 참석하게 되었다. 다음은 귀하가 회의에 쓰일 자료를 찾던 중 읽은 글이다. 이어지는 질문에 답하시오. [1~3]

과거 수도 시설이 보편화되기 이전에는 가정마다 수동 펌프로 물을 끌어올려 사용했는데, 펌프질만으로는 물을 끌어올리기 어려워 물 한 바가지를 넣어 펌프질을 했다. 이때 펌프에서 물이 나오게끔 도움을 주는 소량의 물이 바로 마중물이다. 이렇게 마중물과 같이 작은 자극이 원인이 되어 더 큰 효과를 일으키는 것을 '마중물 효과'라고 한다.

처음 정부의 마중물 효과는 경제 불황의 극복을 위해 일시적으로 재정 지출을 확대하거나 재정 수입을 감소하는 등의 자극을 주어 경제 활동을 활성화시키고, 이로써 침체된 경기가 회복되도록 하는 것이었다. 이런 마중물 효과는 정부의 경제 활성화 정책을 넘어 장학 사업 같은 사회사업 분야 및 기업의 마케팅 활동 등 우리 생활 전반에까지 그 영역이 확대되었다. 특히 기업은 마중물 효과를 마케팅 전략으로 활발히 사용하게 되었다.

기업이 마중물 효과를 통해 도달해야 하는 목표는 단순한 단기간의 이윤 증대가 아니다. 기업은 다양한 종류의 마중물을 이용해 타사 제품에 비해 자사 제품이 가지고 있는 가치를 홍보하여 자사 제품에 대한 소비자의 긍정적 평가를 높이려 한다. 이를 바탕으로 마중물의 제공이 중단되더라도 소비자의 꾸준한 구매를 통해 기업의 이익이 장기적으로 지속되도록 하는 것이 마중물을 활용한 마케팅의 궁극적인 목표이자 마중물 효과이다. 그래서 기업은 적지 않은 자금을 투입하여 제품 체험 행사, 1개를 사면 1개를 더 주는 덤 마케팅, 대형마트의 시식 행사, 할인 쿠폰 제공 등 다양한 형태의 마중물로 소비자의 구매를 유도한다. 이때 소비자가 마중물을 힘들이지 않고 거저 얻은 것으로 생각하여 지나친 소비 활동을 하는 공돈 효과*를 일으킨다면, 기업은 더 큰 이윤 창출을 기대할 수도 있다.

하지만 기업의 마중물 마케팅이 항상 성공적인 결과를 얻는 것은 아니다. 기업의 의도가 소비자에게 제대로 전달되지 못하여 마중물을 제공하지 않자 제품에 대한 구매가 원상태로 돌아가거나 오히려 하락할 수도 있다. 이럴 때 마중물 효과는 단지 광고나 판매 촉진 활동과 같은 일시적인 매출 증대 행위에 그치는 것이다. 또한 마중물에 투입한 비용이 과도하여 매출은 증가하였지만 이윤이 남지 않는 경우와 마중물을 투입하였는데도 기업의 매출에 변화가 없어서 오히려 기업의 이윤이 감소하는 경우가 있다. 뿐만 아니라 마중물이 일반 소비자들에게 골고루 혜택을 주지 못하고 일부 체리피커*들에게 독점된다면 기업의 이윤 창출은 더욱 어려워질 수도 있다.

그러나 이런 위험을 알면서도 많은 기업에서는 소비자의 지갑이 열리기를 기대하며 다양한 마중물을 동원하여 이익을 극대화하는 데에 총력을 기울인다. 그러므로 소비자는 할인이나 끼워주기와 같은 기업의 조삼모사(朝三暮四)식 가격 정책에 흔들리기보다는 합리적인 소비를 해야 한다. 단순하게 마중물이 주는 혜택에 집중하기보다 자신에게 꼭 필요한 상품을 필요한 만큼만 구매하는 소비자의 현명한 선택이 필요한 것이다.

*공돈 효과 : 기대하지 않았던 이익(공돈)을 얻게 되면 전보다 더 위험을 감수하려는 현상
*체리피커 : 상품의 구매 실적은 낮으면서 제공되는 다양한 부가 혜택이나 서비스를 최대한 활용하는 소비자

01 다음 중 윗글을 쓴 글쓴이의 의도로 가장 적절한 것은?

① 대상에 대한 통념의 반박을 통해 기업의 의식 개선을 유도하기 위해
② 효과적인 마케팅 방법의 안내를 통해 기업의 이익을 극대화하기 위해
③ 마중물 효과 이론의 변천사를 구체적 사례 제시를 통해 설명하기 위해
④ 다양한 경제 현상의 소개를 통해 경제 활동의 부작용에 대한 소비자의 관심을 촉구하기 위해
⑤ 대상이 지닌 특성을 설명함으로써 소비자가 갖추어야 할 바람직한 태도를 당부하기 위해

02 윗글을 이해한 내용으로 가장 적절한 것은?

① 마중물 효과는 기업의 마케팅 전략으로 처음 시작되었다.
② 마중물 효과로 기업이 이익을 높이는 데 체리피커들은 큰 기여를 한다.
③ 마중물로 제공되는 혜택이 크면 클수록 마중물 효과는 더욱 잘 일어난다.
④ 마중물 효과는 상품 구매에 대한 소비자의 심리 변화를 기반으로 발생한다.
⑤ 마중물 마케팅을 실시하는 기업의 최종 목표는 소비자의 현명한 소비를 촉구하는 것이다.

03 회의를 마친 귀하는 마중물 효과를 통해 올해 매출액이 작년 매출액의 2.5% 이상 상승할 것으로 전망하며 마케팅에 노력을 기울였다. 하지만 올해 매출액을 집계해 보니 작년보다 0.39%밖에 오르지 않았다. 올해 매출액이 1,300억 원일 때 작년 매출액은?(단, 천만 자리에서 반올림한다)

① 1,295억 원
② 1,296억 원
③ 1,297억 원
④ 1,298억 원
⑤ 1,299억 원

SF 영화나 드라마에서만 나오던 3D 푸드 프린터를 통해 음식을 인쇄하여 소비하는 모습은 더 이상 먼 미래의 모습이 아니게 되었다. 2023년 3월 21일 미국의 컬럼비아 대학교는 3D 푸드 프린터와 땅콩버터, 누텔라, 딸기잼 등 7가지의 반죽형 식용 카트리지로 7겹 치즈케이크를 만들었다고 국제학술지 'NPJ 식품과학'에 소개하였다. (가) 특히 이 치즈케이크는 베이킹 기능이 있는 레이저와 식물성 원료를 사용한 비건식 식용 카트리지를 통해 만들어졌다. ⊙ 그래서 이번 발표는 대체육과 같은 다른 관련 산업에서도 많은 주목을 받게 되었다.

3D 푸드 프린터는 산업 현장에서 사용되는 일반적인 3D 프린터가 사용자가 원하는 대로 3차원의 물체를 만드는 것처럼 사람이 섭취할 수 있는 페이스트, 반죽, 분말 등을 카트리지로 사용하여 사용자가 원하는 디자인으로 압출·성형하여 음식을 만들어 내는 것이다. (나) 현재 3D 푸드 프린터는 산업용 3D 프린터처럼 페이스트를 층층이 쌓아서 만드는 FDM(Fused Deposition Modeling) 방식, 분말 형태로 된 재료를 접착제로 굳혀 찍어내는 PBF(Powder Bed Fusion), 레이저로 굳혀 찍어내는 SLS(Selective Laser Sintering) 방식이 주로 사용된다.

(다) 3D 푸드 프린터는 아직 대중화되지 않았지만, 많은 장점을 가지고 있어 미래에 활용 가치가 아주 높을 것으로 예상된다. ⓒ 예를 들어 증가하는 노령인구에 맞춰 씹고 삼키는 것이 어려운 사람을 위해 질감과 맛을 조정하거나, 개인별로 필요한 영양소를 첨가하는 등 사용자의 건강관리를 수월하게 해 준다. ⓒ 또한 우주와 같이 음식을 조리하기 어려운 곳에서 평소 먹던 음식을 섭취할 수 있게 하는 등 활용도가 무궁무진하다. 특히 대체육 부분에서 주목받고 있는데, 3D 푸트 프린터로 육류를 제작하게 된다면 동물을 키우고 도살하여 고기를 얻는 것보다 환경오염을 줄일 수 있다. (라) 대체육은 식물성 원료를 소재로 하는 것이므로 일반적인 고기보다는 맛은 떨어지게 된다. 실제로 대체육 전문 기업인 리디파인 미트(Redefine Meat)에서는 대체육이 축산업에서 발생하는 일반 고기보다 환경오염을 95% 줄일 수 있다고 밝히고 있다.

ⓔ 따라서 3D 푸드 프린터는 개발 초기 단계이므로 아직 개선해야 할 점이 많다. 가장 중요한 것은 맛이다. 3D 푸드 프린터에 들어가는 식용 카트리지의 주원료는 식물성 재료이므로 실제 음식의 맛을 내기까지는 아직 많은 노력이 필요하다. (마) 디자인의 영역도 간과할 수 없는데, 길쭉한 필라멘트(3D 프린터에 사용되는 플라스틱 줄) 모양으로 성형된 음식이 '인쇄'라는 인식과 함께 음식을 섭취하는 데 심리적인 거부감을 주는 것도 해결해야 하는 문제이다. ⓜ 게다가 현재 주로 사용하는 방식은 페이스트, 분말을 레이저나 압출로 성형하는 것이므로 만들 수 있는 요리의 종류가 매우 제한적이며, 전력 소모 또한 많다는 것도 해결해야 할 문제이다.

04 윗글을 읽고 추론한 내용으로 적절하지 않은 것은?

① 설탕케이크 장식 제작은 SLS 방식의 3D 푸드 프린터가 적절하다.
② 3D 푸드 프린터는 식감 등으로 발생하는 편식을 줄일 수 있다.
③ 3D 푸드 프린터는 사용자 맞춤 식단을 제공할 수 있다.
④ 현재 3D 푸드 프린터로 제작된 음식은 거부감을 일으킬 수 있다.
⑤ 컬럼비아 대학교에서 만들어 낸 치즈케이크는 PBF 방식으로 제작되었다.

05 윗글의 (가) ~ (마) 중 삭제해야 할 문장으로 가장 적절한 것은?

① (가)
② (나)
③ (다)
④ (라)
⑤ (마)

06 윗글의 접속부사 ㉠ ~ ㉤ 중 문맥상 적절하지 않은 것은?

① ㉠
② ㉡
③ ㉢
④ ㉣
⑤ ㉤

07 L사에서는 귀하의 아이디어를 긍정적으로 검토하여 3D 프린터를 가동해 제품을 생산하기로 하였다. 지난달에 생산한 제품의 불량률은 10%였고, 제품 한 개당 원가 17만 원에 판매하였다. 이번 달도 지난달과 같은 양을 생산하였지만 불량률이 15%로 올랐다. 불량률이 10%일 때와 매출액을 같게 하려면 제품의 원가는 얼마로 책정해야 하는가?(단, 불량품을 제외한 생산량 전부를 판매한다)

① 18만 원
② 19만 원
③ 20만 원
④ 21만 원
⑤ 23만 원

※ 쿠웨이트로 현장순방을 다녀온 A대리는 다음과 같이 출장 결과보고서를 작성하였다. 이어지는 질문에 답하시오. [8~10]

〈국외출장 결과보고〉

Ⅰ. 출장 개요
  □ 출장 목적
    • 쿠웨이트 압둘라 신도시 사업 관련 쿠웨이트 장관 등 면담 및 현장 순방
    • 중동지역 개발 선진사례 사업지구 탐방

  □ 기간 : 2023. 3. 4.(토) ~ 3. 8.(수)
  □ 출장 국가 : 쿠웨이트, UAE
  □ 출장자 : 전략사업본부장 외 3인

Ⅱ. 출장 결과
  □ 일정

일정		업무수행내용
3. 4.(토)	12:45 ~ 18:15	이동(인천 → UAE 두바이)
3. 5.(일)	09:00 ~ 12:30	Crystal Lagoon(인공호수) 등 견학
	13:30 ~ 15:00	Palm Jumeirah 탐방
	15:00 ~ 18:00	두바이 신도시 견학
	18:00 ~ 21:35	이동(UAE 두바이 → 쿠웨이트)
3. 6.(월)	09:00 ~ 12:00	압둘라 신도시 / 주변 신도시 현장 답사
	12:00 ~ 14:00	쿠웨이트 주택부장관, 주거복지청장 면담
	14:00 ~ 18:00	쿠웨이트 지사 방문 및 업무보고
3. 7.(화)	09:00 ~ 11:00	쿠웨이트 공원사례 방문(Al Shaheed Park)
	14:15 ~	이동(쿠웨이트 → 인천)
3. 8.(수)	10:50	인천 도착

  □ 쿠웨이트 주택부장관 면담
    • 일시 : 2023. 3. 6.(월) 12:30 ~ 13:20
    • 장소 : 쿠웨이트 국회의사당
    • 참석자 : (L기업) 전략사업본부장 외 3인
              (쿠웨이트) 주택부장관, 주거복지청장, 계획실장, 투자실장 등
              (대사관) 정○○ 국토관
    • 전략사업본부장
      - L기업은 SSAC* 개발에 책임과 사명감을 가지고 있으며, 수익추구보다는 SSAC의 성공을 최우선으로 함
      - 쿠웨이트 국민의 부담 가능 수준과 세계 최고 수준의 비용차이 해결 필요
      - 쿠웨이트 국민의 니즈 충족과 압둘라 신도시 가치 상승에 대한 확신을 주어야 성공할 수 있음
    • 주택부장관
      - SSAC는 스마트 시티이자 친환경 도시 측면에서 기대되는 신사업이며, 쿠웨이트에서 모범이 되는 사업이 될 수 있을 것으로 생각함
      - SSAC에서 제공하는 주택을 쿠웨이트 국민이 구매 가능하도록 하는 것이 중요하며, 이에 따른 경제성 분석이 중요

□ 기타
- (선진사례 견학) Downtown Dubai 및 MBR City 내 인공호수, Palm Jumeirah 등 두바이 내 세계적 수준의 신도시 조성사례 견학
- (쿠웨이트 방문) 압둘라 신도시 사업지구 현황 파악 및 쿠웨이트 주거복지청에서 시공 분양한 Shulaibikhat 조성사례와 인공호수(Al Shaheed Park) 방문

*SSAC : 쿠웨이트 사우스 사드 알 압둘라 신도시

08 A대리가 작성한 출장 결과보고서를 이해한 내용으로 가장 적절한 것은?

① 선진사례 견학은 출장 둘째 날에 이루어졌다.
② 국외출장 일정은 총 4박 5일간 진행되었다.
③ 쿠웨이트에서 이루어진 면담에는 총 9명의 인원이 참석하였다.
④ 쿠웨이트에는 L기업이 시공한 인공호수가 있다.
⑤ 쿠웨이트 주택부장관은 SSAC 개발을 위해서 개발 비용차이의 해결이 필요하다고 보았다.

09 A대리가 보고서를 검토하던 중 시사점을 빠뜨렸다는 사실을 알고 급하게 추가하였다. 다음 중 맞춤법이 틀린 부분은 모두 몇 개인가?(단, 띄어쓰기는 무시한다)

Ⅲ. 시사점
- 쿠웨이트 주택부장관과에 면담을 통해 압둘라 신도시 성공을 위한 계발방향 공감대 형성과 신뢰관계 구축
- 압둘라 신도시를 쿠웨이트 내 모범이 돼는 선진 스마트 도시 조성 사례로 만드는 목표에 공감

① 1개
② 2개
③ 3개
④ 4개
⑤ 5개

10 A대리는 출장 경비의 $\frac{1}{3}$은 숙박비, $\frac{1}{3}$은 왕복 항공권 비용으로 사용하였다. 나머지 경비의 $\frac{1}{6}$을 교통비용으로 사용하고 남은 경비가 40만 원일 때, A대리가 받은 총경비는?

① 138만 원
② 140만 원
③ 142만 원
④ 144만 원
⑤ 146만 원

CHAPTER 01 | 2024년 하반기 기출복원문제
정답 및 해설

01	02	03	04	05	06	07	08	09	10
④	⑤	④	④	②	②	②	②	③	④
11	12	13	14						
⑤	②	③	②						

01 정답 ④

언택트 기술이 낳을 수 있는 문제에 대응하기 위해서는 인간 중심의 비대면 접촉이 이루어져야 한다. 인력이 불필요한 곳은 기술로 대체할 수 있지만, 보다 대면 접촉이 필요한 곳에는 인력을 재배치해야 한다는 것이다. 따라서 최대한 인력을 언택트 기술로 대체해야 한다는 ④는 글의 내용과 일치하지 않는다.

02 정답 ⑤

언택트 마케팅에 사용되는 기술의 보편화는 디지털 환경에 익숙하지 않은 고령층을 소외시키는 '언택트 디바이드' 등의 문제를 낳을 수 있다. 따라서 ⑤는 언택트 마케팅의 확산 원인으로 적절하지 않다.

03 정답 ④

작년의 매출을 x원이라고 하면 올해의 매출은 $1.25x$원이다.
$1.25x \times 0.02 = a$
$\therefore x = 40a$
따라서 작년에 부과된 세금은 $0.02x$원이므로 $0.02 \times 40a = 0.8a$원이다.

04 정답 ④

제시문은 방송의 발달이 문화에 끼치는 영향과 방송의 위상 변화를 방송의 기술적·산업적 성격을 바탕으로 서술하고, 방송 매체에 대한 비판 정신을 가져야 함을 주장하고 있다. 논의 과정에서 구체적 사례를 들고, 전문가의 견해를 인용하고 있으나 친숙한 대상에 빗대어 유추하고 있는 것은 아니다.

05 정답 ②

글쓴이는 방송 메커니즘의 양면성에 대해 언급하고, 21세기 대중문화가 생산적이고 유익한 것이 될 수 있는지는 우리가 매스 미디어의 내용에 어떤 가치를 담아내느냐에 달려 있다고 강조하고 있다. 이는 결국 대중문화 및 대중문화에 큰 영향력을 미치는 매스 미디어에 대해 비판 정신을 갖추어야 함을 강조한 것으로 볼 수 있다.

06 정답 ②

2명씩 짝을 지어 한 그룹으로 보고 원탁에 앉는 방법을 구하기 위해서 원순열 공식 $(n-1)!$을 이용한다.
2명씩 3그룹이므로 $(3-1)! = 2 \times 1 = 2$가지이다. 또한 그룹 내에서 2명이 자리를 바꿔 앉을 수 있는 경우는 2가지씩이다. 따라서 6명이 원탁에 앉을 수 있는 방법은 $2 \times 2 \times 2 \times 2 = 16$가지이다.

07 정답 ②

E사원의 진술에 따라 C사원과 E사원의 진술은 동시에 참이 되거나 거짓이 된다.
ⅰ) C사원과 E사원이 모두 거짓말을 한 경우
   참인 B사원의 진술에 따라 D사원이 금요일에 열리는 세미나에 참석한다. 그러나 이때 C와 E사원 중 1명이 참석한다는 D사원의 진술과 모순되므로 성립하지 않는다.
ⅱ) C사원과 E사원이 모두 진실을 말한 경우
   C사원과 E사원의 진술에 따라 C, D, E사원은 세미나에 참석할 수 없다. 따라서 D사원이 세미나에 참석한다는 B사원의 진술은 거짓이 되며, C와 E사원 중 1명이 참석한다는 D사원의 진술도 거짓이 된다. 또한 A사원은 세미나에 참석하지 않으므로 금요일 세미나에 참석하는 사람은 B사원이 된다.
따라서 B사원과 D사원이 거짓말을 하고 있으며, 이번 주 금요일 세미나에 참석하는 사람은 B사원이다.

08 　정답 ②

결재 기간은 2일 이상이 필요하고, 가능한 한 빠른 기간 내에 마무리하므로 결재 기간을 2일로 가정하여 채용일정을 정리한다.

2일 월요일은 필기시험 날이며 5일 목요일에 필기합격자를 발표할 수 있다. 그러면 9일 월요일부터 면접시험 진행이 가능하다. 또한 9일과 10일은 출장인 임직원이 없고, 11일은 D과장만 출장이 있어 면접시험에 참석해야 할 인원 조건을 충족한다. 따라서 면접시험 일정은 9 ～ 10일 또는 10일 ～ 11일에 가능하다.

오답분석

① 7일은 주말인 토요일이므로 다섯 번째 조건에 따라 면접시험 날짜로 불가능하다. 또한 2일에 필기시험을 보고 3 ～ 4일에 결재를 받고 5일에 필기합격자를 발표하면 9일부터 면접시험이 가능하다.

③ 17일에 A사원과 C대리가 출장이므로 인사부 직원은 B사원, D과장, E부장이 남는다. 이 중 D과장과 E부장은 면접관이 되고, B사원이 혼자 진행요원이 되어 세 번째 조건에 부합하지 않는다.

④ · ⑤ 25일부터 28일까지는 'L사 문화 행사'로 보기 중 마지막 조건에 따라 채용일정 진행이 불가능하다.

09 　정답 ③

최종합격자는 80명이며, 필기시험 응시자는 최종합격자의 2배이므로 160명이 된다. 이 중 면접시험에 응시할 수 있는 인원은 필기시험 응시자의 60%로 160×0.6＝96명이고, 면접시험은 4명씩 1팀이 되어 실시하므로 면접시험을 보는 팀은 $\frac{96}{4}$＝24팀이다. 또한 1팀당 15분간 면접이 진행되고 1팀이 끝날 때마다 5분의 휴식시간이 있어 1팀당 20분으로 계산하면 1시간 동안 3팀의 면접을 끝낼 수 있다.

하루 면접시험 진행시간은 4시간 이하라고 하였으므로, 4×3＝12팀이 면접을 볼 수 있고, 마지막 12번째 팀이 끝나면 휴식시간이 필요 없으므로 하루의 면접시험 진행시간 중 면접관의 휴식시간은 5×11＝55분임을 알 수 있다.

따라서 2일 동안 실시되는 면접시험에서 면접관의 휴식시간은 55×2＝110분＝1시간 50분이다.

10 　정답 ④

지원자 4의 진술이 거짓이면 지원자 5의 진술도 거짓이고, 지원자 4의 진술이 참이면 지원자 5의 진술도 참이다. 즉, 1명의 진술만 거짓이므로 지원자 4, 5의 진술은 참이다. 그러면 지원자 1과 지원자 2의 진술이 모순이다.

• 지원자 1의 진술이 거짓인 경우

지원자 3은 인사부에 선발이 되었고, 지원자 2는 미디어홍보부 또는 기획재정부에 선발되었다. 이때 지원자 3의 진술에 따라 지원자 4가 미디어홍보부, 지원자 2가 기획재정부에 선발되었다.

∴ 인사부 : 지원자 3, 미디어홍보부 : 지원자 4,
기획재정부 : 지원자 2, 경영전략부 : 지원자 5

• 지원자 2의 진술이 거짓인 경우

지원자 2는 인사부에 선발되었고, 지원자 3은 미디어홍보부 또는 기획재정부에 선발되었다. 이때 지원자 3의 진술에 따라 지원자 4가 미디어홍보부, 지원자 3이 기획재정부에 선발되었다.

∴ 인사부 : 지원자 2, 미디어홍보부 : 지원자 4,
기획재정부 : 지원자 3, 경영전략부 : 지원자 5

따라서 항상 참인 것은 ④이다.

11 　정답 ⑤

명시적 인센티브 계약을 하면 성과에 기초하여 명시적인 인센티브가 지급된다. 따라서 성과를 측정하기 어려운 업무를 근로자들이 등한시하게 되는 결과를 초래할 수 있다. 그러므로 성과를 측정하기 어려운 업무에 종사하는 근로자에 대한 보상에서는 암묵적인 인센티브가 더 효과적이다.

오답분석

① 첫 번째 문단에서 확인할 수 있다.
② 세 번째 문단에서 확인할 수 있다.
③ 두 번째 문단에서 확인할 수 있다.
④ 마지막 문단에서 확인할 수 있다.

12 　정답 ②

암묵적 계약은 객관적으로 확인할 수 있는 조건보다는 주관적인 평가에 기초한 약속이다.

13 　정답 ③

n년 후 저장될 파일의 수가 a_n 천 개일 때, $(n+1)$년 후 저장될 파일의 수는 $(2a_n+1)$천 개이므로 다음 식이 성립한다.

• 6년 후 : 2×31+1＝63천 개
• 7년 후 : 2×63+1＝127천 개
• 8년 후 : 2×127+1＝255천 개
• 9년 후 : 2×255+1＝511천 개
• 10년 후 : 2×511+1＝1,023천 개

따라서 10년 후 저장될 파일의 수는 1,023천 개이다.

14 정답 ②

- 본부에서 36개월 동안 연구원으로 근무
  → 0.03×36=1.08점
- 지역본부에서 24개월 근무
  → 0.015×24=0.36점
- 특수지에서 12개월 동안 파견근무(지역본부 근무경력과 중복되어 $\frac{1}{2}$ 만 인정)
  → 0.02×12÷2=0.12점
- 본부로 복귀 후 현재까지 총 23개월 근무
  → 0.03×23=0.69점
- 팀장으로 승진 후 현재까지 성과
  - 내부평가결과 최상위 10% 총 12회
    → 0.012×12=0.144점
  - 내부평가결과 차상위 10% 총 6회
    → 0.01×6=0.06점
  - 금상 2회, 은상 1회, 동상 1회 수상
    → (0.25×2)+(0.15×1)+(0.1×1)=0.75점
    → 0.5(∵ 인정범위)
  - 시행결과평가 탁월 2회, 우수 1회
    → (0.25×2)+(0.15×1)=0.65점
    → 0.5(∵ 인정범위)

따라서 K과장의 가점은 1.08+0.36+0.12+0.69+0.144+0.06+0.5+0.5=3.454점이다.

2024년 상반기 기출복원문제
정답 및 해설

01	02	03	04	05	06	07	08	09	10
⑤	④	①	⑤	④	④	①	①	③	④

01 　정답　 ⑤

첫 번째 문단에서 마중물 효과의 개념을, 두 번째에서 네 번째 문단까지는 마중물 효과 및 마중물을 활용한 마케팅의 특징에 대해 설명하고, 마중물로 인해 소비자가 과소비를 할 수 있는 위험성에 대해 언급했다. 마지막 문단에서는 이를 바탕으로 소비자에게 꼭 필요한 상품을 필요한 만큼만 구매하는 현명한 태도를 갖기를 당부하고 있다.

02 　정답　 ④

세 번째 문단에 따르면 마중물 효과는 소비자에게 제공하는 마중물로 제품 자체의 가치를 홍보하여 제품에 대한 소비자의 긍정적 평가를 이끌어 내고 제품을 지속적으로 구매하게 하는 것이다. 즉, 소비자의 인식을 긍정적인 쪽으로 변화시키고 구매하고 싶은 마음을 갖게 하기에, 마중물 효과는 소비자의 심리 변화를 기반으로 발생한다고 할 수 있다.

03 　정답　 ①

작년 매출액을 x억 원이라고 할 때, 올해 매출액에 대한 식을 세우면 다음과 같다.

$x \times 1.0039 = 1,300$

$\rightarrow \ x = \dfrac{1,300}{1.0039}$

$\therefore \ x = 1,295$

따라서 작년 매출액은 약 1,295억 원이다.

04 　정답　 ⑤

미국 컬럼비아 대학교에서 만들어 낸 치즈케이크는 7겹으로, 7가지의 반죽형 식용 카트리지로 만들어졌다. 따라서 페이스트를 층층이 쌓아서 만드는 FDM 방식을 사용하여 제작하였음을 알 수 있다.

① PBF / SLS 방식 3D 푸드 프린터는 설탕 같은 분말 형태의 재료를 접착제나 레이저로 굳혀 제작하는 것이므로 설탕케이크 장식을 제작하기에 적절한 방식이다.
② 3D 푸드 프린터는 질감을 조정하거나, 맛을 조정하여 음식을 제작할 수 있으므로 식감 등으로 발생하는 편식을 줄일 수 있다.
③ 3D 푸드 프린터는 음식을 제작할 때 개인별로 필요한 영양소를 첨가하는 등 사용자 맞춤 식단을 제공할 수 있다는 장점이 있다.
④ 마지막 문단에서 현재 3D 푸드 프린터의 한계점을 보면 디자인적·심리적 요소로 인해 3D 푸드 프린터로 제작된 음식에 거부감이 들 수 있다고 하였다.

05 　정답　 ④

(라) 문장이 포함된 세 번째 문단은 3D 푸드 프린터의 장점에 대해 설명하며, 특히 대체육 프린팅의 장점에 대해 소개하고 있다. 그러나 (라) 문장은 대체육의 단점에 대해 서술하고 있으므로 마지막 문단에 추가로 서술하거나 세 번째 문단에서 삭제하는 것이 적절하다.

① (가) 문장은 컬럼비아 대학교에서 3D 푸드 프린터로 만들어 낸 치즈케이크의 특징을 설명하는 문장이므로 적절하다.
② (나) 문장은 현재 주로 사용되는 3D 푸드 프린터의 작동 방식을 설명하는 문장이므로 적절하다.
③ (다) 문장은 3D 푸드 프린터의 장점을 소개하는 세 번째 문단의 중심 내용이므로 적절하다.
⑤ (마) 문장은 3D 푸드 프린터의 한계점인 '디자인으로 인한 심리적 거부감'을 서술하고 있으므로 적절하다.

06 　정답　 ④

마지막 문단은 3D 푸드 프린터의 한계 및 개선점을 설명하는 문단으로, 3D 푸드 프린터의 장점을 설명한 세 번째 문단과 역접 관계에 있다. 따라서 ⓔ에는 접속부사 '그러나'가 들어가는 것이 적절하다.

① ㉠ 앞에서 서술된 치즈케이크의 특징이 대체육과 같은 다른 관련 산업에서 주목하게 된 이유가 되므로 '그래서'는 적절한 접속부사이다.

② ㉡ 앞의 문장은 3D 푸드 프린터의 장점을 소개하는 세 번째 문단의 중심 내용이고, 뒤의 문장은 이에 대한 예시를 설명하고 있으므로 '예를 들어'는 적절한 접속부사이다.

③ ㉢의 앞과 뒤는 다른 내용이지만 모두 3D 푸드 프린터의 장점을 나열한 것이므로 '또한'은 적절한 접속부사이다.

⑤ ㉤의 앞과 뒤는 다른 내용이지만 모두 3D 푸드 프린터의 단점을 나열한 것이므로 '게다가'는 적절한 접속부사이다.

07 정답 ①

불량률이 15%일 때 제품의 원가를 x원이라고 하자.
불량률이 10%일 때와 매출액이 같다면 다음과 같은 식이 성립한다(단, 제품 생산량은 음수가 아니다).
(제품 생산량)$\times 0.85 \times x =$(제품 생산량)$\times 0.9 \times 17$

$\therefore x = \dfrac{17 \times 0.9}{0.85} = 18$

따라서 불량률이 15%로 올랐을 때, 제품의 원가를 18만 원으로 책정해야 불량률이 10%일 때와 매출액이 같아진다.

08 정답 ①

'선진사례 견학'은 두바이 내 세계적 수준의 신도시 조성사례를 견학하고 온 것이고, 두바이는 3월 5일 둘째 날 일정에 포함되어 있으므로 옳다.

② 일정표를 참고하면 3월 7일부터 8일은 쿠웨이트에서 인천까지의 비행시간이므로 이는 1박으로 보지 않는다. 따라서 국외출장 일정은 3박 5일간 진행되었다.

③ L기업에서 4명, 대사관에서 1명이 참석하였고, 쿠웨이트 참석자는 '등'이라고 표기되었으므로 몇 명이 참석하였는지 구체적인 숫자는 알 수 없다.

④ 쿠웨이트의 인공호수(Al Shaheed Park)는 SSAC 개발에 참고하기 위해 방문한 것이지 이를 L기업이 시공했는지는 알 수 없다.

⑤ L기업 전략사업본부장의 의견이다.

09 정답 ③

• 쿠웨이트 주택부장관과에 ~ → 쿠웨이트 주택부장관과의
• 계발방향 공감대 형성과 ~ → 개발방향 공감대 형성과
• 쿠웨이트 내 모범이 돼는 ~ → 쿠웨이트 내 모범이 되는

10 정답 ④

총경비를 x만 원이라고 하면 $\dfrac{2}{3}x$만 원은 숙박비와 왕복 항공권 비용이므로 교통비까지 사용하고 남은 경비는 $\left(\dfrac{1}{3}x \times \dfrac{5}{6}\right)$ 만 원이다.

$\dfrac{1}{3}x \times \dfrac{5}{6} = 40$

$\therefore x = 144$

따라서 A대리가 받은 총경비는 144만 원이다.

PART 1

기출유형 뜯어보기

유형분석

- 언어 영역에서 가장 보편적인 유형으로 난이도가 낮은 편이다.
- 설명문부터 주장, 반박문까지 다양한 성격의 지문이 제시되므로 글의 성격별 특징을 알아두는 것이 좋다.

① 글 전체의 흐름보다는 중심 화제 및 주제를 파악하는 것이 우선이므로,
글 또는 각 문단의 앞과 뒤를 읽어 중심 내용을 파악한다.

다음 제시문의 제목으로 가장 적절한 것은?

─글의 중심 화제─

서양에서는 아리스토텔레스가 중용을 강조했다. 하지만 이는 우리의 중용과 다르다. 아리스토텔레스가 말하는 중용은 균형을 중시하는 서양인의 수학적 의식에 기초했으며, 우주와 천체의 운동을 완벽한 원과 원운동으로 이해한 우주관에 기초한 것이다. 그러므로 그것은 명백한 대칭과 균형의 의미를 갖는다. 팔씨름에 비유해 보면 아리스토텔레스는 두 팔이 똑바로 서 있을 때 중용이라고 본 데 비해, 우리는 팔이 한 쪽으로 완전히 기울었다 해도 아직 승부가 나지 않았으면 중용이라고 보는 것이다. 그러므로 비대칭도 균형을 이루면 중용을 이룰 수 있다는 생각은 분명 서양의 중용관과는 다르다.

이러한 정신은 병을 다스리고 약을 쓰는 방법에도 나타난다. 서양의 의학은 병원체와의 전쟁이고 그 대상을 완전히 제압하는 데 반해, 우리 의학은 각 장기 간의 균형을 중시한다. 만약 어떤 이가 간장이 나쁘다면 서양 의학은 그 간장의 능력을 회생시키는 방향으로만 애를 쓴다. 그런데 우리는 만약 더 이상 간장 기능을 강화할 수 없다고 할 때 간장과 대치되는 심장의 기능을 약하게 만드는 방법을 쓰는 것이다. 한쪽의 기능이 치우치면 병이 심해진다고 보기 때문이다. 우리는 의학 처방에 있어서조차 중용관에 기초해서 서양의 그것과는 다른 가치관과 세계관을 적용하면서 살아온 것이다.

─중용관의 차이로 인한 가치관과 세계관의 차이

① 아리스토텔레스의 중용의 의미

두 번째 ─② 서양 의학과 우리 의학의 차이
문단만
포함
③ 서양과 우리의 가치관

④ 서양의 중용관과 우리 중용관의 차이

⑤ 균형을 중시하는 중용

② 선택지 중 세부적인 내용을 다루고 있는 것은 정답에서 제외한다.
③ 제시문의 중심 내용으로 가장 적합한 선택지를 고른다.

아리스토텔레스가 강조한 중용과 서양과 동양의 중용을 번갈아 설명하며 그 차이점에 대해 설명하고 있다.

오답분석

① 아리스토텔레스의 중용은 제시문의 주제인 서양과 우리의 중용에 대한 차이점을 말하기 위해 언급한 것일 뿐이다.

② 우리는 의학에 있어서도 중용관에 입각했다는 것을 말하기 위해 부연 설명한 것이다.

③ 중용을 바라보는 서양과 우리의 차이점을 말하고 있다.

⑤ 서양과 비교하여 우리의 중용관이 균형에 신경 쓰고 있다는 내용을 담고는 있지만, 전체적으로 보았을 때 서양과 우리의 중용관 차이에 대하여 쓰여진 글이다.

30초 컷 Tip

• 제시문의 세부적인 내용에 집중하지 말고, 전체적인 맥락을 파악하면서 독해한다. 만약 세부적인 내용을 묻는 선택지가 있다면 빠르게 소거한다.

• 제시문의 진행 중에 반전이 되는 내용이나 접속어가 나온다면 그 다음에 나오는 내용에 집중한다. 제시문의 분위기가 변하는 경우가 있기 때문이다. 그러나 항상 제시문의 내용이 변화한다고 할 수는 없으므로 섣부르게 판단하지는 않는다.

01 | 언어적 사고 문장나열

• 제시문의 전체적인 맥락과 흐름을 잘 파악하고 있는지를 평가하는 유형이다.
• 문장나열 유형에서 중요하게 생각해야 하는 것은 지시어와 접속어이다. 때문에 접속어의 쓰임에 대해 정확하게 알고 있어야 하며, 지시어가 가리키는 것에 예민하게 반응해야 한다.

— ① 지시어 및 접속어를 찾아서 확인한다.
다음 문장을 논리적 순서대로 바르게 나열한 것은?

(가) 이들이 주장한 바로는 아이들의 언어 습득은 '자극-반응-강화'의 과정을 통해 이루어진다. 즉, 행동주의 학자들은 후천적인 경험이나 학습을 언어 습득의 요인으로 본다.

(나) 이러한 촘스키의 주장은 아이들이 선천적으로 지니고 태어나는 언어 능력에 주목함으로써 행동주의 학자들의 주장만으로는 설명할 수 없었던 복잡한 언어 습득 과정을 효과적으로 설명해 주고 있다.

(다) 그러나 이러한 행동주의 학자들의 주장은 아이들의 언어 습득 과정을 후천적인 요인으로만 파악하려 한다는 점에서 비판을 받는다. ③ 연결되는 단어 확인
(가)의 행동주의 학자들의 주장과 연결되므로 (다)는 (가) 뒤에 위치해야 한다.

(라) 아이들은 어떻게 언어를 습득하는 걸까? 이 물음에 대해 행동주의 학자들은 아이들이 다른 행동을 배울 때와 마찬가지로 지속적인 모방과 학습을 통해 언어를 습득한다고 주장한다. ② 질문을 통한 주위 환기 글의 도입부에서 주로 활용된다.

(마) 미국의 언어학자 촘스키는 아이들이 의식적인 노력이나 훈련 없이도 모국어를 완벽하게 구사하는 이유가 태어나면서부터 두뇌 속에 '언어습득장치(LAD)'라는 것을 가지고 있기 때문이라고 주장한다.

① (나)-(가)-(마)-(다)-(라)
② (다)-(라)-(가)-(나)-(마) ①에 의해 삭제
③ (다)-(가)-(라)-(나)-(마)
④ (라)-(가)-(다)-(마)-(나)
⑤ (라)-(다)-(가)-(마)-(나) ③을 통해 확인

정답 ④

〈풀이 1〉

제시문은 행동주의 학자들이 생각하는 언어 습득 이론과 그 원인을 설명하고, 이를 비판하는 입장인 촘스키의 언어 습득 이론을 설명하는 내용의 글이다. 따라서 (라) 행동주의 학자들의 언어 습득 이론 → (가) 행동주의 학자들이 주장한 언어 습득의 원인 → (다) 행동주의 학자들의 입장에 대한 비판적 관점 → (마) 언어학자 촘스키의 언어 습득 이론 → (나) 촘스키 이론의 의의의 순서로 나열하는 것이 적절하다.

〈풀이 2〉

제시문은 언어 습득에 대한 두 견해를 제시하고 있다. (가), (나), (다)에는 각각 '이들', '이러한', '그러나'와 같은 지시어와 접속어가 ──①

제시되어 있으므로 첫 문장이 될 수 없다. 때문에 제시문의 전체적인 화두를 제시하고 있는 (라)가 처음으로 나오는 것이 적절하다. 다음으로 (가)의 '이들의 주장'은 (라)의 행동주의 학자들의 주장을 가리키므로 (가)가 오는 것이 적절하며, 이어서 역접의 접속어 '그러나'를 통해 이러한 행동주의 학자들의 주장을 비판하는 (다)로 이어지는 것이 적절하다. 마지막으로는 촘스키의 새로운 주장인 (마)와 '이러한 촘스키의 주장'에 대해 부연하는 (나)가 차례로 이어지는 것이 적절하다.

②

30초 컷 Tip

- 문장나열은 위의 2가지 풀이처럼 개인마다 편하게 풀이하는 방법이 다르다. 때문에 평소에 많이 연습하고 자신에게 좀 더 편한 풀이방법을 택한다.
- 첫 번째 문장(문단)을 찾는 일에 집중한다. 첫 번째 문장은 제시문의 화두로 제시문을 이끌어 나가기 위한 전체적인 주제가 제시된다.
- 각 문장(문단)마다 자리한 지시어나 접속어를 살펴본다. 특히 문두에 접속어가 나오거나 지시어가 나오는 경우, 제시문의 첫 번째 문장이 될 수 없다. 이러한 조건들과 선택지를 비교해서 하나씩 소거해 나가다 보면 첫 번째 문장을 빠르게 찾을 수 있다.

01 | 언어적 사고 사실적 독해

• 제시문의 세부적인 내용을 이해하고 있는지 평가하는 유형이다.

• 일반적으로 언어 영역에서 높은 비중으로 출제되며 어렵게 출제되는 경우 문장마다 신경을 써야 하는 유형이다.

• 주제 찾기나 문장나열과 같은 유형에서 절약한 시간을 활용한다.

다음 제시문의 내용으로 가장 적절한 것은?

2. 선택지에 표시한 핵심어와 관련된 내용을 제시문에서 파악하여 글의 내용ㄱ

┌─ ①과 불일치   ┌─ ②와 불일치

음악에서 화성이나 멜로디가 하나의 음 또는 하나의 화음을 중심으로 일정한 체계를 유지하는 것을 조성(調性)이라고 한다. 조성을 중심으로 한 음악은 서양음악에 지배적인 영향을 미쳤는데, 여기에서 벗어나 자유롭게 표현하고 싶은 음악가의 열망이 무조(無調) 음악을 탄생시켰다. 무조 음악에서는 한 옥타브 안의 12음 각각에 동등한 가치를 두어 음들을 자유롭게 사용하였다. 이로 인해 무조 음악은 표현의 자유를 누리게 되었지만 조성이 주는 체계성은 잃게 되었다. ③과 불일치 악곡의 형식을 유지하는 가장 기초적인 뼈대가 흔들린 것이다. 이와 같은 상황 속에서 무조 음악이 지닌 자유로움에 체계성을 더하고자 고민한 작곡가 쇤베르크는 '12음 기법'이라는 독창적인 작곡 기법을 만들어 냈다. 쇤베르크의 12음 기법은 12음을 한 번씩 사용하여 만든 기본 음렬(音列)에 이를 '전위', '역행', '역행 전위'의 방법으로 파생시킨 세 가지 음렬을 더해 악곡을 창작하는 체계적인 작곡 기법이다.

⑤와 불일치   1. 제시문에서 접할 수 있는 핵심어를 중심으로 선택지에 표시

① 조성은 하나의 음으로 여러 음을 만드는 것을 말한다.

② 무조 음악은 조성이 발전한 형태라고 말할 수 있다.

③ 무조 음악은 한 옥타브 안의 음 각각에 가중치를 두어서 사용했다.

④ 조성은 체계성을 추구하고, / 무조 음악은 자유로움을 추구한다.

⑤ 쇤베르크의 12음 기법은 무조 음악과 조성 모두에서 벗어나고자 한 작곡 기법이다.

정답 ④

제시문은 조성과 무조 음악을 합쳐 쇤베르크가 탄생시킨 12음 기법에 대한 내용이다. 멜로디가 하나의 음 또는 하나의 화음을 중심으로 일정한 체계를 유지하는 것을 '조성'이라고 하였고, 여기에서 벗어나 자유롭게 표현하고 싶은 음악가의 열망이 '무조 음악'을 탄생시켰다고 하였다.

오답분석

① 조성은 음악에서 화성이나 멜로디가 하나의 음 또는 하나의 화음을 중심으로 일정한 체계를 유지하는 것이다.

② 무조 음악은 조성에서 벗어나 자유롭게 표현하고자 한 것이므로, 발전한 형태라고 말할 수 없다.

③ 무조 음악은 한 옥타브 안의 음 각각에 동등한 가치를 두었다.

⑤ 쇤베르크의 12음 기법은 무조 음악이 지닌 자유로움에 조성의 체계성을 더하고자 탄생한 기법이다.

30초 컷 Tip

제시문의 내용으로 적절한 것 또는 적절하지 않은 것을 고르는 문제의 경우, 제시문을 읽기 전에 문제와 선택지를 먼저 확인하는 것이 좋다. 이를 통해 제시문에서 알아내야 하는 정보가 무엇인지를 인지한 후 제시문을 독해한다.

언어적 사고 추론적 독해

• 제시문에서 직접적으로 제시하지 않은 내용을 추론하여 답을 도출해야 하는 유형이다.

• 언어 영역에서 가장 난이도가 높은 유형으로 볼 수 있다.

• 자신의 주관적인 판단보다는 제시문에 대한 논리적인 이해를 바탕으로 문제를 풀이한다.

┌ 1. 문제에서 제시하는 추론유형을 확인한다.
└ → 세부적인 내용을 추론하는 유형

다음 제시문을 통해 추론할 수 있는 내용으로 가장 적절한 것은?

도구를 사용하는 인간은 다양한 종류의 음식을 먹는 본능과 소화력을 갖췄지만, 일부 동물은 한 가지 음식만 먹는다. 이렇게 음식 하나에 모든 것을 거는 '단일 식품 식생활'은 도박이다. 그 음식의 공급이 끊기면 그 동물도 끝이기 때문이다. ──③의 반박 근거

한때 우리는 인류의 전 주자였던 오스트랄로피테쿠스가 과일만 먹었을 것이라고 믿은 적이 있었다. 이를 근거로 오스트랄로피테쿠스와 사람을 가르는 선을 고기의 섭취 여부로 정하기도 했었다. 그러나 남아프리카공화국의 한 동굴에서 발견된 200만 년 전 유골 4구의 치아에서는 이와 다른 증거가 발견 됐다. 인류학자 맷 스폰하이머와 줄리아 리소프는 이 유골의 치아사기질 탄소 동위 원소 구성 중 13C 의 비율이 과일만 먹은 치아보다 열대 목초를 먹은 치아와 훨씬 더 가깝다는 것을 발견했다. 식생활 동위 원소는 체내 조직에 기록되기 때문에 이 발견은 오스트랄로피테쿠스가 상당히 많은 양의 풀을 먹었거나 이 풀을 먹은 동물을 먹었다는 추측을 가능케 한다. 그런데 같은 치아에서 풀을 씹어 먹을 때 생기는 마모는 전혀 보이지 않기 때문에 오스트랄로피테쿠스 식단에서 풀을 먹는 동물이 큰 부 분을 차지했다는 결론을 내릴 수 있다. ──⑤의 근거이자 ②를 반박할 수 있는 근거가 된다.

오래 전에 멸종되어 260만 년이라는 긴 시간을 땅속에 묻혀 있던 동물의 뼈 옆에서는 석기들이 함께 발견되기도 한다. 이 뼈와 석기가 들려주는 이야기는 곧 우리의 이야기다. 어떤 뼈에는 이로 씹은 흔 적 위에 도구로 자른 흔적이 겹쳐있다. 그 반대의 흔적이 남은 뼈들도 있다. 도구로 자른 흔적 다음에 날카로운 이빨 자국이 남은 경우다. 이런 것은 무기를 가진 인간이 먼저 먹고 동물이 이빨로 뜯어 먹 은 것이다. ──④의 반박 근거

① 오스트랄로피테쿠스는 육식 동물을 전혀 먹지 않았다.──근거를 찾을 수 없음

② 육식 여부는 오스트랄로피테쿠스의 진화과정을 보여주는 중요한 기준이다.

③ 단일 식품 섭취의 위험성 때문에 단일 식품을 섭취하는 동물은 없다.

④ 인간은 날카로운 이빨을 이용하여 초식동물을 사냥하였다.

⑤ 맷 스폰하이머와 줄리아 리소프의 연구는 육식 여부로 오스트랄로피테쿠스와 사람을 구분하던 방법이 잘못되었음을 보여준다.

┐ 서로 상반되는 내용의 선택지이므로 이를 중심 으로 제시문의 내용을 파악한다.

2. 선택지를 먼저 확인하고 제시문에서 선택지의 근거 가 되는 부분을 확인한다.

정답 ⑤

맷 스폰하이머와 줄리아 리소프의 연구는 오스트랄로피테쿠스가 육식을 하였음을 증명하였다. 따라서 육식 여부로 오스트랄로피테쿠스와 사람을 구분하던 과거의 방법이 잘못되었음을 증명한 것이라 볼 수 있다.

오답분석 ── 육식 동물

① 두 번째 문단 마지막 문장에서 오스트랄로피테쿠스의 식단에서 풀을 먹는 동물이 큰 부분을 차지했다는 결론을 내렸다고 했을 뿐, 풀을 전혀 먹지 않았는지는 알 수 없다.

② 맷 스폰하이머와 줄리아 리소프의 연구를 통해 육식 여부로 오스트랄로피테쿠스와 사람을 구분할 수 없다는 것을 확인했으므로 육식 여부는 진화과정에 대한 기준이 될 수 없다.

③ 단일 식품을 섭취하는 것이 위험하다고 했을 뿐, 일부 동물은 단일 식품을 섭취한다.

④ 마지막 문단에서 도구로 자른 흔적 다음에 날카로운 이빨자국이 남은 동물 뼈에서 무기를 가진 인간의 흔적을 찾은 것으로 보아 인간은 이빨이 아닌 무기로 사냥을 했음을 알 수 있다.

30초 컷 Tip

문제에서 제시하는 추론 유형이 어떤 형태인지를 판단한다.

글쓴이의 주장/의도를 추론하는 유형

제시문에 나타난 주장, 근거, 논증 방식을 파악하는 유형으로 주장의 타당성을 평가하여 글쓴이의 관점을 이해하며 읽는다.

세부적인 내용을 추론하는 유형

주어진 선택지를 먼저 읽고 제시문을 읽으면서 답이 아닌 선택지를 지워나가는 방법이 효율적이다.

유형분석

- 글을 읽고 비판적 의견이나 반박을 생각할 수 있는지를 평가하는 유형이다.
- 제시문의 '주장'에 대한 반박을 찾는 것이므로, '근거'에 대한 반박이나 논점에서 벗어난 것을 찾지 않도록 주의해야 한다.

다음 주장에 대한 반대 의견의 근거로 적절하지 않은 것은? 1. 문제를 풀기 위해 글의 주장, 관점, 의도, 근거
등 제시문의 핵심을 파악

> 소년법은 반사회성이 있는 소년의 환경 조정과 품행 교정을 위한 보호처분 등의 필요한 조치를 하고,
> 형사처분에 관한 특별조치를 적용하는 법이다. 만 14세 이상부터 만 19세 미만의 사람을 대상으로 하
> 며, 인격 형성 도중에 있어 그 개선가능성이 풍부하고 심신의 발육에 따르는 특수한 정신적 동요상태
> 에 놓여 있으므로 현재의 상태를 중시하여 소년의 건전한 육성을 기하려는 것이 본래의 목적이다.
>
> 하지만 청소년이 강력범죄를 저지르더라도 소년법의 도움으로 처벌이 경미한 점을 이용해 성인이 저
> 지른 범죄를 뒤집어쓰거나 일정한 대가를 제시하고 대신 자수하도록 하는 등 악용사례가 있으며, 최
> 근에는 미성년자들 스스로가 모의하여 발생한 강력범죄가 날로 수위를 높여가고 있다. 무엇보다 이러
> 한 죄를 저지른 이들이 범죄나 처벌을 대수롭지 않게 여기는 태도를 보이는 경우가 많아 법의 존재
> 자체를 의심받는 상황에 이르고 있다. 따라서 해당 법을 폐지하고 저지른 죄에 걸맞은 높은 형량을
> 부여하는 것이 옳다.

― 소년법의 사전적 정의
와 목적

― 소년법의 악용 사례와
실효성에 대한 의문
제기를 통한 소년법 폐
지 및 형량 강화 주장

① 성인이 저지른 범죄를 뒤집어쓰는 경우는 소년법의 문제라기보다는 해당 범죄를 악용
한 범죄자를 처벌하는 것이 옳다.

② 소년법 대상의 대부분이 불우한 가정환경을 가지고 있기 때문에 소년법 폐지보다는
범죄예방이 급선무이다.
　　　　　　　　　　　　　　　 ＝되갚음 → 소년법은 소년의
　　　　　　　　　　　　　　　　　보호를 목적으로 하므로 어색함

③ 소년법을 폐지하면 형법의 주요한 목적 중 하나인 응보의 의미가 퇴색된다.

④ 세간에 알려진 것과 달리 강력범죄의 경우에는 미성년자라고 할지라도 실형을 선고받
는 사례가 더 많으므로 성급한 처사라고 볼 수 있다.

⑤ 한국의 소년법은 현재 UN 아동권리협약에 묶여있으므로 무조건적인 폐지보다는 개
선방법을 고민하는 것이 먼저다.

2. 제시문의 주장 및
근거의 어색한 부분
을 찾아 반박 근거
와 사례를 생각

형법의 주요한 목적 중 하나인 응보는 '어떤 행위에 대하여 받는 갚음'을 뜻한다. 제시문의 주장에 따르면 소년법을 악용하여 범죄수준에 비해 처벌을 경미하게 받는 등 악용사례가 있으므로, 소년법을 폐지하면 응보의 의미가 퇴색된다는 것은 필자의 주장을 반박하는 근거로 적절하지 않다.

오답분석
① 소년법의 악용사례가 소년법 자체의 문제에 의한 것이 아니라고 주장하는 반대 의견이다.
② · ⑤ 소년법 본래의 취지와 현재의 상황을 상기시키며 필자의 주장이 지나치다고 반박하고 있다.
④ 필자의 주장의 근거 중 하나인 경미한 처벌이 사실과 다르다고 반박하고 있다.

30초 컷 Tip

• 주장, 관점, 의도, 근거 등 문제를 풀기 위한 제시문의 핵심을 파악한다. 이후 제시문의 주장 및 근거의 어색한 부분을 찾아 반박할 주장과 근거를 생각해본다.
• 제시문이 지나치게 길 경우 먼저 선택지부터 파악하여 홀로 상반된 의견을 제시하고 있거나 글의 주장이 어색한 선택지는 없는지 확인하는 것도 답을 찾는 방법이 된다.

유형분석

- '$p \rightarrow q$, $q \rightarrow r$이면 $p \rightarrow r$이다.' 형식의 삼단논법과 명제의 대우를 활용하여 푸는 유형이다.
- 명제에서 일부를 나타내는 표현이 나온다면 삼단논법을 활용하기보다 벤다이어그램 등을 활용하여 풀이해야 한다.

다음 명제가 참일 때, 항상 옳은 것은?

① 서현이가 춤을 추지 않는다면 재현이만 춤을 추었다.

② 재현이가 춤을 추면 서현이만 춤을 추었다.

③ 종열이가 춤을 추지 않았다면 지훈이만 춤을 추었다.

④ 서현이가 춤을 추면 재현이와 지훈이는 춤을 추었다.

⑤ 종열이가 춤을 추지 않았다면 재현이와 서현이는 춤을 추었다.

정답 ⑤

'재현이가 춤을 추다.'를 p, '서현이가 춤을 추다.'를 q, '지훈이가 춤을 추다.'를 r, '종열이가 춤을 추다.'를 s라고 하면 주어진 명제는 순서대로 $p \rightarrow q$ or r, $\sim p \rightarrow s$, $\sim s \rightarrow \sim r$이다. 두 번째 명제의 대우는 $\sim s \rightarrow p$이고 이를 첫 번째 명제와 연결하면 $\sim s \rightarrow p \rightarrow q$ or r이다. 세 번째 명제에서 $\sim s \rightarrow \sim r$라고 하였으므로 $\sim s \rightarrow p \rightarrow q$임을 알 수 있다. 따라서 ⑤가 적절하다.

30초 컷 Tip

명제 유형이 항상 결론을 찾는 문제가 출제되는 것은 아니다. 때문에 연결 관계를 잘 파악해야 한다. 만약 $p \rightarrow q$, $r \rightarrow s$라는 명제가 있다. 이를 $p \rightarrow s$라는 명제로 만들고 싶을 때 필요한 명제는 $q \rightarrow r$이다. 답이 맞는지 헷갈린다면 전체 문장이 연결되는지를 확인한다.

---

01 | 언어적 사고 논리추리

유형분석

- 제시된 여러 조건/상황/규칙들을 정리하여 경우의 수를 구한 후 문제를 해결하는 유형이다.
- 고정 조건을 중심으로 표나 도식으로 정리하여 확실한 조건과 배제해야 할 조건들을 정리한다.

---

① 문제에서 요구하는 조건을 표시한다.

등산 동아리는 봄을 맞아 소풍을 가고자 한다. 동아리 회원인 A~E 5명은 서로 다른 색의 접시에 각기 다른 한 가지의 과일을 준비하였다. 다음 내용에 따를 때 B가 준비한 접시의 색깔과 C가 준비한 과일은?

- 회원들이 준비한 과일들은 A~E 순으로 일렬로 놓여있다.
- 접시의 색은 빨강, 노랑, 초록, 검정, 회색이다.
- 과일은 참외, 수박, 사과, 배, 바나나가 있다.
- 수박과 참외는 이웃하지 않는다.
- 노란색 접시에 배가 담겨있고, 회색 접시에 참외가 담겨있다.
- (B는 바나나를 준비하였다.)
- 양쪽 끝 접시는 빨간색과 초록색이며, 이 두 접시에 담긴 과일의 이름은 두 글자이다.
- 바나나와 사과는 이웃한다.

② 주어진 조건 중 고정 조건을 기준으로 나머지 조건을 정리한다.
- 노란색 : 배
- 회색 : 참외

	B가 준비한 접시의 색깔	C가 준비한 과일
①	검정색	사과
②	빨강색	사과
③	검정색	참외
④	초록색	참외
⑤	회색	수박

두 글자인 과일만 가능
ㄴ 검정색 접시

바나나와 이웃

③ 고정 조건을 중심으로 표나 도식을 활용하여 정리한다.

i) 먼저 과일 접시의 색 확인

구분	참외	수박	사과	배	바나나
빨강색	×			×	×
노랑색	×	×	×	○	×
초록색	×			×	×
검정색	×	×	×	×	○
회색	○	×	×	×	×

ii) A~E의 과일과 접시 확인

ㄴ 수박과 이웃하지 않음

구분	A̶	B	C	D	E
과일	수박 / 사과	바나나	참외	배	사̶과̶ / 수박
접시	빨강색 / 초록색	검정색	회색	노랑색	초록색 / 빨강색

④ 정리한 내용을 바탕으로 문제의 답을 찾는다.

B가 바나나를 준비하였으므로 A와 C 중 한 명이 사과를 준비하였다. 그런데 양쪽 끝 접시는 빨간색, 초록색이고 참외는 회색 접시에 담겨있으므로 양쪽 끝에 담긴 과일은 두 글자인 과일 중 참외를 제외한 사과, 수박이다. 즉, A는 사과를, E는 수박을 준비하였다. 수박과 참외는 이웃하지 않으므로 D가 준비한 과일은 참외일 수 없다. 따라서 C가 준비한 과일이 참외이다.

C는 참외를 준비했으므로 회색 접시를 준비하고, D는 노란색 접시에 배를 준비했음을 알 수 있다. A와 E가 준비한 접시는 각각 초록색 혹은 빨간색이므로 남은 색은 검정색이다.

조건에 따라 각 회원들이 준비한 과일과 접시를 정리하면 다음과 같다.

구분	A	B	C	D	E
과일	사과	바나나	참외	배	수박
접시	초록색/빨강색	검정색	회색	노랑색	빨강색/초록색

따라서 B가 준비한 접시의 색깔은 검정색임을 알 수 있다.

30초 컷 Tip

고정적인 조건을 가장 먼저 파악하는 것이 중요하다. 보통 고정적인 조건은 마지막 부분에 제시되는 경우가 많은데, 앞에 나온 조건들을 아무리 잘 정리해도 고정 조건 하나면 경우의 수가 많이 줄어든다. 때문에 항상 이를 먼저 찾는다.

언어적 사고 진실게임

- 일반적으로 4~5명의 진술이 제시되며, 각 진술의 진실 및 거짓 여부를 확인하여 범인을 찾는 유형이다.
- 추리 영역 중에서도 체감난이도가 상대적으로 높은 유형으로 알려져 있다.
- 각 진술 사이의 모순을 찾아 성립하지 않는 경우의 수를 제거하거나, 경우의 수를 나누어 모든 조건이 성립하는지를 확인해야 한다.

① 문제에서 구하는 것 확인
→ 범인을 찾는 문제, 거짓말을 한 사람을 찾는 문제가 아님

어젯밤에 탕비실 냉장고에 보관되어 있던 행사용 케이크가 없어졌다. 어제 야근을 한 갑~무를 조사했더니 다음과 같이 진술했다. 케이크를 먹은 범인은 2명이고, 다음 중 2명만이 진실을 말한다고 할 때, 다음 중 범인이 될 수 있는 사람으로 짝지어진 것은?(단, 모든 사람은 진실만 말하거나 거짓만 말한다)

└ 조건 1
└ 조건 2
② 조건 확인

> 갑 : 을이나 병 중에 한 명만 케이크를 먹었어요.
> 을 : 무는 확실히 케이크를 먹었어요.
> 병 : 정과 무가 모의해서 함께 케이크를 훔쳐먹는 걸 봤어요.
> 정 : 저는 절대 범인이 아니에요.
> 무 : 사실대로 말하자면 제가 범인이에요.

③ 2명의 진술이 일치 → 동시에 진실을 말하거나 거짓을 진술

① 갑, 을
② 을, 정
③ 을, 무
④ 갑, 정
⑤ 정, 무

을의 진술이 진실이면 무의 진술도 진실이고, 을의 진술이 거짓이면 무의 진술도 거짓이다.

ⅰ) 을과 무가 모두 진실을 말하는 경우

무는 범인이고, 나머지 3명은 모두 거짓을 말해야 한다. 정의 진술이 거짓이므로 정은 범인인데, 병이 무와 정이 범인이라고 했으므로 병은 진실을 말하는 것이 되어 2명만 진실을 말한다는 조건에 모순이다. 따라서 을과 무는 거짓을 말한다.

ⅱ) 을과 무가 모두 거짓을 말하는 경우

무는 범인이 아니고, 갑·병·정 중 1명만 거짓을 말하고 나머지 2명은 진실을 말한다. 만약 갑이 거짓을 말한다면 을과 병이 모두 범인이거나 모두 범인이 아니어야 한다. 그런데 갑의 말이 거짓이고 을과 병이 모두 범인이라면 병의 말 역시 거짓이 되어 조건에 모순이다. 따라서 갑의 말은 진실이고, 병이 지목한 범인 중에 을이나 병이 없으므로 병의 진술은 거짓, 정의 진술은 진실이다.

따라서 범인은 갑과 을 또는 갑과 병이다.

30초 컷 Tip

진실게임 유형 중 90% 이상은 다음 두 가지 방법으로 풀 수 있다. 주어진 진술을 빠르게 훑으며 다음 두 가지 중 어떤 경우에 해당되는지 확인한 후 문제를 풀어나간다.

두 명 이상의 발언 중 한쪽이 진실이면 다른 한쪽이 거짓인 경우

1) A가 진실이고 B가 거짓인 경우, B가 진실이고 A가 거짓인 경우 두 가지로 나눌 수 있다.

2) 두 가지 경우에서 각 발언의 진위 여부를 판단한다.

3) 주어진 조건과 비교한다(범인의 숫자가 맞는지, 진실 또는 거짓을 말한 인원수가 조건과 맞는지 등).

두 명 이상의 발언 중 한쪽이 진실이면 다른 한쪽도 진실인 경우

1) A와 B가 모두 진실인 경우, A와 B가 모두 거짓인 경우 두 가지로 나눌 수 있다.

2) 두 가지 경우에서 각 발언의 진위 여부를 판단한다.

3) 주어진 조건과 비교한다(범인의 숫자가 맞는지, 진실 또는 거짓을 말한 인원수가 조건과 맞는지 등).

수리적 사고 거리·속력·시간

- 응용수리의 대표적인 유형으로 빠지지 않고 출제되는 유형 중 하나이다.
- 기차와 터널의 길이, 물과 같이 속력이 있는 공간 등 추가적인 시간·속력·거리에 관한 정보가 있는 경우 난이도가 높은 편에 속하는 문제로 출제되지만, 기본적인 공식에 더하거나 빼는 것이므로 기본에 집중한다.
- (거리)=(시간)×(속력)
- (속력)=$\dfrac{(거리)}{(시간)}$
- (시간)=$\dfrac{(거리)}{(속력)}$

미주는 집에서 백화점에 가기 위해 시속 8km의 속력으로 집에서 출발했다. 미주가 집에서 출발한 지 12분 후에 지갑을 두고 간 것을 발견한 동생이 시속 20km의 속력으로 미주를 만나러 출발했다. 미주와 동생은 미주가 출발하고 몇 분 후에 만나게 되는가?(단, 미주와 동생은 쉬지 않고 일정한 속력으로 움직인다)

① 11분   ② 14분

③ 17분   ④ 20분

⑤ 23분

③ 문제에서 제시하는 단서 찾기

① 문제 확인

단서 2
동생과 미주는 같은 거리를 움직임
$8(x+12)=20x$
$\rightarrow x=8$

단서 1
- 동생이 움직인 시간 : x분
- 미주가 움직인 시간 : $x+12$분

PART 1

기출유형 뜯어보기

정답 ④

〈풀이 1〉

동생이 움직인 시간을 x분이라고 하자. 미주가 움직인 시간은 $x+12$분이다.

미주는 시속 8km로 움직였고, 동생은 시속 20km로 움직였다. 이때, 미주와 동생이 움직인 거리는 같으므로

$8(x+12)=20x$

$\therefore x=8$

따라서 미주와 동생은 미주가 출발하고 $8+12=20$분 후에 만나게 된다.

〈풀이 2〉

미주가 집에서 출발해서 동생을 만나기 전까지 이동한 시간을 x시간이라고 하자. 미주가 이동한 거리는 $8x$km이고, 동생은 미주가 출발한 후 12분 뒤에 지갑을 들고 이동했으므로 동생이 이동한 거리는 $20\left(x-\dfrac{1}{5}\right)$km이다.

$8x=20\left(x-\dfrac{1}{5}\right) \rightarrow 12x=4$

$\therefore x=\dfrac{1}{3}$

따라서 미주와 동생은 $\dfrac{1}{3}$시간$=20$분 후에 만나게 된다.

30초 컷 Tip

- 기차나 터널의 길이, 물과 같이 속력이 있는 장소 등 추가적인 조건을 반드시 확인한다.
- 속력과 시간의 단위를 처음부터 정리하여 계산하면 계산 실수 없이 풀이할 수 있다.
  - 1시간=60분=3,600초
  - 1km=1,000m=100,000cm

수리적 사고 인원수·개수

- 구하고자 하는 값을 미지수로 놓고 식을 세운다.
- 증가·감소하는 비율이나 평균과 결합된 문제 역시 많이 출제되고 있다.

┌ • 태경 : x건
└ • 건희 : y건   ┌ $x+y=27$ ··· 식1

L생명 보험설계사 직원인 태경이와 건희의 8월 실적 건수 합계는 27건이었다. 9월에 태경이와 건희의 실적 건수가 8월 대비 각각 20% 증가, 25% 감소하였고 9월의 실적 건수 합 또한 27건일 때, 태경이의 9월 실적 건수는?

┌ • 태경 : $(1+0.2)x$ ─ 문제에서 구해야 하는 값   └ $1.2x+0.75y=27$ ··· 식2   └ ① 문제 확인
└ • 건희 : $(1-0.25)y$

① 12건

② 14건

③ 16건

④ 18건

⑤ 20건

④

〈풀이 1〉

8월 태경이의 실적 건수를 x건, 건희의 실적 건수를 y건이라고 하자.

$x+y=27\cdots\bigcirc$

9월에 태경이의 실적 건수가 20% 증가했으므로 $1.2x$건이고, 건희의 실적 건수는 25% 감소했으므로 $0.75y$건이다.

$1.2x+0.75y=27 \rightarrow 8x+5y=180\cdots\bigcirc$

㉠과 ㉡을 연립하면 $x=15$, $y=12$이다.

따라서 태경이의 9월 실적 건수는 $1.2x=1.2\times15=18$건이다.

〈풀이 2〉

8월 태경이의 실적 건수를 x건이라고 하자. 건희의 실적 건수는 $(27-x)$건이다.

9월에 태경이의 실적 건수가 20% 증가했고, 건희의 실적 건수는 25% 감소했으므로

$0.2x-0.25(27-x)=0$

$\rightarrow 20x-25(27-x)=0$

$\therefore x=15$

따라서 태경이의 9월 실적 건수는 $1.2x=1.2\times15=18$건이다.

30초 컷 Tip

미지수를 여러 개 사용하는 것보다는 한 개만 사용해서 최대한 간소화한다. 연립방정식으로 풀이하는 것보다 하나의 식으로 한 번에 계산하는 것이 풀이 단계를 줄일 수 있는 방법이다.

02 | 수리적 사고 금액

- 원가 · 정가 · 할인가 · 판매가의 개념을 명확히 한다.
- (정가)=(원가)+(이익)
- (할인가)=(정가)$\times\left\{1-\dfrac{(할인율)}{100}\right\}$

윤정이는 어떤 물건을 100개 구입하여, 구입 가격에 25%를 더한 가격으로 50개를 팔았다. 남은 물건 50개를 기존 판매가에서 일정 비율 할인하여 판매했더니 본전이 되었다. 이때 할인율은?

— 원가
— (정가)=(원가)$\times\left(1+\dfrac{25}{100}\right)$
— 정가
— (할인 판매가)
=(정가)$\times\{1-(할인율)\}$
=(정가)$\times\left(1-\dfrac{y}{100}\right)$
— ② 조건 확인
(100개의 원가)
=(100개의 판매가)
— ① 미지수 설정
- 구입가격(원가) : x원
- 할인율 : $y\%$

① 32.5%

② 35%

③ 37.5%

④ 40%

⑤ 42.5%

정답 ④

윤정이가 구입한 개당 가격을 x원, 할인율을 $y\%$라고 하자.

물건 100개의 원가는 $100 \times x$원이고, 판매가는 다음과 같다.

$50 \times 1.25 \times x + 50 \times 1.25 \times \left(1 - \dfrac{y}{100}\right) \times x$

윤정이가 물건을 다 팔았을 때 본전이었으므로 (판매가)=(원가)이다.

$100x = 50 \times 1.25 \times x + 50 \times 1.25 \times \left(1 - \dfrac{y}{100}\right) \times x$

$\rightarrow 2 = 1.25 + 1.25 \times \left(1 - \dfrac{y}{100}\right)$

$\rightarrow 3 = 5 - \dfrac{y}{20}$

$\therefore y = 40$

30초 컷 Tip

- 제시된 문제의 원가(x)처럼 기준이 동일하고, 이를 기준으로 모든 값을 계산하는 경우에 처음부터 x를 생략하고 식을 세우는 연습을 한다.
- 정가가 반드시 판매가인 것은 아니다.
- 금액을 계산하는 문제는 보통 비율과 함께 제시되기 때문에 풀이과정에서 실수하기 쉽다. 때문에 선택지의 값을 대입해서 풀이하는 것이 실수 없이 빠르게 푸는 방법이 될 수도 있다.

02 | 수리적 사고 일률

• 전체 작업량을 1로 놓고, 분·시간 등의 단위 시간 동안 한 일의 양을 기준으로 식을 세운다.

• $(일률) = \dfrac{(작업량)}{(작업시간)}$

① (전체 일의 양)=1 ② (하루 동안 할 수 있는 일의 양) $=(일률)=\dfrac{(작업량)}{(작업기간)}$

프로젝트를 완료하는 데 **A사원이 혼자 하면 7시간, B사원이 혼자 하면 9시간이 걸린다. 3시간 동안 두 사원이 함께** 프로젝트를 진행하다가 B사원이 반차를 내는 바람에 나머지는 A사원이 혼자 처리해야 한다. **A사원이 남은 프로젝트** 를 완료하는 데에는 시간이 얼마나 더 걸리겠는가?

③ 남은 일의 양을 계산

⑤ $(작업기간) = \dfrac{(작업량)}{(일률)}$

④ 미지수 설정

① 1시간 20분   ② 1시간 40분

③ 2시간   ④ 2시간 10분

⑤ 2시간 20분

정답 ②

프로젝트를 완료하는 일의 양을 1이라 하면, A사원은 한 시간에 $\frac{1}{7}$, B사원은 한 시간에 $\frac{1}{9}$ 만큼의 일을 할 수 있다.
①   ②

3시간 동안 같이 한 일의 양은 $\left(\frac{1}{7}+\frac{1}{9}\right)\times3=\frac{16}{21}$ 이므로, A사원이 혼자 해야 할 일의 양은 $\frac{5}{21}\left(=1-\frac{16}{21}\right)$가 된다.
③

이때 프로젝트를 완료하는 데 걸리는 시간을 x시간이라 하자.
④

$$\frac{1}{7}\times x=\frac{5}{21}$$
⑤

$$\therefore x=\frac{5}{3}$$

따라서 A사원 혼자 프로젝트를 완료하는 데에는 총 1시간 40분이 더 걸린다.

30초 컷 Tip

- 전체의 값을 모르는 상태에서 비율을 묻는 문제의 경우 전체를 1이라고 하면 쉽게 풀이할 수 있다. 이는 단순히 일률을 계산하는 경우뿐만 아니라 조건부 확률과 같이 비율이 나오는 문제에는 공통적으로 적용 가능하다.
- 문제에서 제시하는 단위와 선택지의 단위가 같은지 확인한다.

- 부등식의 양변에 같은 수를 더하거나 같은 수를 빼도 부등호의 방향은 바뀌지 않는다.
  → $a < b$이면 $a+c < b+c$, $a-c < b-c$
- 부등식의 양변에 같은 양수를 곱하거나 양변을 같은 양수로 나누어도 부등호의 방향은 바뀌지 않는다.
  → $a < b$, $c > 0$이면 $a \times c < b \times c$, $\dfrac{a}{c} < \dfrac{b}{c}$
- 부등식의 양변에 같은 음수를 곱하거나 양변을 같은 음수로 나누면 부등호의 방향은 바뀐다.
  → $a < b$, $c < 0$이면 $a \times c > b \times c$, $\dfrac{a}{c} > \dfrac{b}{c}$

〈1개 기준〉

구분	A제품	B제품
재료비	3,600	1,200
인건비	1,600	2,000

어느 회사에서는 A, B 두 제품을 주력 상품으로 제조하고 있다. A제품을 1개 만드는 데 재료비는 3,600원, 인건비는 1,600원이 들어간다. 또한 B제품을 1개 만드는 데 재료비는 1,200원, 인건비는 2,000원이 들어간다. 이 회사는 한 달 동안 두 제품을 합하여 40개를 생산하려고 한다. 재료비는 12만 원 이하, 인건비는 7만 원 이하가 되도록 하려고 할 때, A제품을 최대로 생산하면 몇 개를 만들 수 있는가?

③ 부등식   ① 미지수 설정
- A제품 생산 개수 : x개
- B제품 생산 개수 : y개

② 미지수 줄이기
$x+y=40$
$y=40-x$
- A제품 생산 개수 : x개
- B제품 생산 개수 : $(40-x)$개

① 25개
② 26개
③ 28개
④ 30개
⑤ 31개

④

A제품의 생산 개수를 x개라 하자. ——①

B제품의 생산 개수는 $(40-x)$개이다. ——②

$$3,600 \times x + 1,200 \times (40-x) \leq 120,000$$
$$\rightarrow x \leq 30$$
$$1,600 \times x + 2,000 \times (40-x) \leq 70,000$$ ——③
$$\rightarrow x \geq 25$$

$\therefore 25 \leq x \leq 30$

25 ———— 30 ─ 최대

따라서 A제품은 최대 30개까지 생산할 수 있다.

30초 컷 Tip

- 문제에 이상, 이하, 초과, 미만, 최대, 최소 등의 표현이 사용된다.
- 미지수가 2개 이상 나오는 경우나 부등식이 2개 사용되는 경우 그래프를 활용하면 실수의 확률을 줄일 수 있다.
- 최대를 묻는 경우의 부등호의 방향은 미지수가 작은 쪽($x \leq n$)으로 나타내고, 최소를 묻는 경우 부등호의 방향은 미지수가 큰 쪽($x \geq n$)으로 나타낸다.

CHAPTER
02 | 수리적 사고 경우의 수

유형분석

- 두 사건 A, B가 동시에 일어나지 않을 때, A가 일어나는 경우의 수를 a가지, B가 일어나는 경우의 수를 b 가지라고 하면 A 또는 B가 일어나는 경우의 수는 $(a+b)$가지이다.
- 두 사건 A, B가 동시에 일어날 때, A가 일어나는 경우의 수를, B가 일어나는 경우의 수를 b가지라고 하면 A와 B가 동시에 일어나는 경우의 수는 $(a \times b)$가지이다.
- n명 중 자격이 다른 m명을 뽑는 경우의 수 : $_n\mathrm{P}_m$가지
- n명 중 자격이 같은 m명을 뽑는 경우의 수 : $_n\mathrm{C}_m$ 가지

중복 확인(사람일 때는 같은 사람이 없으므로 중복이 없지만,
사물이나 직급, 성별같은 경우에는 중복이 있을 수 있으므로 주의해야 함)

합의 법칙

A~E 다섯 명을 전방을 향해 일렬로 배치할 때, B와 E 사이에 1명 또는 2명이 있도록 하는 경우의 수는?

순서를 고려하므로 순열 P ①, ② ③

① 30가지 ② 60가지
③ 90가지 ④ 120가지
⑤ 150가지

어떤 둘 사이에 n명$(n \geq 2)$을 배치할 때,
$(n+2)$명을 한 묶음으로 생각하고 계산
— $(n+2)$명을 1명으로 치환

전체 m명을 일렬로 배치하는 데 n명$(2 \leq n \leq m)$이 붙어있을 경우의 수는?
① n명을 한 묶음으로 본다. 이때, 이 한 묶음 안에서 n명을 배치하는 경우의 수 : $n!$
② n명을 1명으로 생각
③ $(m-n+1)$명을 배치하는 경우의 수 : $(m-n+1)!$
④ 곱의 법칙으로 전체 경우의 수 : $n! \times (m-n+1)!$

ⅰ) B와 E 사이에 1명이 있는 경우

• A, C, D 중 B와 E 사이에 위치할 1명을 골라 줄을 세우는 방법 : $_3P_1$ ─ ①, ②

B와 E, 가운데 위치한 1명을 한 묶음으로 생각하고, B와 E가 서로 자리를 바꾸는 것도 고려하면

전체 경우의 수는 $\underline{_3P_1\times3!\times2}=3\times6\times2=36$가지이다.
　　　　　　　　③

ⅱ) B와 E 사이에 2명이 있는 경우
　　　　　　　　　　　　　③

• A, C, D 중 B와 E 사이에 위치할 2명을 골라 줄을 세우는 방법 : $_3P_2$ ─ ①, ②

B와 E 가운데 위치한 2명을 한 묶음으로 생각하고, B와 E가 서로 자리를 바꾸는 것도 고려하면

전체 경우의 수는 $\underline{_3P_2\times2!\times2}=6\times2\times2=24$가지이다.
　　　　　　　　③

따라서 구하는 경우의 수는 $36+24=60$가지이다.

30초 컷 Tip

• 기본적으로 많이 활용되는 공식은 숙지한다.
 ─ 동전 n개를 던졌을 때의 경우의 수 : 2^n가지
 ─ 주사위 n개를 던졌을 때의 경우의 수 : 6^n가지
 ─ n명을 한 줄로 세우는 경우의 수 : $n!$
 ─ 원형 모양의 탁자에 n명이 앉는 경우의 수 : $(n-1)!$

• 확률과 경우의 수 문제는 빠르게 계산할 수 있는 방법을 생각해야 한다. 특히 '이상'과 같은 표현이 사용됐다면 1(전체)에서 나머지 확률(경우의 수)를 빼는 방법(여사건 활용)이 편리하다.

CHAPTER

02 | 수리적 사고 자료계산

유형분석

- 자료해석에서 가장 난이도가 쉬운 유형으로 문제에서 묻는 값을 정확하게 계산하여 풀이하는 유형이다.
- 큰 자릿수의 수치가 출제되기도 하며 어림값을 활용하는 경우에 오답률이 올라가는 유형이다.

① 문제 확인 → $\dfrac{\text{고위직}}{\text{총 진출 인원}} \times 100$

다음은 내국인 국제기구 진출현황에 대한 그래프이다. 그래프에서 국제기구 <u>총 진출 인원 중 고위직 진출 인원수의</u> <u>비율이 가장 높은 해는?</u>

① 2013년
② 2014년
③ 2016년
④ ~~2018년~~
⑤ ~~2021년~~

> ③ 선택지에 제시된 해만 표시하고 계산
> 비율이 크다는 것은 분모가 작고 분자는 크다는 의
> 미이다. 즉, ④와 ⑤는 계산해보지 않아도 답이
> 아닌 것을 알 수 있다.

정답 ①

연도별 국제기구 총 진출인원 중 고위직 진출 인원수의 비율은 다음과 같다.

① 2013년 : $\dfrac{36}{248} \times 100 ≒ 14.5\%$

② 2014년 : $\dfrac{36}{316} \times 100 ≒ 11.4\%$

③ 2016년 : $\dfrac{40}{353} \times 100 ≒ 11.3\%$

④ 2018년 : $\dfrac{42}{458} \times 100 ≒ 9.2\%$

⑤ 2021년 : $\dfrac{50}{543} \times 100 ≒ 9.2\%$

따라서 국제기구 총 진출 인원 중 고위직 진출 인원수의 비율이 가장 높은 해는 2013년이다.

30초 컷 Tip

자료계산 문제의 경우 2가지 경우로 나눌 수 있다.

정확한 수치를 구해야 하는 경우

선택지가 아닌 제시된 자료나 그래프를 보고 원하는 수치를 찾는다. 이때, 수치가 크다면 전체를 다 계산하는 것이 아니라 일의 자릿수부터 값이 맞는지를 확인한다.

원하는 수치에 해당하는 값을 찾는 경우

제시된 문제처럼 정확한 수치가 아닌 해당하는 경우나 해당하지 않는 경우를 묻는 문제는 선택지를 먼저 보고, 제시되어 있는 경우만 빠르게 계산한다.

수리적 사고 자료의 추론·분석

- 자료해석에서 가장 많이 출제되는 유형이다.
- 주어진 자료를 토대로 선택지의 옳고 그름을 판단하는 문제이다.
- 증감추이, 증감폭, 증감률 등의 개념을 정확하게 알고 있어야 한다.

┌ ① 문제 확인

다음은 산업별 월간 국내카드 승인액이다. 이에 대한 〈보기〉의 설명 중 옳은 것을 모두 고르면?

〈산업별 월간 국내카드 승인액〉

(단위 : 억 원)

산업별	2022년 8월	2022년 9월	2022년 10월	2022년 11월	2022년 12월	2023년 1월
도매 및 소매업	3,116	3,245	3,267	3,261	3,389	3,241
운수업	161	145	165	159	141	161
숙박 및 음식점업	1,107	1,019	1,059	1,031	1,161	1,032
사업시설관리 및 사업지원 서비스업	40	42	43	42	47	48
교육 서비스업	127	104	112	119	145	122
보건 및 사회복지 서비스업	375	337	385	387	403	423
예술, 스포츠 및 여가관련 서비스업	106	113	119	105	89	80
협회 및 단체, 수리 및 기타 개인 서비스업	163	155	168	166	172	163

② 풀이 순서 정하기

계산이 없는 선택지 ― 간단한 계산 선택지 ― 복잡한 계산 선택지

＝ ㄷ ― ㄱ ― ㄹ ― ㄴ

$\dfrac{|122-145|}{145} \times 100 = \dfrac{145-122}{145} \times 100 ≒ 16\%$

보기

┌ $159 + 1,031 = 1,190$ 원   ┌ 3,261억 원

ㄱ. 교육 서비스업의 2023년 1월 국내카드 승인액의 전월 대비 감소율은 25% 이상이다. (×)

ㄴ. 2022년 11월 운수업과 숙박 및 음식점업의 국내카드 승인액의 합은 도매 및 소매업의 국내카드 승인액의 40% 미만이다. (○)

ㄷ. 2022년 10월부터 2023년 1월까지 사업시설관리 및 사업지원 서비스업과 예술, 스포츠 및 여가관련 서비스업 국내카드 승인액의 전월 대비 증감 추이는 동일하다. (×) $3,261 \times 0.4 = 1,304.4$ 원 > 1,190억 원

ㄹ. 2022년 9월 협회 및 단체, 수리 및 기타 개인 서비스업의 국내카드 승인액은 보건 및 사회복지 서비스업 국내카드 승인액의 35% 이상이다. (○)   └ 337억 원

└ 155억 원

└ $337 \times 0.35 = 117.95$억 원 < 155억 원

① ㄱ, ㄴ

② ㄱ, ㄷ

③ ㄴ, ㄷ

④ ㄴ, ㄹ

⑤ ㄷ, ㄹ

③ 답 소거하기
풀이 순서에 따라 ㄷ과 ㄱ이 옳지 않으므로 모든
선지를 계산해보지 않아도 답은 ④이다.

정답 ④

4. ㄴ. 2022년 11월 운수업과 숙박 및 음식점업의 국내카드 승인액의 합은 159+1,031=1,190억 원으로, 도매 및 소매업의 국내카드 승인액의 40%인 3,261×0.4=1,304.4억 원보다 작다.

3. ㄹ. 2022년 9월 협회 및 단체, 수리 및 기타 개인 서비스업의 국내카드 승인액은 보건 및 사회복지 서비스업 국내카드 승인액의 $\frac{155}{337} \times 100 = 46.0\%$이다.

오답분석

2. ㄱ. 교육서비스업의 2023년 1월 국내카드 승인액의 전월 대비 감소율은 $\frac{122-145}{145} \times 100 = -15.9\%$이다.

1. ㄷ. 2022년 10월부터 2023년 1월까지 사업시설관리 및 사업지원 서비스업의 국내카드 승인액의 전월 대비 증감 추이는 '증가−감소−증가−증가'이고, 예술, 스포츠 및 여가관련 서비스업은 '증가−감소−감소−감소'이다.

30초 컷 Tip

- 계산이 필요 없는 선택지를 먼저 해결한다.
  [예] ㄷ은 빠르게 풀이가 가능하다.
- 정확한 값을 비교하기보다 근사치를 활용한다.

유형분석

- 제시된 표를 그래프로 적절하게 변환한 것을 묻는 유형이다.
- 복잡한 표가 제시되지 않으므로 수의 크기만을 판단하여 풀이할 수 있다.

다음은 B대학교의 학과별 입학정원 변화에 대한 자료이다. 이를 나타낸 그래프로 적절하지 않은 것은?

〈학과별 입학정원 변화〉

3. 표의 항목 확인

1. 제목 확인

2. 단위 확인

(단위 : 명)

이 표의 경우에는 연도가 내림차순으로 정렬되어 있다.

구분	2023년		2022년	2021년	2020년	2019년
A학과	150	−7	157	135	142	110
B학과	54	−6	60	62	55	68
C학과	144	−6	150	148	130	128
D학과	77	−8	85	80	87	90
E학과	65	+5	60	64	67	66
F학과	45	+3	42	48	40	50
G학과	120	+10	110	114	114	115
H학과	100	−5	105	108	110	106

① 2022~2023년 학과별 입학정원 변화

5. 빠르게 확인 가능한 선택지부터 확인
   ①의 경우 2023, 2022년 수치를 바로 적용시킬 수 있으
   므로 우선 확인한다.

② 2019~2023년 A, C, D, G, H학과 입학정원 변화

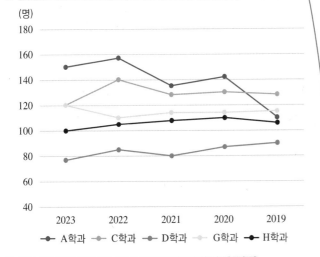

6. 증감 추이 판단 후 수치가 맞는지 확인

③ 2019~2023년 B, E, F, G학과 입학정원 변화

④ 2019~2021년 학과별 입학정원 변화

6. 증감 추이 판단 후 수치가 맞는지 확인

⑤ 전년 대비 2023년도의 A~F학과 입학정원 증감 인원

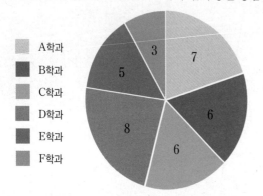

4. 선택지의 제목과 자료에서 필요한 정보 확인
   ⑤의 경우 필요한 자료는 증감량이므로 표에 미리 표시
   하면 빠른 풀이가 가능하다.

C학과의 2021~2023년도 입학정원이 자료보다 낮게 표시되었다.

30초 컷 Tip

- 수치를 일일이 확인하는 것보다 증감 추이를 먼저 판단해서 선택지를 1차적으로 거르고 나머지 선택지 중 그래프의 모양이 크게 차이나는 곳을 확인한다.
- 선택지에서 특징적인 부분이 있는 선택지를 먼저 판단한다.
- 제시된 자료의 증감 추이를 나타내면 다음과 같다.

구분	2023년	2022년	2021년	2020년	2019년
A학과	감소	증가	감소	증가	—
B학과	감소	감소	증가	감소	—
C학과	감소	증가	증가	증가	—
D학과	감소	증가	감소	감소	—
E학과	증가	감소	감소	증가	—
F학과	증가	감소	증가	감소	—
G학과	증가	감소	불변	감소	—
H학과	감소	감소	감소	증가	—

이에 따라 C학과의 2021~2023년의 증감 추이가 제시된 자료와 다른 것을 알 수 있다.

수리적 사고 수추리

- 일반적인 수추리 문제로 제시된 수열을 통해 빈칸에 들어갈 알맞은 값을 찾는 문제이다.
- 등차수열, 등비수열, 군수열, 피보나치수열 등의 개념을 익혀두고 적용하는 연습을 한다.

※ 일정한 규칙으로 수를 나열할 때, 다음 중 빈칸에 들어갈 수로 가장 적절한 것을 고르시오. [1~2]

01

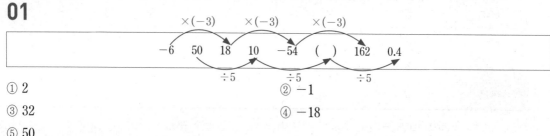

① 2
② -1
③ 32
④ -18
⑤ 50

순차적으로
적용되는
규칙 확인

1. 각 항에 어떤 수를 사칙연산($+$, $-$, $\times$, $\div$)하는 규칙
2. 홀수 항, 짝수 항 규칙
3. 피보나치수열과 같은 계차를 이용한 규칙
4. 군수열을 활용한 규칙
5. 항끼리 사칙연산을 하는 규칙
6. 기타

02

$$\underbrace{-13 + 7 + 9 + -3}_{=0} \Big/ \underbrace{1 + 5 + -3 + -3}_{=0} \Big/ \underbrace{6 + -7 + 5 + (\quad)}_{=0}$$

① -3 ② 5

③ -4 ④ 6

⑤ -8

> ╳ 각 항에 어떤 수를 사칙연산($+$, $-$, $\times$, $\div$)하는 규칙
> ╳ 홀수 항, 짝수 항 규칙
> ╳ 피보나치수열과 같은 계차를 이용한 규칙
> ④ 군수열을 활용한 규칙
> 5. 항끼리 사칙연산을 하는 규칙
> 6. 기타

01

정답 ①

홀수 항은 $\times(-3)$을 하는 수열이고, 짝수 항은 $\div 5$를 적용하는 수열이다.

따라서 ( )$=10 \div 5 = 2$이다.

02

정답 ③

수를 앞부터 4개씩 끊어 A, B, C, D라고 하자.

$\underline{A\ B\ C\ D} \to A+B+C+D=0$

$\underline{6\ -7\ 5\ (\quad)} \to 6-7+5+(\quad)=0$

따라서 ( )$=-4$이다.

30초 컷 Tip

수열을 풀이할 때는 다음과 같은 규칙이 적용되는지를 순서대로 확인한다.

1. 각 항에 어떤 수를 사칙연산($+$, $-$, $\times$, $\div$)하는 규칙
2. 홀수 항, 짝수 항 규칙
3. 피보나치수열과 같은 계차를 이용한 규칙
4. 군수열을 활용한 규칙
5. 항끼리 사칙연산을 하는 규칙
6. 기타

03 | 문제해결 문제해결 ①

- 주어진 문제 상황을 보고 원인과 결과, 그리고 올바른 해결방법을 찾아낼 수 있는지를 평가하는 유형이다.
- 예산, 인력 운용, 자원관리 등과 같은 내용이 출제된다.

A항공사는 현재 신입사원을 모집하고 있으며, 지원자격은 다음과 같다. 다음 〈보기〉의 지원자 중 A항공사 지원자격에 부합하는 사람은 모두 몇 명인가?

└─ ① 문제 확인

〈A항공사 대졸공채 신입사원 지원자격〉

- 4년제 정규대학 모집대상 전공 중 학사학위 이상 소지한 자(졸업예정자 지원 불가)
- TOEIC 750점 이상인 자(국내 응시 시험에 한함)
- 병역필 또는 면제자로 학업성적이 우수하고, 해외여행에 결격사유가 없는 자

② 공통조건확인

※ 공인회계사, 외국어 능통자, 통계 전문가, 전공 관련 자격 보유자 및 장교 출신 지원자 우대

모집분야		모집 조건
일반직	일반관리	• 상경, 법정 계열 • 통계/수학, 산업공학, 신문방송, 식품공학(식품 관련 학과) • 중국어, 러시아어, 영어, 일어, 불어, 독어, 서반아어, 포르투갈어, 아랍어
	운항관리	• 항공교통, 천문기상 등 기상 관련 학과 　– 운항관리사, 항공교통관제사 등 관련 자격증 소지자 우대
전산직		• 컴퓨터공학, 전산학 등 IT 관련 학과
시설직		• 전기부문 : 전기공학 등 관련 전공 　– 전기기사, 전기공사기사, 소방설비기사(전기) 관련 자격증 소지자 우대 • 기계부문 : 기계학과, 건축설비학과 등 관련 전공 　– 소방설비기사(기계), 전산응용기계제도기사, 건축설비기사, 공조냉동기사, 건설기계기사, 일반기계기사 등 관련 자격증 소지자 우대 • 건축부문 : 건축공학 관련 전공(현장 경력자 우대)

③ 세부조건확인

┌─ 지원자격 요건

지원자	지원분야	학력	전공	병역사항	TOEIC 점수	참고사항
A	전산직	대졸	컴퓨터공학	병역필	820점	• 중국어, 일본어 능통자이다. • 해외 비자가 발급되지 않는 상태이다.
B	시설직 (건축부문)	대졸	식품공학	면제	930점	• 건축현장 경력이 있다. • 전기기사 자격증을 소지하고 있다.

지원자	지원분야	학력	전공	병역사항	TOEIC 점수	참고사항
C	일반직 (운항관리)	대재	항공교통학	병역필	810점	• 전기공사기사 자격증을 소지하고 있다. • 학업 성적이 우수하다.
D	시설직 (기계부문)	대졸	기계공학	병역필	745점	• 건축설비기사 자격증을 소지하고 있다. • 장교 출신 지원자이다.
E	일반직 (일반관리)	대졸	신문방송학	미필	830점	• 소방설비기사 자격증을 소지하고 있다. • 포르투갈어 능통자이다.

① 1명
② 2명
③ 3명
④ 4명
⑤ 없음

정답 ⑤

지원자	지원분야	학력	전공	병역사항	TOEIC 점수	참고사항
A	전산직	대졸	컴퓨터공학	병역필	820점	• 중국어, 일본어 능통자이다. • 해외 비자가 발급되지 않는 상태이다.
B	시설직 (건축부문)	대졸	식품공학 ③	면제	930점	• 건축현장 경력이 있다. • 전기기사 자격증을 소지하고 있다.
C	일반직 (운항관리)	대재	항공교통학	병역필	810점	• 전기공사기사 자격증을 소지하고 있다. • 학업 성적이 우수하다.
D	시설직 (기계부문)	대졸	기계공학	병역필	745점	• 건축설비기사 자격증을 소지하고 있다. • 장교 출신 지원자이다.
E	일반직 (일반관리)	대졸	신문방송학	미필	830점	• 소방설비기사 자격증을 소지하고 있다. • 포르투갈어 능통자이다.

②

• A : 해외여행에 결격사유가 있다.
• B : 지원분야와 전공이 맞지 않다.
• C : 대학 재학 중이므로, 지원이 불가능하다.
• D : TOEIC 점수가 750점 이상이 되지 않는다.
• E : 병역 미필로 지원이 불가능하다.
따라서 A~E 5명 모두 지원자격에 부합하지 않는다.

30초 컷 Tip

자료에 직접적으로 표시하여 정보를 빠르게 확인할 수 있도록 하고, 선택지를 제거하며 풀이한다.

L사는 SWOT 분석결과 자료를 토대로, SWOT 분석에 의한 경영전략에 맞추어 〈보기〉와 같이 판단하였다. 다음 〈보기〉 중 SWOT 분석에 의한 경영전략에 따른 내용으로 적절하지 않은 것을 모두 고르면?

〈경제자유구역사업에 대한 SWOT 분석결과〉

구분	분석결과
강점(Strength)	– 성공적인 경제자유구역 조성 및 육성 경험 – 다양한 분야의 경제자유구역 입주희망 국내 기업 확보
약점(Weakness)	– 과다하게 높은 외자금액 비율 – 외국계 기업과 국내 기업 간의 구조 및 운영상 이질감
기회(Opportunity)	– 국제경제 호황으로 인하여 타국 사업지구 입주를 희망하는 해외시장 부문의 지속적 증가 – 국내진출 해외 기업 증가로 인한 동형화 및 협업 사례 급증
위협(Threat)	– 국내거주 외국인 근로자에 대한 사회적 포용 부족 – 대대적 교통망 정비로 인한 기성 대도시의 흡수효과 확대

〈SWOT 분석에 의한 경영전략〉

• SO전략 : 강점을 활용해 기회를 선점하는 전략
• ST전략 : 강점을 활용하여 위협을 최소화하거나 극복하는 전략
• WO전략 : 기회를 활용하여 약점을 보완하는 전략
• WT전략 : 약점을 최소화하고 위협을 회피하는 전략

보기

ㄱ. 성공적인 경제자유구역 조성 노하우를 활용하여 타국 사업지구로의 진출을 희망하는 해외 기업을 유인 및 유치하는 전략은 SO전략에 해당한다.
ㄴ. 다수의 풍부한 경제자유구역 성공 사례를 바탕으로 외국인 근로자를 국내주민의 문화에 적극적으로 동화시킴으로써 원활한 지역발전의 토대를 조성하는 전략은 ST전략에 해당한다.
ㄷ. 기존에 국내에 입주한 해외 기업의 동형화 사례를 활용하여 국내 기업과 외국계 기업의 운영상 이질감을 해소하여 생산성을 증대시키는 전략은 WO전략에 해당한다.
ㄹ. 경제자유구역 인근 대도시와의 연계를 확대하여 경제자유구역 내 국내·외 기업 간의 이질감을 해소하는 전략은 WT전략에 해당한다.

① ㄱ, ㄴ
② ㄱ, ㄷ
③ ㄴ, ㄷ
④ ㄴ, ㄹ
⑤ ㄷ, ㄹ

정답 ④

ㄴ. 다수의 풍부한 경제자유구역 성공 사례를 활용하는 것은 강점에 해당되지만, 외국인 근로자를 국내주민과 문화적으로 동화시키려는 시도는 외국인 근로자들을 포용하는 태도가 아니다. 외국인 근로자들의 문화를 존중하는 동시에 외국인 근로자들과 국내주민 간의 문화적 융화를 도모하여야 지역경제발전을 위한 원활한 사회적 토대를 조성할 수 있다. 따라서 해당 전략은 ST전략으로 부적절하다.

ㄹ. 경제자유구역 인근 대도시와의 연계를 활성화하면 오히려 인근 기성 대도시의 산업이 확장된 교통망을 바탕으로 경제자유구역의 사업을 흡수할 위험이 커진다. 또한 인근 대도시와의 연계 확대는 경제자유구역 내 국내·외 기업 간의 구조 및 운영상 이질감을 해소하는 데에 직접적인 도움이 된다고 보기 어렵다.

오답분석

ㄱ. 경제호황으로 인해 자국을 벗어나 타국으로 진출하려는 해외 기업이 증가하는 기회상황에서, 성공적 경험에서 축적된 우리나라의 경제자유구역 조성 노하우로 이들을 유인하여 유치하는 전략은 SO전략으로 적절하다.

ㄷ. 기존에 국내에 입주한 해외 기업의 동형화 사례를 활용하여 국내 기업과 외국계 기업의 운영상 이질감을 해소하여 생산성을 증대시키는 전략은 WO전략에 해당한다.

30초 컷 Tip

기업의 내부환경과 외부환경을 분석하여 강점(Strength), 약점(Weakness), 기회(Opportunity), 위협(Threat) 요인을 규정하고 이를 토대로 경영전략을 수립하는 기법으로, 미국의 경영컨설턴트인 알버트 험프리(Albert Humphrey)에 의해 고안되었다. SWOT 분석의 가장 큰 장점은 기업의 내·외부환경 변화를 동시에 파악할 수 있다는 것이다. 기업의 내부환경을 분석하여 강점과 약점을 찾아내며, 외부환경 분석을 통해서는 기회와 위협을 찾아낸다.

SWOT 분석은 외부로부터의 기회는 최대한 살리고 위협은 회피하는 방향으로 자신의 강점은 최대한 활용하고 약점은 보완한다는 논리에 기초를 두고 있다. SWOT 분석에 의한 경영전략은 다음과 같이 정리할 수 있다.

남에게 이기는 방법의 하나는 예의범절로 이기는 것이다.

– 조쉬 빌링스 –

PART 2

기출복원문제

※ L사는 문화의 날을 기념하여 '영화가 있는 밤' 행사를 진행하려고 한다. 다음은 마케팅 부서에 신입사원으로 입사한 귀하가 작성한 글이다. 이를 보고 이어지는 질문에 답하시오. **[1~4]**

영화의 역사는 신기한 ⑤ <u>눈요기거리라는</u> 출발점을 지나 예술적 가능성을 실험하며 고유의 표현 수단을 발굴해 온 과정이었다. 그 과정에서 미학적 차원의 논쟁과 실천이 거듭되었다. 그 중 리얼리즘 미학의 확립에 큰 역할을 한 인물로 프랑스 영화 비평가 바쟁이 있다.

바쟁은 '미라(Mirra) 콤플렉스'와 관련하여 조형 예술의 역사를 설명한다. 고대 이집트인이 만든 미라에는 죽음을 넘어서 생명을 길이 보존하고자 하는 욕망이 ⑥ <u>깃들어</u> 있거니와, 그러한 '복제의 욕망'은 회화를 비롯한 조형 예술에도 강력한 힘으로 작용해 왔다고 한다. 그 욕망은 르네상스 시대 이전까지 작가의 자기표현 의지와 일정한 균형을 이루어 왔다. 하지만 원근법이 등장하여 대상의 사실적 재현에 성큼 다가서면서 회화의 관심은 복제의 욕망 쪽으로 기울게 되었다. 그 상황은 사진이 발명되면서 다시 한 번 크게 바뀌었다. 인간의 주관성을 배제한 채 대상을 기계적으로 재현하는 사진이 발휘하는 모사의 신뢰도는 회화에 비할 바가 아니었다. 사진으로 인해 조형예술은 비로소 복제의 욕망으로부터 자유롭게 되었다.

영화의 등장은 대상의 재현에 또 다른 획을 그었다. 바쟁은 영화를, 사진의 기술적 객관성을 시간 속에서 완성함으로써 대상의 살아 숨 쉬는 재현을 가능케 한 진일보한 예술로 본다. 시간의 흐름에 따른 재현이 가능해진 결과, 더욱 닮은 지문(指紋) 같은 현실을 제공하게 되었다. 바쟁에 의하면 영화와 현실은 본질적으로 친화력을 지닌다. 영화는 현실을 시간적으로 ⑥ <u>구연한다는</u> 점에서 현실의 연장이며, 현실의 숨은 의미를 드러내고 현실에 밀도를 제공한다는 점에서 현실의 정수이다. 영화의 이러한 리얼리즘적 본질은 그 자체로 심리적·기술적·미학적으로 완전하다는 것이 그의 시각이다.

바쟁은 형식주의적 기교가 현실의 복잡성과 모호성을 침해하여 현실을 왜곡할 수 있다고 본다. 그는 현실의 참모습을 변조하는 과도한 편집 기법보다는 단일한 숏(Shot)*을 길게 촬영하는 롱 테이크 기법을 지지한다. 그것이 사건의 공간적 단일성을 존중하고 현실적 사건으로서의 가치를 보장하기 때문이다. 그는 또한 ② <u>후경</u>에서 배경에 이르기까지 공간적 깊이를 제공하는 촬영을 지지한다. 화면 속에 여러 층을 형성하여 모든 요소를 균등하게 드러냄으로써 현실을 진실하게 반영할 수 있으며 관객의 시선에도 자유를 부여할 수 있다는 것이다.

영화는 현실을 겸손한 자세로 따라가면서 해석의 개방성을 ⑩ <u>감수해야</u> 한다는 믿음, 이것이 바쟁이 내건 영화관의 핵심에 놓여 있다. 그 관점은 수많은 형식적 기교가 발달한 오늘날에도 많은 지지를 얻으며 영화적 실천의 한 축을 이루고 있다.

*숏 : 카메라가 한 번 촬영하기 시작해서 끝날 때까지의 연속된 한 화면 단위

01 윗글에 나타난 '바쟁'의 생각을 이해한 내용으로 적절하지 않은 것은?

① 조형 예술의 역사에는 '미라 콤플렉스'가 내재되어 있다.
② 영화는 회화나 사진보다 재현의 완성도가 높은 예술이다.
③ 영화는 현실을 의도적으로 변형하고 재구성하는 예술이다.
④ 영화는 현실의 풍부함과 진실을 드러낼 수 있는 예술이다.
⑤ 사진은 회화가 표현의 자율성을 확보하는 데 영향을 미쳤다.

02 '바쟁의 영화관(映畫觀)'에 동조하는 감독이 영화를 제작했을 때, 이 영화에 대한 반응으로 적절하지 않은 것은?

① 불가피한 경우를 제외하고는 편집을 자제하고 있구나.
② 현실을 대하는 것 같은 공간적 깊이감을 보여주는구나.
③ 대상을 왜곡할 수 있는 기교를 배제하려고 노력하는구나.
④ 숏의 길이를 길게 하여 현실의 시간과 유사한 느낌을 주는구나.
⑤ 화면 속의 중심 요소에 주목하게 하여 관객의 시선을 고정하고 있구나.

03 귀하는 작성한 글을 제출하기 전, 의미를 분명하게 전달하고자 위 자료를 수정하고자 한다. 다음 중 밑줄 친 ㉠~㉤의 수정 방안으로 적절하지 않은 것은?

① ㉠ : '눈요깃거리라는'으로 수정한다.   ② ㉡ : '깃들어'로 수정한다.
③ ㉢ : '구현한다는'으로 수정한다.   ④ ㉣ : '전경에서'로 수정한다.
⑤ ㉤ : '담보해야'로 수정한다.

`Hard`
04 귀하는 '영화가 있는 밤' 행사 직원들에게 선호하는 영화 장르에 대한 설문조사를 진행하였고, 다음과 같이 설문조사 결과를 정리하였다. 정리한 내용이 모두 참일 때, 다음 중 바르게 유추한 것은?

> • 멜로 영화를 좋아하는 사람은 독립 영화를 좋아한다.
> • 공포 영화를 좋아하는 사람은 SF 영화를 좋아한다.
> • 독립 영화를 좋아하지 않는 사람은 SF 영화를 좋아하지 않는다.

① 멜로 영화를 좋아하지 않는 사람은 SF 영화를 좋아한다.
② 독립 영화를 좋아하는 사람은 SF 영화를 좋아하지 않는다.
③ SF 영화를 좋아하는 사람은 멜로 영화를 좋아하지 않는다.
④ 공포 영화를 좋아하는 사람은 독립 영화를 좋아한다.
⑤ 공포 영화를 좋아하는 사람은 멜로 영화를 좋아하지 않는다.

※ 다음은 L사의 사내 게시판에 올라온 현대인의 대인 관계에 대한 글이다. 이를 보고 이어지는 질문에 답하시오. [5~8]

우리 현대인은 대인 관계에 있어서 가면을 쓰고 살아간다. 물론 그것이 현대 사회를 살아가기 위한 인간의 기본적인 조건인지도 모른다. 어빙 고프만 같은 학자는 사람이 다른 사람과 교제를 할 때, 상대방에 대한 자신의 인상을 관리하려는 속성이 있다는 점을 강조한다. 즉, 사람들은 대체로 남 앞에 나설 때에는 가면을 쓰고 연기를 하는 배우와 같이 행동한다는 것이다.

왜 그런 상황이 발생하는 것일까? 그것은 주로 대중문화의 속성에 기인한다. 사실 20세기의 대중문화는 과거와는 다른 새로운 인간형을 탄생시키는 배경이 되었다고 할 수 있다. 특히, 광고는 내가 다른 사람의 눈에 어떻게 보일 것인가 하는 점을 끊임없이 반복하고 강조함으로써 ㉮ 사람들에게 조바심이나 공포감을 불러일으키기까지 한다. 그 중에서도 외모와 관련된 제품의 광고는 개인의 삶의 의미가 '자신이 남에게 어떤 존재로 보이느냐.'라는 것을 무수히 주입시킨다. 역사학자들도 '연기하는 자아'의 개념이 대중문화의 부상과 함께 더욱 의미 있는 것이 되었다고 말한다. 그들은 적어도 20세기 초부터 '성공'은 무엇을 잘하고 열심히 하는 것이 아니라 '인상 관리'를 어떻게 하느냐에 달려 있다고 한다. 이렇게 자신의 일관성을 잃고 상황에 따라 적응하게 되는 현대인들은 대중매체가 퍼뜨리는 유행에 민감하게 반응하는 과정에서 자신의 취향을 형성해 가고 있다.

이렇듯 현대인의 새로운 타자 지향적인 삶의 태도는 개인에게 다른 사람들의 기대와 순간의 욕구에 의해 채워져야 할 빈 공간이 될 것을 요구했다. 현대 사회에서 각 개인은 사회 적응을 위해 역할 수행자가 되어야 하고, 자기 스스로 자신의 연기를 모니터하면서 상황에 따라 편리하게 '사회적 가면'을 쓰고 살아가게 되었다. 이는 세련되었다는 평을 받는 사람들의 경우에 더욱 그러하다. 흔히 거론되는 '신세대 문화'의 특성 중 하나도 '사회적 가면'의 착용이라고 볼 수 있다. 물론 신세대는 구세대에 비해 훨씬 더 솔직하고 가식이 없다는 장점을 지니고 있다. 여기서 '가면'은 특정한 목적을 위해 자기를 감추거나 누구를 속인다는 부정적인 의미만을 갖고 있는 것은 아니다. 다만, 신세대는 남에게 보이는 자신의 모습에서 만족을 느끼는 정도가 크기 때문에 그런 만족을 얻기 위해 기울이는 노력이 크고, 그것은 자신의 자아를 돌아볼 여유도 없이 '가면'에만 충실하게 되는 것이다.

㉠ 과거를 향유했던 사람들은 비교적 사람의 내면세계를 중요시했다. 겉으로 드러나는 모습은 허울에 불과하다고 믿었기 때문이다. 그러나 ㉡ 현시대를 살아가는 사람들의 모습을 보면 인간관계에 있어, 그 누구도 타인의 내면세계를 깊이 알려고 하지 않거니와 사실 그럴만한 시간적 여유도 없는 경우가 많다. 그런 이유로 무언가 '느낌'으로 와 닿는 것만을 중시하며 살아간다. 그 '느낌'이란 것은 꼭 말로 설명할 수는 없다 하더라도 겉으로 드러난 모습에 의해 영향을 받게 마련이다. 옷차림새나 말투 하나만 보고도 금방 그 어떤 '느낌'이 형성될 수도 있는 것이다. 사람을 단지 순간적으로 느껴지는 겉모습만으로 판단한다는 것은 위험하기 짝이 없는 일임에도 불구하고, 현대인들은 겉모습에서 주어지는 인상에 의해 상대방을 파악하고 인식하는 것을 거부하지 못하는 데에 문제가 있다.

05 윗글에서 글쓴이가 궁극적으로 말하고자 하는 것은?

① 현대인들은 세대 간에 이해의 폭을 넓혀야 한다.
② 현대인들은 자아 중심적 세계에서 벗어나야 한다.
③ 현대인들은 자신의 내면적 가치를 추구해야 한다.
④ 현대인들은 남과 더불어 사는 삶을 추구해야 한다.
⑤ 현대인들은 긍정적 세계관을 지니도록 노력해야 한다.

06 다음 중 밑줄 친 ㉮의 사례로 적절하지 않은 것은?

① 홈쇼핑 광고를 보던 주부가 쇼핑 도우미의 말을 듣고 그 물건을 사지 않으면 자기만 손해를 보는 것 같아 상품을 주문하였다.

② 여학생이 납량 특집 영화에서 화장실에 귀신이 나오는 장면을 본 후로는, 화장실 가기가 무서워 꼭 친구들과 함께 가게 되었다.

③ 한 소녀가 살을 빼는 식품 광고에 나오는 다른 소녀의 마른 모습을 본 후, 자신은 살이 많이 쪘다고 생각하여 살을 빼려고 운동을 시작했다.

④ 텔레비전 오락 프로그램에 나온 연예인들이 입고 있는 멋진 옷을 본 사람이 그 옷을 입지 않으면 유행에 뒤떨어질 것이라고 생각하여 그 옷을 샀다.

⑤ 잡지에서 '건강하게 오래 사는 가구 배치 방법'이라는 기사를 읽은 사람이 그렇게 하지 않으면 금방 병이 날 것처럼 생각되어 가구를 다시 배치하였다.

Easy

07 ㉠의 입장에서 ㉡을 비판할 수 있는 속담으로 가장 적절한 것은?

① 뚝배기보다 장맛이다.　　　　② 겉이 고우면 속도 곱다.

③ 같은 값이면 다홍치마다.　　　④ 장님 코끼리 만지기 격이다.

⑤ 보기 좋은 떡이 먹기도 좋다.

Hard

08 사내 게시판에 올라온 글을 읽고 느낀 바가 있는 D사원은 건강한 내면을 갖추기 위해 필라테스 수업을 등록했다. 평일에는 바렐, 체어, 리포머의 세 가지 수업이 동시에 진행되며, 토요일에는 리포머 수업만 진행된다. 센터 회원은 전용 어플을 통해 자신이 원하는 수업을 선택하여 1주일간의 운동 스케줄을 등록할 수 있다. 센터 회원인 D사원이 월요일부터 토요일까지 다음과 같이 운동 스케줄을 등록할 때, 다음 중 옳지 않은 것은?

> • 바렐 수업은 일주일에 1회 참여한다.
> • 체어 수업은 일주일에 2회 참여하되, 금요일에 1회 참여한다.
> • 리포머 수업은 일주일에 3회 참여한다.
> • 동일한 수업은 연달아 참여하지 않는다.
> • 월요일부터 토요일까지 수업을 듣지 않는 날은 없다.
> • 하루에 1개의 수업만 들을 수 있다.

① 월요일에 리포머 수업을 선택한다면, 화요일에는 체어 수업을 선택할 수 있다.

② 월요일에 체어 수업을 선택한다면, 수요일에는 바렐 수업을 선택할 수 있다.

③ 화요일에 체어 수업을 선택한다면, 수요일에는 바렐 수업을 선택할 수 있다.

④ 화요일에 바렐 수업을 선택한다면, 수요일에는 리포머 수업을 선택할 수 있다.

⑤ 수요일에 리포머 수업을 선택한다면, 목요일에는 바렐 수업을 선택할 수 있다.

※ 2026년 완공 예정인 L쇼핑몰 대구 지점과 관련한 워크숍이 대구 지부에서 진행되었다. 다음은 해당 워크숍에 참여한 기획부서 박대리의 출장에 대한 자료이다. 이를 보고 이어지는 질문에 답하시오. **[9~12]**

〈상황〉

• 서울 지부에서 근무하는 박대리는 대구 지부에서 열리는 워크숍에 3박 4일간 참석하고자 한다.
• 워크숍은 10월 20일 오후 1시에 시작하여, 10월 23일 오후 5시까지 진행된다.
• 박대리는 서울 지부에서 대구 지부까지 이동 시 김포공항에서 대구공항으로 향하는 항공편을 이용한다. 박대리는 워크숍 시작 1시간 전에는 대구공항에 도착하고자 하며, 워크숍 종료 후 2시간 이내에는 김포행 항공편에 탑승하고자 한다.
• 식비는 출장 시작일과 마지막일을 포함하여 하루당 3만 원이 지급된다.
• 대구공항부터 워크숍 장소인 대구 지부까지의 이동수단 중 항공료를 제외한 교통비는 하루당 1만 원이 지급된다.
• 숙박비는 1박당 8만 원이 지급된다.

〈항공편 정보〉

• 박대리는 다음 항공편 중에서 선택하여 이용한다.

항공편	출발	도착	출발시간	도착시간	편도요금
IA910	김포공항	대구공항	10:00	10:50	34,500원
JI831	김포공항	대구공항	12:10	13:20	41,000원
BQ381	김포공항	대구공항	14:00	14:50	40,500원
GO904	대구공항	김포공항	16:40	17:30	56,000원
TK280	대구공항	김포공항	18:00	18:50	58,000원
BV411	대구공항	김포공항	19:40	20:30	61,000원

09 출장비는 박대리가 10월 20일에 김포공항에서 출발하여 10월 23일에 다시 김포공항으로 돌아오기까지의 활동에 대해 지급된 비용의 총계일 때, 다음 중 박대리의 대구 출장으로 인한 출장비 총액은?

① 408,000원
② 423,500원
③ 458,000원
④ 472,500원
⑤ 521,000원

10 박대리가 이용한 항공사의 마일리지 적립 규정이 다음과 같을 때, 박대리가 이번 출장으로 인해 적립하게 되는 마일리지는?

<마일리지 적립 규정>

항공편 가격	적립률(편도요금 기준)	비고
3만 원 미만	2%	10월 한 달 동안은 1.0%p 추가 적립 제공
3만 원 이상 5만 원 미만	3%	
5만 원 이상 10만 원 미만	5%	–
10만 원 이상	7%	–

① 3,935점
② 4,280점
③ 4,310점
④ 4,550점
⑤ 4,810점

11 L사의 기획부서에는 네 명의 사원 A ~ D와 세 명의 대리 E ~ G가 소속되어 있으며, 이들 중 4명이 해외 진출 사업을 진행하기 위해 베트남으로 출장을 갈 예정이다. 다음 <조건>을 따를 때, 항상 참이 되는 것은?

조건
• 사원 중 적어도 한 사람은 출장을 간다.
• 대리 중 적어도 한 사람은 출장을 가지 않는다.
• A사원과 B사원 중 적어도 한 사람이 출장을 가면, D사원은 출장을 간다.
• C사원이 출장을 가면, E대리와 F대리는 출장을 가지 않는다.
• D사원이 출장을 가면, G대리도 출장을 간다.
• G대리가 출장을 가면, E대리도 출장을 간다.

① A사원은 출장을 간다.
② B사원은 출장을 간다.
③ C사원은 출장을 가지 않는다.
④ D사원은 출장을 가지 않는다.
⑤ G사원은 출장을 가지 않는다.

12 다음은 해외 출장이 잦은 해외사업팀 네 명의 사원 갑~정의 항공 마일리지 현황이다. 다음 중 항상 참이 되지 않는 것은?

- 갑사원의 항공 마일리지는 8,500점이다.
- 갑사원의 항공 마일리지는 을사원보다 1,500점 많다.
- 병사원의 항공 마일리지는 을사원보다 많고 갑사원보다 적다.
- 정사원의 항공 마일리지는 7,200점이다.

① 갑사원의 항공 마일리지가 가장 많다.
② 정사원의 항공 마일리지가 4명 중 가장 적지는 않다.
③ 을사원의 항공 마일리지는 4명 중 가장 적다.
④ 병사원의 정확한 항공 마일리지는 알 수 없다.
⑤ 항공 마일리지가 많은 순서는 '갑 - 정 - 병 - 을' 사원이다.

※ 다음은 L그룹의 정기주주총회에 대한 자료이다. 이를 보고 이어지는 질문에 답하시오. **[1~4]**

〈제56기 정기주주총회〉

- 일시 : 2023년 ___㉮___ 월 ○○일(금) 13:30
- 장소 : 서울특별시 송파구 ○○○로 ○○ L타워 31층 컨퍼런스(Conference)실

총 발행주식수 (우선주 포함)	의결권 있는 주식수	참석 주식수		
		전체 주식수	ⓐ 최대주주 및 특수관계인 주식수	ⓑ 최대주주 및 특수관계인 외 주식수
105,896,861주	70,805,300주	52,632,633주	43,591,963주	9,040,670주

안건	찬성율	반대율	가결 여부
1. 제56기(2022년 1월 1일 ~ 2022년 12월 31일) 재무제표[이익잉여금 처분 계산서(안) 포함] 승인의 건	91.1%	0.9%	원안대로 가결
2. 〈정관〉 일부 개정의 건	99.7%	0.3%	원안대로 가결
3-1. 사내이사 신○○ 선임의 건	90.1%	9.9%	원안대로 가결
3-2. 사내이사 송○○ 선임의 건	99.2%	0.8%	원안대로 가결
3-3. 사내이사 고○○ 선임의 건	99.6%	0.4%	원안대로 가결
3-4. 사외이사 권○○ 선임의 건	99.6%	0.4%	원안대로 가결
3-5. 사외이사 이○○ 선임의 건	99.6%	0.4%	원안대로 가결
3-6. 사외이사 김○○ 선임의 건	99.6%	0.4%	원안대로 가결
4-1. 감사위원 김○○ 선임의 건	99.1%	0.9%	원안대로 가결
4-2. 감사위원 박○○ 선임의 건	99.1%	0.9%	원안대로 가결
5. 이사 보수한도 승인의 건	92.3%	7.7%	원안대로 가결
6. 자기주식(우선주) 소각을 위한 자본금 감소 승인의 건	99.7%	0.3%	원안대로 가결

〈정관〉

제5조(발행예정주식의 총수)

이 회사가 발행할 주식의 총수는 5억 주로 한다.

제7조(주식의 종류)

이 회사가 발행할 주식은 기명식 보통주식과 기명식 우선주식으로 한다. 이때 우선주식은 의결권이 없는 배당우선주로 한다.

제19조(소집 시기)

① 이 회사의 주주총회는 정기주주총회와 임시주주총회로 한다.

② 정기주주총회는 매 사업년도 종료 후 3월 이내에, 임시주주총회는 필요할 때 소집한다.

제20조(소집권자 및 대표이사 직무대행)

주주총회의 소집은 법령에 다른 규정이 있는 경우를 제외하고는 이사회의 결의에 따라 대표이사가 소집해야한다. 다만, 대표이사의 유고 시에는 이사회에서 정한 순서에 따라 이사가 대표이사의 직무를 대행한다.

제29조(주주총회 의결의 방법)

주주총회의 결의는 법령에 다른 정함이 있는 경우를 제외하고는 출석한 주주의 의결권의 과반이 넘는 수로하되, 발행주식총수의 4분의 1 이상의 수로 하여야 한다.

제31조(이사의 수)

① 이 회사의 이사는 3명 이상 ~ 9명 이하로 한다.

② 회사의 사외이사는 3명 이상으로 이사총수의 과반이 넘는 수로 한다.

01 다음 중 위 자료에 대한 설명으로 가장 적절한 것은?

① 주주총회에 참석한 주식의 비율은 ⓐ가 ⓑ의 약 5배이다.

② 총 발행주식수 가운데 의결권 있는 주식수의 비율은 70%를 초과한다.

③ 정관에 따르면 L그룹은 최대 4억 주까지의 신주를 발행할 수 있다.

④ 의결권 있는 주식수 가운데 주주총회에 참석한 주식수의 비율은 73% 미만이다.

⑤ 정기주주총회 공고문에 제시된 사내이사 3명이 실제로 사내이사 전원이라면 유임된 사외이사는 최대 3명이다.

02 다음 〈보기〉의 설명 중 L그룹의 정기주주총회 공고문과 정관을 이해한 내용으로 옳은 것을 모두 고르면?

> **보기**
>
> ㄱ. 어떠한 안건이든지 최소 2,647만 주 이상의 찬성을 얻어야 가결될 수 있다.
>
> ㄴ. 발행주식총수 중에서 의결권이 없는 주식은 그렇지 않은 주식의 0.5배 이상이다.
>
> ㄷ. '사내이사 신○○ 선임의 건'에 찬성한 주식수와 반대한 주식수의 차이는 약 4,221만 주이다.
>
> ㄹ. 제56기 정기주주총회가 소집될 수 있는 시기로 ㉮에 들어갈 수 있는 월은 4월부터 5월까지이다.

① ㄱ, ㄴ   ② ㄱ, ㄷ

③ ㄱ, ㄹ   ④ ㄴ, ㄷ

⑤ ㄴ, ㄹ

03 다음 자료에 나타난 표현 중 우리말 어법에 적절한 것은?

① 컨퍼런스(Conference)   ② 찬성율

③ 사업년도   ④ 유고 시에는

⑤ 과반이 넘는 수

Hard

04 다음 〈보기〉의 설명 중 L그룹의 정관을 이해한 내용으로 적절하지 않은 것을 모두 고르면?

> **보기**
>
> ㄱ. 주주총회를 소집하려고 할 때 이사회의 결의가 반드시 필요한 것은 아니다.
> ㄴ. 대표이사가 임시주주총회를 소집할 수 있는 횟수는 매 분기마다 1회로 제한된다.
> ㄷ. 대표이사가 궐위된 때에는 주주총회의 의결로 감사위원 중 1인이 대표이사의 직무를 대행할 수 있다.
> ㄹ. 발행주식총수의 25% 미만이 주주총회에 참석하더라도 절반이 넘는 수가 찬성하는 안건은 주주총회에서 가결될 수 있다.

① ㄱ, ㄴ   ② ㄴ, ㄷ

③ ㄷ, ㄹ   ④ ㄴ, ㄷ, ㄹ

⑤ ㄱ, ㄴ, ㄷ, ㄹ

※ 다음은 세계 에너지 수요 현황 및 전망에 대한 표와 보고서이다. 이를 보고 이어지는 질문에 답하시오.
   [5~8]

〈세계 에너지 수요 현황 및 전망〉

(단위 : *QBTU / %)

구분		현황			전망			연평균 증가율 (2015 ~ 2035년)
		1990년	2000년	2010년	2015년	2025년	2035년	
OECD	북미	101	120	121	126	138	149	0.9
	유럽	70	81	81	84	89	92	0.5
	아시아 / 오세아니아	27	37	38	39	43	45	0.8
	소계	198	238	240	249	270	286	0.7
비(非) OECD	유럽	67	50	51	55	63	69	1.3
	아시아 / 오세아니아	58	122	133	163	222	277	3.5
	아프리카	10	14	14	17	21	24	2.1
	중남미	15	23	23	28	33	38	1.8
	소계	150	209	221	263	339	408	2.8
합계		348	447	461	512	609	694	1.8

*QBTU(Quadrillion British Thermal Units) : 1BTU는 1파운드의 물을 1°F 올리는 데 필요한 열량(=1,055J)을 뜻하며, Quadrillion은 '1,000조'를 가리킴(1QBTU=1,055조J)

〈보고서〉

전 세계 에너지 수요는 2010년 461QBTU에서 2035년 694QBTU로 50% 이상 증가할 것으로 전망된다. Ⓐ 이 기간 중에 국제 유가와 천연가스 가격 상승이 예측되어 장기적으로 에너지 수요를 다소 둔화시키는 요인으로 작용하겠으나, 비(非)OECD 국가들의 높은 경제성장률과 인구증가율로 인해 세계 에너지 수요 증가율은 높은 수준을 유지할 것이다.

OECD 국가들의 에너지 수요는 2015 ~ 2035년 기간 중 연평균 0.7%씩 증가할 것으로 전망되어 2035년에는 2010년에 비해 19.2% 늘어날 것으로 예상된다. 반면, 같은 기간 비OECD 국가들의 에너지 수요는 연평균 2.8%씩 증가하여 2035년에는 2010년에 비해 84.6%나 늘어날 것으로 예상된다.

비OECD 국가들 중에서도 중국과 인도의 경제성장률이 가장 높게 전망되고 있으며, 두 국가의 2035년 에너지 수요는 2010년 수준보다 2배 이상으로 증가하여 전 세계 에너지 수요의 25%를 점유할 것으로 예측되고 있다. 한편 전 세계에서 미국의 에너지 수요가 차지하는 비중은 2010년 22%에서 2035년 17%로 줄어들 것으로 보인다.

05 다음 〈보기〉 중 위의 보고서를 작성하기 위해 추가로 이용한 자료를 모두 고르면?

> **보기**
>
> ㄱ. 1990 ~ 2035년 국제 유가와 천연가스 가격 현황 및 전망
> ㄴ. 1990 ~ 2035년 국가별 경제성장률 현황 및 전망
> ㄷ. 1990 ~ 2035년 국가별 인구증가율 현황 및 전망
> ㄹ. 1990 ~ 2035년 국가별 에너지 생산 현황 및 전망

① ㄱ, ㄴ   ② ㄱ, ㄹ
③ ㄷ, ㄹ   ④ ㄱ, ㄴ, ㄷ
⑤ ㄴ, ㄷ, ㄹ

06 다음 〈보기〉는 위 자료에서 밑줄 친 Ⓐ와 관련한 기사를 검색한 내용이다. 〈보기〉의 ㉠ ~ ㉤에 들어갈 관용적 표현으로 적절하지 않은 것은?

> **보기**
>
>

예측하기 어려운 국제 유가 시나리오, 올해 전망은?
– 지난해의 '유가 하락' 예측과 달리 우상향

>
> 세계 경제 조류와 유가 사이의 상관관계는 ' ㉠ ' 같은 측면이 있다. 호황 시에는 에너지에 대한 수요가 확대되어 유가 상승 가능성 또한 높아진다. 그러나 불황 시에는 소비가 위축되어 에너지 가격 또한 하락할 수 있다. 다만 현실에서 국제 유가는 석유 수출국과 수입국 사이의 복잡다단한 이해관계가 맞물리고 지정학적 요인 등의 여러 변수가 관여한다는 점에서 수요와 공급의 원칙을 토대로 한 예측을 '확신'하는 것은 위험하다. 이처럼   ㉡   (이)라는 한자성어처럼 미래를 예측하기 어렵다고 하더라도 세계 주요 에너지 기구나 기관들이 정기적으로 발표하는 유가 전망은   ㉢   (으)로 삼을 만하다. 이러한 조직에서 제시한 유가 전망의 그 배경과 변수들을 짚어보자.
> 석유수출기구(OPEC), IEA(국제에너지기구), 미국 에너지정보청(EIA) 등은 매월 원유, 천연가스 등을 포함한 전 세계 에너지 시장 동향 분석 보고서를 공개하고 있는데, 바로 1개월 전에 발표한 예측을 크게 바꾸는 등   ㉣   하는 일이 잦다. 이는 에너지 수급을 둘러싼 국제 정세의 급변으로 미래를 정확히 예측할 수 없기 때문이다. 일례로, 에너지정보청은 2012년 말 공개한 보고서에서 코로나19로 인한 각국 정부의 이동 제한 조치 때문에 석유 수요가 줄어들 것으로 예상해 2022년 평균 브렌트유 가격의 하락을 예상했으나 실제로는 예상과 반대로 우상향했다. 이는 지난해 2월 러시아가 우크라이나를 침략한 사태를 계기로 미국과 유럽 등의 서방 국가들이 러시아에 대한 경제 제재에 나서면서 석유, 천연가스 수출을 제한하기 시작했는데, 도리어 러시아가 에너지 자원을 무기로 삼아 반격하면서 전 세계적으로 심각한 에너지 수급난이 발생한 것도 국제유가 급등의 원인이 되었다. 한편 이러한 에너지 패권 싸움의 불똥이 한국으로 크게 튈 수 있다. 이럴수록 각자도생(各自圖生)을 명심해 한국이 ' ㉤ '(이)라는 관용구처럼 되지 않도록 철저히 대비해야 한다.

① ㉠ : 동전의 양면   ② ㉡ : 전가통신(錢可通神)
③ ㉢ : 시금석(試金石)   ④ ㉣ : 조변석개(朝變夕改)
⑤ ㉤ : 고래 싸움에 새우 등 터진다.

07 다음 중 자료의 표에서 제시된 내용을 분석한 것으로 적절하지 않은 것은?

① 2010년 현황과 2035년 전망을 비교하면 2010년 대비 2035년 에너지 수요 증가량은 유럽 지역의 비OECD 국가가 같은 지역의 OECD 국가의 약 1.63배일 것이다.

② 2010년 현황과 2035년 전망을 비교하면 아시아 / 오세아니아 지역의 비OECD 국가가 전체 에너지 수요 합계 중에서 차지하는 비중은 1.38배 정도 증가할 것이다.

③ 2010년 현황과 2035년 전망을 비교하면 아시아 / 오세아니아 지역의 OECD 국가가 전체 에너지 수요 합계 중에서 차지하는 비중은 2.0%p 이상 감소할 것이다.

④ 2015년부터 2035년까지 비OECD 국가의 에너지 수요 연평균 증가율은 같은 기간 동안의 OECD 국가의 연평균 증가율의 4배이다.

⑤ 2036년에도 세계 에너지 수요가 2015 ~ 2035년 연평균 증가율과 동일하게 상승한다면, 2036년에 북미 지역 OECD 국가의 에너지 수요 비중은 전체 합계의 21%가 넘을 것이다.

08 다음 〈보기〉의 설명 중 위 자료에 대한 설명으로 옳은 것을 모두 고르면?

> **보기**
>
> ㄱ. 2035년에는 중국과 인도 중에서 인도의 에너지 수요 비중이 중국보다 더욱 클 것으로 예상된다.
> ㄴ. 미국은 2010년에 비해 2035년에는 16% 이상의 양의 에너지가 필요하게 될 것으로 예상된다.
> ㄷ. 2035년 전 세계 에너지 수요는 OECD 국가들보다 비(非)OECD 국가들의 영향을 크게 받을 것으로 예상된다.
> ㄹ. 2015년 대비 2035년의 비(非)OECD 국가들의 에너지 수요는 OECD 국가들의 경우에 비해 4배 미만으로 증가할 것이다.

① ㄱ, ㄴ   ② ㄱ, ㄷ

③ ㄴ, ㄷ   ④ ㄴ, ㄹ

⑤ ㄷ, ㄹ

※ 다음은 자동차 수출 현황에 대한 기사이다. 이를 보고 이어지는 질문에 답하시오. [9~12]

〈3월 자동차 수출, 역대 최고 65억 달러〉

산업통상자원부에서 집계한 2023년 3월 자동차산업 동향에 따르면 전년 동월 대비 자동차 생산 대수는 35.6%, 국내 판매 대수는 19.6%, 수출 대수는 48.0% 증가한 것으로 나타났다. 수출액 기준으로 보면 완성차 수출은 전년 동월 대비 64.1% 증가한 반면, 부품 수출의 경우 5.3% 감소했다.

구분		2023년 3월	전년 동월 대비 (2022년 3월)	전월 대비 (2023년 2월)	2023년 1~3월	전년 동기 대비 (2022년 1~3월)
2023년 3월 자동차 생산·수출 현황						
생산(대)		409,806	35.6%	17.9%	1,064,249	27.1%
내수(대)		165,851	19.6%	12.8%	429,474	15.2%
	국산차(대)	140,748	26.7%	12.4%	366,501	18.9%
	수입차(대)	25,103	△9.0%	15.4%	62,973	△2.7%
수출(대)		262,341	48.0%	17.6%	684,009	30.8%
차 수출액 (백만 달러)		6,518	64.1%	16.5%	17,099	44.1%
부품 수출액 (백만 달러)		2,059	△5.3%	2.1%	5,801	△3.5%

특히 3월 생산량은 차량용 부품 공급 정상화 등에 따라 40만 대 이상으로 집계되었는데, 월 생산 40만 대를 넘어선 것은 2017년 3월 40.7만 대를 기록한 이후 처음이다. 내수 판매의 경우 대기 수요를 바탕으로 생산량을 ㉠ 늘인 것도 증가세의 원동력으로 ㉡ 지적된다.

구분	2022년					2023년		
2022년 8월~2023년 3월 자동차·친환경차 수출 현황								
	8월	9월	10월	11월	12월	1월	2월	3월
자동차 수출량(만 대)	16.7	19.5	20.8	21.8	21.8	19.9	22.3	26.2
자동차 수출액(억 달러)	41.1	47.8	49.1	53.7	54.2	49.8	56.0	65.2
친환경차 수출량(만 대)	4.1	4.9	5.3	4.9	5.5	5.5	6.3	7.2
친환경차 수출액(억 달러)	12.2	14.1	14.5	14.8	17.6	17.9	20.2	22.7

3월 해외로 수출된 자동차는 국산 브랜드의 글로벌 판매 호조 등에 따라 26만 대 이상인 것으로 집계되었는데, 이는 2016년 12월 29.8만 대 이후 최고치이며, 전기차를 비롯한 수출단가가 높은 친환경차 수출 증가로 수출액은 지난 2월에 이어 역대 최고치를 ㉢ 경신했다. 아울러 수출 상승세를 이끄는 친환경차(승용 기준) 수출 역시 역대 최초로 7만 대를 넘어서 수출량과 수출액 모두 ㉣ 역대급을 기록했다.

구분	2022년					2023년		
미국 내 전기차, 수소차, 플러그인 하이브리드 수출 및 판매 현황								
	8월	9월	10월	11월	12월	1월	2월	3월
수출(천 대)	5.5	5.6	6.5	10.5	10.3	10.8	13.3	14.4
판매(천 대)	5.5	4.0	4.4	3.8	5.0	5.3	6.6	7.5

한편, 미국 IRA 세액공제 적용 대상 차종인 전기차, 수소차, 플러그인 하이브리드의 미국 내 판매량은 2022년 12월부터 회복 추세를 보이고 있으며, 2023년 3월 수출은 1.44만 대로 역대 최고 기록을 깬 것으로 잠정 집계되었다. 이는 북미산이 아니더라도 IRA ㉤ 수혜를 받을 수 있는 상업용 판매 비중이 2022년 약 5%에서 2023년 1분기 28%(잠정)까지 증가하였기 때문으로 풀이된다.

09 다음 〈보기〉의 설명 중 위 자료의 '2023년 3월 자동차 생산·수출 현황' 표에서 제시된 내용을 분석한 것으로 옳지 않은 것을 모두 고르면?

보기

ㄱ. 2022년 3월 부품 수출액은 약 21억 7,000만 달러 미만이다.

ㄴ. 2022년 1분기의 자동차 수출 대수는 52만 2,000대 이상이다.

ㄷ. 2023년 1월의 자동차 수출액은 2023년 1분기 중에서 30% 이상을 차지한다.

ㄹ. 전월 대비 상승률이 절반으로 감소한다면 2023년 4월에는 44만 6,500대에 육박하는 자동차가 생산될 것이다.

① ㄱ, ㄴ   ② ㄱ, ㄷ

③ ㄱ, ㄹ   ④ ㄴ, ㄷ

⑤ ㄴ, ㄹ

Easy

10 다음 〈보기〉의 설명 중 위 자료의 '2022년 8월 ~ 2023년 3월 자동차·친환경차 수출 현황' 표에서 제시된 내용을 분석한 것으로 옳지 않은 것을 모두 고르면?(단, 비율은 소수점 셋째 자리에서 버림 한다)

보기

ㄱ. 2022년 9월부터 2023년 3월까지 친환경차 수출량 및 수출액의 전월 대비 증감 추이는 동일 하다.

ㄴ. 2022년 9월부터 2023년 3월까지 자동차 수출량과 친환경차 수출량의 전월 대비 증감 추이는 동일하다.

ㄷ. 2023년 4월 자동차 수출량의 전월 대비 증가율이 같은 해 1분기 각 월의 증가율 평균과 같다면 2023년 4월에는 약 28만 대의 자동차가 수출될 것이다.

ㄹ. 2023년 4월 친환경차 수출액의 전월 대비 증가율이 같은 해 1분기 각 월의 증가율 평균과 같다 면 2023년 4월의 친환경차 수출액은 약 24억 7,000만 달러를 기록할 것이다.

① ㄱ, ㄴ   ② ㄱ, ㄷ

③ ㄱ, ㄹ   ④ ㄴ, ㄷ

⑤ ㄴ, ㄹ

11 다음 중 제시된 자료의 내용으로 적절하지 않은 것은?

① 2023년 1분기에는 2022년 같은 분기에 비해 자동차 부품 수출액이 3% 이상 증가하였다.

② 2023년 3월에는 2022년 3월에 비해 완성차의 생산, 국내외 판매 대수, 수출액 등이 모두 호조를 이루었다.

③ 2022년 8월 대비 2023년 3월의 미국의 IRA 세액공제 적용 대상 차종의 수출량 증가율은 같은 시점에서의 자동차 판매 대수 증가율의 4.4배 이다.

④ 2022년 8월 대비 2023년 3월의 친환경차 수출액 증가율은 같은 시점에서의 자동차 수출액 증가율의 1.4배 이다.

⑤ 2017년 4월부터 2023년 2월까지 월간 자동차 생산 대수가 40만 대를 넘지 못한 원인 중 하나는 자동차 부품 수급이 원활하지 못했기 때문이다.

12 다음 중 위의 자료에서 밑줄 친 ㉠~㉤을 우리말 어법에 맞게 다듬은 것으로 적절하지 않은 것은?

① ㉠ : 늘인 → 늘린

② ㉡ : 지적된다 → 꼽힌다, 평가된다

③ ㉢ : 경신했다 → 갱신했다

④ ㉣ : 역대급을 기록했다 → 역대 최고인 것으로 나타났다

⑤ ㉤ : 수혜를 받을 → 혜택을 받을

정답 및 해설 p.011

※ 다음은 청년실업 문제에 대한 기사와 정부 관계자들의 주장이다. 제시문을 읽고 이어지는 질문에 답하시오. [1~3]

정부가 향후 3 ~ 4년을 청년실업 위기로 판단한 것은 에코세대(1991 ~ 1996년생 · 베이비부머의 자녀세대)의 노동시장 진입 때문이다. 에코세대가 본격적으로 취업전선에 뛰어들면서 일시적으로 청년실업 상황이 더 악화될 것이란 인식이 강화된 것이다.

2021년을 기점으로 청년인구가 감소하기 시작하면 청년실업 문제가 일부 해소될 것이란 정부 전망도 이런 맥락에서 나왔다. 고용노동부 고용정책실장은 15일 "2021년 이후 인구문제와 맞물리면 청년 고용시장 여건은 좀 더 나아질 것이라 생각한다."라고 말했다.

그러나 청년인구 감소가 청년실업 문제 완화로 이어질 것이란 생각은 지나치게 낙관적이라는 지적이다. 한국노동연구원 부연구위원은 "지금의 대기업과 중소기업, 정규직과 비정규직 간 일자리 질의 격차를 해소하지 않는 한 청년실업 문제는 더 심각해질 수 있다."라고 우려했다. 일자리 격차가 메워지지 않는 한, 질 좋은 직장을 구하기 위해 자발적 실업상황조차 감내하는 현 청년들의 상황이 개선되지 않을 것이란 설명이다.

한국보다 먼저 청년실업 사태를 경험한 일본을 비교대상으로 거론하는 것도 적절치 않다는 지적이 나온다. 일본의 경우 청년인구가 줄면서 청년실업 문제는 상당 부분 해결됐다. 하지만 이는 '단카이 세대'(1947 ~ 49년에 태어난 일본의 베이비부머)가 노동시장에서 빠져나오는 시점과 맞물렸기 때문에 가능했다. 베이비부머가 1 ~ 2차에 걸쳐 넓게 포진된 한국과는 상황이 다르다는 얘기다.

부연구위원은 "일본에서도 (일자리) 질적 문제는 나타나고 있다."며 "일자리 격차가 큰 한국에선 문제가 더 심각하게 나타날 수 있어 중장기적 대책이 필요하다."라고 말했다.

- (○○○ 기재부 1차관) '구구팔팔'(국내 사업체 중 중소기업 숫자가 99%, 중기 종사자가 88%란 뜻)이란 말이 있다. 중소기업을 새로운 성장동력으로 만들어야 한다. 취업에서 중소기업 선호도는 높지 않다. 여러 가지 이유 중 임금 격차도 있다. 청년에게 중소기업에 취업하고자 하는 유인을 줄 수 있는 수단이 없다. 그 갭을 메워 의사 결정의 패턴을 바꾸자는 것이다. 계속 지속할 수는 없다. 앞으로 에코세대의 노동시장 진입하는 4년 정도가 중요한 시기다.
- (○○○ 고용노동부 고용정책실장) 올해부터 3 ~ 4년은 인구 문제가 크다. 수요 · 공급 문제가 있다. 개선되는 방향으로 가더라도 '에코세대' 대응까지 맞추기 쉽지 않다. 집중 투자 해야 한다. 3 ~ 4년 후에는 갭을 줄여가기 위한 대책도 병행하겠다. 이후부터는 청년의 공급이 줄어들기 때문에 인구 측면에서 노동시장에 유리한 조건이 된다.

01 제시문의 내용으로 미루어 볼 때, 정부 관계자들은 청년 고용시장에 대해 어떠한 태도를 취하고 있다고 볼 수 있는가?

① 올해를 가장 좋지 않은 시기로 평가하고 있다.

② 현재 회복국면에 있다고 판단하고 있다.

③ 실제 전망은 어둡지만, 밝은 면을 강조하여 말하고 있다.

④ 에코세대의 노동시장 진입을 통해 청년실업 위기가 해소될 것으로 기대한다.

⑤ 한국의 상황이 일본보다 낮다고 평가한다.

02 청년실업 문제를 해결하고자 다음 〈조건〉에 따라 L사 채용을 진행한다. 전체 지원자가 120명이라면, 이 중 회계 부서 지원자는 몇 명인가?

> **조건**
> • L사는 기획, 영업, 회계 부서에서 채용모집을 공고하였으며, 전체 지원자 중 신입직은 경력직의 2배였다.
> • 신입직 중 기획 부서에 지원한 사람은 30%이다.
> • 신입직 중 영업 부서와 회계 부서에 지원한 사람의 비율은 3:1이다.
> • 기획 부서에 지원한 경력직은 전체의 5%이다.
> • 전체 지원자 중 50%는 영업 부서에 지원하였다.

① 14명   ② 16명

③ 28명   ④ 30명

⑤ 45명

03 A씨는 해외 청년 일자리에 대해서 알아보다가 L사의 해외사업연계 청년채용 지원 사업 업무 협약식에 대한 기사를 보았다. 이 글을 읽은 A씨의 반응으로 적절하지 않은 것은?

L사는 11일 본사에서 Z사와 「K-Move 스쿨(연수과정) 개설 및 해외사업연계 청년채용 지원 사업 업무 협약식」을 개최하였다고 밝혔다.

본 협약은 국내 유수의 청년 인재를 선발하여 K-Move 스쿨 개설 및 맞춤 연수를 시행한 후 L사가 투자 및 운영자로 참여하고 있는 해외법인(인도네시아, 자메이카 등)에 취업을 지원하는 「청년 일자리 창출을 위한 해외사업연계 취업 지원 사업」의 첫걸음이다. 이를 위해 L사는 K-Move 스쿨 연수생 선발·맞춤연수 시행·해외 법인과의 협의를 통한 취업연계와 같은 지원을, Z사는 연수비용 일부 및 취업 장려금을 지원하게 된다.

K-Move 스쿨 맞춤형 연수과정의 첫 취업처는 L사가 투자하여 건설 중인 회사(TPI)*이며 최종적으로 10명이 선발되어 한국발전교육원 및 당진 발전기술 EDU센터에서 3개월(2022.9 ~ 2022.12)의 교육을 받고 취업하게 된다.

이날 협약식에 참석한 L사 관계자는 "이번 협약을 계기로 실질적인 국내 청년 인재의 해외취업이 이루어져 '국내 청년 해외일자리 창출'의 모범사례가 될 수 있기를 바란다."며 "앞으로도 L사는 국내외 청년 일자리 창출을 위해 최선의 노력을 다하겠다."라고 말했다.

L사는 청년 인재들이 해외사업장에 취업하는 것뿐만 아니라 해당 국가의 고급 기술 인력으로 거듭날 수 있도록 지속적인 지원을 아끼지 않을 예정이다.

*TPI : 내년 초 인도네시아 칼셀 석탄화력 발전사업 프로젝트 회사(TPI; Tanjung Power Indonesia) 취업을 목표로 연수생 선발 모집공고를 2022년 8월 중 시행할 예정임

---

① 첫 취업처는 인도네시아 석탄화력 발전사업 회사네, 지금이 9월 초니깐 모집이 끝났는지 확인해 봐야겠어.
② 해외사업연계 취업 지원 사업과 K-Move 스쿨은 시행처가 다르니 잘 보고 지원해야겠어.
③ K-Move 최종합격 후에는 한국발전교육원과 당진 발전기술 EDU센터에서 교육을 받게 되는구나.
④ Z사에서 연수비용 일부와 취업 장려금을 지원해주니 부담이 없겠어.
⑤ L사는 청년 인재들을 위한 지원을 앞으로도 계속하겠구나.

※ 고객관리팀에서 근무하는 귀하는 A주임으로부터 고객 멤버십 제도를 검토해달라는 메일을 수신하였다. 첨부된 멤버십 관련 내용이 다음과 같을 때, 다음을 읽고 이어지는 질문에 답하시오. **[4~6]**

〈롯데기업 멤버십 안내〉

운영매장	3년 무상 서비스 (VIP 멤버십)	포인트 적립 (행사 진행시)	포인트 사용
롯데.COM	네	네	네
롯데기업 SHOP	네	네	네
롯데·AK·갤러리아 신세계·현대 백화점 등	네	아니오	아니오
홈플러스	네	아니오	아니오
이마트	네	아니오	아니오
롯데하이마트	네	아니오	아니오
전자랜드	네	아니오	아니오
시그니처 키친 스위트 쇼룸	네	아니오	아니오
롯데기업 서비스센터	해당 없음	아니오	네

※ 포인트는 제품 구매처가 달라도 전국 SHOP 매장에서 적립 / 사용이 가능(백화점, 대형마트 등 입점매장 제외)
※ 1포인트 이상 적립 시 현금처럼 사용 가능(1포인트＝현금 1원과 동일)
※ 롯데.COM에서 상품 구매 시 현금처럼 사용 가능(롯데기업 서비스센터 수리 또는 렌탈 구매 시에도 가능)
※ 멤버십 포인트의 유효기간은 롯데.COM에 로그인 후 마이페이지>멤버십 포인트 조회에서 확인 가능

〈롯데기업 VIP 멤버십 안내〉

STEP 1.
SHOP, 제휴매장에서 제품 구입 → STEP 2. 1년간 500만 원 이상 구매 → STEP 3. 우수고객 지정 → STEP 4. 무상 A/S혜택 부여

VIP 멤버십 제휴 매장

롯데.COM, 롯데기업 SHOP, 현대 백화점, 롯데백화점, 신세계 백화점, AK 백화점, 갤러리아 백화점, 이마트, 롯데하이마트, 홈플러스, 전자랜드, 시그니처 키친 스위트 쇼룸

• 일반 멤버십 혜택 기본 제공
• 무상 A/S 안내
 롯데기업 멤버십 VIP고객 대상으로 TV / 냉장고 / 세탁기 / 에어컨 / 김치냉장고 5대 제품의 무상 서비스를 제공합니다.
 − TV : LED, LCD, PDP, 울트라HD, 올레드(벽걸이/스탠드 자재 제외)
 − 김치냉장고 : 김치냉장고 전제품
 − 세탁기 : 트윈워시, 트롬, 통돌이, 미니세탁기, 워시타워(건조기 포함)
   * 세탁기 받침대 제외, 스타일러 / 건조기단품 제외
 − 냉장고 : 상냉장, 양문형, 정수기냉장고, 일반, 냉동고, 와인셀러
 − 에어컨 : 스탠드, 벽걸이, 일반 냉난방기, 시스템 에어컨(배관자재 제외)

※ VIP고객 달성 시점으로부터 1년 전에 구매한 5가지 제품(TV, 냉장고, 세탁기, 에어컨, 김치냉장고)에 한하여 무상 A/S 혜택 부여
※ VIP 기간 종료 후, 추가 구매를 하시어 1년간 구매금액 기준 5백만 원 이상이 되어야 VIP 멤버십 기간이 자동 연장됨
※ 한 번 3년 무상 처리된 제품은 추가 연장되지 않음
※ 유의사항 안내
 – 무상 서비스 기간 : 설치 일자 기준 3년 적용
 – 멤버십 등급 산정 : 멤버십 가입한 고객의 1년간 구매금액 합산 관리
 – 고장성 불량에 한해서 적용(소비자 과실에 의한 서비스는 미적용), 온라인 몰 및 홈쇼핑 구매제품 제외
※ A/S에 소요되는 시간은 수리 담당 센터 사정 및 수리 내용에 따라 상이하므로 별도 안내

`Easy`

04 다음 중 현행 멤버십 제도에 대한 설명으로 가장 적절한 것은?

① 적립된 포인트의 사용 가능 여부는 모든 롯데기업 멤버십 운영매장에서 동일하다.
② VIP 기간 종료 후, 연장 신청을 한다면 추가 구매 없이 1년간 연장이 가능하다.
③ VIP 멤버십에 해당되더라도 정수기냉장고 제품은 무상 서비스를 제공받을 수 없다.
④ 적립된 멤버십 포인트는 롯데기업 서비스센터에서 렌탈 구매를 하는 경우에도 사용가능하다.
⑤ VIP 멤버십에 따른 무상 서비스는 제품 구매일로부터 3년 이내라면 사유와 관련 없이 제공된다.

05 B고객으로부터 다음과 같은 내용의 고객지원 요청이 접수되었다. 고객에 대한 정보가 아래와 같을 때, 현행 멤버십 제도하에서 해당 고객에 대한 설명으로 적절하지 않은 것은?

〈고객지원 요청〉

• 고객명 : B
• 일시 : 2022. 08. 21. 14:21
• 내용 : 지난달에 신세계 백화점에서 롯데기업의 TV 1대를 구매하였습니다. 그런데 어제부터 화면 하단부가 표시되지 않네요. 무상으로 A/S를 받을 수 있을까요? 아직 수리를 받은 적이 없고, 저는 작년 11월에 VIP 멤버가 되었다는 메일을 받았습니다.
A/S가 무상으로 불가능하다면 비용이 얼마인지, A/S에 시간은 얼마나 걸릴지도 궁금합니다. 그리고 함께 구매한 TV스탠드도 도색이 벗겨져서 같이 A/S 받고 싶습니다.

① B가 문의한 TV 1대는 무상 A/S 서비스 대상에 해당하므로 별도 수리비용이 발생하지 않는다.
② B는 A/S를 요청한 제품들 전체에 대해 무상으로 서비스를 제공받을 수 있다.
③ B가 요청한 무상 A/S 서비스가 제공되더라도, 수리에 소요되는 시간에 대하여는 정확한 답변이 불가능하다.
④ B의 VIP 멤버십은 문의일 현재 유효하다.
⑤ B는 2020년 11월 이후 롯데기업 제품을 500만 원 이상 구매하였다.

06 고객관리팀은 고객들의 민원 종합 결과, VIP 멤버십이 일반 멤버십 혜택에 더해 제공받는 추가혜택이 부족하다고 판단하여 개선 방안을 전달하고자 한다. 다음 〈보기〉의 제안 중 VIP 멤버십 혜택 확장 방안으로 적절하지 않은 것을 모두 고르면?

> **보기**
>
> ㄱ. 포인트 사용 가능처를 백화점 내 입점매장에서 확대한다.
> ㄴ. VIP 멤버십 획득을 위한 구매금액 요건을 5백만 원 이상에서 3백만 원 이상으로 완화한다.
> ㄷ. 제품의 무상 처리 기한을 1회 연장할 수 있는 기회를 부여한다.
> ㄹ. 무상 A/S 서비스 제공 대상인 제품의 종류를 확대한다.

① ㄱ, ㄴ   ② ㄱ, ㄷ
③ ㄴ, ㄷ   ④ ㄴ, ㄹ
⑤ ㄷ, ㄹ

※ 다음은 L사의 '리튬이온배터리 취급 시 주의사항에 대한 소비자 안내사항' 초안이다. 이를 읽고 이어지는 질문에 답하시오. [7~9]

〈사용 및 취급 시 주의사항〉

1. 배터리를 장착한 장비 사용 시, 사용자 매뉴얼을 참조하시오.
2. 배터리 충전 전에 충전기 설명서를 참조하십시오.
3. 충전 시간은 매뉴얼에 기재된 시간을 초과하여선 안 됩니다.
4. 배터리가 장시간 동안 충전기로 충전이 되지 않을 시, 충전을 멈추십시오.
5. 배터리는 반드시 동작 온도 범위(0 ~ 50℃)에서 충전하여야 합니다.
6. 배터리는 반드시 동작 온도 범위(-20 ~ 75℃, 배터리 표면 온도 기준)에서 사용하여야 합니다.
7. 팩 제조 시 양극(+)과 음극(-) 방향을 확인하십시오.
8. 배터리 연결용 금속판 또는 wire가 팩 조립을 위해 연결되었을 때, 단락이 되지 않도록 절연 상태를 확인하십시오.
9. 배터리는 반드시 낱개로 분리하여 따로 보관해야 합니다.
10. 배터리를 장기간 보관을 위해서는 반드시 저온 저습한 곳에 두어야 합니다.
11. 배터리를 직사광선 및 열에 노출시키지 마십시오.
12. 배터리를 보호 장치가 손상될 수 있는 고전압 환경에서 사용하지 마십시오.
13. 처음 사용할 때 배터리에 녹이나 냄새가 감지되면 즉시 제품을 판매자에게 반품하십시오.
14. 배터리를 어린 아이나 애완동물에게 주지 마십시오.
15. 장기간 사용으로 배터리 수명이 짧아졌을 시, 새로운 배터리로 교체하십시오.
16. 배터리 연결용 금속판과 배터리 혹은 다른 부품들이 전기적 단락을 일으키지 않도록 절연처리 하십시오.
17. 배터리는 오직 팩 또는 시스템 제조 회사에서 취급/사용될 수 있습니다.
18. 배터리는 오직 배터리 팩 제조사 또는 시스템 통합 사업자에게만 판매될 수 있습니다. 개인 소비자가 배터리를 취급할 수 없으며, 개별 시장에서 개인소비자에게 판매될 수 없습니다(특히, 모든 종류의 전자담배 장치에 사용하는 것을 엄격하게 금지합니다).
19. 해당 배터리를 사용하여 다른 제품을 만들거나, 해당 배터리를 구매 또는 다른 장비에 사용하기 전에, 세부 사항을 설명하는 최신 제품 사양을 사전에 요청하고 확인하십시오.

07 다음 중 주의사항에 대한 설명으로 가장 적절한 것은?

① 배터리는 애완동물에게는 위험 요소로 작용하지 않는다.
② 개인용 전자담배에 사용하는 경우, 예외적으로 개인이 배터리를 취급할 수 있다.
③ 배터리 충전 시 매뉴얼 상 충전 시간을 초과하여 충전하여서는 안 된다.
④ 제품의 수명이 다하기 이전이라면, 배터리 교체는 불필요하다.
⑤ 배터리는 배터리 표면 온도 기준 0 ~ 50℃의 범위에서 사용되어야 한다.

08 L사는 고객에게 단전지 사용과 관련하여 경각심을 일깨우기 위해 '단전지 소비자 안전 교육' 자료를 제작하고자 한다. 다음 〈보기〉의 설명 중 적절한 제안이 아닌 것을 모두 고르면?

보기
ㄱ. 단전지의 구체적 제조 과정에 대한 설명을 추가한다.
ㄴ. 실제 사고 장면을 재현한 영상을 추가한다.
ㄷ. 단전지 사용 제품 구매를 자제하여야 한다는 문구를 추가한다.
ㄹ. 단전지 오용으로 인한 사고 피해자의 인터뷰를 추가한다.

① ㄱ
② ㄴ
③ ㄱ, ㄷ
④ ㄴ, ㄷ
⑤ ㄱ, ㄴ, ㄷ

09 다음은 배터리 취급에 대해 보증이 적용되지 않는 법적 제외 사항에 대한 안내 자료이다. 〈보기〉의 설명 중 적절하지 않은 것을 모두 고르면?

〈법적 제외 사항〉

L사 에너지솔루션이 아닌 제 3자 혹은 L사 에너지솔루션의 허가를 받은 L사 에너지솔루션 대리인에 의한 배터리 또는 팩의 정상적인 마모, 부적절한 유지 보수, 취급, 보관 결함이 있는 수리, 수정으로 인한 결함 및 본문에 제공된 제품 사양을 준수하지 않거나 다음을 포함하되 이에 국한되지 않는 부적절한 사용 또는 설치에 대해서는 보증이 적용되지 않습니다.
1. 운송 또는 보관 중 손상
2. 팩 또는 시스템 내에 부적절하게 배터리 결합한 경우
3. 부적절한 환경에서 배터리 또는 팩을 사용한 경우
4. 본문에 명시되지 않은 제품 회로 또는 부적절하거나, 부정확한 충/방전 시
5. 부정확하거나 부적절한 사용의 경우
6. 불충분한 환기
7. 적용 가능한 안전 경고 및 지시사항 무시
8. 허가 받지 않은 직원에 의한 수리 또는 변경 시도
9. 불가항력의 경우(예 번개, 폭풍우, 홍수, 화재, 지진 등)
본문에 명시된 것 이외의 묵시적 또는 명시적 보증은 없습니다. L사 에너지솔루션은 제품 사양, 배터리 또는 팩과 관련하여 발생하는 필연적 또는 간접적인 손해에 대해 책임지지 않습니다.

보기
ㄱ. 장기간 정상적인 사용에 따른 배터리 성능 저하의 경우, 보증을 적용받을 수 있다.
ㄴ. 사설 수리업체에서 배터리 관련 수리를 받던 중 파손된 경우에도 보증을 적용받을 수 있다.
ㄷ. 지진 발생에 따른 사물 간 충격으로 배터리에 화재가 발생한 경우는 보증 적용 대상에 해당한다.
ㄹ. 운송 중 배터리가 물리적으로 파손된 경우에는 보증을 적용받을 수 없다.

① ㄱ, ㄴ
② ㄱ, ㄷ
③ ㄴ, ㄷ
④ ㄴ, ㄹ
⑤ ㄷ, ㄹ

※ 다음은 L사에서 주관하는 신혼부부 매입임대주택 예비입주자의 모집공고이다. 이어지는 질문에 답하시오. [10~12]

〈신혼부부 매입임대주택 예비입주자 모집일정〉

- 예비입주자 모집일정
  입주자 모집공고 → 신청접수 → 서류심사 대상자 발표 → 서류제출 → 예비입주자 순번 발표
- 입주자 모집공고는 7월 31일부터 시작하여 10일(휴일 포함) 동안 진행한다.
- 신청접수는 근무일 5일, 서류제출은 근무일 3일이 소요되고, 나머지 단계는 근무일 1일이 소요된다.
- 예비입주자 모집일정의 각 단계는 휴일 제외 1일 이하의 간격을 두고 진행한다.
- 예비입주자 모집일정은 8월 24일까지 완료하고자 한다.

〈8월〉

일요일	월요일	화요일	수요일	목요일	금요일	토요일
						1
2	3	4	5	6	7	8
9	10	11	12	13	14	15
16	17	18	19	20	21	22
23	24	25	26	27	28	29
30	31					

※ 근무일 1일만 소요되는 단계일 때 휴가는 불가능하며, 근무일이 3일 이상 소요되는 단계에서는 2일 이상 근무함

10 L사에 근무하는 M대리는 하계휴가를 8월 근무일 중에 연이어 3일을 신청하려고 한다. 예비입주자 모집일정 업무에 맞추어 연차를 신청한다고 할 때, 다음 중 모든 경우에서 M대리가 신청 가능한 휴가 기간은?(단, 근무일은 주중이다)

① 8월 2 ~ 4일   ② 8월 7 ~ 10일
③ 8월 11 ~ 13일   ④ 8월 17 ~ 19일
⑤ 8월 19 ~ 21일

11 다음은 연도별 신혼부부 매입임대주택 입주자의 근로 형태를 나타낸 자료이다. 이에 대한 설명으로 적절하지 않은 것은?(단, 소수점 첫째 자리에서 반올림한다)

〈연도별 신혼부부 매입임대주택 입주자의 근로 형태〉

구분	2017년	2018년	2019년	2020년	2021년
전업	68%	62%	58%	52%	46%
겸직	8%	11%	15%	21%	32%
휴직	6%	15%	18%	23%	20%
무직	18%	12%	9%	4%	2%
입주자 수(명)	300,000	350,000	420,000	480,000	550,000

① 전년 대비 전업자의 비율은 감소하는 반면, 겸직자의 비율은 증가하고 있다.
② 2021년 휴직자 수는 2020년 휴직자 수보다 많다.
③ 전업자 수가 가장 적은 연도는 2017년이다.
④ 2020년 겸직자 수는 2017년의 4.2배이다.
⑤ 2017년 휴직자 수는 2021년 휴직자 수의 16%이다.

PART 2

기출복원문제

Easy

12 신혼부부 매입임대주택의 1월과 6월의 난방요금 비율이 7 : 3이다. 1월의 난방요금에서 2만 원을 뺐을 때 그 비율이 2 : 1이면, 1월의 난방요금은?

① 10만 원   ② 12만 원
③ 14만 원   ④ 16만 원
⑤ 18만 원

04 | 2022년 상반기 기출복원문제

정답 및 해설 p.015

※ 다음은 L사의 자율 휴가제도에 대한 설명이다. 이를 읽고 이어지는 질문에 답하시오. [1~3]

〈자율 휴가제〉

• 연중 본인이 원하는 기간을 지정해 자유롭게 휴가를 사용할 수 있다.
• 3년 이상 근속 시 매해 1일씩 가산 휴가를 준다.
• 휴일에 근무 시 당일 근무일수의 2배에 해당하는 휴가를 지급한다.
• 휴가 사용 시 토요일은 0.5일, 평일은 1.0일로 계산한다.
※ 월~토요일 주 6일제 근무임

Easy

01 다음 중 신입사원 교육 시 자율 휴가제에 대한 장점을 부각하고자 할 때, 적절하지 않은 것은?

① 우리 회사는 근속한 사람에게 그만큼의 대우를 해 준다.
② 정규 근무일 이외에 근무 시 그에 정해진 보상을 한다.
③ 본인이 원하는 기간에 탄력적으로 휴가를 사용할 수 있다.
④ 휴일 근무 시 기존 휴가기간에 0.5일을 가산해 휴가를 지급한다.
⑤ 6년 동안 근속 시 4일의 가산 휴가를 지급한다.

02 C팀장은 개인 프로그램 참가로 인해 휴가 제안서를 제출했다. 다음 제안서와 달력을 참고하여 C팀장이 신청할 총 휴가일수를 바르게 계산한 것은?

〈휴가 제안서〉	◀		2022년 10월			▶	
	일	월	화	수	목	금	토
○○프로그램 참가	27	28	29	30	1	2	3
프로그램 일정 : 10월 1 ~ 13일	4	5	6	7	8	9	10
휴가 신청일수 : (　)일	11	12	13	14	15	16	17
	18	19	20	21	22	23	24
	25	26	27	28	29	30	31
	1	2	3	4	5	6	7

① 9일　　　　　　　　　　　② 10일

③ 11일　　　　　　　　　　④ 12일

⑤ 13일

03 경순, 민경, 정주는 여름 휴가를 맞이하여 대만, 제주도, 일본 중 각각 한 곳으로 여행을 가는데, 게스트하우스 혹은 호텔에서 숙박할 수 있다. 다음 〈조건〉을 바탕으로 민경이의 여름 휴가 장소와 숙박 장소를 올바르게 연결한 것은?(단, 세 사람 모두 이미 한번 다녀온 곳으로는 휴가를 가지 않는다)

> **조건**
> • 제주도의 호텔은 예약이 불가하여, 게스트하우스에서만 숙박할 수 있다.
> • 호텔이 아니면 잠을 못 자는 경순이는 호텔을 가장 먼저 예약했다.
> • 여행 갈 때마다 호텔에 숙박했던 정주는 이번 여행은 게스트하우스를 예약했다.
> • 대만으로 여행 가는 사람은 앱 할인으로 호텔에 숙박한다.
> • 작년에 정주는 제주도와 대만을 다녀왔다.

① 제주도 – 게스트하우스

② 대만 – 게스트하우스

③ 제주도 – 호텔

④ 일본 – 호텔

⑤ 대만 – 호텔

※ L사의 총무부와 인사부는 친목도모를 위해 각각 5월 3일과 5월 7일에 청량산 트래킹을 시작했다. 다음 트래킹 코스와 구간별 소요시간에 대한 자료와 〈조건〉을 읽고 이어지는 질문에 답하시오. [4~6]

〈청량산 트래킹 코스〉

※ 괄호 안의 수치는 해발고도를 나타냄

〈구간별 트래킹 소요시간〉

• 올라가는 경우

(단위 : 시간)

경로	소요시간
A → B	3
B → C	2
C → D	1
D → E	1
E → F	2
F → G	3
G → H	2
H → I	2
I → J	1
J → K	2
K → L	3
L → M	3

• 내려오는 경우, 구간별 소요시간은 50% 단축된다.

조건

• 트래킹 코스는 A지점에서 시작하여 M지점에 도달한 다음 A지점으로 돌아오는 것이다.
• 하루에 가능한 트래킹의 최장시간은 6시간이다.
• 하루 트래킹이 끝나면 반드시 비박을 해야 하고, 비박은 각 지점에서만 가능하다.
• M지점에 도달한 날은 그날 바로 내려오지 않고, M지점에서 비박한다.
• 해발 2,500m를 통과하는 날부터 고산병 예방을 위해 당일 수면고도를 전날 수면고도보다 200m 이상 높일 수 없다.
• 하루에 이동할 수 있는 최대거리로 이동하며, 최단시간의 경우로 트래킹한다.
※ 수면고도는 비박하는 지역의 해발고도를 의미함

04 다음 중 총무부의 청량산 트래킹 일정에 대한 설명으로 적절하지 않은 것은?

① A지점에서 B지점에 도착하는 데 걸리는 시간과 B지점에서 D지점에 도착하는 데 걸리는 시간은 같다.

② F지점에서 G지점으로 가는 것은 E지점에서 F지점으로 가는 것보다 시간이 더 많이 소요된다.

③ M지점에서 L지점에 도착하는 데 걸리는 시간과 K지점에서 I지점에 도착하는 데 걸리는 시간은 같다.

④ F지점에서 E지점으로 가는 데에는 2시간이 소요된다.

⑤ A지점에서 B지점 간 거리는 같은 시간이 걸리는 지점 간 거리 중 가장 길다.

Hard

05 다음 중 총무부의 청량산 트래킹에 대한 설명으로 적절하지 않은 것은?

① 트래킹 첫째 날 수면고도는 2,111m이다.

② 트래킹 둘째 날 수면고도는 2,400m보다 낮다.

③ 트래킹 둘째 날과 셋째 날의 소요시간은 서로 같다.

④ 트래킹 셋째 날에 해발고도 2,500m 이상의 높이를 올라갔다.

⑤ 트래킹 넷째 날 이동거리가 가장 짧다.

Hard

06 다음 중 총무부가 모든 트래킹 일정을 완료한 날짜는?

① 5월 10일 　　　　　　　　　　② 5월 11일

③ 5월 12일 　　　　　　　　　　④ 5월 13일

⑤ 5월 14일

※ 다음은 L사의 연구개발사업 추진절차에 대한 내용이다. 다음 추진절차를 보고 참고하여 이어지는 질문에 답하시오. [7~9]

07 다음은 연구개발사업 추진절차에서 언급하고 있지 않은 내용이다. 다음 중 절차의 흐름대로 나열한 것은?

① ㉡－㉢－㉣－㉤－㉠
② ㉡－㉣－㉢－㉠－㉤
③ ㉢－㉡－㉣－㉠－㉤
④ ㉣－㉢－㉡－㉤－㉠
⑤ ㉣－㉡－㉢－㉠－㉤

08 다음 중 ⓐ에 들어갈 내용으로 가장 적절한 것은?

① 전문가평가 : 연구개발과제 평가단 구성, 발표 심사

② 연구비 지급

③ 과제 선정결과 통보 및 협약체결요령, 제출구비 서류 안내

④ 연구기관 : 연차실적 · 계획서 제출(당해 연도 연구종료 1개월 전)

⑤ 사전검토

09 연구개발사업을 진행하기 위해 남자 연구자 145명과 여자 연구자 203명을 조로 나누어 편성하려고 한다. 되도록 많은 조로 구성할 때, 한 조에 남자 연구자 a명과 여자 연구자 b명이 편성된다면 $a+b$의 값은?

① 11   ② 12

③ 13   ④ 14

⑤ 15

※ 다음은 스케줄 조정을 위한 마케팅부의 대화 내용이다. C차장 입장에서 본 메신저일 때, 이어지는 질문에 답하시오. [10~12]

[사내 메신저]
C차장이 A사원, B대리, D과장, E사원을 초대하였습니다.

이번 주 화요일이나 수요일에 다 같이 1시간 동안 업무 회의를 하려고 합니다. 언제가 좋을까요?

B대리 ◁ 저는 화요일 3시부터 4시까지 외근이 있습니다. 또 화, 수 9시부터 11시까지는 시장조사 관련 회의가 있습니다.

A사원 ◁ 저는 화요일 1시부터 3시까지는 급하게 제품개발을 해야 합니다.

E사원 ◁ 저도 화요일 오전과 오후 5시부터는 회의에 참석하기 어려울 것 같습니다.

D과장 ◁ 수요일이 좋을 것 같네요. 화요일엔 급한 업무가 많아요.

A사원 ◁ 저는 수요일엔 2시부터 1시간 동안 외근을 다녀와야 합니다.

E사원 ◁ 저는 수요일에 4시 전까지는 가능합니다.

그럼 D과장님만 되시면 ___ⓐ___ 에 회의를 하겠습니다.

D과장 ◁ 네. 됩니다.

그리고 화요일 3시부터 4시까지 저 대신 외근을 나갈 분을 찾습니다.

___ⓑ___ ◁ 제가 그 시간에 스케줄이 없으니 다녀오겠습니다.

내용을 입력하세요.

[전송]

※ 외근은 외근 전 준비 1시간과 외근 후 정리 1시간이 필요함
※ 근무시간 : 오전 9시 ~ 오후 6시
※ 점심시간 : 오후 12시 ~ 1시(업무 불가능)

10 다음 중 빈칸 @에 들어갈 회의시간은?

① 수요일 오전 10시
② 수요일 오전 11시
③ 수요일 오후 1시
④ 수요일 오후 3시
⑤ 수요일 오후 4시

11 다음 중 빈칸 ⓑ에 들어갈 직원은?

① A사원
② B대리
③ D과장
④ E사원
⑤ 없음

12 A사원과 E사원은 회의를 마치고 보고서를 제출하려 한다. 이 보고서를 혼자 작성할 경우 A사원은 24일이 걸리고, E사원은 16일이 걸린다. 처음 이틀은 A사원과 E사원이 같이 하고, 이후엔 E사원 혼자서 작성을 하다가, 보고서 제출 하루 전부터 A사원도 같이 하였다. 보고서를 제출할 때까지 총 며칠이 걸렸는가?

① 11일
② 12일
③ 13일
④ 14일
⑤ 15일

※ L그룹 인사팀에 입사한 귀하는 업무를 진행 중이다. 제시된 자료를 읽고 이어지는 질문에 답하시오.
[1~3]

〈11월 월간 일정표〉

월	화	수	목	금	토	일
	1	2 오전 10시 연간 채용계획 발표(A팀장)	3	4 오전 10시 주간 업무보고 오후 7시 B대리 송별회	5	6
7	8 오후 5시 총무팀과 팀 연합회의	9	10	11 오전 10시 주간 업무보고	12	13
14 오전 11시 승진대상자 목록 취합 및 보고(C차장)	15	16	17 A팀장 출장	18 오전 10시 주간 업무보고	19	20
21 오후 1시 팀미팅(30분 소요 예정)	22	23 D사원 출장	24 외부인사 방문 일정	25 오전 10시 주간 업무보고	26	27
28 E대리 휴가	29	30				

※ 인사팀은 귀하, C차장, A팀장, B대리, E대리, D사원으로 구성되어 있다.

01 아래의 〈조건〉을 고려하여 인사팀의 1박 2일 워크숍 날짜를 결정하려고 한다. 다음 중 인사팀의 워크숍 날짜로 가장 적절한 것은?

> **조건**
> • 워크숍은 평일로 한다.
> • 워크숍에는 모든 팀원들이 빠짐없이 참석해야 한다.
> • 워크숍 일정은 첫날 오후 3시에 출발하여 다음날 오후 2시까지이다.
> • 다른 팀과 함께하는 업무가 있는 주에는 워크숍 일정을 잡지 않는다.
> • 매월 말일에는 월간 업무 마무리를 위해 워크숍 일정을 잡지 않는다.

① 11월 9 ~ 10일   ② 11월 18 ~ 19일
③ 11월 21 ~ 22일   ④ 11월 28 ~ 29일
⑤ 11월 29 ~ 30일

02 인사팀 업무를 수행하던 귀하는 실수로 L그룹 1차 시험 합격 응시생의 데이터를 잃어버렸다. L그룹 1차 시험 응시생이 2,500명이었고 전체 시험 평균점수는 54.5점, 합격자 평균점수는 80점이었으며, 불합격자 평균점수가 50점일 때, 상사에게 보고해야 하는 1차 시험 합격 응시생 인수는?

① 375명   ② 380명
③ 385명   ④ 390명
⑤ 395명

Hard

03 가까스로 1차 시험 합격 응시생 데이터를 복구한 귀하는 2차 면접시험 및 워크숍에 대비하기 위해 감염병관리위원회를 구성해야 한다. 아래 자료를 읽고 〈조건〉에 따라 위원회를 구성할 때, 다음 중 항상 참인 것은?

> 코로나19 감염 확산에 따라 감염병의 예방 및 관리에 관한 법률 시행령을 일부 개정하여 감염병관리위원회를 신설하고자 한다. 감염병관리위원회는 관련 위원장 총 4명으로 구성할 예정이며, 위원회 후보는 감염대책위원장 1명, 재택관리위원장 1명, 생활방역위원장 4명, 위생관리위원장 2명이다.

> **조건**
> • 감염대책위원장이 뽑히면 재택관리위원장은 뽑히지 않는다.
> • 감염대책위원장이 뽑히면 위생관리위원장은 2명이 모두 뽑힌다.
> • 재택관리위원장과 생활방역위원장은 합쳐서 4명 이상이 뽑히지 않는다.

① 재택관리위원장이 뽑히면 위생관리위원장은 1명이 뽑힌다.
② 재택관리위원장이 뽑히면 생활방역위원장은 1명이 뽑힌다.
③ 감염대책위원장이 뽑히면 재택관리위원장도 뽑힌다.
④ 감염대책위원장이 뽑히면 생활방역위원장은 2명이 뽑힌다.
⑤ 생활방역위원장이 뽑히면 위생관리위원장도 뽑힌다.

※ 다음은 홍보혁신실에 근무하는 귀하가 오전 회의를 위해 받은 자료 중 일부이다. 이를 읽고 이어지는 질문에 답하시오. **[4~6]**

〈L기업, 로봇 '혁신' 위해 고객 아이디어 모은다〉

L기업은 26일 '제1회 로봇 인큐베이션 공모전'을 개최한다. 공모전 참가를 원하는 팀 또는 개인은 내달 29일까지 지원서를 홈페이지로 제출하면 된다. L기업은 이번 공모전에 직장인, 학생, 스타트업 등 다양한 분야에서 활동하면서 로봇에 관심 있는 팀이 참가, 일상생활에 도움을 주는 다양한 로봇 아이디어가 많이 나올 것으로 기대하고 있다.

L기업은 내부 심사를 거쳐 오는 9월 본선 진출팀을 발표한다. 본선 진출팀은 이번 공모전의 협력기관인 서울산업진흥원(SBA; Seoul Business Agency)이 운영하는 '메이커스페이스 전문랩 G캠프(서울 위치)'에서 L기업이 제시하는 프로젝트를 수행하며 팀별 경합을 거치게 된다. 서울산업진흥원은 서울시 산하 중소기업 지원기관이다. 연말에 가려지는 최종 우승팀에게는 1,500만 원의 상금이 주어진다.

이번 공모전은 로봇이 이미 일상으로 들어온 상황에서 다양한 아이디어를 통해 신규 비즈니스를 발굴하기 위한 목적으로 기획됐다. 위험하고 반복적인 일 대신 인간이 더 가치 있는 것들에 집중할 수 있도록 돕는 다양한 서비스 로봇을 선보이겠다는 의미이다.

L기업은 로봇을 미래사업의 한 축으로 삼고, 일상생활에서 쉽게 접할 수 있는 서비스에 초점을 맞춰 호텔 솔루션, 병원 솔루션, F&B 솔루션 등 각종 맞춤형 솔루션을 선보이고 있다. L기업 로봇사업 담당자는 "로봇을 사용하게 될 고객들이 직접 참여해 선보일 다양한 서비스 로봇들을 통해 고객에게 새로운 경험과 가치를 제공하는 것은 물론, 일상에 도움이 되는 로봇 솔루션을 지속 개발할 것"이라고 말했다.

`Easy`

04 다음 중 회의자료에 대한 설명으로 가장 적절한 것은?

① 해당 공모전의 본선은 서울산업진흥원 본부에서 진행된다.
② 로봇 인큐베이션 공모전은 인간이 보다 가치집약적인 일들에 집중하도록 하는 것을 목표로 한다.
③ 최종 우승팀은 내년 초에 결정된다.
④ 공모전에 참가를 원하는 팀은 기한 내에 홈페이지 혹은 우편으로 지원서를 제출하면 된다.
⑤ 개인 자격으로는 로봇 인큐베이션 공모전에 참가할 수 없다.

05 다음 〈보기〉의 설명 중 위 공모전의 흥행 촉진을 위해 고려해야 할 사항으로 적절한 것을 모두 고르면?

> `보기`
> ㄱ. 본선 진출팀의 수를 늘리고, 최종 우승팀에 대한 상금을 인상한다.
> ㄴ. 심사 시, 일반 고객들에 의한 투표를 추가하고 이를 홍보한다.
> ㄷ. 전문성 확보를 위해 로봇 관련 공학 전공자만 참여가 가능하도록 지원요건을 추가한다.

① ㄱ
② ㄷ
③ ㄱ, ㄴ
④ ㄴ, ㄷ
⑤ ㄱ, ㄴ, ㄷ

06 다음은 로봇 인큐베이션 공모전 결과 최종 후보로 선정된 다섯 팀에 대한 평가 결과이다. 아래의 선정방식에 따라 평가를 진행할 때, 최종 우승팀으로 결정될 팀은?

〈최종 우승팀 선정방식〉

• 안전개선, 고객지향, 기술혁신, 가치창조의 4가지 항목을 3 : 1 : 2 : 1의 가중치로 합산하여 최종 점수를 산출한다.
• 최종 점수가 동일한 경우, 고객지향 – 기술혁신 – 안전개선 – 가치창조 항목 순서대로 점수가 더 높은 팀을 선정한다.

〈최종 후보팀〉

다음은 최종 후보 다섯 팀을 안전개선, 고객지향, 기술혁신, 가치창조의 4가지 항목으로 평가하여 항목별 10점 만점으로 점수를 부여한 것이다.

(단위 : 점)

팀명	안전개선	고객지향	기술혁신	가치창조
A	8	5	8	4
B	6	8	5	5
C	7	6	6	7
D	7	7	7	7
E	5	6	10	4

① A
② B
③ C
④ D
⑤ E

※ L그룹 본부지원실에 근무하는 귀하는 L푸드의 ESG 경영전략에 대한 회의에 참여할 예정이다. 다음을 읽고 이어지는 질문에 답하시오. [7~9]

〈L푸드, ESG 경영으로 "옳은 약속, 더 나은 미래" 만든다〉

L푸드가 ESG 경영을 강화하며 '글로벌 No.1 소재 · 부품 기업' 도약에 속도를 내고 있다. L푸드는 ESG 경영의 목표를 지속가능경영 비전인 "Right Promise, Better Tomorrow(옳은 약속, 더 나은 미래)" 달성으로 삼고, 전사 차원의 ESG 내재화와 리스크 관리에 주력하고 있다. 특히 올해인 2021년을 ESG 경영의 원년으로 삼고 모든 역량을 집중해 ESG 경영 기반을 확고히 해 나간다는 방침이다.

올 초 신년사에서 CEO는 지속가능한 기업을 위해 기업가치를 높이는 질(質)적 성장에 집중할 것을 임직원들에게 당부한 바 있다. 매출, 영업이익과 같은 재무적 성과는 물론 ESG와 같은 비재무성과도 함께 높여 나가자는 의미다. L푸드는 체계적인 ESG 경영을 위한 관련 조직을 강화해 나가고 있다. 올 초 'ESG Committee'를 신설하여 전사 차원의 핵심과제 발굴해 적극 추진하고 있다. 'ESG Committee'는 CFO를 의장으로 안전환경, 사회공헌 등 영역별 전문부서가 참여해 전략 수립과 이행 점검, 글로벌 ESG 이슈 및 대응 방안 등을 논의한다.

최근에는 이사회 내 ESG 위원회를 설치했다. ESG 위원회는 ESG 경영 관련 최고 심의기구로 지속가능한 성장 실현을 위한 환경, 사회적 책임, 지배구조 등 ESG 정책, 중장기 전략, 목표 등을 심의한다. 이와 함께 L푸드는 전사 차원의 ESG 내재화와 체계적인 리스크 관리에 집중하고 있다.

무엇보다 L푸드는 ESG를 특정 조직의 업무가 아닌 전 임직원들이 스스로 중요성을 인식하고 일상 업무를 ESG 관점에서 실천할 수 있도록 하는 데 중점을 두고 있다. 이를 위해 R&D, 구매, 생산, 품질, 마케팅 등 전사의 모든 업무 프로세스 전반에 ESG 요소를 반영하여 이를 강도 높게 관리 및 실천해 나가고 있다. 또한 환경(Environment), 사회(Social), 지배구조(Governance) 분야별 다각적인 활동을 추진하고 있다.

환경분야에서는 기후변화에 적극 대응하며 글로벌 기후변화 노력에 적극 동참하고 있다. 신재생 에너지 활용, 고효율 설비 적용 등 에너지 절감 및 온실가스 감축 활동을 지속하고 있다. 사회는 임직원 자부심 제고를 위한 조직문화 활동인 'PRIDE 활동'과 임직원 안전을 위한 무사고 · 무재해 안전 사업장을 실현에 힘을 쏟고 있다. 협력회사 대상의 금융, 기술, 경영, 교육 분야 상생활동, 지역사회와의 공존을 위한 사회공헌활동 등도 활발히 펼치고 있다.

지배구조는 주주친화 정책과 경영 투명성 강화에 주력하고 있다. 올해 L푸드는 주주 가치 제고를 위해 전년 대비 배당금을 2배 이상 확대했으며, 주주총회 전자투표제를 전격 도입했다. 또한 경영 투명성 확보를 위해 2022년 여성 이사회 참여를 추진하는 등 이사회의 독립성과 다양성을 강화하고 있다. ESG Committee 의장인 CFO는 "ESG는 일시적 유행이 아닌 산업 전반과 사회에 큰 영향을 미치는 글로벌 메가 트렌드"라며, "L푸드가 소재 · 부품기업 중 ESG를 가장 잘하는, 신뢰할 수 있는 회사로 자리매김할 수 있도록 지속적인 노력을 기울일 것"이라고 말했다.

---

07 귀하는 회의 참석 전 위 자료를 전달받았다. 다음 자료에 대한 설명으로 적절하지 않은 것은?

① L푸드는 ESG 위원회 및 지원 조직이 ESG 경영을 담당하여 추진하고 있다.

② ESG 경영의 일환으로 주주총회 전자투표제가 도입되었다.

③ L푸드의 ESG 위원회는 CFO를 의장으로 하고 있다.

④ ESG에서 E는 환경적 부문을 의미한다.

⑤ ESG 경영 기조에 따라 주주친화적 지배구조를 지향하고 있다.

08 다음 〈보기〉 중 L푸드에서 ESG 경영의 일환으로 추진할 조치로 적절하지 않은 것을 모두 고르면?

보기

ㄱ. 현재 진행 중인 탄소연료 설비를 이용한 단기 추진사업을 집중 보완하여 가까운 시점의 리스크부터 줄여나간다.

ㄴ. 지역사회로부터의 독립성을 확보하고, 조직 내적 의견 조율 및 반영에 집중한다.

ㄷ. 운송 수단들에 대한 배출가스 점검을 실시하고, 연비효율을 극대화할 수 있는 운행 방안에 대해 노조와 협의한다.

① ㄱ
② ㄴ
③ ㄱ, ㄴ
④ ㄱ, ㄷ
⑤ ㄱ, ㄴ, ㄷ

Hard

09 L그룹 본부는 다음 규칙에 따라 ESG 상임위원을 선정하고자 한다. 후보자들에 대한 정보가 아래와 같을 때, 다음 중 상임위원으로 선정될 사람을 모두 고르면?

〈선정방식〉

• 각 후보자의 경력점수, 학위점수, 성과점수, 대외점수를 단순합산하여 최종 점수를 산출하며, 최종 점수가 가장 높은 두 명을 상임위원으로 선정한다.

• 관련 경력은 다음과 같이 점수를 부여한다.

구분	3년 미만	3년 이상 5년 미만	5년 이상 7년 미만	7년 이상
경력점수	16	19	22	25

• 최종 학위는 다음과 같이 점수를 부여한다.

구분	학사 졸업	석사 수료	석사 졸업	박사 수료	박사 졸업
학위점수	10	12	15	18	20

• 최종 점수가 동일한 경우, 성과점수가 더 높은 후보자에게 더 높은 우선순위를 부여한다.

〈후보자 평가결과〉

후보자	관련 경력	최종 학위	성과점수	대외점수
A	7년	석사 수료	24	18
B	2년	박사 수료	28	14
C	5년	박사 졸업	21	19
D	3년	석사 졸업	32	17
E	11년	학사 졸업	27	20

① A, C
② B, E
③ C, D
④ C, E
⑤ D, E

※ 고객대응실에 근무 중인 귀하는 상품기획실로부터 현재 제공 중인 스마트홈 펫케어 서비스에 대한 아래의 자료를 전달 받았다. 다음을 읽고 이어지는 질문에 답하시오. [10~12]

〈스마트홈 펫케어 이벤트〉

1. 펫케어
   - 서비스 구성
   이동식 원격카메라+원격급식기+간식로봇
   - 가격
   월 9,900원(3년 약정, 스마트 인터넷 결합 기준)

2. 펫케어 라이트
   - 서비스 구성
   이동식 원격카메라+원격급식기
   - 가격
   월 7,700원(3년 약정, 스마트 인터넷 결합 기준)

3. 펫케어 공통혜택
   - 배상보험 3년 무료 가입 : 배상금 500만 원, 사망위로금 10만 원
   - 반려동물 동반 무료 촬영권 증정 : 총 18만 원 상당
   - 무료 및 할인쿠폰 증정 : P펫호텔 연 2회 무료 숙박권
   - O펫샵 : VIP회원 등급 및 할인가 제공(총 18만 원 상당)
   - 모바일 상품권 추가 증정 : 신세계, 이마트에서 사용 가능한 상품권 제공(10만 원)

4. 주의사항
   - 위 모든 혜택은 스마트홈 펫케어 3년 약정 가입 시 제공됩니다.
   - 가입 후 1년 이내 해지 시, 사은품으로 증정한 모바일 상품권에 대한 할인반환금이 발생합니다.
   - 보험가입은 앱 내에서 본인이 직접 가입 신청해야 합니다.
   - 배상책임 담보의 적용 범위는 대인·대동물 배상책임에 한함(*대물 제외)
   - 만 10세 이상의 반려동물의 경우, "반려동물 사망 시 위로금" 담보 가입 불가
   - 맹견의 경우 반려동물보험 가입 불가(시베리안 허스키, 울프 하운드, 불독, 마스티프 등)
   - 최초 보험목적물로 등록된 반려동물이 사망한 경우, 해당 고객(회선) 재가입 불가
   - 반려동물 동반 무료 사진 촬영권은 액자비 2만 원이 현장 청구됩니다.
   - 스튜디오 촬영 시 가족 3인 방문 필수입니다.

---

10 다음 중 스마트홈 펫케어 서비스에 대한 설명으로 적절하지 않은 것은?

① 펫케어 라이트와 펫케어 서비스의 차이점은 월 이용요금과 간식로봇 제공 여부뿐이다.

② 3년 약정 가입한 경우에만 반려동물 동반 무료 촬영권이 증정된다.

③ 펫케어 서비스에 가입한 경우, 배상보험에 무료 가입된다.

④ 가입 후 1년 이내에 해지하는 경우, 사은품에 대한 할인반환금이 발생하지 않는다.

⑤ 서비스 가입 시, 펫샵에서 할인혜택을 받을 수 있다.

11 다음과 같은 고객의 문의가 접수되었다. 다음 〈보기〉의 설명 중 적절하지 않은 것은?

〈고객 문의 사항〉

- 고객명 : A
- 문의일시 : 2021.07.22.
- 내용 : 펫케어 라이트 서비스를 작년 3월 1일부터 이용하고 있습니다. 3년 약정에 스마트 인터넷을 결합하여 가입하였습니다. 만 11세인 시츄 1마리와 거주하고 있습니다. 현재 저희 시츄의 경우도 반려동물보험에 가입되어 있는 상태인지 궁금합니다. 그리고 지인에게 들으니, 간식로봇도 제공된다고 하는데, 저는 지금껏 제공받지 못하였습니다. 그동안 누락되었지만 8월부터라도 제공 부탁드립니다.

> **보기**
> ㄱ. A가 문의일 현재 펫케어 서비스를 해지하는 경우, 10만 원 상당의 모바일 상품권에 대한 할인 반환금이 발생한다.
> ㄴ. A의 시츄는 반려동물보험 가입대상에 해당하지 않는다.
> ㄷ. A가 배상보험에 직접 가입하지 않았다면, A의 반려견은 보험에 가입되어 있지 않을 것이다.
> ㄹ. A의 반려견이 사망한 경우, A는 사망 위로금 10만 원을 지급받을 수 있다.

① ㄴ, ㄹ　　　　　　　　　　② ㄷ, ㄹ
③ ㄱ, ㄴ, ㄷ　　　　　　　　④ ㄱ, ㄴ, ㄹ
⑤ ㄴ, ㄷ, ㄹ

12 스마트 홈 펫케어 서비스 이용고객인 B의 상황은 다음과 같다. B가 자신이 부담하는 요금을 최소화하고자 할 때, 월이용요금을 제외하고 B가 부담해야 할 비용은?

〈상황〉

- B는 펫케어 라이트 서비스에 가입한 상태이다.
- B는 자신의 유일한 반려견인 시베리안 허스키와 거주 중이다.
- B는 자신의 반려견과 P펫호텔에서 올해 처음으로 1박 숙박을 하였다.
- B는 반려견을 동반하여 무료 촬영권을 사용하였다.
- B는 현대백화점에서 10만 원 상당의 물품을 구매하였다.

① 2만 원　　　　　　　　　　② 4만 원
③ 10만 원　　　　　　　　　　④ 12만 원
⑤ 14만 원

정답 및 해설 p.022

※ 사내 메신저를 통해 다음과 같은 문서가 전달되었다. 이어지는 질문에 답하시오. [1~5]

〈A학교 교실 천장 교체공사 수의계약 안내 공고〉

다음과 같이 시설공사 수의 견적서 제출 안내를 공고합니다.
1. 견적에 부치는 사항
   가. 공사명 : A학교 교실 천장 교체공사
   나. 공사기간 : 착공일로부터 28일간
   다. 공사내용 : 본관 교실 7실 및 복도(1, 2층)
2. 견적 제출 및 계약방식
   가. 국가종합전자조달시스템을 이용하여 2인 이상으로부터 견적서를 제출받는 소액수의계약 및 전자입찰 방식으로 제출하여야 합니다.
   나. 안전 입찰서비스를 이용하여 입찰서를 제출하여야 합니다.
3. 견적서 제출기간
   가. 견적서 제출기간 : 2021. 06. 01.(화) 09:00 ~ 2021. 06. 14.(월) 10:00
   나. 견적서 제출확인은 국가종합전자조달 전자입찰시스템의 웹 송신함에서 확인하기 바라며, 마감 시간이 임박하여 제출할 경우 입력 도중 중단되는 경우가 있으니 10분 전까지 입력을 완료하기 바랍니다.
   다. 전자입찰은 반드시 안전 입찰서비스를 이용하여 입찰서를 제출하여야 합니다(자세한 사항은 안전 입찰서비스 유의사항 안내 참고).
4. 개찰일시 및 장소
   가. 개찰일시 : 2021. 06. 14.(월) 11:00
   나. 개찰장소 : K시 교육청 입찰집행관 PC(전산 장애 발생 시 개찰 시간이 다소 늦어지거나 연기될 수 있습니다)
5. 견적 제출 참가 자격
   가. ㉠ 수의 견적 재출 안내 공고일 전일부터 개약체결일까지 해당 지역에 법인등기부상 본점 소재지를 둔 업체이어야 하며, 그러하지 않을 경우 낙찰차 결정을 취소합니다(이외 지역 업체는 견적 제출에 참가할 수 없으며, 제출 시 무효 처리됩니다).
   나. 본 입찰은 지문인식 신원확인 입찰이 적용되므로 개인인증서를 보유한 대표자 또는 입찰대리인은 미리 지문정보를 등록하여야 전자입찰서 제출이 가능합니다. 다만, 지문인식 신원확인 입찰이 곤란한 자는 예외적으로 개인인증서에 의한 전자입찰서 제출이 가능합니다.
   다. 기타 자세한 사항은 K시 교육청 재정지원팀으로 문의하기 바랍니다.

2021. 05. 28.

---

01 다음 중 메신저를 통해 전달받은 공고문을 이해한 내용으로 가장 적절한 것은?

① 제출한 견적서에 대한 내용은 개인의 메일 수신함에서 확인할 수 있다.

② 개찰은 견적서 제출 마감일의 바로 다음 날 K시 교육청의 입찰집행관 PC에서 진행된다.

③ 견적서 입력 도중 마감 시간에 따라 시스템이 중단되었다면 10분 이내로 다시 제출할 수 있다.

④ 입찰대리인은 신원확인의 방법으로 지문이나 개인인증서 둘 중 하나를 선택할 수 있다.

⑤ 견적서 제출은 국가종합전자조달시스템의 안전 입찰서비스를 통해서만 가능하다.

02 당신은 공고문을 읽던 중 맞춤법 오류를 발견하였다. 밑줄 친 ㉠에서 찾아낼 수 있는 오류의 개수는?

① 1개   ② 2개

③ 3개   ④ 4개

⑤ 5개

Easy

03 L그룹 영업 1팀에서 A학교 교실 천장 교체공사 수의계약과 관련하여 K시 교육청 재정지원팀에게 문의를 하기로 했다. 총 10명의 팀원 중 문의 관련 업무를 진행할 2명의 사원을 선정하고 남은 팀원들 중 2명이 계약 관련 업무를 진행하도록 한다고 할 때, 나올 수 있는 경우의 수는?

① 1,024가지   ② 1,180가지

③ 1,260가지   ④ 1,320가지

⑤ 1,380가지

04 영업 1팀은 A학교 교실 천장 교체공사 수의계약에 대한 견적서를 제출하기 전에 내부회의를 진행하기로 했다. 회의 결과에 따라 견적서를 수정하는 기간 사흘과 제출 전 검토 기간 이틀, 그리고 주말을 제외했을 때, 견적서 제출일과 가장 가까운 회의 날짜는?

① 6월 1일   ② 6월 2일

③ 6월 3일   ④ 6월 4일

⑤ 6월 7일

Hard

05 영업 1팀의 김대리는 계약 관련 업무 진행을 위한 협조 요청 메일을 보내고자 한다. 이 중에서 담당자와 이메일을 주고받을 때 유의해야 할 사항으로 적절하지 않은 것은?

① 내용을 보낼 때는 용건을 간단히 하여 보낸다.

② 용량이 큰 파일은 반드시 압축하여 첨부한다.

③ 업무 보안상 제목에 메일의 내용이 드러나지 않도록 유의한다.

④ 메일 내용은 첫인사 → 내용 → 끝인사 순으로 작성해야 하며 소속과 직책을 밝혀야 한다.

⑤ 문장 구성 요소를 생략하거나 줄임말을 사용하지 말고 내용을 간결하게 정리한다.

※ L그룹은 신생아를 출산한 산모를 위한 하반기 신제품을 기획하고자 ○○병원 산모 150명을 대상으로 조사를 진행했다. 다음 자료를 참고하여 이어지는 질문에 답하시오. [6~9]

〈산모의 태아 유형〉

6%
18%
76%

■ 단태아 ■ 쌍태아 ■ 삼태아

※ 산모의 태아 ㉠ 유형은 제시된 것 외에는 없음

〈산모 현황〉

58%
42%

■ 초산모 ■ 경산모

〈산모의 연령대〉

구분	20세 이상 ~ 25세 미만	25세 이상 ~ 30세 미만	30세 이상 ~ 35세 미만	35세 이상 ~ 40세 미만
비율	12%	46%	32%	10%

※ 산모의 연령대는 제시된 것 이외엔 없음

Hard

06 다음 중 자료에 대한 설명으로 적절하지 않은 것은?(단, 소수점 첫째 자리에서 버림한다)

① 초산모가 20대라고 할 때, 20대에서 초산모가 차지하는 비율은 70% 이상이다.

② 초산모가 모두 단태아를 출산했다고 할 때, 단태아 항목에서 경산모가 차지하는 비율은 48% 미만이다.

③ 경산모의 $\frac{1}{3}$ 이 30대라고 할 때, 30대에서 경산모가 차지하는 비율은 50% 이상이다.

④ 20대 산모는 30대 산모보다 20명 이상 많다.

⑤ 산모가 200명일 때의 단태아를 출산한 산모의 수는 산모가 400명일 때의 초산모의 수보다 적다.

07 25세 이상 35세 미만의 산모의 $\frac{1}{3}$이 경산모라고 할 때, 이 인원이 경산모에서 차지하는 비율은?

(단, 소수점 첫째 자리에서 버림한다)

① 29%
② 37%
③ 44%
④ 58%
⑤ 67%

08 다음 자료 내 밑줄 친 단어 ㉠의 유의어가 아닌 단어는?

① 종류
② 가닥
③ 갈래
④ 특징
⑤ 전형

09 팀장인 당신은 자료를 기반으로 팀원들이 제출한 하반기 신제품 기획서의 내용을 검토하고자 한다. 제시된 자료를 바탕으로 다음 기획서의 문장을 읽었을 때 옳지 않은 것은?

① 대다수의 산모들이 단태아를 출산하기 때문에 삼태아를 출산한 산모를 위한 아이템 시장은 상대적으로 진입장벽이 낮을 것이다.

② 초산모보다 경산모의 비중이 더 많기 때문에 경산모를 위한 아이템 기획에 초점을 맞추었다.

③ 산모의 연령대가 25세 이상 ~ 35세 미만에 7할 이상이 몰려있으므로 해당 연령대의 고객들이 좋아하는 콘셉트를 지향했다.

④ 쌍태아의 수가 삼태아의 3배에 이르므로 쌍둥이를 위한 상품을 기획한다면 쌍태아들을 중심으로 기획하는 것이 수요가 더 높을 것이다.

⑤ 연령대가 높을수록 해당 산모의 경제력 또한 높아질 것이므로 40대 이상의 산모를 위한 프리미엄 상품을 기획했다.

※ 당신은 메신저로 다음 주 부서 내 분기종합성적발표회를 진행하기 위해 회의실을 예약해달라는 업무 지시를 받았고, 인트라넷에서 다음 주 예약현황을 열었다. 다음을 읽고 이어지는 질문에 답하시오. [10~13]

〈발표회 조건〉

• 발표회는 오후 1시부터 오후 4시 사이에 진행되어야 한다.
• 발표회는 1시간 30분 동안 연이어 진행되어야 한다.
• 발표회 참석자는 24명이다.
• 발표회에는 빔프로젝터가 필요하다.

〈세미나실별 다음 주 예약현황〉

구분	월	화	수	목	금
본관 1세미나실		인사관리부(예약) (10:00 ~ 15:00)		조직개발부(예약) (13:30 ~ 15:00)	기술영업부(예약) (14:00 ~ 15:00)
본관 2세미나실	기획전략부(예약) (10:00 ~ 11:30)	위기관리부(예약) (14:00 ~ 15:00)	남미사업단(예약) (13:00 ~ 16:00)	마케팅부(예약) (16:00 ~ 17:00)	–
국제관 세미나실A	–	품질관리부(예약) (10:00 ~ 11:30)	생산관리부(예약) (09:00 ~ 10:00)	–	경영지원부(예약) (09:30 ~ 10:30)
국제관 세미나실B	회계세무부(예약) (14:00 ~ 16:00)	글로벌전략부(예약) (13:00 ~ 13:30)	사업부(예약) (14:00 ~ 15:30)	글로벌전략부(예약) (10:00 ~ 16:00)	
복지동 세미나실	경영관리부(예약) (09:30 ~ 11:00)	–	법무부(예약) (14:00 ~ 16:30)	–	법무부(예약) (10:00 ~ 11:00)

〈세미나실별 시설현황〉

구분	빔프로젝터 유무	최대 수용가능인원
본관 1세미나실	○	28명
본관 2세미나실	○	16명
국제관 세미나실A	○	40명
국제관 세미나실B	○	32명
복지동 세미나실	×	38명

---

10 발표회 조건과 세미나실별 다음 주 예약현황, 세미나실별 시설현황을 토대로, 다음 중 당신이 다음 주 분기종합회의를 위해 예약 가능한 세미나실과 요일로 바르게 연결된 것은?

① 본관 1세미나실, 수요일
② 본관 2세미나실, 금요일
③ 국제관 세미나실B, 화요일
④ 국제관 세미나실B, 수요일
⑤ 복지동 세미나실, 목요일

11 예정되어 있던 발표자에게 문제가 발생해 발표자 및 보조자 2명을 대리급 발표회 참석자 중에서 차출하기로 했다. 24명의 발표회 참석자 중 남자 대리급 참석자가 5명, 여자 대리급 참석자가 3명일 때, 발표자 한 명과 남녀 보조자 각각 한 명씩을 차출하는 경우의 수는?

① 90가지

② 124가지

③ 220가지

④ 336가지

⑤ 352가지

12 발표회가 끝난 뒤, 당신은 복지동 세미나실에도 빔프로젝터를 설치하자는 상부의 의견에 따라 빔프로젝터 카탈로그에서 적절한 기기를 선택해 구매하는 업무를 맡게 되었다. 이메일로 수신 받은 첨부자료에서 〈조건〉에 부합하는 빔프로젝터 회사는?

첨부자료

〈주요 빔프로젝터 정보〉

기업	제품명	가격	최대 스크린	무료 A/S 기간	해상도	스피커 출력
A기업	HF60LA	1,210,000원	300	2년	1680*1050	10W
B기업	PH550	899,000원	200	1년	1024*768	5W
	PL680	1,020,000원	180	2년	800*600	7W
C기업	Leisure 470	979,000원	250	6개월	1280*1024	3W
	Leisure 520	1,230,000원	300	1년	1680*1050	5W
D기업	T - 1000	1,280,000원	300	3년	1024*768	8W
	T - 2500	1,420,000원	250	1년	1280*1024	7W
E기업	SY3211	655,000원	180	없음	800*600	5W
	SY8200	1,690,000원	300	6개월	1680*1050	10W

조건

- 최대 스크린은 200 이상이어야 한다.
- 무료 A/S 기간은 1년 이상이어야 한다.
- 800*600 이하 해상도를 지닌 제품은 구매대상에서 제외한다.
- 스피커 출력은 7W 이상이어야 한다.
- 위 조건이 전부 부합하는 기업의 제품 중 가장 가격이 저렴한 것을 고른다.

① A기업

② B기업

③ C기업

④ D기업

⑤ E기업

13 당신은 빔프로젝터 구매 요청을 끝낸 뒤, 상사로부터 발표회를 정리한 보고서를 작성하여 해당 자료를 참여자 전원에게 메일로 발송하라는 지시를 받았다. 이때 사원급의 경우 받는 사람으로, 사원급을 제외한 대리급 이하 참여자들은 참조 기능을 활용하여 자료를 보내되, 팀장, 매니저, 책임급 참여자들에게는 숨은 참조 기능을 사용했다면, 메일을 보낸 뒤 나타나는 결과로 가장 적절한 것은?

① 사원급을 포함한 대리급 이하 참여자들에게 메일이 발송되고 숨은 참조인을 포함한 모든 수신자들을 확인할 수 있다.

② 팀장, 매니저, 책임급 참여자들에게 메일이 발송되고, 숨은 참조인을 제외한 수신자들을 확인할 수 있다.

③ 사원급을 제외한 모든 참조인에게 메일이 발송되고, 숨은 참조인을 포함한 모든 수신자들을 확인할 수 있다.

④ 사원급, 대리급 이하 참여자들과 숨은 참조인들 모두에게 메일이 발송되고, 사원급과 대리급 이하 참여자들은 숨은 참조인을 제외한 수신자들을 확인할 수 있다.

⑤ 사원급, 대리급 이하 참여자들과 숨은 참조인들 모두에게 메일이 발송되고, 숨은 참조인만이 수신자들을 확인할 수 있다.

※ 당신은 사내 이메일로 L기업의 당직 근무 규칙과 이번 주 당직 근무자들의 일정표를 받았다. 다음을 읽고 이어지는 질문에 답하시오. **[14~15]**

〈당직 근무 규칙〉

- 1일 당직 근무 최소 인원은 오전 1명, 오후 2명으로 총 3명이다.
- 1일 최대 6명을 넘길 수 없다.
- 같은 날 오전 · 오후 당직 근무는 서로 다른 사람이 해야 한다.
- 오전 또는 오후 당직을 모두 포함하여 당직 근무는 주당 3회 이상 5회 미만으로 해야 한다.

〈당직 근무 일정〉

성명	일정	성명	일정
공주원	월 오전 / 수 오후 / 목 오전	최민관	월 오후 / 화 오후 / 토 오전 / 일 오전
이지유	월 오후 / 화 오전 / 금 오전 / 일 오후	이영유	수 오전 / 화 오후 / 금 오후 / 토 오후
강리환	수 오전 / 목 오전 / 토 오후	지한준	월 오전 / 수 오후 / 금 오전
최유리	화 오전 / 목 오후 / 토 오전	강지공	수 오후 / 화 오후 / 금 오후 / 토 오전
이건율	목 오전 / 일 오전	김민정	월 오전 / 수 오후 / 토 오전 / 일 오후

14 다음 중 당직 근무 규칙에 따라 이번 주에 당직 근무 일정을 추가해야 하는 사람은?

① 공주원
② 이지유
③ 최유리
④ 지한준
⑤ 김민정

15 팀장인 당신은 이번 주 급한 업무로 인해 출장을 가게 되었는데 당직 근무자 중 동행할 인원이 한 명 필요하다. 다음 중 별도의 조정 없이 이번 주 당직에서 제외되더라도 문제가 없는 근무자는?

① 최유리
② 최민관
③ 공주원
④ 이지유
⑤ 김민정

| 01 | 언어적 사고

Easy

01 L사는 공개 채용을 통해 4명의 남자 사원과 2명의 여자 사원을 최종 선발하였고, 선발된 6명의 신입 사원을 기획부, 인사부, 구매부 세 부서에 배치하려고 한다. 다음 〈조건〉에 따라 신입 사원을 배치할 때, 옳지 않은 것은?

> **조건**
> • 기획부, 인사부, 구매부 각 부서에 적어도 한 명의 신입 사원을 배치한다.
> • 기획부, 인사부, 구매부에 배치되는 신입 사원의 수는 서로 다르다.
> • 부서별로 배치되는 신입 사원의 수는 구매부가 가장 적고, 기획부가 가장 많다.
> • 여자 신입 사원만 배치되는 부서는 없다.

① 인사부에는 2명의 신입 사원이 배치된다.
② 구매부에는 1명의 남자 신입 사원이 배치된다.
③ 기획부에는 반드시 여자 신입 사원이 배치된다.
④ 인사부에는 반드시 여자 신입 사원이 배치된다.

02 다음 제시문의 주장에 대한 반박으로 가장 적절한 것은?

> 대리모는 허용되어서는 안 된다. 최근의 자료에 의하면 대리모는 대부분 금전적인 대가가 지불되는 상업적인 대리모의 형태로 이루어지고 있다고 한다. 아이를 출산해 주는 대가로 대리모에게 금전을 지불하는 것은 아이를 상품화하는 것이다. 칸트가 말했듯이, 인간은 수단이 아니라 목적으로 대하여야 한다. 대리모는 결국 아이를 목적이 아닌 수단으로 취급하고 있다는 점에서 인간의 존엄과 가치를 침해한다.

① 최근 조사에 따르면 우리나라의 불임부부는 약 100만 쌍으로 불임 여성은 지속적으로 증가하고 있다.

② 경제적 취약 계층이 된 여성들은 대리모를 통해 빈곤을 해결할 수 있다.

③ 대리모의 건강에 문제가 생길 경우 대리모를 보호할 제도적 장치가 부족하다.

④ 대리모는 아이가 아닌 임신·출산 서비스를 매매의 대상으로 삼고 있으므로 아이의 존엄과 가치를 떨어뜨리지 않는다.

03 L사에서 근무하고 있는 직원 갑 ~ 정 4명은 서로의 세미나 참석 여부에 대하여 다음과 같이 진술하였고, 이들 중 단 1명만이 진실을 말하였다. 이들 가운데 반드시 세미나에 참석하는 사람은?(단, 진술한 사람은 거짓만 말하거나 진실만 말한다)

> 갑 : 나는 세미나에 참석하고, 을은 세미나에 참석하지 않는다.
> 을 : 갑과 병 중 적어도 한 명은 세미나에 참석한다.
> 병 : 나와 을 중 적어도 한 명은 세미나에 참석하지 않는다.
> 정 : 을과 병 중 한 명이라도 세미나에 참석한다면, 나도 세미나에 참석한다.

① 갑   ② 을
③ 병   ④ 정

04 다음 제시문을 읽고 올바르게 이해하지 못한 것은?

> 우리는 어떻게 장소에 익숙해지는 것일까? 뇌과학운영단 세바스천 로열 박사팀은 뇌의 해마 속 과립세포(Granule Cell)가 이끼세포(Mossy Cell) 등 다양한 신경 네트워크를 통해 장소를 학습하며 장소세포(Space Cell)로 변하는 과정을 규명했다.
>
> 과거 오키프 박사와 모세르 부부는 뇌에서 위치와 방향, 장소와 공간 등을 파악할 수 있게 해주는 장소세포와 뇌 해마 옆 내후각피질에서 위치정보처리시스템을 구성하는 격자세포(Grid Cell)을 발견했다. 하지만 그들은 장소세포가 어떻게 생성되고 변화하는지는 밝혀내지 못했는데, 세바스천 로열 박사팀은 공간훈련 장치인 트레드밀에서 실험용 생쥐를 훈련시키면서 뇌 해마에서 장소 정보 입력이 시작되는 부위로 알려진 치아이랑(Dentate Gyrus)의 뇌세포를 관찰해 새 환경을 학습할 때 뇌에 장소세포가 생성되는 과정을 규명했다.
>
> 생쥐는 새로운 장소에 놓였을 때 격자세포가 활성화되었고, 과립세포에서는 사물의 위치 정보나 거리 정보를 나타내는 세포가 작동했다. 하지만 공간에 익숙해져 학습이 된 이후에는 위치와 거리 정보를 나타내는 세포들이 소멸하고 특정 장소를 나타내는 장소세포가 점차 늘어났다.

① 해마 속 과립세포는 신경 네트워크를 통한 학습을 거쳐 장소세포로 변화한다.

② 오키프 박사와 모세르 부부는 뇌의 해마 속 과립세포와 이끼세포가 장소를 학습하며 장소세포로 변하는 과정을 규명했다.

③ 세바스천 로열 박사팀은 실험용 생쥐의 치아이랑 뇌세포 변화를 관찰하여 장소세포가 생성되는 과정을 규명했다.

④ 생쥐가 새로운 공간에 익숙해진다면 격자세포와 과립세포는 소멸할 것이다.

01 다음은 A씨가 1월부터 4월까지 지출한 외식비이다. 1월부터 5월까지의 평균 외식비가 120,000원 이상 130,000원 이하가 되게 하려고 할 때, A씨가 5월에 최대로 사용할 수 있는 외식비는?

〈월별 외식비〉

(단위 : 원)

1월	2월	3월	4월	5월
110,000	180,000	50,000	120,000	

① 14만 원
③ 18만 원
② 15만 원
④ 19만 원

02 L사는 프린터를 새로 구입하거나 대여하려 한다. 프린터를 구입하는 경우에는 프린터 가격 200,000원과 매달 15,000원의 유지비를 내고, 대여하는 경우에는 매달 22,000원의 대여료만 낸다. 이때 프린터를 구입하여 최소 몇 개월 이상 사용하면 대여하는 경우보다 이득인가?

① 29개월
③ 25개월
② 27개월
④ 23개월

03 철도 길이가 720m인 터널이 있다. A기차는 터널을 완전히 빠져나갈 때까지 56초가 걸리고, 기차 길이가 A기차보다 40m 짧은 B기차는 160초가 걸렸다. 두 기차가 터널 양 끝에서 동시에 출발하면 $\frac{1}{4}$ 지점에서 만난다고 할 때, B기차의 길이는?(단, 기차 속력은 일정하다)

① 50m
③ 70m
② 60m
④ 80m

다음은 자동차 판매현황이다. 표를 보고 〈보기〉의 설명 중 옳지 않은 것을 모두 고르면?

〈자동차 판매현황〉

(단위 : 천 대)

구분	2018년	2019년	2020년
소형	27.8	32.4	30.2
준중형	181.3	179.2	180.4
중형	209.3	202.5	205.7
대형	186.1	185.0	177.6
SUV	452.2	455.7	450.8

보기

ㄱ. 2018년 대비 2019년 판매량 감소율이 가장 낮은 차종은 대형이다.
ㄴ. 2020년 준중형 자동차 판매량은 전년 대비 1% 이상 증가했다.
ㄷ. 2018 ~ 2020년 동안 매년 자동차 판매 순위는 동일하다.
ㄹ. 2018년 모든 종류의 자동차 각각의 판매량은 2019년보다 모두 높다.

① ㄱ, ㄴ
② ㄷ, ㄹ
③ ㄱ, ㄹ
④ ㄴ, ㄷ, ㄹ

05 다음은 산업통상자원부의 지난 3년간 기업규모별 지원액을 나타낸 자료이다. 이에 대한 설명으로 적절하지 않은 것은?

<표 제목>〈연간 기업규모별 산업통상자원부 지원액〉

(단위 : 개)

구분	지원액	5억 미만	5억 이상 10억 미만	10억 이상 20억 미만	20억 이상 50억 미만	50억 이상 100억 미만
2020년	대기업	4	11	58	38	22
	중견기업	11	88	124	32	2
	중소기업	244	1,138	787	252	4
2019년	대기업	8	12	62	42	25
	중견기업	22	99	184	28	1
	중소기업	223	982	669	227	3
2018년	대기업	9	25	66	54	28
	중견기업	18	111	155	29	2
	중소기업	188	774	552	201	1

① 매년 산업통상자원부 지원금을 지급받는 대기업 수는 감소하는 반면, 중소기업의 수는 증가하고 있다.

② 2020년 중소기업 총지원액은 대기업 총지원액보다 많다.

③ 대기업과 중견기업은 지원액 규모가 10억 이상 20억 미만에서, 중소기업은 5억 이상 10억 미만에서 가장 많은 기업이 산업통상자원부 지원금을 지급받는다.

④ 2020년 산업통상자원부 지원금을 지급받는 총 기업수가 2,815개라면 그중 중소기업이 차지하는 비율은 85% 미만이다.

※ 다음은 L씨가 딸의 대학 졸업전시회 참석을 위한 이동경로에 대한 자료이다. 이를 보고 이어지는 질문에 답하시오. [1~3]

〈지하철 노선도〉

※ 노선도에 표시되지 않은 경로는 고려하지 않음

〈1호선 명덕역 시간표〉

교대 방향	시간	반월당 방향
07 15 23 31 39 47 55	15	02 10 18 26 34 42 50 58
03 11 19 27 35 43 51 59	16	06 14 22 30 38 46 54
07 15 23 31 39 47 55	17	02 10 18 26 34 42 50 58

〈2호선 청라언덕역 시간표〉

반고개 방향	시간	반월당 방향
05 13 21 29 37 45 53	15	04 12 20 28 36 44 52
01 09 17 25 33 41 49 57	16	00 08 16 24 32 40 48 56
05 13 21 29 36 43 50 57	17	04 12 20 27 34 41 47 53 58

〈3호선 수성시장역 시간표〉

대봉교 방향	시간	수성구민운동장 방향
01 08 15 22 29 36 43 50 57	15	06 13 20 27 34 41 48 55
04 11 18 25 32 39 46 53	16	02 09 16 23 30 37 44 51 58
00 07 14 21 28 35 42 49 56	17	05 12 19 26 3 40 47 53 59

〈상황〉

- L씨는 자택에서 출발하여 오후 4시 30분에 전시회에 도착할 예정이다.
- L씨의 자택은 수성시장역에서 도보로 10분 거리에 위치한다.
- 전시회장은 용산역에서 도보로 12분 거리에 있다.
- 모든 환승에 소요되는 시간은 4분이다.
- 역과 역 사이의 이동시간은 2호선은 3분, 1호선과 3호선은 4분이다.
- L씨가 출발 후 도착할 때까지 이동시간 외에 소요하는 시간은 없으며, 최소한의 이동시간으로 움직인다.

01 L씨는 지하철로 이동하는 시간을 비교하여 딸의 전시회 장소로 이동할 경로를 선택하려고 한다. 3호선 수성시장역에서 2호선 용산역까지의 환승시간 및 지하철 탑승시간만을 고려할 때, 상황을 참고하여 다음 중 L씨가 선택할 가장 빠른 경로와 소요시간이 바르게 연결된 것은?(단, 지하철 시간표에 관계없이 소요시간만 계산한다)

	경로	소요시간
①	3호선 수성시장역 → 2호선 청라언덕역 → 2호선 용산역	44분
②	3호선 수성시장역 → 1호선 명덕역 → 2호선 반월당역 → 2호선 용산역	43분
③	3호선 수성시장역 → 2호선 청라언덕역 → 2호선 용산역	42분
④	3호선 수성시장역 → 1호선 명덕역 → 2호선 반월당역 → 2호선 용산역	41분

02 상황에 따를 때, L씨의 가족들은 예정시간까지 도착하기 위해 늦어도 몇 시에 자택에서 출발해야 하는가?(단, 1호선은 타지 않는다)

① 오후 3시 15분
② 오후 3시 19분
③ 오후 3시 21분
④ 오후 3시 25분

Hard

03 위 상황에서 L씨가 오후 3시 50분에 자택에서 출발하여 02번 문제와 같은 경로를 이용한다면, L씨가 전시회에 도착하는 가장 빠른 시각으로 알맞은 것은?

① 오후 4시 51분
② 오후 4시 58분
③ 오후 5시
④ 오후 5시 3분

| 01 | 언어적 사고

Easy

01 다음 제시문을 읽고 올바르게 이해한 것은?

> 세계 식품 시장의 20%를 차지하는 할랄식품(Halal Food)은 '신이 허용한 음식'이라는 뜻으로 이슬람 율법에 따라 생산, 처리, 가공되어 무슬림들이 먹거나 사용할 수 있는 식품을 말한다. 이런 기준이 적용된 할랄식품은 엄격하게 생산되고 유통과정이 투명하기 때문에 일반 소비자들에게도 좋은 평을 얻고 있다.
>
> 할랄식품 시장은 최근 들어 급격히 성장하고 있는데 이의 가장 큰 원인은 무슬림 인구의 증가이다. 무슬림은 최근 20년 동안 5억 명 이상의 인구증가를 보이고 있어서 많은 유통업계들이 할랄식품을 위한 생산라인을 설치하는 등의 노력을 하고 있다.
>
> 그러나 할랄식품을 수출하는 것은 쉬운 일이 아니다. 신이 '부정한 것'이라고 하는 모든 것으로부터 분리돼야 하기 때문이다. 또한, 국제적으로 표준화된 기준이 없다는 것도 할랄식품 시장의 성장을 방해하는 요인이다. 세계 할랄 인증 기준만 200종에 달하고 수출업체는 각 무슬림 국가마다 별도의 인증을 받아야 한다. 전문가들은 이대로라면 할랄 인증이 무슬림 국가들의 수입장벽이 될 수 있다고 지적한다.

① 할랄식품은 무슬림만 먹어야 하는 식품이다.

② 할랄식품의 이미지 덕분에 무슬림한테만 인기가 좋다.

③ 할랄식품 시장의 급격한 성장으로 유통업계에서 할랄식품을 위한 생산라인을 설치 중이다.

④ 표준화된 할랄 인증 기준을 통과하면 모든 무슬림 국가에 수출이 가능하다.

02 다음 제시문으로부터 추론할 수 있는 것은?

> 미국 사회에서 동양계 미국인 학생들은 '모범적 소수 인종(Model Minority)'으로, 즉 미국의 교육 체계 속에서 뚜렷하게 성공한 소수 인종의 전형으로 간주되어 왔다. 그리고 그들은 성공적인 학교생활을 통해 주류 사회에 동화되고 이것에 의해 사회적 삶에서 인종주의의 영향을 약화시킨다는 주장으로 이어졌다. 하지만 동양계 미국인 학생들이 이렇게 정형화된 이미지처럼 인종주의의 장벽을 넘어 미국 사회의 구성원으로 참여하고 있는가는 의문이다. 미국 사회에서 동양계 미국인 학생들의 인종적 정체성은 다수자인 '백인'의 특성이 장점이라고 생각하는 것과 소수자인 동양인의 특성이 단점이라고 생각하는 것의 사이에서 구성된다. 그리고 이것은 그들에게 두 가지 보이지 않는 결과를 제공한다. 하나는 대부분의 동양계 미국인 학생들이 인종적인 차이에 대한 그들의 불만을 해소하고 인종 차이에서 발생하는 차별을 피하고자 백인이 되기를 원하는 것이다. 다른 하나는 다른 사람들이 자신을 동양인으로 연상하지 않도록 자신 스스로 동양인들의 전형적인 모습에서 벗어나려고 하는 것이다. 그러므로 모범적 소수 인종으로서의 동양계 미국인 학생은 백인에 가까운 또는 동양인에서 먼 '미국인'으로 성장할 위험 속에 있다.

① '모범적 소수 인종'은 특유의 인종적 정체성을 내면화하고 있다.
② '동양계 미국인 학생들'의 성공은 일시적이고 허구적인 것이다.
③ 모든 소수 인종 집단은 인종 차이가 초래할 부정적인 효과에 대해 의식하고 있다.
④ 여러 집단의 인종은 사회에서 한정된 자원의 배분을 놓고 갈등하고 있다.

03 원형 탁자에 번호 순서대로 앉아 있는 다섯 명의 여자 1~5가 있다. 이 사이에 다섯 명의 남자 A~E가 한 명씩 앉아야 한다. 다음 〈조건〉을 따르면서 자리를 배치할 때 적절하지 않은 것은?

> **조건**
> • A는 짝수번호의 여자 옆에 앉아야 하고, 5 옆에는 앉을 수 없다.
> • B는 짝수번호의 여자 옆에 앉을 수 없다.
> • C가 3 옆에 앉으면 D는 1 옆에 앉는다.
> • E는 3 옆에 앉을 수 없다.

① A는 1과 2 사이에 앉을 수 없다.
② D는 4와 5 사이에 앉을 수 없다.
③ C가 2와 3 사이에 앉으면 A는 반드시 3과 4 사이에 앉는다.
④ E가 4와 5 사이에 앉으면 A는 반드시 2와 3 사이에 앉는다.

| 02 | 수리적 사고

01 열차가 50m의 터널을 통과하는 데 10초, 200m의 터널을 통과하는 데 25초가 걸린다. 열차의 길이는 몇 m인가?

① 35m   ② 40m

③ 45m   ④ 50m

02 다음 빈칸에 해당하는 숫자의 합은?(단, ℉＝℃×9÷5＋32이다)

• 2km＝(　　)m	• 3m²＝(　　)cm²
• 1시간＝(　　)초	• 68℉＝(　　)℃

① 5,935   ② 6,250

③ 35,620   ④ 35,950

03 다음은 우편매출액에 대한 자료이다. 이에 대한 설명으로 적절하지 않은 것은?

〈우편매출액〉

(단위 : 만 원)

구분	2015년	2016년	2017년	2018년	2019년				
					소계	1분기	2분기	3분기	4분기
일반통상	11,373	11,152	10,793	11,107	10,899	2,665	2,581	2,641	3,012
특수통상	5,418	5,766	6,081	6,023	5,946	1,406	1,556	1,461	1,523
소포우편	3,390	3,869	4,254	4,592	5,017	1,283	1,070	1,292	1,372
합계	20,181	20,787	21,128	21,722	21,862	5,354	5,207	5,394	5,907

① 매년 매출액이 가장 높은 분야는 일반통상 분야이다.

② 1년 집계를 기준으로 매년 매출액이 꾸준히 증가하고 있는 분야는 소포우편 분야뿐이다.

③ 2019년 1분기 우편매출액에서 특수통상 분야의 매출액이 차지하고 있는 비율은 20% 이상이다.

④ 2019년 소포우편 분야의 2015년 대비 매출액 증가율은 70% 이상이다.

04 다음 그래프를 보고 이해한 것으로 적절하지 않은 것은?

① 이메일과 휴대폰 모두 스팸 수신량이 가장 높은 시기는 2017년 하반기이다.

② 이메일 스팸 수신량이 휴대폰 스팸 수신량보다 항상 많다.

③ 이메일과 휴대폰 스팸 수신량 사이에 밀접한 관련이 있다고 보기 어렵다.

④ 이메일 스팸 총수신량의 평균은 휴대폰 스팸 총수신량 평균의 3배 이상이다.

※ 다음은 2019년도 국가별 교통서비스 수입 현황을 나타낸 자료이다. 이어지는 질문에 답하시오. **[5~6]**

〈국가별 교통서비스 수입 현황〉

(단위 : 백만 달러)

구분	합계	해상	항공	기타
한국	31,571	25,160	5,635	776
인도	77,256	63,835	13,163	258
터키	10,157	5,632	4,003	522
멕시코	14,686	8,550	6,136	–
미국	94,344	36,246	53,830	4,268
브라질	14,904	9,633	4,966	305
이탈리아	26,574	7,598	10,295	8,681

`Easy`

05 다음 중 해상 교통서비스 수입액이 많은 국가부터 순서대로 나열한 것은?

① 인도 – 미국 – 한국 – 브라질 – 멕시코 – 이탈리아 – 터키
② 인도 – 미국 – 한국 – 멕시코 – 브라질 – 터키 – 이탈리아
③ 인도 – 한국 – 미국 – 브라질 – 멕시코 – 이탈리아 – 터키
④ 인도 – 미국 – 한국 – 브라질 – 이탈리아 – 터키 – 멕시코

06 다음 중 자료에 대한 설명으로 적절하지 않은 것은?

① 터키의 교통서비스 수입에서 항공 수입이 차지하는 비중은 45% 미만이다.
② 전체 교통서비스 수입 금액이 첫 번째와 두 번째로 높은 국가의 차이는 17,088백만 달러이다.
③ 해상 교통서비스 수입보다 항공 교통서비스 수입이 더 높은 국가는 미국과 터키이다.
④ 멕시코는 해상과 항공 교통서비스만 수입하였다.

| 03 | 문제해결

※ 1~2번 문제는 정답과 해설을 따로 제공하지 않는 유형이니 참고하시기 바랍니다.

01 C사원은 최근 인사이동에 따라 A부서로 옮겨오게 되었다. 그런데 인수인계를 하는 과정에서 몇 가지 업무를 제대로 전달받지 못했다. 하지만 상사는 C사원이 당연히 모든 업무를 다 알고 있으리라 생각하고 기한을 정해준 후 업무를 지시하고 있다. C사원은 상사가 지시한 업무를 하겠다고 대답은 했지만, 막상 업무를 하려니 어떻게 해야 할지 당황스러운 상황이다. 이 상황에서 당신이 C사원이라면 어떻게 하겠는가?

① 팀 공유 폴더의 지난 업무 파일들을 참고하여 업무를 수행한다.

② 상사에게 현재 상황을 솔직하게 이야기하고 모르는 부분에 대해 다시 설명을 듣는다.

③ 옆에 앉은 다른 팀원에게 이야기해 자신의 업무를 대신 해달라고 부탁한다.

④ 자신이 할 수 있는 데까지 방법을 찾다가 그래도 안 되겠으면 다시 설명을 듣는다.

02 평소에 B사원은 남들보다 업무를 빨리 끝내는 편이다. 하지만 은근슬쩍 야근을 압박하는 팀 분위기 때문에 B사원은 매번 정시에 퇴근하는 것이 눈치가 보인다. 하지만 B사원으로선 주어진 업무가 다 끝났는데 눈치를 보며 회사에 남아 있는 것이 시간을 허비하는 느낌이다. 이 상황에서 당신이 B사원이라면 어떻게 하겠는가?

① 상사에게 현재 상황의 비효율성을 이야기하며 불만을 호소한다.

② 회사 익명 게시판에 야근을 강요하는 분위기에 대한 불만의 글을 올린다.

③ 어차피 야근해야 하니 업무를 느긋하게 수행한다.

④ 사원인 자신이 할 수 있는 일이 없으니 비효율적이지만 참고 야근을 한다.

※ 다음은 L공장에서 전기 사용량을 줄이기 위해 정기적으로 실시하는 검침에 대한 안내사항이다. 이어지는 질문에 답하시오. **[3~4]**

〈계기판 검침 안내사항〉

정기적으로 매일 오전 8시에 다음의 안내사항에 따라 검침을 하고 그에 따른 조치를 취한다.

〈계기판 A·B·C의 표준수치〉

※ 가장 안쪽 삼각형의 수치는 2이며, 수치는 2씩 커짐

계기판 A (8)	계기판 B (2)	계기판 C (6)

[기계조작실]

1. 계기판을 확인하여 PSD 수치를 구한다.

   ※ 검침하는 시각에 실내 온도가 16℃ 이상이면 B계기판은 고려하지 않음
   ※ 검침하는 시각에 실내 온도가 10℃ 미만이면 Parallel Mode를, 10℃ 이상이면 Serial Mode를 적용함
   • Parallel Mode
     PSD=전날 오후 1시부터 5시까지 매 정각의 각 계기판 수치 중 가장 높은 수치의 평균
   • Serial Mode
     PSD=전날 오후 6시 정각 각 계기판 수치의 합

2. PSD 수치에 따라서 알맞은 버튼을 누른다.

수치	버튼
PSD ≤ 기준치−3	정상
기준치−3<PSD<기준치+5	주의
기준치+5≤PSD	비정상

※ 화요일과 금요일은 세 계기판의 표준수치 합의 $\frac{1}{2}$ 을 기준치로 삼고, 나머지 요일은 세 계기판의 표준수치의 합을 기준치로 삼음(단, 온도에 영향을 받지 않는다)

3. 기계조작실에서 버튼을 누르면 버튼에 따라 상황통제실의 경고등에 불이 들어온다.

버튼	경고등
정상	파란색
주의	노란색
비정상	빨간색

[상황통제실]

들어온 경고등의 색을 보고 필요한 조치를 취한다.

경고등	조치
파란색	정상가동
노란색	공장 가동속도 조절
빨간색	부품 교체 후 오후에 정상가동

03 L공장의 기계조작실에서 근무하는 K사원은 수요일 오전 8시에 계기판 점검을 시작하였다. 검침일지에 실내 온도는 9℃이고, 전날 오후 업무시간 동안 계기판 수치 그래프는 다음과 같았다. K사원이 눌러야 하는 버튼은 무엇이며, 이를 본 상황통제실에서는 어떤 조치를 취해야 하는가?

〈계기판 A·B·C의 시간별 수치 그래프〉

※ 세로축은 수치이고, 가로축은 오후 1시부터 6시를 나타냄

	버튼	조치
①	정상	정상가동
②	정상	공장 가동속도 조절
③	주의	공장 가동속도 조절
④	비정상	부품 교체 후 오후에 정상가동

04 L공장의 기계조작실에서 근무하는 K사원은 수요일에 작성한 검침일지에서 실내 온도가 잘못된 사실을 발견하였다. 올바른 실내 온도가 16℃일 때, **03**번 문제를 참고하여 K사원이 눌러야 하는 버튼의 경고등은 무엇이며, 이를 본 상황통제실에서는 어떤 조치를 취해야 하는가?

	경고등	조치
①	파란색	공장 가동속도 조절
②	노란색	공장 가동속도 조절
③	파란색	정상가동
④	빨간색	부품 교체 후 오후에 정상가동

J대리는 세미나에 참석하기 위해 11월 17일부터 19일까지 경주로 출장을 갈 예정이다. 다음 〈조건〉에 따라 출장 기간에 이용할 숙소를 예약하고자 할 때, J대리가 예약 가능한 숙소로만 짝지어진 것은?

〈호텔 예약정보〉

호텔명	가격 (원/1박)	숙박 기준인원	세미나실 대여비용 (원/1일)	비고
글래드 경주	78,000	1명	4인실(25,000) 8인실(48,000)	숙박 기준인원 초과 시 초과인원 1인당 10,000원 추가지급
호텔 아뜰리에	81,000	2명	4인실(40,000) 10인실(70,000)	보수공사로 인해 10인 세미나실 이용불가 (9월 30일부터 10월 23일까지)
스카이뷰 호텔	80,000	2명	6인실(50,000)	연박 시 1박당 10% 할인
경주 베일리쉬	92,000	1명	4인실(32,000)	10주년 기념 1박당 8% 할인 (10월 22일부터 11월 2일까지)
이데아 호텔	85,000	1명	6인실(30,000) 8인실(45,000)	출장목적 투숙객 1박당 5% 할인
경주 하운드	80,000	2명	10인실(80,000)	세미나실 대여 시 대여료 40% 할인 (2박 이상 투숙객 대상)

조건

· J대리가 숙소 예약 및 세미나실 대여에 사용 가능한 총경비는 200,000원이다.
· 11월 18일에는 A팀장과 B주임, C주임, D책임연구원이 방문하여 J대리로부터 중간보고를 받을 예정이므로 세미나실이 필요하다.
· J대리의 숙소는 J대리 혼자 이용한다.
· 숙소 예약과 세미나실 대여는 동일한 호텔에서 한다.

① 글래드 경주, 호텔 아뜰리에
② 글래드 경주, 스카이뷰 호텔
③ 스카이뷰 호텔, 이데아 호텔
④ 경주 베일리쉬, 경주 하운드

정답 및 해설 p.034

| 01 | 언어적 사고

`Easy`

01 다음 제시문의 주제로 가장 적절한 것은?

> 임신 중 고지방식 섭취가 태어날 자식의 생식기에서 종양의 발생 가능성을 높일 수 있다는 것이 밝혀졌다. 이 결과는 임신한 암쥐 261마리 중 130마리의 암쥐에게는 고지방식을, 131마리의 암쥐에게는 저지방식을 제공한 연구를 통해 얻었다. 실험 결과, 고지방식을 섭취한 암쥐에게서 태어난 새끼 가운데 54%가 생식기에 종양이 생겼지만 저지방식을 섭취한 암쥐가 낳은 새끼 중에서 그러한 종양이 생긴 것은 21%였다.
>
> 한편, 사지 중 하나 이상의 절단 수술이 심장병으로 사망할 가능성을 증가시킬 수 있다는 것이 밝혀졌다. 이것은 제2차 세계대전 중에 부상을 당한 9,000명의 군인에 대한 진료 기록을 조사한 결과이다. 이들 중 4,000명은 사지 중 하나 이상의 절단 수술을 받은 사람이었고, 5,000명은 사지 절단 수술을 받지 않았지만 중상을 입은 사람이었다. 이들에 대한 기록을 추적 조사한 결과, 사지 중 하나 이상의 절단 수술을 받은 사람이 심장병으로 사망한 비율은 그렇지 않은 사람의 1.5배였다. 즉, 사지 중 하나 이상의 절단 수술을 받은 사람 중 600명은 심장병으로 사망하였고, 그렇지 않은 사람 중 500명이 심장병으로 사망하였다.

① 발생 부위에 따른 뇌종양 증상

② 염색체 이상 유전병의 위험을 높이는 요인

③ 절단 수술과 종양의 상관관계

④ 의외의 질병 원인과 질병 사이의 상관관계

02 L사는 6층 건물의 모든 층을 사용하고 있으며, 건물에는 기획부, 인사 교육부, 서비스개선부, 연구·개발부, 해외사업부, 디자인부가 각 층별로 위치하고 있다. 다음 〈조건〉을 참고할 때 항상 적절한 것은?(단, 6개의 부서는 서로 다른 층에 위치하며, 3층 이하에 위치한 부서의 직원은 출근 시 반드시 계단을 이용해야 한다)

> **조건**
> • 기획부의 문대리는 해외사업부의 이주임보다 높은 층에 근무한다.
> • 인사 교육부는 서비스개선부와 해외사업부 사이에 위치한다.
> • 디자인부의 김대리는 오늘 아침 엘리베이터에서 서비스개선부의 조대리를 만났다.
> • 6개의 부서 중 건물의 옥상과 가장 가까이에 위치한 부서는 연구·개발부이다.
> • 연구·개발부의 오사원이 인사 교육부 박차장에게 휴가 신청서를 제출하기 위해서는 4개의 층을 내려와야 한다.
> • 건물 1층에는 회사에서 운영하는 커피숍이 함께 있다.

① 출근 시 엘리베이터를 탄 디자인부의 김대리는 5층에서 내린다.
② 디자인부의 김대리가 서비스개선부의 조대리보다 먼저 엘리베이터에서 내린다.
③ 인사 교육부와 커피숍은 같은 층에 위치한다.
④ 기획부의 문대리는 출근 시 반드시 계단을 이용해야 한다.

03 다음과 동일한 오류를 저지른 사례는?

> 노사 간의 갈등이 있는 사업장에 노조파괴 컨설팅을 제공한 혐의를 받고 있는 C대표는 아들의 건강 문제로 자신의 공판기일을 연기해 줄 것을 재판부에 요청했다. 최근 급격히 나빠진 아들의 건강 상태로 인해 예정 공판기일에 자신이 참석할 수 없다는 것이었다.

① 이번엔 반드시 복권에 당첨될 것 같아. 어젯밤 꿈속에서 할머니가 번호를 불러줬거든.
② 너 지난번에 쌀국수는 좋아하지 않는다고 했잖아. 그런데 오늘 점심에 왜 싫어하는 쌀국수를 먹었어?
③ 진희의 말은 믿을 수 없다. 그녀는 단 한 번도 약속을 지킨 적이 없기 때문이다.
④ 죄 없는 많은 생명이 죽어가고 있습니다. 우리 모두 기부 행사에 참여합시다.

04 다음 제시문의 논리적 오류로 적절한 것은?

> 촉망받던 농구 선수 K는 많은 연봉을 제시한 구단으로 이적했지만, 별다른 활약을 펼치지 못했다. 반면, 전보다 낮은 연봉을 받고 이적한 농구 선수 L은 경기에 몰두하기 시작하면서 높은 성적을 거두었다. 결국 고액의 연봉이 오히려 선수의 동기를 낮아지게 하므로 선수들의 연봉을 낮춰야 한다.

① 성급한 일반화의 오류
② 무지에 호소하는 오류
③ 인신공격의 오류
④ 대중에 호소하는 오류

| 02 | 수리적 사고

01 작년 A제품과 B제품의 총 판매량은 800개였다. 올해 A제품의 판매량은 50% 증가하였고, B제품의 판매량은 작년 A제품 판매량의 3배에 70개를 뺀 것과 같았다. 올해 총 판매량이 1,280개였다면, 올해 B제품의 판매량은 작년 대비 몇 %가 증가하였는가?

① 33%   ② 44%

③ 55%   ④ 66%

Easy

02 어떤 일을 준희가 하면 14시간, 민기가 하면 35시간이 걸린다고 할 때, 준희와 민기가 동시에 일한다면 몇 시간이 걸리겠는가?

① 10시간   ② 10시간 30분

③ 11시간   ④ 11시간 30분

03 황대리는 자동차업계 매출현황에 대한 보고서를 작성 중이었다. 그런데 실수로 커피를 쏟아 매출평균 부분이 얼룩지게 되었다. 황대리가 기억하는 총 매출은 246억 원이고, 3분기까지의 평균은 22억 원이었다. 남아있는 매출현황을 보고 4분기의 평균을 올바르게 구한 것은?

〈월별 매출현황〉

(단위 : 억 원)

1월	2월	3월	4월	5월	6월	7월	8월	9월	10월	11월	12월
			16			12		18		20	

① 14억 원   ② 16억 원

③ 18억 원   ④ 20억 원

04 다음 표는 농구 경기에서 갑, 을, 병, 정 4개 팀의 월별 득점에 대한 자료이다. 빈칸에 들어갈 수치로 가장 적절한 것은?(단, 각 수치는 매월 일정한 규칙으로 변화한다)

〈월별 득점 현황〉

(단위 : 경기)

구분	1월	2월	3월	4월	5월	6월	7월	8월	9월	10월
갑	1,024	1,266	1,156	1,245	1,410	1,545	1,205	1,365	1,875	2,012
을	1,352	1,702	2,000	1,655	1,320	1,307	1,232	1,786	1,745	2,100
병	1,078	1,423		1,298	1,188	1,241	1,357	1,693	2,041	1,988
정	1,298	1,545	1,658	1,602	1,542	1,611	1,080	1,458	1,579	2,124

① 1,358   ② 1,397

③ 1,450   ④ 1,498

※ 다음은 대북지원금에 대한 자료이다. 이어지는 질문에 답하시오. [5~6]

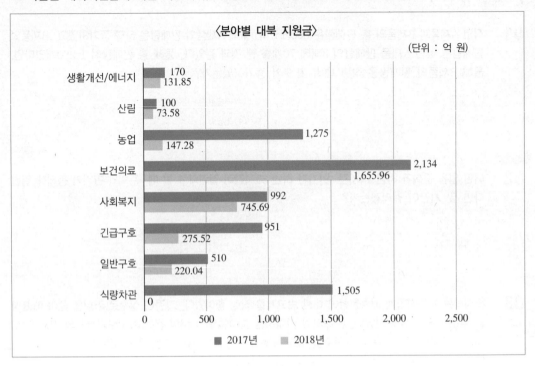

〈분야별 대북 지원금〉

05 다음 제시된 자료에 대한 설명으로 적절하지 않은 것은?

① 2018년의 대북 지원금은 전년 대비 모든 분야에서 감소하였다.
② 2017 ~ 2018년 동안 지원한 금액은 농업 분야보다 긴급구호 분야가 많다.
③ 2017 ~ 2018년 동안 가장 많은 금액을 지원한 분야는 동일하다.
④ 산림 분야의 지원금은 2017년 대비 2018년에 25억 원 이상 감소하였다.

06 다음 중 2017년과 2018년에 각각 가장 많은 금액을 지원한 3가지 분야 지원금의 차는?

① 약 2,237억 원   ② 약 2,344억 원
③ 약 2,401억 원   ④ 약 2,432억 원

| 03 | 문제해결

※ L기업에서 송년회를 개최하려고 한다. 다음을 보고 이어지는 질문에 답하시오. **[1~2]**

〈송년회 후보지별 평가점수〉					
구분	가격	거리	맛	음식 구성	평판
A호텔	★★★☆	★★☆	★★★	★★★☆	★★★
B호텔	★★	★★★☆	★★☆	★★★	★★☆
C호텔	★☆	★★	★★	★★★☆	★★★☆
D호텔	★★★	★★☆	★★★☆	★★☆	★★★☆

※ ★은 하나당 5점이며, ☆은 하나당 3점이다.

Hard

01 L기업 임직원들은 맛과 음식 구성을 기준으로 송년회 장소를 결정하기로 하였다. 어느 호텔에서 송년회를 진행하겠는가?(단, 맛과 음식 구성의 합산 점수가 1위인 곳과 2위인 곳의 점수 차가 3점 이하일 경우 가격 점수로 결정한다)

① A호텔　　　　　　　　　　　　② B호텔
③ C호텔　　　　　　　　　　　　④ D호텔

02 A ~ D호텔의 1인당 식대가 다음과 같고, 예산 200만 원이라면 어느 호텔로 결정하겠는가?(단, L기업의 임직원은 총 25명이다)

〈호텔별 1인당 식대〉			
A호텔	B호텔	C호텔	D호텔
73,000원	82,000원	85,000원	75,000원

※ 총 식사비용이 가장 저렴한 곳의 차이가 10만 원 이하일 경우, 맛 점수가 높은 곳으로 선정함

① A호텔　　　　　　　　　　　　② B호텔
③ C호텔　　　　　　　　　　　　④ D호텔

※ 다음은 골프 점수를 계산하는 방법을 나타낸 자료이다. 이어지는 질문에 답하시오. **[3~4]**

〈골프 타수별 점수〉

타수	파3		파4		파5	
	용어	점수	용어	점수	용어	점수
1타	홀인원 / 이글	-2	홀인원 / 알바트로스	-3	홀인원	-4
2타	버디	-1	이글	-2	알바트로스	-3
3타	파	0	버디	-1	이글	-2
4타	보기	$+1$	파	0	버디	-1
5타	더블보기	$+2$	보기	$+1$	파	0
6타	트리플보기 / 더블 파	$+3$	더블보기	$+2$	보기	$+1$
7타			트리플보기	$+3$	더블보기	$+2$
8타	give up		쿼드루플보기 / 더블 파	$+4$	트리플보기	$+3$
9타					쿼드루플보기	$+4$
10타			give up		더블 파	$+5$
11타					give up	

※ 파 : 각 홀에 정해진 기준 타수(18홀 파의 합은 72타)
　예 파4 : 홀에 4타 이내로 공을 넣어야 함
※ (최종 점수)=(72타)+(18홀의 타수 합)
　예 모든 코스를 보기로 끝낸 경우의 최종 점수는 72+1×18=90타
※ 오버 파 : (72타)<(점수), 이븐 파 : (72타)=(점수), 언더 파 : (72타)>(점수)
　예 최종 점수가 100점인 경우 18오버 파
※ 싱글 : 9오버 파 이하

03 다음 주어진 자료에 대한 설명으로 가장 적절한 것은?

① 파4인 홀에서는 8타 이상 칠 수 없다.

② 모든 홀을 버디로 끝냈다면 54타가 되고 이를 이븐 파라고 한다.

③ 80타는 싱글에 해당한다.

④ 홀인원은 2타를 쳐서 홀에 공을 넣은 경우를 의미한다.

Hard

04 다음은 A과장이 18홀을 모두 돌았을 때의 골프 점수를 나타낸 것이다. A과장의 골프 점수로 가장 적절한 것은?

HOLE	1	2	3	4	5	6	7	8	9
PAR	4	4	3	4	5	3	5	4	4
타수	5	3	1	4	5	6	3	2	3
HOLE	10	11	12	13	14	15	16	17	18
PAR	5	4	4	3	4	4	4	3	5
타수	5	2	2	3	4	4	2	6	8

① 4오버 파

② 1오버 파

③ 3언더 파

④ 4언더 파

정답 및 해설 p.038

| 01 | 언어적 사고

Easy
01 다음 제시문을 읽고 유추할 수 있는 것은?

> 1895년 을미개혁 당시 일제의 억압 아래 강제로 시행된 단발령으로부터 우리 조상들이 목숨을 걸고 지키려고 했던 상투는 과연 그들에게 어떤 의미였을까? 상투는 관례나 결혼 후 자신의 머리카락을 끌어올려, 정수리 위에서 틀어 감아 높이 세우는 성인 남자의 대표적인 머리모양이었다. 상투의 존재는 고구려 고분벽화에서도 확인할 수 있는데, 그 크기와 형태 또한 다양함은 물론 신라에서 도기로 만들어진 기마인물에서도 나타나는 것으로 보아 삼국 공통의 풍습이었을 것으로 추정되고 있다. 전통사회에서는 혼인 여부를 통해 기혼자와 미혼자 사이에 엄한 차별을 두었기 때문에 어린아이라도 장가를 들면 상투를 틀고 존대를 했으며, 나이가 아무리 많아도 장가를 들지 않은 이들에게는 하댓말을 썼다고 한다. 이러한 대접을 면하고자 미혼자가 장가를 들지 않고 상투를 틀기도 했는데 이를 건상투라 불렀으며, 사정을 아는 동네 사람들은 건상투를 틀었다고 하더라도 여전히 하댓말로 대하였다고 전해진다.

① 일제의 단발령이 없었다고 하더라도 언젠가 상투는 사라질 문화였겠구나.
② 신라 기마인물의 형상을 보아하니 신라의 상투는 모양이 비슷했겠구나.
③ 장가를 들지 않은 이가 상투를 틀었다가는 자칫 큰 벌을 받았겠구나.
④ '상투를 틀었다.'는 말은 장가를 들었거나 제대로 성인취급을 받을 만하다는 뜻이겠구나.

02 다음 제시문을 통해 확인할 수 없는 것은?

> 흔히들 『삼국지』에서 가장 인기 있는 장수를 고르라 할 때 먼저 손꼽히는 인물인 관우는, 사실 중국에서 신으로 추앙받고 있기도 하다. 본래 관우는 삼국시대 촉나라 유비의 심복이자 의형제로서 유능한 장수로 활약한 인물이다. 그런 관우에 대한 신격화가 시작된 것은 수, 당대부터라는 견해가 일반적이나 몇몇 학자들은 수, 당대 이전의 위진남북조 시대에서 그 기원을 찾기도 한다. 위진남북조 시대 때 촌락의 공동체 정신이 약해지며 기존 촌락에서 믿던 수호신을 대신해 개인의 신적인 경향이 강한 성황신이나 토지신이 중심이 되면서 자연스레 관우가 신으로 모셔지게 되었다는 것이다.
> 한편 관우는 불교와 도교와 만나 새로운 신앙을 만들기도 하였는데, 당대 불교가 민간 포교활동의 일환으로 관우의 전설을 이용했기 때문이다. 도교의 경우 전란을 피해 전국 각지로 흩어지던 중 관우의 민간신앙과 결합하면서 보다 대중적으로 변했고, 이 과정에서 도교의 한 신으로 수용되었다. 관우는 또한 높은 의리와 충의의 이미지 때문에 재물의 신으로써 알려지기도 하는데, 송, 원대 이후 교역에 있어 상인들이 법의 보호 없이 서로의 도덕성에 의존해야 되는 상황에 직면하게 되면서 상호 간의 신뢰를 만드는 데 관우의 이미지가 중요한 역할을 했기 때문이다.

① 관우가 신으로 추앙받기 시작한 시대에 대해서는 몇몇 학자들의 의견이 엇갈리고 있다.
② 관우는 민간신앙 외의 종교와도 연관이 있는 신이다.
③ 관우는 지배층에서 특히 인기를 얻은 신이었다.
④ 관우가 재물의 신으로 알려진 것은 그가 생전에 의리와 충의를 지킨 인물이었기 때문이다.

03 갑 ~ 정 4명이 함께 중식당에서 음식을 주문했는데 각자 주문한 음식이 다르다. 그런데 짜장면을 주문한 사람은 언제나 진실을 말하고 볶음밥을 주문한 사람은 언제나 거짓을 말하며, 짬뽕과 우동을 주문한 사람은 진실과 거짓을 한 개씩 말한다. 이들이 다음과 같이 진술했을 때 주문한 사람과 음식이 일치하는 것은?

> • 갑 : 병은 짜장면, 을은 짬뽕을 시켰다.
> • 을 : 병은 짬뽕, 정은 우동을 시켰다.
> • 병 : 갑은 짜장면, 정은 우동을 시켰다.
> • 정 : 을은 짬뽕, 갑은 볶음밥을 주문했다.

① 갑 – 짬뽕
② 을 – 볶음밥
③ 병 – 짜장면
④ 정 – 우동

04 마지막 명제가 참일 때, 다음 빈칸에 들어갈 명제로 가장 적절한 것은?

- 승용차를 탄다면 서울에 거주한다는 것이다.
- _____
- 연봉이 높아졌다는 것은 야근을 많이 했다는 것이다.
- 그러므로 연봉이 높다는 것은 서울에 거주한다는 것이다.

① 서울에 거주한다면 연봉이 높다는 것이다.

② 야근을 많이 해도 서울에 거주하는 것은 아니다.

③ 승용차를 타지 않는다면 야근을 많이 하지 않는 것이다.

④ 승용차를 탄다고 해도 야근을 많이 하지는 않는다.

05 다음 문장을 읽고 유추할 수 없는 것은?

- 예술가는 조각상을 좋아한다.
- 철학자는 조각상을 좋아하지 않는다.
- 조각상을 좋아하는 사람은 귀족이다.
- 예술가가 아닌 사람은 부유하다.

① 예술가는 철학자가 아니다.

② 예술가는 귀족이다.

③ 철학자는 부유하다.

④ 부유하면 귀족이다.

| 02 | 수리적 사고

PART 2
기출복원문제

Easy

01 십의 자리 숫자와 일의 자리 숫자의 합은 10이고, 십의 자리 숫자와 일의 자리 숫자의 자리를 바꾼 수를 2로 나눈 값은 원래 숫자보다 14만큼 작다. 처음 숫자는 얼마인가?

① 43

② 44

③ 45

④ 46

02 L사는 신입사원 연수를 위해 숙소를 배정하려고 한다. 한 숙소에 4명씩 자면 8명이 남고, 5명씩 자면 방이 5개가 남으며 마지막 숙소에는 4명이 자게 된다. 이때 숙소의 수를 a개, 전체 신입사원 수를 b명이라고 할 때, $b-a$는?

① 105

② 110

③ 115

④ 120

Hard

03 다음은 연도별 기준 관광통역 안내사 자격증 취득현황이다. 이에 대한 〈보기〉의 설명 중 적절하지 않은 것을 모두 고르면?

〈연도별 관광통역 안내사 자격증 취득현황〉

(단위 : 명)

구분	영어	일어	중국어	불어	독어	스페인어	러시아어	베트남어	태국어
2016년	464	153	1,418	6	3	3	6	5	15
2015년	344	137	1,963	7	3	4	5	5	17
2014년	379	266	2,468	3	1	4	6	15	35
2013년	238	244	1,160	3	4	3	4	4	8
2012년	166	278	698	2	3	2	3	-	12
2011년	156	357	370	2	2	1	5	1	4
합계	1,747	1,435	8,077	23	16	17	29	30	91

보기

ㄱ. 영어와 스페인어 관광통역 안내사 자격증 취득자는 2012년부터 2016년까지 매년 전년 대비 증가하였다.

ㄴ. 중국어 관광통역 안내사 자격증 취득자는 2014년부터 2016년까지 매년 일어 관광통역 안내사 자격증 취득자의 8배 이상이다.

ㄷ. 태국어 관광통역 안내사 자격증 취득자 수 대비 베트남어 취득자 수 비율은 2013년부터 2015 년까지 매년 증가하였다.

ㄹ. 불어 관광통역 안내사 자격증 취득자 수와 스페인어 관광통역 안내사 자격증 취득자 수는 2012 년부터 2016년까지 전년 대비 증감추이가 동일하다.

① ㄱ

② ㄴ, ㄹ

③ ㄱ, ㄷ

④ ㄱ, ㄷ, ㄹ

※ 다음은 국가별 활동 의사 수에 대한 자료이다. 이어지는 질문에 답하시오. [4~5]

〈국가별 활동 의사 수〉

(단위 : 천 명/십만 명당)

구분	2000년	2006년	2010년	2011년	2012년	2013년	2014년	2015년	2016년
캐나다	2.1	2.1	2.1	2.1	2.1	2.1	2.1	2.1	2.2
덴마크	-	2.5	2.7	2.7	2.8	2.9	3.0	3.1	3.2
프랑스	3.1	3.3	3.3	3.3	3.4	3.4	3.4	3.4	3.4
독일	-	3.1	3.3	3.3	3.3	3.4	3.4	3.4	3.5
그리스	3.4	3.9	4.3	4.4	4.6	4.8	4.9	5.0	5.4
헝가리	2.8	3.0	3.1	3.2	3.2	3.3	3.3	2.8	3.0
이탈리아	-	3.9	4.1	4.3	4.4	4.1	4.2	3.8	3.7
일본	1.7	-	1.9	-	2.0	-	2.0	-	2.1
한국	0.8	1.1	1.3	1.4	1.5	1.6	1.6	1.6	1.7
멕시코	1.0	1.7	1.6	1.5	1.5	1.6	1.7	1.8	1.9
네덜란드	2.5	-	3.2	3.3	3.4	3.5	3.6	3.7	3.8
뉴질랜드	1.9	2.1	2.2	2.2	2.1	2.2	2.2	2.1	2.3
노르웨이	-	2.8	2.9	3.0	3.4	3.4	3.5	3.7	3.8
미국	-	2.2	2.3	2.4	2.3	2.4	2.4	2.4	2.4

04 다음 〈보기〉의 설명 중 자료를 보고 판단한 내용으로 적절하지 않은 것을 모두 고르면?

> **보기**
> ㄱ. 2011년의 활동 의사 수는 그리스가 한국의 4배 이상이다.
> ㄴ. 이 추이대로라면 활동 의사 수는 앞으로 10년 이내에 한국이 캐나다를 넘어설 것이다.
> ㄷ. 2016년 활동 의사 수가 가장 많은 나라의 활동 의사 수는 가장 적은 나라의 3배 이상이다.

① ㄱ
② ㄴ
③ ㄱ, ㄴ
④ ㄴ, ㄷ

05 다음 중 주어진 자료에 대한 설명으로 가장 적절한 것은?

① 네덜란드의 2015년 활동 의사 수는 같은 해 활동 의사 수가 가장 많은 나라에 비해 1.7천 명 적다.
② 활동 의사 수가 의료환경과 비례한다면, 의료환경이 가장 열악한 나라는 멕시코이다.
③ 그리스의 활동 의사 수는 미국보다 매년 두 배 이상 높은 수치를 보인다.
④ 2014년 활동 의사 수가 가장 적은 나라는 한국이며, 가장 많은 나라는 그리스이다.

| 03 | 문제해결

※ L기업은 새로 출시할 화장품과 관련하여 회의를 하였다. 다음 자료를 읽고 이어지는 질문에 답하시오.
[1~2]

<신제품 홍보 콘셉트 기획 1차 미팅>

참여자	• 제품 개발팀 : A과장, B대리 • 기획팀 : C과장, D대리, E사원 • 온라인 홍보팀 : F대리, G사원		
회의 목적	• 신제품 홍보 방안 수립 • 제품명 개발	회의 날짜	2019.5.1.(수)

<제품 특성>

1. 여드름 치료에 적합한 화장품
2. 성분이 순하고, 향이 없음
3. 이용하기 좋은 튜브형 용기로 제작
4. 타사 여드름 관련 화장품보다 가격이 저렴함

<회의 결과>

• 제품 개발팀 : 제품의 특성을 분석
• 기획팀 : 특성에 맞고 소비자의 흥미를 유발하는 제품명 개발
• 온라인 홍보팀 : 현재 출시된 타사 제품에 대한 소비자 반응 확인, 온라인 설문조사 실시

01 다음 회의까지 해야 할 일로 적절하지 않은 것은?

① B대리 : 우리 제품이 피부자극이 적은 성분을 사용했다는 것을 성분표로 작성해 확인해봐야겠어.
② C과장 : 여드름 치료 화장품이니 주로 청소년층이 우리 제품을 구매할 가능성이 커. 그러니 청소년층에게 흥미를 일으킬 수 있는 이름을 고려해야겠어.
③ D대리 : 현재 판매되고 있는 타사 여드름 제품의 이름을 조사해야지.
④ F대리 : 화장품과 관련된 커뮤니티에서 타사의 여드름 제품에 대한 반응을 확인해야겠어.

02 온라인 홍보팀 G사원은 온라인에서 타사의 여드름 화장품에 대한 소비자의 반응을 조사해 추후 회의에 가져갈 생각이다. 다음 중 회의에 가져갈 반응으로 적절하지 않은 것은?

① A응답자 : 여드름용 화장품에 들어간 알코올 성분 때문에 얼굴이 화끈거리고 따가워요.
② B응답자 : 화장품이 유리용기에 담겨있어 쓰기에 불편해요.
③ C응답자 : 향이 강한 제품이 많아 거부감이 들어요.
④ D응답자 : 여드름용 화장품을 판매하는 매장이 적어 구입하기가 불편해요.

CHAPTER 10 2019년 상반기 기출복원문제 • **125**

다음은 L사에서 근무하는 K사원의 업무일지이다. K사원이 출근 후 해야 할 일 중 두 번째로 해야 할 일은?

날짜	2019년 4월 17일 수요일
내용	[오늘 할 일] • 팀 회의 준비 – 회의실 예약 후 마이크 및 프로젝터 체크 • 외주업체로부터 판촉 행사 브로슈어 샘플 디자인 받기 • 지난 주 외근 지출결의서 총무부 제출(늦어도 퇴근 전까지) • 회사 홈페이지, 관리자 페이지 및 업무용 메일 확인(출근하자마자 확인) • 14시 브로슈어 샘플 디자인 피드백 팀 회의 [주요 행사 확인] • 5월 2일 화요일 – 5월 데이행사(오이데이) • 5월 12일 금요일 – 또 하나의 마을(충북 제천 흑선동 본동마을) • 5월 15일 월요일 – 성년의 날(장미꽃 소비촉진 행사)

① 회의실 예약 후 마이크 및 프로젝터 체크
② 외주업체로부터 브로슈어 샘플 디자인 받기
③ 외근 관련 지출결의서 총무부 제출
④ 회사 홈페이지, 관리자 페이지 및 업무용 메일 확인

04 L회사에서는 자사의 제품을 효과적으로 홍보하기 위하여 미디어 이용률을 조사하였으며, 다음과 같은 결과를 얻었다. 다음의 자료를 참고하여 직원들이 대화를 나눌 때, 다음 중 옳지 않은 발언을 한 사람은?

〈평일(월 ~ 금) 미디어 이용 점유율〉

※ 종이신문, TV, 인터넷, 스마트 기기, 라디오, 잡지 등 6개 미디어에 대한 시간대별 조사

① A : 평일에는 일어나서 잠들기까지 'TV(출근 / 등교 전) → 스마트 기기(출근 / 등교 중) → 인터 넷(직장 / 학교 / 가정) → 스마트 기기(퇴근 / 하교 중) → TV(귀가 후 취침 전)'를 주로 이용 합니다.

② B : 저번 달에 자사 제품을 잡지에 실어 홍보했었는데, 각 시간대별 이용률이 10% 미만인 것을 보니 다른 홍보채널을 재검토하는 것이 좋을 것 같습니다.

③ C : 만약 자사 제품을 TV 광고로 노출시킨다면 저녁 시간대를 가장 먼저 고려하여야 할 것 같습 니다.

④ D : 출퇴근 및 등하교 시에는 절반 이상이 스마트 기기를 이용하고 있습니다. 스마트 기기에 노출할 수 있는 홍보 전략을 수립해야겠습니다.

정답 및 해설 p.042

| 01 | 언어적 사고

※ 다음 제시문을 읽고 이어지는 질문에 답하시오. [1~2]

보험은 같은 위험을 보유한 다수인이 위험 공동체를 형성하여 보험료를 납부하고, 보험 사고가 발생하면 보험금을 지급받는 제도이다. 보험 상품을 구입한 사람은 장래의 우연한 사고로 인한 경제적 손실에 ㉠ 대비할 수 있다. 보험금 지급은 사고 발생이라는 우연적 조건에 따라 결정되는데, 이처럼 보험은 조건의 실현 여부에 따라 받을 수 있는 재화나 서비스가 달라지는 조건부 상품이다.

위험 공동체의 구성원이 납부하는 보험료와 지급받는 보험금은 그 위험 공동체의 사고 발생 확률을 근거로 산정된다. 특정 사고가 발생할 확률은 정확히 알 수 없지만 그동안 발생된 사고를 바탕으로 그 확률을 예측한다면, 관찰 대상이 많아짐에 따라 실제 사고 발생 확률에 ㉡ 근접하게 된다.

본래 보험 가입의 목적은 금전적 이득을 취하는 데 있는 것이 아니라 장래의 경제적 손실을 보상받는 데 있으므로 위험 공동체의 구성원은 자신이 속한 위험 공동체의 위험에 상응하는 보험료를 납부하는 것이 공정할 것이다. 따라서 공정한 보험에서는 구성원 각자가 납부하는 보험료와 그가 지급받을 보험금에 대한 기댓값이 일치해야 하며 구성원 전체의 보험료 총액과 보험금 총액이 일치해야 한다. 이때 보험금에 대한 기댓값은 사고가 발생할 확률에 사고 발생 시 수령할 보험금을 곱한 값이다.

보험금에 대한 보험료의 비율(보험료/보험금)을 보험료율이라 하는데, 보험료율이 사고 발생 확률보다 높으면 구성원 전체의 보험료 총액이 보험금 총액보다 더 많고, 그 반대의 경우에는 구성원 전체의 보험료 총액이 보험금 총액보다 더 적게 된다. 따라서 공정한 보험에서는 보험료율과 사고 발생 확률이 같아야 한다. 물론 현실에서 보험사는 영업 활동에 소요되는 비용 등을 보험료에 반영하기 때문에 공정한 보험이 적용되기 어렵지만, 기본적으로 위와 같은 원리를 바탕으로 보험료와 보험금을 산정한다.

그런데 보험 가입자들이 자신이 가진 위험의 정도에 대해 진실한 정보를 알려 주지 않는 한, 보험사는 보험 가입자 개개인이 가진 위험의 정도를 정확히 파악하여 거기에 ㉢ 상응하는 보험료를 책정하기 어렵다. 이러한 이유로 사고 발생 확률이 비슷하다고 예상되는 사람들로 구성된 어떤 위험 공동체에 사고 발생 확률이 더 높은 사람들이 동일한 보험료를 납부하고 진입하게 되면, 그 위험 공동체의 사고 발생 빈도가 높아져 보험사가 지급하는 보험금의 총액이 증가한다. 보험사는 이를 ㉣ 보전하기 위해 구성원이 납부해야 할 보험료를 인상할 수밖에 없다. 결국 자신의 위험 정도에 상응하는 보험료보다 더 높은 보험료를 납부하는 사람이 생기게 되는 것이다.

이러한 문제는 정보의 비대칭성에서 비롯되는데 보험 가입자의 위험 정도에 대한 정보는 보험 가입자가 보험사보다 더 많이 갖고 있기 때문이다. 이를 해결하기 위해 보험사는 보험 가입자의 감춰진 특성을 파악할 수 있는 수단이 필요하다. 우리 상법에 규정되어 있는 고지 의무는 이러한 수단이 법적으로 구현된 제도이다. 보험 계약은 보험 가입자의 청약과 보험사의 승낙으로 성립된다. 보험 가입자는 반드시 계약을 체결하기 전에 '중요한 사항'을 알려야 하고, 이를 사실과 다르게 진술해서는 안 된다. 여기서 '중요한 사항'은 보험사가 보험 가입자의 청약에 대한 승낙을 결정하거나 차등적인 보험료를 책정하는 근거가 된다. 따라서 고지 의무는 결과적으로 다수의 사람들이 자신의 위험 정도에 상응하는 보험료보다 더 높은 보험료를 납부해야 하거나, 이를 이유로 아예 보험에 가입할 동기를 상실하게 되는 것을 방지한다.

01 다음 중 윗글에 대한 내용으로 적절하지 않은 것은?

① 보험은 조건부 상품으로, 제공되는 재화나 서비스가 달라질 수 있다.
② 현실에서 공정한 보험이 적용되기 어려운 이유는 보험사의 영업 활동 비용 등이 보험료에 반영되기 때문이다.
③ 사고 발생 확률이 보험료율보다 높으면 구성원 전체의 보험료 총액이 보험금 총액보다 더 많게 된다.
④ 보험 가입자는 보험사보다 보험 가입자의 위험 정도에 대한 정보를 많이 가지고 있다.

02 다음 중 밑줄 친 ㉠ ~ ㉣을 대체할 수 있는 단어로 적절하지 않은 것은?

① ㉠ - 대처
② ㉡ - 인접
③ ㉢ - 상당
④ ㉣ - 보존

CHAPTER 11 2018년 하반기 기출복원문제 • 129

03

> • 사과를 먹으면 볼이 빨갛다.
> • 나무에 잘 매달리지 않으면 원숭이가 아니다.
> • 볼이 빨가면 원숭이가 아니다.

① 나무에 잘 매달리면 볼이 빨갛다.
② 사과를 먹으면 나무에 잘 매달린다.
③ 원숭이면 사과를 먹지 않는다.
④ 사과를 먹으면 원숭이이다.

04

> • 갑각류가 아니면 가재가 아니다.
> • 갑각류는 게 편이다.
> • 소라는 게 편이 아니다.

① 소라는 가재가 아니다.
② 소라는 갑각류이다.
③ 게 편이 아니면 소라이다.
④ 소라가 아니면 가재가 아니다.

Hard

05 L기업에서 이번에 새로 구성된 프로젝트 팀 구성원 4명이 대화를 나누고 있다. 팀장과 부팀장은 각각 1명이고, 나머지는 일반 팀원이다. 모든 사람은 진실 혹은 거짓만을 말하며, 2명은 진실, 2명은 거짓을 말하고 있다고 할 때 다음 중 항상 옳은 것은?

> 준민 : 저는 팀장입니다.
> 슬비 : 정현 씨는 팀장이거나 부팀장이에요.
> 정현 : 슬비 씨가 부팀장이에요.
> 서경 : 준민 씨는 팀장이거나 부팀장이에요. 저는 일반 팀원입니다.

① 서경이는 거짓을 말한다.
② 팀장은 정현이다.
③ 부팀장은 슬비이다.
④ 준민이는 팀장도 부팀장도 아니다.

| 02 | 수리적 사고

01 L기업의 어느 동아리에서 임원진(회장, 부회장, 총무)을 새롭게 선출하려고 한다. 동아리 전체 인원이 17명일 때, 회장, 부회장, 총무를 각 1명씩 뽑는 경우의 수는?(단, 작년에 임원진이었던 3명은 연임하지 못한다)

① 4,080가지
② 2,730가지
③ 2,184가지
④ 1,360가지

02 A사원은 4명의 친구들에게 택배를 보내려고 우체국에 왔다. 택배비는 소포 무게 3kg까지 4,000원이며, 초과분부터는 1kg당 300원이다. 또한 소포 3개 이상을 보내면 택배비 10%를 할인해 준다고 한다. A사원이 친구들에게 5kg인 소포를 하나씩 보낸다고 할 때, 총 택배비는?

① 16,000원
② 16,560원
③ 18,450원
④ 19,000원

Hard

03 다음은 15 ~ 24세의 청년들을 대상으로 가장 선호하는 직장에 대해 조사한 통계자료이다. 이에 대한 설명으로 적절하지 않은 것은?

〈15 ~ 24세가 가장 선호하는 직장〉

(단위 : %)

구분		국가 기관	공기업	대기업	벤처 기업	외국계 기업	전문직 기업	중소 기업	해외 취업	자영업	기타
성별	남성	32.2	11.1	19.5	5	2.8	11.9	2.9	1.8	11.9	0.9
	여성	34.7	10.9	14.8	1.8	4.5	18.5	2	3.7	7.9	1.2
연령	청소년(15 ~ 18세)	35.9	8.1	18.4	4.1	3.1	17.2	2.2	2.7	7.1	1.2
	청소년(19 ~ 24세)	31.7	13.2	16	2.7	4.2	14	2.6	2.8	11.9	0.9
학력	중학교 재학	35.3	10.3	17.6	3.5	3.9	16.5	2	3.1	6.7	1.1
	고등학교 재학	35.9	7.8	18.5	4.3	3	17.5	2.1	2.8	6.8	1.3
	대학교 재학	34.3	14.4	15.9	2.3	5.4	14.6	1.9	3.8	6.5	0.9
	기타	30.4	12.1	16.1	3	3.3	13.5	3.1	2.3	15.3	0.9
가구 소득	100만 원 미만	31.9	9.5	18.5	3.9	2.8	15	3	2.5	11.3	1.6
	100 ~ 200만 원 미만	32.6	10.4	19.1	3.5	3.1	14.2	2.6	2.2	11.4	0.9
	200 ~ 300만 원 미만	34.7	11.2	15.9	3.1	3.1	16.1	2.5	2.5	9.8	1.1
	300 ~ 400만 원 미만	36.5	12	15.3	3.6	4	14.5	2.1	3	8.2	0.8
	400 ~ 600만 원 미만	31.9	12	17	2.4	6.4	16.5	1.9	4.6	6.5	0.8
	600만 원 이상	29.1	11.1	15.5	2.8	6.1	18	1.7	3.5	10.5	1.7

① 가구소득이 많을수록 중소기업을 선호하는 비율은 줄어들고 있다.
② 연령을 기준으로 3번째로 선호하는 직장은 15 ~ 18세의 경우와 19 ~ 24세의 경우가 같다.
③ 국가기관은 모든 기준에서 가장 선호하는 비율이 높은 직장이다.
④ 남성과 여성 모두 국가기관에 대한 선호 비율은 공기업에 대한 선호 비율의 3배 이상이다.

※ 다음은 2010년과 2015년의 해수면어업부문 종사 가구 및 성별 인구에 대한 자료이다. 이를 읽고 이어지는 질문에 답하시오. [4~5]

<해수면어업부문 종사 가구 및 성별 인구 현황>

(단위 : 가구, 명)

구분	2010년				2015년			
	어가	어가인구			어가	어가인구		
			남자	여자			남자	여자
전국	65,775	171,191	85,590	85,601	54,793	128,352	64,443	63,909
서울특별시	7	25	10	15	9	26	15	11
부산광역시	2,469	7,408	3,716	3,692	2,203	5,733	2,875	2,858
대구광역시	8	29	18	11	3	10	5	5
인천광역시	2,678	6,983	3,563	3,420	2,172	5,069	2,552	2,517
광주광역시	12	37	24	13	8	24	14	10
대전광역시	4	17	7	10	0	0	0	0
울산광역시	1,021	2,932	1,445	1,487	905	2,292	1,125	1,167
경기도	844	2,475	1,278	1,197	762	1,843	955	888
강원도	3,039	8,320	4,302	4,018	2,292	5,669	2,961	2,708
충청남도	11,021	27,302	13,238	14,064	8,162	18,076	8,641	9,435
전라북도	2,633	6,771	3,418	3,353	2,908	6,434	3,259	3,175
전라남도	21,809	54,981	27,668	27,313	18,819	43,818	22,434	21,384
경상북도	4,069	10,422	5,245	5,177	3,017	6,865	3,430	3,435
경상남도	10,768	28,916	14,571	14,345	9,417	22,609	11,543	11,066
제주특별자치도	5,393	14,573	7,087	7,486	4,116	9,884	4,634	5,250

04 다음 중 위 자료에 대한 설명으로 가장 적절한 것은?

① 2015년에 모든 지역에서 어가인구 중 남성이 여성보다 많았다.

② 부산광역시와 인천광역시는 2015년에 2010년 대비 어가인구가 10% 이상 감소하였다.

③ 강원도의 어가 수는 2010년과 2015년 모두 경기도의 어가 수의 4배 이상이다.

④ 2010년에 어가 수가 두 번째로 많은 지역과 어가인구가 두 번째로 많은 지역은 동일하다.

PART 2

기출복원문제

05 다음은 위 자료를 토대로 작성한 보고서이다. 이에 대한 내용으로 옳지 않은 것을 모두 고르면?

> 통계청은 2010년과 2015년의 해수면어업부문에 종사하는 가구 수와 인구에 대한 통계자료를 공개하였다. 자료는 광역자치단체를 기준으로 행정구역별로 구분되어 있다. 자료에 따르면, ㉠ 2010년에 해수면어업에 종사하는 가구가 가장 많은 행정구역은 전라남도였다. ㉡ 반면, 해수면어업 종사 가구 수가 가장 적은 행정구역은 대전광역시로, 가구와 인구 측면에서 모두 최저를 기록하였다. 내륙에 위치한 지리적 특성과 행정도시라는 특성상 어업에 종사하는 가구 및 인구가 적은 것으로 추정된다.
> ㉢ 2015년 해수면어업부문 종사 가구 및 성별 인구 현황을 보면, 어가 수의 경우 부산광역시, 인천광역시 등 3개 이상의 행정구역에서 감소하였지만, 어가가 소멸한 지역은 없었다. 전반적으로 2010년에 비해 어업 종사 가구와 인구가 줄어드는 것은 지속적인 산업구조 변화에 따른 것으로 해석할 수 있다. ㉣ 서울특별시와 강원도만 2010년 대비 2015년에 어가인구가 증가하였다.

① ㉠, ㉡

② ㉠, ㉢

③ ㉡, ㉢

④ ㉢, ㉣

| 03 | 문제해결

※ 다음 상황을 보고 이어지는 질문에 답하시오. [1~2]

〈상황〉

갑~무 5명이 서로 가위바위보를 한 번씩 해서 이기면 2점, 비기면 1점, 지면 0점인 게임을 하였다. 갑은 유일하게 한 번도 안 졌고, 무는 유일하게 한 번도 못 이겼다.

---

01 갑, 을, 병, 정, 무 순서대로 점수가 높았고, 총점이 각각 2점씩 차이가 났다면 갑~무의 점수를 모두 합한 점수로 옳은 것은?

① 19점   ② 20점

③ 21점   ④ 22점

02 다음 중 게임에서 결과가 결정되는 판은 몇 번째 판인가?

① 7번째 판   ② 8번째 판

③ 9번째 판   ④ 10번째 판

※ 다음은 호텔별 연회장 대여 현황에 대한 자료이다. 이를 참고하여 이어지는 질문에 답하시오. [3~4]

〈호텔별 연회장 대여 현황〉

건물	연회장	대여료	수용 가능 인원	회사로부터 거리	비고
A호텔	연꽃실	140만 원	200명	6km	2시간 이상 대여 시 추가비용 40만 원
B호텔	백합실	150만 원	300명	2.5km	1시간 초과 대여 불가능
C호텔	매화실	150만 원	200명	4km	이동수단 제공
C호텔	튤립실	180만 원	300명	4km	이동수단 제공
D호텔	장미실	150만 원	250명	4km	–

03 총무팀에 근무하고 있는 이대리는 김부장에게 다음과 같은 지시를 받았다. 이대리가 연회장 예약을 위해 지불해야 하는 예약금은?

> 다음 주에 있을 회사창립 20주년 기념행사를 위해 준비해야 할 것들 알려줄게요. 먼저 다음 주 금요일 오후 6시부터 8시까지 사용 가능한 연회장 리스트를 뽑아서 행사에 적합한 연회장을 예약해주세요. 연회장 대여를 위한 예산은 160만 원이고, 회사에서의 거리가 가까워야 임직원들이 이동하기에 좋을 것 같아요. 행사 참석 인원은 240명이고, 이동수단을 제공해준다면 우선적으로 고려하도록 하세요. 예약금은 대여료의 10%라고 하니 예약 완료하고 지불하도록 하세요.

① 14만 원
② 15만 원
③ 16만 원
④ 18만 원

04 회사창립 20주년 기념행사의 연회장 대여 예산이 200만 원으로 증액된다면, 이대리는 어떤 연회장을 예약하겠는가?

① A호텔 연꽃실
② B호텔 백합실
③ C호텔 튤립실
④ D호텔 장미실

| 01 | 언어적 사고

※ 다음 제시문을 읽고 이어지는 질문에 답하시오. [1~3]

(가) 과학과 예술이 무관하다는 주장의 첫 번째 근거는 과학과 예술이 인간의 지적 능력의 상이한 측면을 반영한다는 것이다. 즉, 과학은 주로 분석·추론·합리적 판단과 같은 지적 능력에 기인하는 반면에, 예술은 종합·상상력·직관과 같은 지적 능력에 기인한다고 생각한다.

(나) 두 번째 근거는 과학과 예술이 상이한 대상을 다룬다는 것이다. 과학은 인간 외부에 실재하는 자연의 사실과 법칙을 다루기에 과학자는 사실과 법칙을 발견하지만, 예술은 인간의 내면에 존재하는 심성을 탐구하며, 미적 가치를 창작하고 구성하는 활동이라고 본다.

(다) 그러나 이렇게 과학과 예술을 대립시키는 태도는 과학과 예술의 특성을 지나치게 단순화하는 것이다. ⓐ 이(가) 단순한 ⓑ 의 과정이 아니듯이 ⓒ 도 순수한 ⓓ 와(과) 구성의 과정이 아니기 때문이다. 과학에는 상상력을 이용하는 주체의 창의적 과정이 개입하며, 예술 활동은 전적으로 임의적인 창작이 아니라 논리적 요소를 포함하는 창작이다.

(라) 과학 이론이 만들어지기 위해 필요한 것은 냉철한 이성과 객관적 관찰만이 아니다. 새로운 과학 이론의 발견을 위해서는 상상력과 예술적 감수성이 필요하다. 반대로 최근의 예술적 성과 중에는 과학기술의 발달에 의해 뒷받침된 것이 많다.

Hard

01 다음 중 제시문의 논지를 지지하는 진술로 적절하지 않은 것은?

① 과학자 왓슨과 크릭이 없었더라도 누군가 DNA 이중 나선 구조를 발견하였겠지만, 셰익스피어가 없었다면 『오셀로』는 결코 창작되지 못하였을 것이다.

② 물리학자 파인만이 주장했듯이 과학에서 이론을 정립하는 과정은 가장 아름다운 그림을 그려나가는 예술가의 창작 작업과 흡사하다.

③ 입체파 화가들은 수학자 푸앵카레의 기하학 연구를 자신들의 그림에 적용하고자 하였으며, 이런 의미에서 피카소는 "내 그림은 모두 연구와 실험의 산물이다."라고 말하였다.

④ 천문학자 칼 세이건이 "수학은 시만큼이나 인간적이다."라고 말한 것처럼 과학 또한 인간의 내면에 존재하는 예술적 감수성을 필요로 한다.

02 (가) ~ (라)에 대한 설명으로 적절하지 않은 것은?

① (가) : 기존의 관점에 대해 근거를 제시하며 설명하고 있다.

② (나) : 문제에 대한 대립적인 두 견해를 제시하고 있다.

③ (다) : 기존의 관점을 뒤집는 새로운 관점을 제시하고 있다.

④ (라) : 앞의 문단의 관점을 재차 되풀이하며 주장을 강화하고 있다.

03 다음 중 (다)의 내용으로 볼 때 각 ⓐ ~ ⓓ에 들어갈 내용으로 바르게 나열한 것은?

	ⓐ	ⓑ	ⓒ	ⓓ
①	예술	창조	과학	발견
②	과학	발견	예술	창조
③	과학	창조	예술	발견
④	예술	발견	과학	창조

04

> • 만화책은 아이들이 읽기 쉽다.
> • 아이들이 읽기 쉬운 책은 삽화가 있다.
> • 동화책은 아이들이 읽기 쉽다.

① 동화책에는 글도 많다.
② 삽화가 없는 책은 동화책이 아니다.
③ 책은 읽기 쉽다.
④ 만화책은 삽화가 없다.

`Easy`

05

> • 기름기가 많은 고기는 돼지고기이다.
> • 소고기는 가격이 비싸다.
> • 돼지고기에는 비계가 있다.

① 돼지고기는 가격이 싸다.
② 소고기에는 비계가 없다.
③ 기름기가 많은 고기에는 비계가 있다.
④ 소고기에는 기름기가 많다.

06 A~F 여섯 명은 버스에 승차하기 위해 한 줄로 서 있다. 다음의 〈조건〉에 따라 줄을 서서 순서대로 버스에 승차했다고 할 때, 옳은 것은?

> **조건**
> • A와 F 사이에는 세 명이 있다.
> • D는 A보다 늦게, E는 D보다 늦게 승차한다.
> • B는 E와 F 사이에서 승차한다.
> • C와 F는 연속으로 승차하지 않는다.

① E는 세 번째에 승차한다.
② C는 A보다 늦게 승차한다.
③ D는 A 다음으로 승차한다.
④ A가 가장 먼저 승차한다.

| 02 | 수리적 사고

01 A사원은 1타에 1,600원인 볼펜을 사내 팀원들과 공동구매로 여러 타 구매하여 머릿수에 맞게 9개씩 묶어 나누기로 했다. 이 경우 9개씩 묶인 볼펜의 가격은?(단, 1타는 12자루이다)

① 1,200원　　　　　　　　　　　② 1,300원

③ 1,400원　　　　　　　　　　　④ 1,500원

PART 2

기출복원문제

02 농도가 7%인 100g의 설탕물을 증발시켜 14%의 농도가 되게 하려고 한다. 한 시간에 물이 2g 증발된다고 할 때, 총 걸리는 시간은?

① 23시간　　　　　　　　　　　② 24시간

③ 25시간　　　　　　　　　　　④ 26시간

Hard

03 속력이 일정한 4대의 버스가 총 40km인 경로를 일정한 배차 간격을 유지하면서 운영되고 있다. 이때 버스 한 대가 추가되어 배차 간격이 1분 36초 단축되었다면, 버스의 속력은?

① 750m/분　　　　　　　　　　② 1,000m/분

③ 1,250m/분　　　　　　　　　④ 1,500m/분

※ 다음은 대한민국 공직사회에 대한 부패인식을 조사 및 분석한 통계이다. 자료를 보고 이어지는 질문에 답하시오. [4~5]

〈부패인식 응답비율〉

구분	2011년	2012년	2013년	2014년	2015년	2016년
일반국민	56.7	42.4	54.3	69.4	57.8	51.9
기업인	28.9	36.0	34.5	41.7	37.0	37.7
외국인	21.8	16.8	23.4	48.5	30.2	16.0

〈부패인식 점수 10점 평균〉

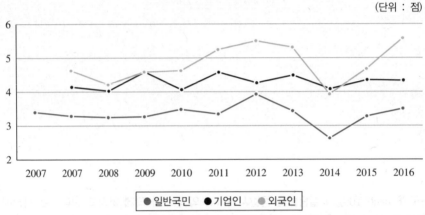

(단위 : 점)

● 일반국민 ● 기업인 ● 외국인

〈부패인식도 수치해석방법〉

항목별 응답유형	10점 환산점수
매우 부패	0.0
부패한 편	2.5
보통	5.0
부패하지 않음	7.5
거의 부패하지 않음	10.0

Easy

04 다음 중 주어진 자료에서 부패인식 응답비율의 전년 대비 증감 폭이 가장 큰 것은?

① 2014년 일반국민
② 2014년 외국인
③ 2015년 일반국민
④ 2015년 외국인

05 다음 중 주어진 자료에 대한 설명으로 적절하지 않은 것은?

① 부패인식 응답비율과 부패인식 점수는 비례 관계이다.

② 부패인식도는 부패에 대한 인식이 높을수록 점수가 낮게 설정되어 있다.

③ 일반국민들은 기업인이나 외국인보다 공직사회가 부패했다고 인식하고 있다.

④ 외국인의 부패인식 응답비율이 가장 높았던 해는 다른 응답군의 응답비율 또한 높았다.

`Hard`

06 다음 도서기호 생성 방법을 참고하여 부여한 도서기호 중 옳은 것은?

〈도서기호 생성 방법〉

• 도서기호 1번 자리=저자의 성
• 도서기호 2번 숫자=저자 이름 첫 글자의 자음기호 번호
• 도서기호 3번 숫자=저자 이름 첫 글자의 모음기호 번호
• 도서기호 4번 자리=책 제목 첫 글자의 자음

자음기호				모음기호	
ㄱㄲ	1	ㅇ	6	ㅏ	2
ㄴ	19	ㅈㅉ	7	ㅐ(ㅑㅒ)	3
ㄷㄸ	2	ㅊ	8	ㅓ(ㅔㅕㅖ)	4
ㄹ	29	ㅋ	87	ㅗ(ㅘㅙㅚㅛ)	5
ㅁ	3	ㅌ	88	ㅜ(ㅝㅞㅟㅠ)	6
ㅂㅃ	4	ㅍ	89	ㅡ(ㅢ)	7
ㅅㅆ	5	ㅎ	9	ㅣ	8

① 전61ㄱ : 공자를 찾아가는 인문학 여행, 전용주 지음

② 안56ㄴ : 노자와 공자가 만났을 때, 안성재 지음

③ 김54ㅈ : 죽기 전에 논어를 읽으며 장자를 꿈꾸고 맹자를 배워라, 김세중 엮음

④ 김63ㅎ : 한비자, 관계의 기술, 김원중 지음

※ 다음은 L회사에서 신입사원에게 배포한 행동강령의 일부와 디자인팀에서 일어난 사건이다. 이어지는 질문에 답하시오. [1~3]

〈행동강령〉

– 공과 사의 구별은 철저하게, 기회는 공정하게

• 성별, 연령, 인종, 국적이나 출신지역, 세대, 종교, 장애 등 개인이 노력해서 바꿀 수 없는 고유한 특성과 관련된 차별을 조직에서 추방하십시오. 채용, 승진, 배치, 급여, 보상, 복리후생 및 교육 등에서 개인 고유의 특성을 이유로 차별하지 마십시오.

• 특정한 성별, 연령, 배경을 지닌 사람만이 해당업무를 잘 수행할 수 있다고 주장하는 사람이 있다면 경계하십시오.

• 어떠한 인사 청탁도 거부하십시오. 당장은 이익이 될 수 있으나 장기적으로 우리 공동체에 치명적인 위해가 됩니다.

• 오직 역량과 성과만으로 평가하십시오. 타인으로부터 채용이나 승진을 청탁 받았다면 거부하십시오. 그리고 우리의 원칙에 대하여 적극적으로 설명하십시오.

• 개개인의 고유한 특성을 이유로 특정인을 기피하거나, 조롱, 따돌림 또는 차별이 없는 공동체를 만드십시오.

• 국가마다 근무조건에 관한 법규나 정책이 다를 수 있습니다. 그로 인해 현지 법인의 인사규정이나 정책이 그룹의 방침과 차이가 생긴다면, 그 규정과 정책은 반드시 명문화하고 현지 법규에 위배되지 않는지 확인하십시오.

• 불공정한 대우를 받았거나 혹은 목격, 그에 대한 고충을 들었다면 조직 책임자, 인사 또는 윤리담당과 바로 상의하십시오.

– 정직한 보고는 우리의 땀과 열정을 더 빛나게 해줍니다.

• 공인된 회계 기준에 따라 회계 기록을 작성하고 관리하십시오.

• 국제 회계 및 국가별 회계 기준은 각기 다를 뿐 아니라, 수시로 개정되고 있습니다. 항상 최신 기준을 확인하십시오.

• 관련 데이터는 적정한 회계 기간 내에 기록하십시오. 단기 실적을 과장하거나 일시적으로 질책을 모면하기 위하여 수익이나 비용의 기록을 지연시키거나 앞당기지 마십시오.

• 발생하는 모든 비용은 일정한 문서에 의해 증명되어야 합니다. 비용과 관련된 시간 및 경비를 상세히 기록하여 보고서로 제출하십시오.

• 상사의 지시에 따라 담당자가 회계 문서를 조작하였을 경우, 사문서 위조죄 등으로 상사와 담당자 모두에게 민·형사상의 책임이 따르게 됩니다. 상사가 문서 위조 등을 지시할 경우 담당자는 바로 윤리담당과 상의하십시오.

• 문서 위조 등의 혐의가 있거나 거래 관행이 투명하지 않은 개인, 기업 및 국가와의 거래 관계는 조직 책임자와 문제점을 상의하고 거래를 재고하십시오.

• 관리자는 바르고 투명한 회계 정보를 제공하기 위하여 모든 것을 원칙에 따라 철저하게 점검하고, 회계 문서의 위조 및 변조를 예방하기 위하여 주기적으로 모니터링 하십시오.

• 회계 문서 작성 과정에 있어 의문이 생겼을 경우나 문제가 있다고 생각될 경우 조직 책임자, 재무 또는 윤리담당과 바로 상의하십시오.

– 사회에서 받은 것을 사회와 나누는 일, 우리에겐 가장 큰 기쁨입니다.

- L사인에게는 더 높은 수준의 사회적 책임이 따릅니다. 임직원 각자가 지역사회의 일원으로 책임과 의무를 다하여, 회사에 대한 지역사회의 신뢰를 높이도록 노력하십시오.
- 임직원 각자가 지역사회의 일원으로 책임과 의무를 다하여 회사에 대한 지역사회의 신뢰를 높이도록 노력하십시오.
- 지역사회의 법, 문화와 가치관을 존중하여 지역사회의 삶의 질 향상에 기여하십시오.
- 학문과 예술, 문화, 체육 등 인류사회를 정신적으로 풍요롭게 하는 공익활동을 적극 지원함으로써 사회발전에 긍정적인 영향을 주십시오.
- 회사를 대표해서 또는 개인적으로 사회봉사 활동에 활발히 참여하는 것은 L사인의 의무이자 책임감 있는 행동입니다. 자원봉사, 재난구호 등 사회봉사 활동에 적극적으로 참여하십시오.

S#1. L회사 디자인팀 사무실 – 1월 19일 금요일

사무실에서 신입사원인 A사원은 디자인팀 B대리와 공동으로 회사 창립 51주년을 기념해 협력업체에게 보낼 카드 디자인을 작업하고 있다. 대략적인 디자인 작업을 끝내고 마지막으로 카드의 바탕색을 고르는 작업이 남은 상황에서 지나가던 C과장이 업무 중인 둘을 향해 다가왔다. 평소 C과장의 언행을 못마땅해 하는 B대리는 작게 한숨을 내쉬었다.

C과장 : 그래, 이번 발송용 카드 디자인이 이건가?
A사원 : 네, 맞습니다!
C과장 : 음~ 전반적으로 디자인은 마음에 드는데, 색깔이 좀 화사했으면 좋겠군.
B대리 : (다소 시큰둥하게) 어떤 색 말씀이십니까?

C과장은 주위를 둘러보다 사무실 한편에 놓인 연분홍색 화분을 가리킨다.

C과장 : 맞아! 바로 저 색이야. 이제 봄기운도 완연한데 화사한 색으로 가지!
B대리 : (이마를 손으로 짚으며) 과장님, 이 카드를 받는 분들의 연령대가 꽤 높은 편입니다. 연분홍색처럼 화사한 색보다는 차분한 색이 낫다고 생각하는데요?
C과장 : (다소 당황하면서도 큰소리로) 아니, 화사한 색이 어때서? 연령대가 높다고 화사한 색을 싫어할 거라는 건 편견이지.
B대리 : 각 협력 업체 중역들에게 보낼 감사카드인데 무슨 청첩장도 아니고…. (작게 중얼거리며) ⊙ 나이만 많으신 분이 아는 척은 진짜. (A사원을 바라보며) A씨는 어떻게 생각해? 연분홍색이 괜찮아?
C과장 : 그래, 그래! 젊은 A씨가 보기엔 어때? 연분홍색도 괜찮지?

A사원은 어찌할 바를 모르며 C과장과 B대리를 번갈아 바라본다.

S#2. L회사 주최 V시 행사장 – 10월 31일 목요일

어둠이 내려앉은 V시의 한 행사장. 행사장을 중심으로 현란한 조명과 큰 음악소리가 요란하다. V시에서 개최된 기념행사 진행을 돕기 위해 C과장과 함께 파견된 A사원은 C과장이 급한 용무로 잠시 자리를 비운 사이 문의 전화를 받았다. A사원이 쥔 수화기 너머로 격양된 중년 여성의 목소리가 들렸다.

주민 : (화난 목소리로) 도대체가 잠을 잘 수가 없네. 내일 아침 일찍 일어나야 되는데 어떡할 거야? 나 내일 운전하다 사고라도 나면 책임질 거야? 당장 담당자 바꿔!

급히 주위를 둘러보는 A사원. 하지만 C과장은 물론이고 주최 인원도 행사 진행을 위해 자리를 비운 상황이다.

A사원 : 죄송합니다. 현재 담당자가 자리를 비운 상황이라 잠시 기다려주시면….
 주민 : (수화기가 터질 것처럼) 아니 지금 나랑 장난해? 당장 행사 취소해!

심장을 울리는 행사장 소음과 귀를 때리는 주민의 날카로운 목소리 사이에서 A사원의 등줄기에 식은 땀 한 줄이 흘러내렸다.

01 S#1의 상황에서 A사원의 행동으로 가장 적절하지 않은 것은?

① 연분홍색이 어울린다고 생각하기 때문에 B대리에게 연분홍색을 추천한다.
② 고민을 해보았지만 마땅히 어울리는 색이 생각나지 않으므로 선택을 보류한다.
③ B대리와 함께 일할 상황이 많기 때문에 B대리의 편을 든다.
④ 연분홍색이 어울리지 않는다고 생각하기 때문에 C과장에게 이유를 정중하게 밝힌다.

02 S#1의 상황에서 B대리의 ⊙ 언행은 어떤 항목에 위배되는가?

① '공과 사의 구별은 철저하게, 기회는 공정하게' 부문의 두 번째 항목
② '공과 사의 구별은 철저하게, 기회는 공정하게' 부문의 세 번째 항목
③ '공과 사의 구별은 철저하게, 기회는 공정하게' 부문의 네 번째 항목
④ '공과 사의 구별은 철저하게, 기회는 공정하게' 부문의 다섯 번째 항목

03 S#2에서 A사원의 행동으로 가장 적절한 것은?

① 주민들에게 사전에 통보 및 허가가 난 행사이기 때문에 문제없다고 말한다.
② C과장이 자리에 돌아올 때까지 최대한 시간을 끈다.
③ 정중히 사과하며 권한 내에서 행사로 인한 소음을 개선할 것을 약속한다.
④ 급히 행사 관계자에게 소음을 줄이라고 연락한다.

※ E본사에 근무하고 있는 L신입사원은 금일 외근에서 지하철을 타고 아래 목록의 업체를 모두 방문해야 한다. 지하철 한 정거장을 이동할 때 3분이 소요되며 환승에는 6분이 소요된다. 각각의 업체에 방문하는 시간은 고려하지 않을 때 다음 자료들을 참고하여 질문에 답하시오. [4~5]

〈지하철 노선도〉

〈신입사원 L의 방문 업체〉

방문 업체	지하철역
A출판사	강남역
B증권	삼성역
C백화점	양재역
D상사	천호역
E본사	건대입구역

04 다음 중 L신입사원이 E본사에서 출발했을 시 가장 효율적으로 이동할 수 있는 순서는?

① E-C-A-B-D

② E-D-B-A-C

③ E-B-A-C-D

④ E-A-C-B-D

05 04번에서 구한 순서로 이동할 때 최소 몇 분의 이동시간이 소요되는가?

① 56분

② 63분

③ 69분

④ 72분

※ 다음은 L공장에서 안전을 위해 정기적으로 실시하는 검침에 대한 안내사항이다. 이어지는 물음에 답하시오. [6~7]

〈계기판 검침 안내사항〉

정기적으로 매일 오전 9시에 다음의 안내사항에 따라 검침을 하고 그에 따른 조치를 취하도록 한다.

〈계기판 A · B · C의 표준 수치〉		
계기판 A	계기판 B	계기판 C

[기계조작실]
1. 계기판을 확인하여 PSD 수치를 구한다.
    ※ 검침하는 시각에 실외 온도계의 온도가 영상이면 B계기판은 고려하지 않음
    ※ 검침하는 시각에 실내 온도계의 온도가 20℃ 미만이면 Parallel Mode를, 20℃ 이상이면 Serial Mode를 적용함
    • Parallel Mode
      PSD=검침 시각 각 계기판 수치의 평균
    • Serial Mode
      PSD=검침 시각 각 계기판 수치의 합
2. PSD 수치에 따라서 알맞은 버튼을 누른다.

수치	버튼
PSD≤기준치	정상
기준치<PSD<기준치+5	경계
기준치+5≤PSD	비정상

※ 화요일과 금요일은 세 계기판의 표준 수치의 합의 1/2을 기준치로 삼고, 나머지 요일은 세 계기판의 표준 수치의 합을 기준치로 삼음(단, 온도에 영향을 받지 않는다)
3. 기계조작실에서 버튼을 누르면 버튼에 따라 상황통제실의 경고등에 불이 들어온다.

버튼	경고등
정상	녹색
경계	노란색
비정상	빨간색

[상황통제실]

들어온 경고등의 색을 보고 필요한 조치를 취한다.

경고등	조치
녹색	정상 가동
노란색	안전요원 배치
빨간색	접근제한 및 점검

06 L공장의 기계조작실에서 근무하는 B사원은 월요일 아침 9시가 되자 계기판을 점검하여 검침일지를 쓰려고 한다. 오늘 실외 온도계 수치는 −4℃이고, 실내 온도계의 수치는 22℃였으며, 계기판의 수치는 다음과 같았다. B사원이 눌러야 하는 버튼은 무엇이며, 이를 본 상황통제실에서 취해야 할 조치는?

계기판 A   계기판 B   계기판 C

	버튼	조치
①	정상	정상 가동
②	정상	안전요원 배치
③	경계	안전요원 배치
④	비정상	접근제한 및 점검

07 오늘 L공장의 계기판 수치가 불안정하여 바쁜 하루를 보낸 B사원은 검침 일지를 제출하려고 검토하던 중 실내용 온도계 수치와 PSD 수치가 누락된 것을 발견하였다. 두 항목 중 실내용 온도계 수치를 예측할 때 가장 적절한 것은?

계기판 A   계기판 B   계기판 C

〈검침 일지〉

검침 일자 : 2018년 4월 30일 화요일   검침 시각 : am 09:00
점검자 : 기계조작실 M, 상황통제실 H   실외 온도계 수치 : 5℃
실내 온도계 수치 : [   ]
계기판 수치

계기판 A	계기판 B	계기판 C
11	13	10

PSD 수치 : [   ]
버튼 : 비정상
경고등 : 빨간색
조치
계기판 검침 안내사항에 따라 공장 안의 모든 직원들을 대피시키고 주민들이 가까이 오지 못하도록 접근제한을 하였습니다. 또한 전문가에게 공장 시설 점검을 요청하여 pm 15:00에 상황을 종료하였습니다.

비고
_____
관리자 서명 _____

① 영상 10℃ 이상 20℃ 미만   ② 영하
③ 영상 20℃ 이상   ④ 온도와 상관없다.

| 01 | 언어적 사고

※ 다음 문장을 읽고 유추할 수 있는 것을 고르시오. [1~2]

01

> • 물에 잘 번지는 잉크의 펜은 수성 펜이다.
> • 수성 펜은 뚜껑이 있다.
> • 유성 펜은 잉크 찌꺼기가 생긴다.

① 수성 펜은 잉크 찌꺼기가 생기지 않는다.

② 유성 펜은 물에 잘 번지는 잉크의 펜이다.

③ 유성 펜은 뚜껑이 없다.

④ 물에 잘 번지는 잉크의 펜은 뚜껑이 있다.

02

> • 라임은 신 맛이 나는 과일이다.
> • 신 맛이 나는 과일은 비타민이 많은 과일이다.
> • 아로니아는 신 맛이 나는 과일이다.

① 아로니아는 단 맛도 난다.

② 비타민이 많지 않은 과일은 아로니아가 아니다.

③ 과일은 신 맛이 난다.

④ 라임에는 비타민이 많지 않다.

(가) 우리는 흔히 예술 작품을 감상한다는 말 대신에 예술 작품을 향유(Enjoyment)한다고 하기도 하며, 예술 작품을 평가(Appreciation)한다고 하기도 한다. 향유한다거나 평가한다는 것은 곧 예술 작품에서 쾌감을 얻거나 예술 작품의 가치를 따지는 것을 의미하는데, 이러한 의미 속에는 예술 작품은 감상의 주체인 감상자의 수용을 기다리는 존재이며, 고정된 채 가치를 측정당하는 대상이라는 인식이 내포되어 있다. 하지만 예술 작품은 그 가치가 확정되어 있거나 감상자의 수용을 기다리기만 하는 존재가 아니다.

(나) 예술 작품은 창작자와 창작된 시간, 문화적 환경과의 관계 속에서 창작되는데, 예술 작품의 창작과 관계되는 이 요소들에는 사회 규범과 예술 전통, 작가의 개성 등이 포함되어 있다. 하지만 그런 것들로 예술 작품의 의미를 확정할 수는 없다. 그런 것들은 창작자에 의해 텍스트로 조직되면서 변형되어 단지 참조 체계로서의 배경으로만 존재할 따름이다.

(다) 예술 작품의 의미는 역사의 특정한 순간에 만나게 되는 감상자에 의해 해석된다. 그런데 의미를 해석하기 위해서는 반드시 일정한 준거 틀이 있어야 한다. 준거 틀이 없다면 해석은 감상자의 주관적 이해를 벗어나기 어렵기 때문이다. 해석의 준거 틀 역할을 하는 것이 바로 참조 체계이다. 감상자가 예술 작품과 만나는 역사적 순간의 참조 체계는 과거와는 다른 새로운 관계를 만들어 내며, 이러한 새로운 관계에 의거해 감상자는 예술 작품으로부터 새로운 의미를 생산해 낸다.

(라) 따라서 예술 작품이 계속 전해지기만 한다면, 그것은 끊임없이 새로운 참조 체계를 통해 변화하며 새로운 의미를 부여받게 된다. 근본적으로 예술 작품의 의미는 무궁하다. 이것은 "㉠ 셰익스피어는 모두 다 말하지 않았다."라는 말과도 같다. 이때 '다 말하지 않았다'는 것은 의미가 예술 작품 그 자체에서 기인한다는 뜻이 아니다. 작품의 의미는 예술 작품 밖에 존재하는 참조 체계의 무궁함에서 기인하는 것이다. 텍스트는 끊임없이 새로운 　ⓐ 　를 찾으며 그로부터 새로운 　ⓑ 　를 획득하고, 끊임없이 새로운 　ⓒ 　를 형성하며 새로운 　ⓓ 　를 생산한다.

(마) 감상의 과정은 주체와 주체의 대화이다. 감상 과정에서 예술 작품과 감상자는 서로 다른 관점과 개성을 지닌 두 명의 개인과 마찬가지로 묻고 대답하면서 서로의 관점을 교정해가는 개방적 태도를 갖는다. 자신의 시계 속으로 상대방을 끌어들이는 것이 아니라 대화를 통해 진리로 나아간다. 감상자는 예술 작품 속에 존재하는 진리를 얻는 것이 아니라 대화 방식의 감상을 통해 예술 작품과 소통함으로써 새로운 진리를 만들어 낸다. 예술 작품을 자신이 갖고 있는 전이해(前理解)의 예증으로 삼는 것이 아니라 외재하는 예술 작품을 통해 이를 초월·확대·변화시킴으로써 새로운 시야를 획득한다. 그렇게 함으로써 예술 작품도 자신과는 다른 감상자를 통해 자신의 의미를 초월하게 된다.

(바) 감상은 감상자와 예술 작품이 양방향으로 초월하는 미적 체험의 과정이다. 예술 작품은 감상자를 향하여, 감상자는 예술 작품을 향하여 서로 열려 있는 것이다.

03 다음 중 밑줄 친 ㉠의 문맥적 의미를 가장 바르게 이해한 것은?

① 셰익스피어 작품이 지니는 의미는 준거 틀에 따라 변화한다.

② 셰익스피어는 작품에는 명확한 주제가 존재하지 않는다.

③ 셰익스피어의 작품은 새로운 감상자들에게 언제나 한결같은 의미로 다가간다.

④ 셰익스피어는 그의 작품에서 그가 전달하고자 하는 의미를 쉽게 드러내지 않는다.

Easy

04 다음 중 위 제시문의 주제로 가장 적절한 것은?

① 예술 작품 감상의 유형
② 예술 작품 감상의 역사적 변화
③ 예술 작품의 창작과 감상
④ 소통으로서의 예술 작품 감상

05 (다) 문단의 내용으로 볼 때 다음 중 각 ⓐ∼ⓓ에 들어갈 내용으로 바르게 나열한 것은?

	ⓐ	ⓑ	ⓒ	ⓓ
①	참조 체계	감상자	의미	관계
②	감상자	참조 체계	관계	의미
③	참조 체계	감상자	관계	의미
④	감상자	참조 체계	의미	관계

Hard

06 구다리, 김지정, 김인자, 이소아, 문성질, 조상욱 여섯 명이 다음과 같이 나란히 서 있을 때 옳지 않은 것은?

- 김인자와 김지정 사이에는 3명이 서 있다.
- 조상욱과 이소아는 바로 옆에 서 있다.
- 문성질과 구다리는 바로 옆에 서 있지 않다.
- 구다리와 김지정은 양 끝에 서 있다.
- 문성질이 조상욱보다 오른쪽에 서 있다.
- 이소아는 구다리보다 왼쪽에 서 있다.

① 구다리는 오른쪽 끝에 서 있다.
② 김인자는 문성질 바로 옆에 서 있다.
③ 문성질은 이소아보다 오른쪽에 서 있다.
④ 이소아는 조상욱보다 왼쪽에 서 있다.

| 02 | 수리적 사고

01 정희는 5명으로 구성된 인사팀에서 비품을 담당하고 있다. 비품을 신청할 때가 되어 다음과 같이 비품을 주문하려고 하는데, 정해진 예산은 25,000원이다. 다음을 모두 사고 남은 돈으로 1자루에 250원짜리 볼펜을 주문한다고 할 때 볼펜 몇 타를 살 수 있겠는가?(단, 1타＝12자루이다)

〈주문 비품 목록〉

물품	가격	개수
지우개	500원	인사팀 인원 수
계산기	5,700원	1개
형광펜	600원	3개

① 3타   ② 4타

③ 5타   ④ 6타

02 A씨는 제품의 설명서를 작성하고 있는데, 화씨온도를 사용하는 미국에 수출하기 위해 보관방법의 내용을 영어로 번역하려고 한다. 보관방법 설명서에 밑줄 친 부분의 단위를 올바르게 환산한 것은?

[보관방법]
본 제품은 수분, 열에 의한 영향에 민감하므로, 열원이나 직사광선을 피해 서늘한 곳에 보관하십시오. 온도 30℃ 이상, 상대습도 75% 이상에서는 제품이 변형될 수 있습니다. 어린이 손에 닿지 않는 곳에 보관하십시오.

※ $C=\dfrac{5}{9}(F-32)$

① 85℉   ② 86℉

③ 87℉   ④ 88℉

※ 다음은 한·미·일의 세계무역 수출입 통계 자료이다. 이를 보고 이어지는 질문에 답하시오. [3~5]

〈한·미·일 세계무역 수출입 통계〉

(단위 : 백만 불)

구분	연도	국가 한국	미국	일본
수입액	2015년	436,499	2,241,663	647,989
	2014년	525,514	2,347,684	812,222
	2013년	515,585	2,268,370	832,343
	2012년	519,584	2,276,267	886,036
	2011년	524,375	2,207,955	854,998
수출액	2015년	526,744	1,504,572	624,801
	2014년	572,651	1,620,483	690,213
	2013년	559,625	1,578,429	714,613
	2012년	547,861	1,545,802	798,620
	2011년	555,400	1,482,483	822,564

※ (무역액)=(수입액)+(수출액)

Easy

03 다음 중 주어진 자료에서 수입액과 수출액의 전년 대비 증감 폭이 가장 큰 것은?

① 2015년 일본 수입　　　　　　② 2015년 미국 수입
③ 2014년 미국 수출　　　　　　④ 2013년 한국 수출

04 다음 중 2016년 일본의 무역액이 전년 대비 12% 감소했다고 할 때, 2016년 일본의 무역액은?

① 약 1,098,400백만 불　　　　　② 약 1,120,055백만 불
③ 약 1,125,250백만 불　　　　　④ 약 1,263,760백만 불

05 다음 중 주어진 자료에 대한 설명으로 적절하지 않은 것은?

① 매년 미국의 무역액은 한국과 일본의 무역액을 합친 것보다 많다.
② 전년 대비 2015년 한국 수입액의 증감률 절댓값은 전년 대비 2014년 미국 수입액의 증감률 절댓값보다 크다.
③ 미국과 일본은 수입액의 증감추세가 동일하다.
④ 수출 부문에서 매년 수출액이 감소한 나라가 있다.

※ 다음은 세계 3대 신용평가기관인 Moody's와 S&P가 제공한 A회사의 국제 신용등급 현황이다. 이어지는 질문에 답하시오. **[6~7]**

〈Moody's 및 S&P의 신용등급 체계〉

구분	Moody's(21등급)	S&P(22등급)	의미
투자 적격 등급	Aaa	AAA	투자 위험이 가장 작은 최고 등급
	Aa1	AA+	모든 기준에서 우수하며 투자위험이 상급 등급보다 약간 높은 등급
	Aa2	AA	
	Aa3	AA−	
	A1	A+	투자하기에 좋은 조건이 많이 있으나, 경제 환경이나 경영여건이 나쁘면 원리금 지급 능력이 저하될 가능성이 있음
	A2	A	
	A3	A−	
	Baa1	BBB+	중간 등급이며, 현재의 원리금 지급 능력은 적정하나 장기적으로는 불안한 요인이 있음
	Baa2	BBB	
	Baa3	BBB−	
투자 부적격 등급	Ba1	BB+	투기적 요인이 있는 등급이며, 장기적으로는 원리금 지급 능력이 떨어짐
	Ba2	BB	
	Ba3	BB−	
	B1	B+	바람직한 투자대상이 되지 못하며, 장기적으로는 원리금 지급 능력이 낮음
	B2	B	
	B3	B−	
	Caa1	CCC+	부도위험이 있는 하위 등급
	Caa2	CCC	
	Caa3	CCC−	
	Ca	CC	부도위험이 매우 큰 등급
	C	C	최하위 등급
		D	

06 다음 중 제시된 자료에 대한 설명으로 가장 적절한 것은?

① 1997년 11월 Moody's와 S&P는 A회사의 신용등급을 각각 다르게 평가하였다.

② S&P가 평가한 A회사의 신용등급에서 최고와 최저 등급은 10등급의 차이가 난다.

③ 2000년 이후부터 A회사의 신용등급은 하락한 적이 없다.

④ Moody's가 평가한 A회사의 신용등급을 모든 기준에서 우수하며 투자위험이 상급 등급보다 약간 높은 등급으로 평가한 시점은 2014년 8월부터이다.

PART 2

기출복원문제

07 1997년 이후 A회사가 두 회사 모두에서 투자 적격 등급에 진입한 연도는?

① 2014년   ② 2005년

③ 2002년   ④ 1999년

| 03 | 문제해결

※ 다음은 L회사에서 신입사원에게 배포한 행동강령의 일부와 인사팀에서 일어난 사건이다. 이어지는 질문에 답하시오. [1~5]

〈행동강령〉

– 공과 사의 구별은 철저하게, 기회는 공정하게

- 성별, 연령, 인종, 국적이나 출신지역, 세대, 종교, 장애 등 개인이 노력해서 바꿀 수 없는 고유한 특성과 관련된 차별을 조직에서 추방하십시오. 채용, 승진, 배치, 급여, 보상, 복리후생 및 교육 등에서 개인 고유의 특성을 이유로 차별하지 마십시오.
- 특정한 성별, 연령, 배경을 지닌 사람만이 해당업무를 잘 수행할 수 있다고 주장하는 사람이 있다면 경계하십시오.
- 어떠한 인사 청탁도 거부하십시오. 당장은 이익이 될 수 있으나 장기적으로 우리 공동체에 치명적인 위해가 됩니다.
- 오직 역량과 성과만으로 평가하십시오. 타인으로부터 채용이나 승진을 청탁 받았다면 거부하십시오. 그리고 우리의 원칙에 대하여 적극적으로 설명하십시오.
- 개개인의 고유한 특성을 이유로 특정인을 기피하거나, 조롱, 따돌림 또는 차별이 없는 공동체를 만드십시오.
- 국가마다 근무조건에 관한 법규나 정책이 다를 수 있습니다. 그로 인해 현지 법인의 인사규정이나 정책이 그룹의 방침과 차이가 생긴다면, 그 규정과 정책은 반드시 명문화하고 현지 법규에 위배되지 않는지 확인하십시오.
- 불공정한 대우를 받았거나 혹은 목격, 그에 대한 고충을 들었다면 조직 책임자, 인사 또는 윤리담당과 바로 상의하십시오.

– 우리 모두는 누군가의 소중한 가족입니다.

- 동료들을 언제나 내 가족처럼 존중하고 배려하십시오.
- 사회적으로 수용될 수 없는 본인만의 가치관으로 타인을 판단하지 마십시오. 틀린 것이 아니라 다른 것임을 인정하고 서로 이해하는 문화를 만드십시오.
- '여직원'은 회사에서 불필요한 단어입니다. 또한 여성 인재는 배려와 동정의 대상이 아닙니다. 남성과 여성의 구별 없이 동등하게 대우하십시오.
- 팀원이 있어야 팀장이 존재할 수 있습니다. 팀원은 소중하게 육성해달라고 우리 공동체가 관리자에게 맡긴 인재입니다. 최선을 다하여 육성하십시오.
- 상대에게 거부감을 주거나, 위화감을 주는 말과 행동을 피하십시오. 자신이 생각 없이 한 말이나 행동이 타인에게 상처를 주거나 오해를 불러일으키지 않도록 항상 주의하십시오.
- 말과 행동뿐만 아니라 전화, 메신저, SNS, 이메일 등 통신시스템을 이용하여 부적절한 언어를 사용하거나 내용을 게시 및 전송하는 행위를 조직 내에서 근절하십시오.
- 국가와 지역마다 다른 법·규정·관습·예법 등이 존재합니다. 해외에서 근무하거나 출장 시에는 이점을 항상 주의해서 행동하십시오. 국내에서 문제없는 행동이 해외에서는 문제가 될 수도 있다는 사실을 명심하십시오.
- 위와 같은 행동을 목격했거나 그에 대한 고충을 들었다면, 조직 책임자나 인사 또는 윤리담당과 바로 상의하십시오.
- 위 원칙은 우리 직원뿐만 아니라 고객, 파트너사 및 모든 이해관계자들과의 관계에서도 동일하게 적용됩니다. 항상 신중하게 말하고 행동하십시오.

– 정직한 보고는 우리의 땀과 열정을 더 빛나게 해줍니다.

- 발생하는 모든 비용은 일정한 문서에 의해 증명되어야 합니다. 비용과 관련된 시간 및 경비를 상세히 기록하여 보고서로 제출하십시오.
- 상사의 지시에 따라 담당자가 회계 문서를 조작하였을 경우, 사문서 위조죄 등으로 상사와 담당자 모두에게 민·형사상의 책임이 따르게 됩니다. 상사가 문서 위조 등을 지시할 경우 담당자는 바로 윤리담당과 상의하십시오.
- 문서 위조 등의 혐의가 있거나 거래 관행이 투명하지 않은 개인, 기업 및 국가와의 거래 관계는 조직 책임자와 문제점을 상의하고 거래를 재고하십시오.
- 관리자는 바르고 투명한 회계 정보를 제공하기 위하여 모든 것을 원칙에 따라 철저하게 점검하고, 회계 문서의 위조 및 변조를 예방하기 위하여 주기적으로 모니터링 하십시오.
- 회계 문서 작성 과정에 있어 의문이 생겼을 경우나 문제가 있다고 생각될 경우 조직 책임자, 재무 또는 윤리담당과 바로 상의하십시오.

S#1. L회사 인사팀 사무실 – 8월 7일 월요일

사무실 안에서 이하영 대리와 이지애 주임이 수다를 떨고 있다. 사무실 밖에선 첫 출근을 한 신입사원 임상희가 사무실 문 앞에서 쭈뼛거리고 있다. 이를 발견한 조경현 과장이 임상희를 데리고 사무실로 들어간다.

조경현 과장 : 다 출근했나? 여기 이번에 새로 들어온 신입사원입니다. 인사들 나누세요.

이때 들어온 김정현 대리가 임상희를 힐끔 보고 자리로 가서 앉는다.

   임상희   : 안녕하세요. 임상희입니다.
이하영 대리 : 안녕~ 어? 너 그 가방! 이탈리아에서 수입해온 거 아니야? 내가 사고 싶었던 건데! (이지애 주임을 보며) 내가 전에 말했던 거!
이지애 주임 : 아, 저거에요? 저거 비싸다고 하지 않았어요? (임상희를 보며) 얼마주고 샀어?
조경현 과장 : 시끄럽고, (임상희를 보며) 상희 씨는 저기에 앉으면 돼. (큰소리로) 이번 하반기 채용에 관한 팀 프로젝트를 수요일까지 제출해야 되는 거 알지? 30분 후에 각자 준비한 거 가지고 회의실로 모이자고!
   모두   : 네!

S#2. 회의실 – 8월 7일 월요일

조경현 과장 : 다들 채용일정에 대해서 생각해 왔지? 언제가 좋을지 토의해서 정하자고. 상희 씨는 회의 내용을 잘 기록해줘.
이하영 대리 : (회사 일정이 적힌 종이를 꺼내며) 12월 22일에 연말행사가 있으니 행사 전까지 모든 채용절차가 마무리 돼야 할 것 같아요.
이지애 주임 : 맞아요. 그러니까 조금 서둘러서 9월 1일에 채용공고가 나가도록 하는 것이 어떨까요? (사람들의 반응을 살핀다)
조경현 과장 : 나도 그게 좋을 것 같은데. 다른 사람은 어때?

끄덕이는 임상희. 무언가를 깊게 다른 생각을 하고 있는 김정현 대리.

김정현 대리 : (생각을 마친 듯 급히) 저도 좋습니다. 그런데…. 그럼 항상 그랬듯이 필기전형은 한 달 뒤
　　　　　　 토요일에 실시하나요?
조경현 과장 : 그렇게 되겠지? (임상희를 보며) 아. 상희 씨. 그날 나와서 시험 감독을 해야 해. 그날은 특근
　　　　　　 으로 처리가 될 거야. (앞에 있는 서류를 정리하며) 모두 동의하면 회의 마치고 확정된 일정
　　　　　　 으로 채용일정 진행하자고.

끄덕이며 기록하는 임상희. 무언가 마음에 들지 않는 김정현 대리
조경현 과장, 이하영 대리, 이지애 주임 퇴장
회의실에서 나가려는 김정현 대리, 기록지를 정리하는 임상희를 보고 무언가 떠올랐는지 임상희에게 다가간다.
김정현 대리 : 상희 씨라고 했나? (손을 내밀며) 그 기록지 나한테 줘. 오늘 처음 왔는데 뭘 알고 제대로
　　　　　　 쓰기나 했겠어. 그냥 들리는 대로 쓴다고 다가 아니라고.
　임상희　　 : 그래도 과장님이 저한테 시키신 건데….
김정현 대리 : 달라면 달라는 거지 무슨 말대꾸야.
　임상희　　 : 네. (기록지를 건네며) 여기요.

회의실을 나가는 임상희
모두가 나가고 회의실에 혼자 남은 김정현 대리. 기록지를 보며 무언가를 펜으로 쓴다. 이를 몰래 지켜보는
임상희

S#3. 탕비실 – 8월 16일 목요일
갑자기 프랑스 출장이 잡힌 과장님을 따라 출장에 함께 하게 되어 걱정하는 임상희를 다독여주는 이지애
주임. 그 옆에서 할 말이 있는 듯 서성이는 이하영 대리

　임상희　　 : 입사한 지 1주일 정도밖에 안됐는데 프랑스 출장이라니 너무 부담돼요.
이지애 주임 : 너무 걱정하지 마. 과장님 일하시는 거 지원해드리면 되니까, 과장님이 하라는 대로만 하면 돼.
이하영 대리 : 맞아. 난 네가 부러워. 이번 프로젝트만 없었으면 내가 간다고 했을 텐데. 거기 화장품이 엄
　　　　　　 청 싸거든. 그래서 말인데 화장품 몇 개만 사다 줘라. 어려운 부탁도 아니잖아.
　임상희　　 : 제가 그럴 시간이 있을지 모르겠어요. 프랑스도 처음이고, 출장도 처음이라 살 수 있을지….
이하영 대리 : (이지애 주임의 눈치를 보며, 임상희의 귀에 대고 작은 목소리로) ㉠ 이런 작은 부탁도 들어
　　　　　　 주지 않는다면 이번에 치러지는 인사평가에서 내가 너를 어떻게 평가해야 할지 고민될 것
　　　　　　 같은데.

그때 탕비실에 들어오는 김정현 대리
김정현 대리 : 또 모여서 무슨 수다를 그렇게 떨어. 맨날 보면서 무슨 할 이야기가 그렇게 많은지 원. 하여
　　　　　　 튼 여자들이란 어쩔 수 없다니까.

빠르게 밖으로 나가는 임상희와 이지애 주임, 이하영 대리

S#4. 놀이터 – 8월 16일 목요일
퇴근하여 집으로 돌아가던 임상희. 집 근처 놀이터에 있는 그네에 앉는다. 오늘 갑자기 정해진 프랑스 출장
과 김정현 대리가 자신에게 대하는 태도, 이하영 대리의 부탁 등 회사에서 있었던 일들을 떠올리며 한숨을
쉰다. 이때 고모에게서 전화가 온다.

임상희   : (밝게 전화를 받으며) 여보세요? 네, 고모. 잘 지내셨어요? 지수도 이제 졸업이죠? 저야 잘 다니고 있죠. 근데 어쩐 일로…. 네네. (점점 얼굴이 굳어지며) ⓛ 지수가 제가 다니는 회사에 들어갈 수 있게 도와달라는 말씀이신가요?

굳은 표정으로 통화를 마치고 고개를 들어 멍하니 하늘을 쳐다보는 임상희

S#5. 프랑스 호텔 – 한국 시간으로 8월 31일 목요일 오후 8시
각자 호텔 방 앞에 서있는 조경현 과장과 임상희

조경현 과장 : (임상희를 보며) 영수증 잘 챙겨놓고 있지? 한국 가서 제출해야 되니 잘 챙겨둬. 그리고 미리 김정현 대리에게 연락해서 공고 잘 작성했는지, 내일 몇 시에 올릴 건지 확인하는 거 잊지 말고. ⓒ 내일 아침 일찍 현지 거래처 사람과 식사를 해야 하니 일찍 자도록 해.
임상희   : 네. 안녕히 주무세요.

각자 방으로 들어간다.

S#6. L회사 인사팀 사무실 – 9월 4일 월요일
어두운 사무실 분위기. 태연한 김정현 대리와 임상희를 보며 숙덕거리는 이하영 대리와 이지애 주임. 이를 눈치 채지 못하고 출장에서 사용한 영수증을 계산하고 있는 임상희. 계산기를 다시 두드려보지만 프랑스로 출장을 가서 쓴 영수증 두 개를 잃어버린 듯하다.

조경현 과장 : 상희 씨, ⓔ 오늘 내로 영수증이랑 출장보고서 정리해서 회계팀에 보내. 김정현 대리는 채용 공고 내용 가지고 와서 나한테 보고해.

자리에서 일어서는 김정현 대리

임상희   : (불안한 표정으로) 네.

김정현 대리와 조경현 과장이 과장실에 들어간다.

(잠시 후 과장실에서 들려오는 조경현 과장의 목소리) 뭐야? 필기시험이 왜 일요일로 되어 있어? 이거 누가 작성했어? 상희 씨가 한 거라고?

놀라는 임상희. 무슨 일이 벌어졌는지 깨닫고 이하영 대리와 이지애 주임의 따가운 시선을 느끼며 고개를 숙인다.

01 행동강령에 따르면 김정현 대리의 언행은 다음 중 어떤 항목에 위배되는가?

① '우리 모두는 누군가의 소중한 가족입니다' 부문의 두 번째 항목
② '우리 모두는 누군가의 소중한 가족입니다' 부문의 네 번째 항목
③ '우리 모두는 누군가의 소중한 가족입니다' 부문의 다섯 번째 항목
④ '우리 모두는 누군가의 소중한 가족입니다' 부문의 일곱 번째 항목

02 당신이 ⊙의 상황에 처했다면, 행동강령에 따라 어떻게 행동해야 하는가?

① 이하영 대리에게 화장품을 사다 줄테니 인사평가를 잘 해달라고 한다.

② 사내 게시판에 익명으로 이하영 대리에게 협박을 당했다는 글을 올린다.

③ 이지애 주임에게 인사평가가 중요한거냐며 넌지시 물어보며 상황을 판단한다.

④ 인사팀의 책임자인 조경현 과장에게 이를 알리고 상의한다.

03 당신이 ⓒ의 상황에 처했다면, 행동강령에 따라 어떻게 해야 하는가?

① 채용 단계 중 서류전형을 통과하게만 도와주고 그 다음 단계는 도와주지 않는다.

② 기록에 남지 않게 도움을 주되 돈은 받지 않으면 된다.

③ L회사의 채용 원칙에 대해 설명하며 거절한다.

④ 채용 담당자 자리에서 물러나고 인사팀의 다른 업무를 수행한다.

04 다음 중 ⓒ의 상황에서 행동강령에 위배되는 생각은?

① 프랑스에서 프랑스인을 만나는 자리이므로 프랑스 예절을 공부해서 내일 실수하지 않아야겠다.

② 나는 한국 사람이므로 우리나라 예절에 맞도록 행동하면 돼.

③ 어떤 행동이 프랑스 예절에 어긋나는 것인지 잘 모르니 가능한 얌전히 있어야겠다.

④ 거래처 사람이 권하는 음식이 입에 맞지 않아도 티내지 않아야겠어.

05 당신이 ⓔ과 같은 상황에서 행동할 때 행동강령에 위배되는 행동은?

① 영수증이 모자라니 영수증을 내지 않고 총금액만 회계팀에 보고한다.

② 모자란 영수증의 금액은 본인의 돈으로 채워 넣고 영수증에 있는 금액만 회계팀에 보고한다.

③ 조경현 과장에게 솔직하게 말하고 영수증에 있는 금액만 회계팀에 보고한다.

④ 부서의 다른 선배에게 조언을 구하고 행동한다.

2017년 상반기 기출복원문제

정답 및 해설 p.053

| 01 | 언어적 사고

01 다음 제시문을 읽고 논리적 순서대로 바르게 나열한 것은?

> (가) 이처럼 사대부들의 시조는 심성 수양과 백성의 교화라는 두 가지 주제로 나타난다. 이는 사대
> 부들이 재도지기(載道之器), 즉 문학을 도(道)를 싣는 수단으로 보는 효용론적 문학관에 바탕
> 을 두었기 때문이다. 이때 도(道)란 수기의 도와 치인의 도라는 두 가지 의미를 지니는데, 강호
> 가류의 시조는 수기의 도를, 오륜가류의 시조는 치인의 도를 표현한 것이라 할 수 있다.
>
> (나) 한편, 오륜가류는 백성들에게 유교적 덕목인 오륜을 실생활 속에서 실천할 것을 권장하려는
> 목적으로 창작한 시조이다. 사대부들이 관직에 나아가면 남을 다스리는 치인(治人)을 위해 최
> 선을 다했고, 그 방편으로 오륜가류를 즐겨 지었던 것이다. 오륜가류는 쉬운 일상어를 활용하
> 여 백성들이 일상생활에서 마땅히 행하거나 행하지 말아야 할 것들을 명령이나 청유 등의 어조
> 로 노래하였다. 이처럼 오륜가류는 유교적 덕목인 인륜을 실천함으로써 인간과 인간이 이상적
> 조화를 이루고, 이를 통해 천하가 평화로운 상태까지 나아가는 것을 주요 내용으로 하였다.
>
> (다) 조선시대 시조 문학의 주된 향유 계층은 사대부들이었다. 그들은 '사(士)'로서 심성을 수양하고
> '대부(大夫)'로서 관직에 나아가 정치 현실에 참여하는 것을 이상으로 여겼다. 세속적 현실 속
> 에서 나라와 백성을 위한 이념을 추구하면서 동시에 심성을 닦을 수 있는 자연을 동경했던 것
> 이다. 이러한 의식의 양면성에 기반을 두고 시조 문학은 크게 강호가류(江湖歌類)와 오륜가류
> (五倫歌類)의 두 가지 경향으로 발전하게 되었다.
>
> (라) 강호가류는 자연 속에서 한가롭게 지내는 삶을 노래한 것으로, 시조 가운데 작품 수가 가장
> 많다. 강호가류가 크게 성행한 시기는 사화와 당쟁이 끊이질 않았던 16 ~ 17세기였다. 세상이
> 어지러워지자 정치적 이상을 실천하기 어려웠던 사대부들은 정치 현실을 떠나 자연으로 회귀
> 하였다. 이때 사대부들이 지향했던 자연은 세속적 이익과 동떨어진 검소하고 청빈한 삶의 공간
> 이자 안빈낙도(安貧樂道)의 공간이었다. 그 속에서 사대부들은 강호가류를 통해 자연과 인간
> 의 이상적 조화를 추구하며 자신의 심성을 닦는 수기(修己)에 힘썼다.

① (라) – (다) – (나) – (가)　　　② (라) – (나) – (가) – (다)

③ (다) – (라) – (나) – (가)　　　④ (다) – (나) – (가) – (라)

※ 다음 제시문을 읽고 이어지는 질문에 답하시오. [2~3]

섬유 예술은 실, 직물, 가죽, 짐승의 털 등의 섬유를 오브제로 사용하여 미적 효과를 구현하는 예술을 일컫는다. 오브제란 일상 용품이나 자연물 또는 예술과 무관한 물건을 본래의 용도에서 분리하여 작품에 사용함으로써 새로운 상징적 의미를 불러일으키는 대상을 의미한다. 섬유 예술은 실용성에 초점을 둔 공예와 달리 섬유가 예술성을 지닌 오브제로서 기능할 수 있다는 자각에서 비롯되었다.

섬유 예술이 새로운 조형 예술의 한 장르로 자리매김한 결정적 계기는 1969년 제5회 '로잔느 섬유 예술 비엔날레전'에서 올덴버그가 가죽을 사용하여 만든 「부드러운 타자기」라는 작품을 전시하여 주목을 받은 것이었다. 올덴버그는 이 작품을 통해 공예의 한 재료에 불과했던 가죽을 예술성을 구현하는 오브제로 활용하여 섬유를 심미적 대상으로 인식할 수 있게 하였다.

이후 섬유 예술은 평면성에서 벗어나 조형성을 강조하는 여러 기법들을 활용하여 작가의 개성과 미의식을 구현하는 흐름을 보였는데, 이에는 바스켓트리, 콜라주, 아상블라주 등이 있다. 바스켓 트리는 바구니 공예를 일컫는 말로 섬유의 특성을 활용하여 꼬기, 엮기, 짜기 등의 방식으로 예술적 조형성을 구현하는 기법이다. 콜라주는 이질적인 여러 소재들을 혼합하여 일상성에서 탈피한 미감을 주는 기법이고, 아상블라주는 콜라주의 평면적인 조형성을 넘어 우리 주변에서 흔히 볼 수 있는 물건들과 폐품 등을 혼합하여 3차원적으로 표현하는 기법이다. 콜라주와 아상블라주는 현대의 여러 예술 사조에서 활용되는 기법을 차용한 것으로, 섬유 예술에서는 순수 조형미를 드러내거나 현대 사회의 복합성과 인류 문명의 한 단면을 상징화하는 수단으로 활용되기도 하였다.

섬유를 오브제로 활용한 대표적인 작품으로는 라우센버그의 「침대」가 있다. 이 작품에서 라우센버그는 섬유 자체뿐 아니라 여러 오브제들을 혼합하여 예술적 미감을 표현하기도 했다. 「침대」는 캔버스에 평소 사용하던 커다란 침대보를 부착하고 베개와 퀼트 천으로 된 이불, 신문 조각, 잡지 등을 붙인 다음 그 위에 물감을 흩뿌려 작업한 것으로, 콜라주, 아상블라주 기법을 주로 활용하여 섬유의 조형적 미감을 잘 구현한 작품으로 평가 받고 있다.

02 다음 중 위 제시문에서 알 수 있는 내용이 아닌 것은?

① 섬유 예술의 재료

② 섬유 예술의 발전 과정

③ 섬유 예술 작품의 예

④ 섬유 예술과 타 예술장르의 관계

03 다음 중 위 제시문의 '섬유 예술'에 대한 추론으로 적절하지 않은 것은?

① 라우센버그의 「침대」에 쓰인 재료들은 특별한 의미를 추구하지 않는다.

② 올덴버그의 「부드러운 타자기」가 주목받기 이전에는 대체로 섬유 예술을 조형 예술 장르로 보지 않았다.

③ 섬유 예술은 기존의 섬유를 실용성의 측면에서 보던 시각에서 탈피하여 섬유를 심미적 대상으로 보았다.

④ 콜라주와 아상블라주는 섬유 예술 이외에도 다양한 예술 분야에서 사용된다.

※ 다음 문장을 읽고 유추할 수 있는 것을 고르시오. [4~5]

04

> • 손이 고우면 마음이 예쁘다.
> • 손이 곱지 않으면 키가 크다.

① 키가 크지 않으면 마음이 예쁘다.
② 마음이 예쁘면 손이 곱다.
③ 키가 크면 손이 곱지 않다.
④ 손이 고우면 키가 크다.

05

> • 모든 L대학교 학생은 영어 또는 작문 수업을 듣는다.
> • 어떤 L대학교 학생은 중국어 수업을 듣는다.

① 어떤 L대학교 학생은 영어 수업을 듣는다.
② 어떤 L대학교 학생은 영어와 작문 수업을 듣는다.
③ 어떤 L대학교 학생은 중국어 수업을 듣고 영어 수업을 듣지 않는다.
④ 어떤 L대학교 학생은 중국어와 영어 또는 중국어와 작문 수업을 듣는다.

06 점심식사를 하기 위해 구내식당 배식대 앞에 A~F 6명이 한 줄로 줄을 서 있는데, 순서가 다음 〈조건〉과 같을 때 항상 옳은 것은?

> **조건**
> • A는 맨 앞 또는 맨 뒤에 서 있다.
> • B는 맨 앞 또는 맨 뒤에 서지 않는다.
> • D와 F는 앞뒤로 인접해서 서 있다.
> • B와 C는 한 사람을 사이에 두고 서 있다.
> • D는 B보다 앞쪽에 서 있다.

① A가 맨 뒤에 서 있다면 맨 앞에는 D가 서 있다.

② A가 맨 앞에 서 있다면 E는 다섯 번째에 서 있다.

③ F와 B는 앞뒤로 서 있지 않다.

④ C는 맨 뒤에 서지 않는다.

07 어느 사무실에 도둑이 들어서 갑~무 5명의 용의자를 대상으로 조사를 했다. 이 중 1명만 진실을 말하고 나머지는 거짓을 말한다고 할 때, 범인은 누구인가?

> 갑 : 을이 범인이에요.
> 을 : 정이 범인이 확실해요.
> 병 : 저는 확실히 도둑이 아닙니다.
> 정 : 을은 거짓말쟁이예요.
> 무 : 제가 도둑입니다.

① 갑   ② 병

③ 정   ④ 무

01 L기업 총무부에서는 직원들에게 단합대회 기념품을 지급하기 위해 텀블러와 이어폰을 합쳐 총 300개를 구입했다. 텀블러는 개당 15,000원, 이어폰은 개당 17,000원이었으며, 구입한 총 비용은 4,730,000원이었다. 텀블러와 이어폰 구입 개수의 차이는?

① 10개

② 30개

③ 50개

④ 70개

02 어떤 강의 상류 선착장에서 하류 선착장까지 왕복으로 운행하는 배가 있다. 두 선착장 사이의 거리는 27km이고, 하류에서 상류로 올라가는 데 걸리는 시간은 강을 상류에서 하류로 내려가는 데 걸리는 시간의 $\frac{3}{2}$ 배이며, 두 지점을 왕복하는 데에는 2시간 15분이 걸렸다. 만약 물이 정지해 있다면 배의 속력은?

① 25km/h

② 30km/h

③ 35km/h

④ 40km/h

03 L영화관에 엄마, 아빠, 중학생 1명, 초등학생 2명으로 이루어진 가족이 영화를 보러갔더니, 영화관람료가 1인당 성인은 10,000원, 초·중·고등학생은 8,000원이었다. 신용카드는 A카드와 B카드가 있는데, A카드는 성인 영화관람료의 20%, 청소년 영화관람료의 40%를 할인해주며, B카드는 성인 영화관람료의 30%, 청소년 영화관람료의 25%를 할인해준다고 한다. 다섯 명의 영화관람료를 하나의 카드로 결제한다면, 어떤 카드로 결제하는 것이 얼마나 더 이익인가?

① A카드, 1,600원

② A카드, 2,400원

③ B카드, 1,600원

④ B카드, 2,400원

04 다음은 2016년 국내 지역별 백미 생산량을 나타낸 자료이다. 이에 대한 설명으로 적절하지 않은 것은?

<2016년 국내 백미 생산량>

(단위 : ha, 톤)

구분	논벼		밭벼	
	면적	생산량	면적	생산량
서울・인천・경기	91,557	468,506	2	4
강원	30,714	166,396	0	0
충북	37,111	201,670	3	5
세종・대전・충남	142,722	803,806	11	21
전북	121,016	687,367	10	31
광주・전남	170,930	871,005	705	1,662
대구・경북	105,894	591,981	3	7
부산・울산・경남	77,918	403,845	11	26
제주	10	41	117	317

① 광주・전남 지역은 백미 생산 면적이 가장 넓고 백미 생산량도 가장 많다.

② 제주 지역의 밭벼 생산량은 제주 지역 백미 생산량의 약 88.5%를 차지한다.

③ 면적당 논벼 생산량이 가장 많은 지역은 세종・대전・충남이다.

④ 전국 밭벼 생산 면적 중 광주・전남 지역의 면적이 차지하는 비율은 80% 이상이다.

05 다음은 OECD 주요 국가의 유기농 경작 면적률을 나타낸 자료이다. 이에 대한 설명으로 적절하지 않은 것은?

<OECD 주요 국가의 유기농 경작 면적률>

(단위 : %)

구분	2007년	2008년	2009년	2010년	2011년	2012년	2013년	2014년
일본	0.14	0.2	0.2	0.2	0.21	0.23	0.23	0.23
미국	0.42	0.42	0.48	0.48	0.48	0.48	0.54	0.53
한국	0.53	0.66	0.74	0.87	1.1	1.43	1.2	1.05
영국	3.74	4.07	4.16	4.05	3.71	3.42	3.23	3.04
프랑스	1.91	2	2.33	2.92	3.38	3.58	3.69	3.89
호주	2.82	2.87	2.93	2.92	2.73	2.96	2.45	4.22
독일	5.11	5.36	5.61	5.93	6.07	6.2	6.26	6.27
이탈리아	8.12	6.93	7.91	7.78	7.92	8.5	9.66	10.55

① 우리나라가 전년 대비 유기농 경작 면적률이 가장 많이 증가한 것은 2011년이다.

② 2010년 이전까지 프랑스는 호주에 비해 유기농 경작 면적률이 낮았으나, 2011 ~ 2013년에는 호주보다 유기농 경작 면적률이 높았다.

③ 우리나라의 유기농 경작 면적률은 항상 일본의 3배 이상이다.

④ 유기농 경작 면적률이 매년 증가하는 것은 프랑스와 독일뿐이다.

06 다음은 2014 ~ 2016년 우리나라의 10대 수출 품목에 대한 자료이다. 이에 대한 설명으로 적절하지 않은 것은?

〈우리나라의 10대 수출 품목〉

(단위 : 백만 달러)

구분	2014년		2015년		2016년	
	품목명	금액	품목명	금액	품목명	금액
1위	반도체	62,717	반도체	62,426	반도체	62,005
2위	석유제품	50,784	자동차	45,794	자동차	40,637
3위	자동차	48,924	선박해양구조물 및 부품	40,107	선박해양구조물 및 부품	34,268
4위	선박해양구조물 및 부품	39,886	무선통신기기	32,587	무선통신기기	29,664
5위	무선통신기기	29,573	석유제품	32,002	석유제품	26,472
6위	자동차 부품	26,635	자동차 부품	25,550	자동차 부품	24,415
7위	평판디스플레이 및 센서	26,498	평판디스플레이 및 센서	21,915	합성수지	17,484
8위	합성수지	21,691	합성수지	18,418	평판디스플레이 및 센서	16,582
9위	철강판	19,144	철강판	16,458	철강판	15,379
10위	전자응용기기	9,800	전자응용기기	10,038	플라스틱 제품	9,606

① 2014년 10대 수출 품목 10개 중 1개를 제외한 품목이 모두 2016년까지 수출액이 10위 안에 들었다.

② 3년 연속으로 순위가 같았던 품목들은 순위는 유지했으나 모두 수출액은 계속 줄어들었다.

③ 2014 ~ 2016년 3년간의 총 수출액은 무선통신기기가 석유제품보다 많다.

④ 2015년에 2014년 대비 순위와 수출액이 모두 상승한 것은 2품목이다.

07 다음은 우리나라 지역별 가구 수와 1인 가구 수를 나타낸 자료이다. 이에 대한 설명으로 가장 적절한 것은?

〈지역별 가구 수 및 1인 가구 수〉

(단위 : 천 가구)

구분	전체 가구	1인 가구
서울특별시	3,675	1,012
부산광역시	1,316	367
대구광역시	924	241
인천광역시	1,036	254
광주광역시	567	161
대전광역시	596	178
울산광역시	407	97
경기도	4,396	1,045
강원도	616	202
충청북도	632	201
충청남도	866	272
전라북도	709	222
전라남도	722	242
경상북도	1,090	365
경상남도	1,262	363
제주특별자치도	203	57
계	19,017	5,279

① 전체 가구 대비 1인 가구의 비율이 가장 높은 지역은 충청북도이다.

② 서울특별시・인천광역시・경기도의 1인 가구는 전체 1인 가구의 40% 이상을 차지한다.

③ 도 지역의 가구 수 총합보다 서울시 및 광역시의 가구 수 총합이 더 크다.

④ 경기도를 제외한 도 지역 중 1인 가구 수가 가장 많은 지역이 전체 가구 수도 제일 많다.

| 03 | 문제해결

01 다음 달에 있을 이사회에서 신제품 개발안을 발표해야 하는 박대리가 준비한 발표 자료에 대한 설명이다. 다음 중 적절하지 않은 것은?

① 파워포인트를 이용하여 자료를 작성하였으며, 관련 동영상 자료를 링크시켜 청중의 시선을 끌게 하였다.

② 신제품 개발에 대해 충분한 설명이 될 수 있게 가능한 많은 양의 자료를 입력하였다.

③ 슬라이드 디자인을 적용하여 각 장의 형식을 통일시켰다.

④ 같은 페이지에는 같은 주제에 관련된 문장과 단락만을 중요 단어 중심으로 간략하게 입력하였다.

02 신입사원인 귀하는 사수인 S주임에게 컴퓨터 바탕화면이 지저분하고 어수선하다는 지적을 받았다. 다음과 같이 S주임에게 조언 받은 내용을 바탕으로 컴퓨터 바탕화면 정리를 할 때, 다음 중 적절하지 않은 것은?

> S주임 : 윈도우 바탕화면에 최소한의 필요요소만 남기고 나머지는 보이지 않도록 하는 것이 좋아요. 업무 중에 자주 사용하는 파일이나 프로그램은 잘 찾을 수 있도록 바탕화면에 놓아두세요. 나머지 프로그램이나 파일들은 폴더를 만들어서 정리해야 해요. 업무 항목별로 폴더를 몇 가지 만들어서, 그 안에 다시 폴더를 만들어서 하위분류를 해 두면 쉽게 찾을 수 있어요. 그런데 항목별로 분류를 했는데도 한 폴더 안에 파일이 많으면 찾는 데 오래 걸리니까, 그럴 땐 가장 최근에 진행한 업무 파일이 맨 앞으로 오게 정리하면 효율적이에요.
> 마지막으로 폴더 안에서도 최근에 진행한 주요 업무들이 상위 카테고리에 오게 하고, 나머지는 따로 정리해두세요. 바탕화면 정리가 어려운 거 같아도 막상 시작하면 얼마 안 걸리니까, 얼른 정리하고 다시 업무 시작합시다!

① 엑셀, 한글, 파워포인트 등의 프로그램은 바탕화면에 남겨두었다.

② 오랫동안 진행하지 않은 파일들은 따로 하나의 폴더에 모아두었다.

③ 폴더 안에 파일이 많을 때는 가나다순으로 정렬하여 파일 제목으로 찾기 쉽도록 하였다.

④ 폴더 안에 하위 폴더를 여러 개 두어 소분류 별로 파일을 배치해두었다.

03 L마트 △△지점에서 사무보조 아르바이트생을 채용하려고 한다. 귀하는 조건에 부합하는 지원자만 연락하여 면접을 진행할 계획이다. 다음은 L마트 △△지점이 채용 사이트에 게재한 공고문과, 지원자들의 신상정보이다. 다음 중 귀하가 연락할 지원자로 바르게 짝지어진 것은?

〈아르바이트 채용공고〉

L마트 △△지점에서 단기 사무보조 아르바이트생을 모집합니다.

1. 업무내용
   - 문서 작성 및 보조
   - 비품 정리 및 주변 청소
2. 지원자격
   - 연령 : 만 18세 이상 ~ 40세 이하
   - 4년제 대학 재학생 또는 졸업자
   - 엑셀 · 워드프로세서 숙련자(필수), 파워포인트 사용 가능자(우대)
   - 인근 지역 거주자(30분 이내)
   - 급여 : 시급 8,000원(식사 별도 제공)
3. 근무기간 및 근무시간
   - 기간 : 2017년 5월 25일 ~ 2017년 8월 24일(3개월)
   - 근무시간
     - 월~금 중 주3일 근무(협의 후 매주 화요일을 포함한 3일 고정 근무, 요일 변경 불가)
     - 근무시간 : 9:00 ~ 16:00(점심시간 1시간 제외)
     - 협의된 요일 중 공휴일 포함 시 휴무(급여 미지급)
   ※ 지원 방법 : 하단의 '즉시지원' 이용 또는 e-mail(ksm0518@coolmail.net)로 사진과 학력사항이 포함된 이력서, 간단한 자기소개서(1,000자 이내) 첨부 요망
   ※ 문의 : 김○○ (01×-××××-××××)

〈지원자 현황〉

구분	A	B	C	D	E	F
연령	39세	19세	32세	21세	39세	24세
직업	주부	재수생	프리랜서	대학생	주부	대학생
학력	고졸	고졸	대졸	고졸	대졸	고졸
사용 가능 프로그램	엑셀, 워드프로세서	워드프로세서, 파워포인트	엑셀, 파워포인트, 워드프로세서	엑셀, 워드프로세서	파워포인트, 워드프로세서	워드프로세서, 파워포인트, 엑셀, 포토샵
근무 가능 시간	월~금	평일	화, 수 제외	월, 수 제외	월~목	월요일 제외
출퇴근거리	10분	30분	40분	20분	15분	25분

① A, C
② B, D
③ C, D
④ D, F

| 01 | 언어적 사고

※ 다음 제시문을 읽고 이어지는 질문에 답하시오. [1~2]

우리는 보통 은행이나 농협은 익숙해 하면서, 제1금융권, 제2금융권이라는 말은 왠지 낯설어한다. 상호저축 은행, 새마을금고 등 여러 금융 기관이 있다고 하는데, 이러한 금융 기관들은 어떻게 다른 걸까?

먼저 은행에는 중앙은행, 일반은행, 특수은행이 있다. 이 중 중앙은행으로는 금융제도의 중심이 되는 한국은 행이 있다. 한국은행은 우리가 사용하는 돈인 한국 은행권을 발행하고, 경제 상태에 따라 시중에 유통되는 돈의 양, 곧 통화량을 조절한다.

일반은행의 종류에는 큰 도시에 본점을 두고 전국적인 지점망을 형성하는 시중은행과 지방 위주로 영업하는 지방은행, 외국은행의 국내지점이 있다. 일반은행은 예금은행 또는 상업은행이라고도 하며, 예금을 주로 받 고 그 돈을 빌려주어서 이익을 얻는 상업적 목적으로 운영된다.

특수은행은 정부가 소유한 은행으로서, 일반은행으로서는 수지가 맞지 않아 자금 공급이 어려운 경제 부문 에 자금을 공급하는 것이 주요 업무이다. 국가 주요 산업이나 기술 개발용 장기 자금을 공급하는 한국산업은 행, 기업이 수출입 거래를 하는 데 필요한 자금을 공급해주는 한국수출입은행, 중소기업 금융을 전문으로 하는 중소기업은행이 이에 해당한다. 농업과 축산업 금융을 다루는 농업협동조합중앙회, 또는 수산업 금융 을 다루는 수산업 협동조합중앙회도 특수 은행에 포함된다. 이 중에서 일반적으로 일반은행과 특수은행을 제1금융권이라고 한다.

제2금융권은 은행이 아니지만 은행과 비슷한 예금 업무를 다루는 기관으로, 은행에 비해 규모가 작고 특정 한 부문의 금융 업무를 전문으로 한다. 상호저축은행, 신용협동기구, 투자신탁회사, 자산운용회사 등이 이에 해당한다.

상호저축은행은 도시 자영업자를 주요 고객으로 하는 소형 금융 기관이다. 은행처럼 예금 업무가 가능하고 돈을 빌려주기도 하지만 이자가 더 높고, 일반은행과 구별하기 위해서 상호저축은행이라는 이름을 쓴다. 신용협동조합, 새마을금고, 농협과 수협의 지역 조합을 통틀어 신용협동기구라고 하는데, 직장 혹은 지역 단위로 조합원을 모아서 이들의 예금을 받고, 그 돈을 조합원에게 빌려주는 금융 업무를 주로 담당한다. 투자신탁회사, 자산운용회사는 투자자들이 맡긴 돈을 모아 뭉칫돈으로 만들어 증권이나 채권 등에 투자해 수익을 올리지만, 돈을 빌려주지는 않는다.

이외에도 여러 금융 기관들이 있는데, 이를 기타 금융 기관이라고 한다. 기타 금융 기관으로는 여신 전문 금융회사가 있는데, 신용카드회사와 할부 금융회사, 기계 등의 시설을 빌려주는 리스회사 등이 포함된다. 그리고 증권사를 상대로 돈을 빌려주는 증권금융회사도 기타 금융 기관에 해당한다.

01 다음 중 위 제시문을 쓴 목적으로 가장 적절한 것은?

① 대상에 새로운 역할이 부여되어야 함을 주장하기 위해

② 대상의 특성을 설명하여 독자에게 정보를 제공하기 위해

③ 대상의 기능을 강조하여 독자의 인식 전환을 촉구하기 위해

④ 대상의 장점을 부각시켜 대상에 대한 관심을 유도하기 위해

Hard

02 다음 중 위 제시문을 바탕으로 할 때, 〈보기〉의 상황에 대해 제시할 수 있는 의견으로 적절하지 않은 것은?

> **보기**
>
> • 국회의원 A씨는 물가 상승의 원인이 통화량이 지나치게 많기 때문임을 파악하고, 이를 해결할 수 있는 방법을 찾고자 한다.
> • 농부 B씨는 이번에 새롭게 버섯농사를 시작하려 했으나, 자금이 부족하여 금융 기관에서 일정 금액을 대출받으려 한다.
> • 중소기업의 사장 C씨는 제품의 생산량을 늘리기 위해 새로운 기계를 구입하려 했으나, 그 돈은 예금으로 맡겨 놓고 기계를 임대하는 것이 더욱 이익임을 알게 되었다.

① A씨가 해결 방법을 찾기 위해서는 한국은행 측에 자문을 구해 보는 것이 좋을 거야.

② B씨는 농업과 관련된 금융을 주로 다루는 농업협동조합중앙회에서 대출을 받을 수 있을 거야.

③ B씨가 좀 더 낮은 이자로 대출받기를 원한다면 투자신탁회사를 이용할 수도 있어.

④ C씨는 기타 금융 기관인 리스회사를 통해서 필요한 기계를 빌릴 수 있을 거야.

흔히 우리 춤을 손으로 추는 선(線)의 예술이라 한다. 서양 춤은 몸의 선이 잘 드러나는 옷을 입고 추는 데 반해 우리 춤은 옷으로 몸을 가린 채 손만 드러내놓고 추는 경우가 많기 때문이다. 한마디로 말해서 손이 춤을 구성하는 중심축이 되고, 손 이외의 얼굴과 목과 발 등은 손을 보조하며 춤을 완성하는 역할을 한다. 손이 중심이 되어 만들어 내는 우리 춤의 선은 내내 곡선을 유지한다. 예컨대 승무에서 장삼을 휘저으며 그에 맞추어 발을 내딛는 역동적인 움직임도 곡선이요, 살풀이춤에서 수건의 간드러진 선이 만들어 내는 것도 곡선이다. 해서 지방의 탈춤과 처용무에서도 S자형의 곡선이 연속적으로 이어지면서 춤을 완성해 낸다. 물론 우리 춤에 등장하는 곡선이 다 같은 곡선은 아니다. 힘 있는 선과 유연한 선, 동적인 선과 정적인 선, 무거운 선과 가벼운 선 등 그 형태가 다양하고, 길이로 볼 때도 긴 곡선이 있는가 하면 짧은 곡선도 있다. 이렇게 다양한 선들은 춤을 추는 이가 호흡을 깊이 안으로 들이마실 때에는 힘차게 휘도는 선으로 나타나고, ㉠ 가볍게 숨을 들이마시고 내쉬는 과정을 반복할 때에는 경쾌하고 자잘한 곡선으로 나타나곤 한다.

호흡의 조절을 통해 다양하게 구현되는 곡선들 사이에는 우리 춤의 빼놓을 수 없는 구성 요소인 '정지'가 숨어있다. 정지는 곡선의 흐름과 어울리며 우리 춤을 더욱 아름답고 의미 있게 만들어 주는 역할을 한다. 정지하기 쉬운 동작에서 정지는 별 의미가 없지만, ㉡ 정지하기 어려운 동작에서 정지하는 것은 예술적 기교로 간주된다.

그러나 이때의 정지는 말 그대로의 정지라기보다 ㉢ '움직임의 없음'이며, 그런 점에서 동작의 연장선상에서 이해해야 한다. 음악의 경우 연주가 시작되기 전이나 끝난 후에 일어나는 정지 상태는 별다른 의미가 없지만 연주 도중의 정지, 곧 침묵의 순간은 소리의 연장선상에서 이해되는 것과 마찬가지다. 다시 말해서 이때의 소리의 없음도 엄연히 연주의 일부라는 것이다.

우리 춤에서 정지를 ㉣ 동작의 연장으로 보는 것, 이것은 바로 우리 춤에 담겨 있는 '마음의 몰입'이 발현된 결과이다. 춤추는 이가 호흡을 가다듬으며 다양한 곡선들을 연출하는 과정을 보면 한 순간 움직임을 통해 선을 만들어 내지 않고 멈춰 있는 듯한 장면이 있다. 이런 동작의 정지 상태에도 멈춤 그 자체로 머무르는 것이 아니며, 여백의 그 순간에도 상상의 선을 만들어 춤을 이어가는 것을 몰입 현상이라고 말하는 것이다. 우리 춤이 춤의 진행 과정 내내 곡선을 유지한다는 말은 이처럼 실제적인 곡선뿐만 아니라 마음의 몰입까지 포함한다는 의미이며, 이것이 바로 우리 춤을 가장 우리 춤답게 만들어 주는 특성이라고 할 수 있다.

Easy

03 다음 중 위 제시문의 내용을 통해 알 수 없는 것은?

① 우리 춤은 주로 손을 중심으로 하여 선을 만들어간다.
② 우리 춤은 곡선의 흐름을 유지하면서 내용을 전개한다.
③ 우리 춤은 힘차고 가벼운 동작을 규칙적으로 반복한다.
④ 우리 춤은 호흡 조절을 통해 여러 가지 선을 연출한다.

04 다음 중 ㉠~㉣에서 의미하는 바가 다른 하나는?

① ㉠
② ㉡
③ ㉢
④ ㉣

05 은지, 경순, 주연, 정언, 다은이는 롯데리아를 가서 불고기버거, 치즈버거, 새우버거를 먹고 음료는 콜라, 사이다, 우유, 물을 마셨다. 다음 주어진 〈조건〉을 바탕으로 할 때 항상 옳은 것은?(단, 모든 사람은 불고기버거, 치즈버거, 새우버거 중 반드시 한 종류의 햄버거를 먹으며, 아무도 마시지 않은 음료는 없다)

> **조건**
> • 2명은 불고기버거를 먹고, 각각 콜라 또는 사이다를 마신다.
> • 치즈버거를 먹는 사람은 콜라 또는 우유를 마신다.
> • 은지와 정언이는 햄버거와 음료 모두 같은 메뉴를 선택한다.
> • 주연이는 혼자 우유를 마신다.
> • 정언이는 물과 새우버거를 먹는다.

① 은지는 치즈버거, 정언이는 새우버거를 먹는다.
② 경순이가 사이다와 불고기버거를 먹으면, 다은이는 콜라와 불고기버거를 먹는다.
③ 은지와 정언이는 불고기버거를 먹는다.
④ 주연이는 우유와 새우버거를 먹는다.

기출복원문제

Easy

06 정주는 월요일에서 금요일까지 기차여행으로 목포, 전주, 여수, 담양, 순천을 가려고 한다. 다음 주어진 〈조건〉이 모두 참일 때 항상 옳은 것은?

> **조건**
> • 전주를 첫째 날에 가고, 목포를 그 다음 날에 간다.
> • 수요일, 금요일은 비가 내린다.
> • 여수를 비오는 날에 가지만, 맨 마지막에 가는 여행지는 아니다.
> • 담양과 순천은 연속해서 간다.

① 여수와 순천을 갈 때 비가 내린다.
② 목포를 담양보다 먼저 간다.
③ 여행지 순서는 전주 – 목포 – 여수 – 담양 – 순천이다.
④ 담양을 갈 때 비가 내린다.

| 02 | 수리적 사고

01 정주는 4km 떨어진 영화관까지 150m/분의 속도로 자전거를 타고 가다가 중간에 내려 50m/분의 속도로 걸어갔다. 집에서 영화관까지 도착하는 데 30분이 걸렸을 때, 정주가 걸어간 시간은 몇 분인가?

① 5분   ② 7분

③ 10분   ④ 15분

`Hard`

02 다음은 서울에서 부산으로 귀성할 경우 귀성길 교통수단별 비용을 비교한 자료이다. 이에 대한 설명으로 적절하지 않은 것은?

〈서울 → 부산 가족 귀성길 교통수단별 비용 비교〉

(단위 : 원)

구분	승용차	
	경차	경차 외
주유비	74,606	74,606
통행료	12,550	25,100

(단위 : 원)

구분	고속버스	KTX
어른요금(2명)	68,400	114,600
아동요금(2명)	34,200	57,200

① 경차 외 승용차로 가는 비용은 총 99,706원이다. 만약 경차를 이용할 경우 통행료에서 50% 할인이 적용돼 총 87,156원이 소요된다.

② 4인 가족(어른 2명, 아동 2명)이 고속버스를 이용하면 승용차를 이용하는 것보다 금액은 저렴해진다.

③ 어른 두 명이 고속버스로 귀성길에 오를 경우 경차를 이용하는 경우보다 저렴해진다.

④ 4인 가족(어른 2명, 아동 2명)이 서울에서 부산으로 귀성할 경우 비용이 가장 많이 드는 교통수단은 KTX이다.

03 L회사는 매달 마지막 주 금요일에 사내 동아리가 있다. 50명의 마케팅 팀 사원들이 영화 또는 볼링 동아리에서 활동한다. 영화 동아리는 39명, 볼링 동아리는 25명이 가입되어 있을 때, 두 동아리 모두 가입한 사원은 최대 몇 명인가?

① 4명   ② 8명
③ 10명   ④ 14명

Easy

04 여름휴가를 샌 안젤로로 떠난 도연이는 맛집 열 곳 중 세 곳을 골라 아침, 점심, 저녁을 먹으려고 한다. 가능한 총 경우의 수는?

① 420가지   ② 560가지
③ 600가지   ④ 720가지

05 다음은 모바일 · 인터넷 쇼핑 소비자 동향에 대한 자료이다. 이에 대한 설명으로 적절하지 않은 것은?

〈주요 업태별 월평균 이용자 수 추이〉

(단위 : 명)

분야		15년 상반기	15년 하반기	16년 상반기
PC기반 인터넷 쇼핑몰	오픈마켓	21,493,000	21,515,000	21,480,000
	종합쇼핑몰	12,263,000	13,282,000	12,872,000
	소셜커머스	11,266,000	11,158,000	12,377,000
모바일 쇼핑 어플	오픈마켓	2,421,000	3,675,000	5,480,000
	종합쇼핑몰	580,000	868,000	1,530,000
	소셜커머스	2,568,000	4,057,000	6,604,000

① 모바일 쇼핑 어플 이용자 수는 지속적인 증가 추세를 보였다.
② 2016년 상반기의 월평균 모바일 쇼핑 어플 이용자 수는 2015년 하반기 대비 약 58% 증가하였다.
③ 조사기간 동안 모바일 쇼핑 어플 분야에서는 소셜커머스 – 오픈마켓 – 종합쇼핑몰 순서로 월평균 이용자 수가 많았다.
④ 2016년 상반기와 2015년 상반기의 분야별 월평균 이용자 수를 비교했을 때, PC기반 종합쇼핑몰 이용자 수의 증감률이 가장 낮은 것으로 나타났다.

06 다음은 최근 한국과 일본을 찾아오는 외국인 관광객의 국적을 분석한 자료이다. 이에 대한 설명으로 적절하지 않은 것은?

〈최근 한국 및 일본의 외국인 관광객 국적별 추이〉

(단위 : 만 명, %)

구분	국적	2010	2011	2012	2013	2014	2015	2016.1~6
방한 관광객	중국	101 (74.1)	131 (29.7)	203 (54.9)	314 (54.4)	477 (52.0)	471 (-1.3)	327 (36.0)
	기타	536 (4.9)	589 (10.0)	662 (12.4)	594 (-10.4)	615 (3.7)	542 (-11.9)	326 (17.2)
	일본	295 (-1.1)	321 (8.9)	342 (6.8)	263 (-23.1)	217 (-17.5)	174 (-19.8)	100 (11.5)
	일본 제외	241 (13.4)	268 (11.4)	320 (19.2)	330 (3.2)	398 (20.6)	368 (-7.6)	227 (19.9)
방일 관광객	중국	83 (72.7)	45 (-45.5)	83 (83.0)	70 (-15.0)	175 (148.8)	424 (141.7)	-
	기타	553 (29.3)	360 (-34.8)	521 (44.6)	726 (39.2)	913 (25.8)	1,273 (39.5)	-

※ ( ) 안은 전년 동기 대비 증가율

① 2010년과 2011년에 일본을 방문한 총 중국인 관광객 수는 같은 기간 한국을 방문한 총 중국인 관광객 수와 동일하다.
② 2010년부터 2014년까지 한국을 방문한 중국인 관광객 수는 꾸준히 증가하였다.
③ 2010년부터 2014년까지 일본을 방문한 중국인 관광객 수는 증감을 반복하고 있다.
④ 한국을 방문한 중국인 관광객의 수가 가장 많은 것은 2014년도이다.

07 다음은 한국외식산업연구원(K-FIRI)에서 발표한 외식산업통계 자료 중 2016년 1 ~ 8월 평균 식재료 가격에 대한 표이다. 이에 대한 해석으로 적절하지 않은 것은?

〈2016년 1 ~ 8월 평균 식재료 가격〉

(단위 : 원)

구분	1월	2월	3월	4월	5월	6월	7월	8월
쌀(kg)	2,132	2,112	2,085	2,027	1,988	1,990	1,992	1,993
양파(kg)	2,358	2,392	2,373	2,383	1,610	1,412	1,385	1,409
배추(포기)	2,183	2,874	3,587	4,125	3,676	2,775	2,967	4,556
무(개)	1,255	1,745	1,712	1,927	2,038	1,664	1,653	1,829
건멸치(kg)	21,210	21,260	21,370	22,030	22,490	22,220	23,760	24,180
물오징어(마리)	2,131	2,228	2,359	2,235	2,153	2,273	2,286	2,207
계란(개)	5,493	5,473	5,260	5,259	5,216	5,260	5,272	5,322
닭(kg)	5,265	5,107	5,545	5,308	5,220	5,529	5,436	5,337
돼지(kg)	14,305	14,465	14,245	14,660	15,020	16,295	16,200	15,485
소_국산(kg)	49,054	50,884	50,918	50,606	49,334	50,802	52,004	52,220
소_미국산(kg)	21,452	23,896	22,468	23,028	21,480	22,334	21,828	22,500
소_호주산(kg)	23,577	24,375	24,087	23,538	24,388	24,060	23,760	23,777

① 계란의 가격은 1 ~ 5월에 감소 추세를 보인 뒤 6월부터 가격이 다시 증가한다.

② 2 ~ 3월 양파 가격 평균의 합은 6 ~ 7월 배추 가격 평균의 합보다 작다.

③ 국산, 미국산, 호주산에 상관없이 소의 가격은 매월 꾸준히 증가한다.

④ 1 ~ 2월 계란 가격 변동 폭은 동월 대비 닭 가격 변동 폭보다 작다.

PART 2

기출복원문제

| 03 | 문제해결

01 다음 제시된 상황에서 J사원의 고객응대 자세의 문제점은?

> J사원은 L마트에서 육류제품의 유통 업무를 담당하고 있다. 전화벨이 울리자 신속하게 인사와 함께 전화를 받았는데 채소류에 관련된 업무 문의였다. J사원은 고객에게 자신은 채소류에 관련된 담당자가 아니라고 설명하고, "지금 거신 전화는 육류에 관련된 부서로 연결되어 있습니다. 채소류 관련 부서로 전화를 돌려드릴 테니 잠시만 기다려 주십시오."라고 말하고 타부서로 전화를 돌렸다.

① 신속하게 전화를 받지 않았다.
② 기다려 주신 데 대한 인사를 하지 않았다.
③ 고객의 기다림에 대한 양해를 구하지 않았다.
④ 전화를 다른 부서로 돌려도 괜찮은지 묻지 않았다.

02 다음 제시문을 읽고 C사원이 해야 할 업무 순서로 가장 적절한 것은?

> 상사 : 벌써 2시 50분이네요. 3시에 팀장회의가 있어서 지금 업무지시를 할게요. 업무 보고는 내일 9시 30분에 받을게요. 업무보고 전 아침에 회의실과 마이크 체크를 한 후 내용을 업무보고에 반영해 주세요. 내일 있을 3시 팀장회의도 차질 없이 준비해야 합니다. 아 그리고 오늘 P사원이 아파서 조퇴했으니 P사원 업무도 부탁할게요. 간단한 겁니다. 사업 브로슈어에 사장님의 개회사를 추가하는 건데, 브로슈어 인쇄는 2시간밖에 걸리지 않지만, 인쇄소가 오전 10시부터 6시까지 일하니 비서실에 방문해 파일을 미리 받아 늦지 않게 인쇄소에 넘겨주세요. 비서실은 본관 15층에 있으니 가는 데 15분 정도 걸릴 거예요. 브로슈어는 다음날 10시까지 준비되어야 하는 거 알죠? 팀장회의에 사용할 케이터링 서비스는 매번 시키는 D업체로 예약해주세요. 24시간 전에는 예약해야 하니 서둘러 주세요.

(A) 비서실 연락   (B) 회의실, 마이크 체크
(C) 케이터링 서비스 예약   (D) 인쇄소 방문
(E) 업무보고

① (A) – (D) – (C) – (E) – (B)
② (B) – (A) – (D) – (C) – (E)
③ (C) – (A) – (D) – (B) – (E)
④ (C) – (B) – (A) – (D) – (E)

03 인사팀에 근무하는 A팀장은 전 직원을 대상으로 몇 년 동안의 기혼 여부와 업무성과를 연계하여 조사를 실시해왔다. 그 결과 안정적인 가정을 꾸린 직원이 더 높은 성과를 달성한다는 사실을 확인할 수 있었다. 조사 내용 중 특히 신입사원의 혼인율이 급격하게 낮아지고 있으며, 최근 그 수치가 매우 낮아 향후 업무성과에 좋지 못한 영향을 미칠 것으로 예상되었다. 이러한 문제의 근본원인을 찾아 도식화하여 상사에게 보고하려고 할 때, (D) 부분에 입력할 내용으로 적절한 것은 무엇인가?

- 배우자를 만날 시간이 없다.
- 신입사원이어서 업무에 대해 잘 모른다.
- 매일 늦게 퇴근한다.
- 업무를 제때에 못 마친다.

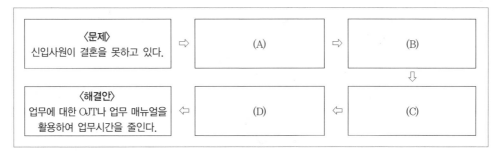

① 배우자를 만날 시간이 없다.

② 신입사원이어서 업무에 대해 잘 모른다.

③ 매일 늦게 퇴근한다.

④ 업무를 제때에 못 마친다.

| 01 | 언어적 사고

※ 다음 제시문을 읽고 이어지는 질문에 답하시오. [1~3]

(가) 우리는 처음 만난 사람의 외모를 보고, 그를 어떤 방식으로 대우해야 할지를 결정할 때가 많다. 그가 여자인지 남자인지, 얼굴색이 흰지 검은지, 나이가 많은지 적은지 혹은 그의 스타일이 조금은 상류층의 모습을 띠고 있는지 아니면 너무나 흔해서 별 특징이 드러나 보이지 않는 외모를 하고 있는지 등을 통해 그들과 나의 차이를 재빨리 감지한다. 일단 감지가 되면 우리는 둘 사이의 지위 차이를 인식하고 우리가 알고 있는 방식으로 그를 대하게 된다. 한 개인이 특정 집단에 속한다는 것은 단순히 다른 집단의 사람과 다르다는 것뿐만 아니라, 그 집단이 다른 집단보다는 지위가 높거나 우월하다는 믿음을 갖게 한다. 모든 인간은 평등하다는 우리의 신념에도 불구하고 왜 인간들 사이의 이러한 위계화(位階化)를 당연한 것으로 받아들일까? 위계화란 특정 부류의 사람들은 자원과 권력을 소유하고 다른 부류의 사람들은 낮은 사회적 지위를 갖게 되는 사회적이며 문화적인 체계이다. 다음에서 우리는 이러한 불평등이 어떠한 방식으로 경험되고 조직화되는지를 살펴보기로 하자.

(나) 인간이 불평등을 경험하게 되는 방식은 여러 측면으로 나눌 수 있다. 산업 사회에서의 불평등은 계층과 계급의 차이를 통해서 정당화되는데, 이는 재산, 생산 수단의 소유 여부, 학력, 집안 배경 등등의 요소들의 결합에 의해 사람들 사이의 위계를 만들어 낸다. 또한 모든 사회에서 인간은 태어날 때부터 얻게 되는 인종, 성, 종족 등의 생득적 특성과 나이를 통해 불평등을 경험한다. 이러한 특성들은 단순히 생물학적인 차이를 지칭하는 것이 아니라, 개인의 열등성과 우등성을 가늠하게 만드는 사회적 개념이 되곤 한다.

(다) 한편 불평등이 재생산되는 다양한 사회적 기제들이 때로는 관습이나 전통이라는 이름하에 특정 사회의 본질적인 문화적 특성으로 간주되고 당연시되는 경우가 많다. 불평등은 체계적으로 조직되고 개인에 의해 경험됨으로써 문화의 주요 부분이 되었고, 그 결과 같은 문화권 내의 구성원들 사이에 권력 차이와 그에 따른 폭력이나 비인간적인 행위들이 자연스럽게 수용될 때가 많다.

(라) 문화 인류학자들은 사회 집단의 차이와 불평등, 사회의 관습 또는 전통이라고 얘기되는 문화 현상에 대해 어떤 입장을 취해야 할지 고민을 한다. 문화 인류학자가 이러한 문화 현상은 고유한 역사적 산물이므로 나름대로 가치를 지닌다는 입장만을 반복하거나 단순히 관찰자로서의 입장에 안주한다면, 이러한 차별의 형태를 제거하는 데 도움을 줄 수 없다. 실제로 문화 인류학 연구는 기존의 권력 관계를 유지시켜주는 다양한 문화적 이데올로기를 분석하고, 인간 간의 차이가 우등성과 열등성을 구분하는 지표가 아니라 동등한 다름일 뿐이라는 것을 일깨우는 데 기여해 왔다.

01 다음 중 위 제시문의 내용을 포괄하는 제목으로 가장 적절한 것은?

① 차이와 불평등
② 차이의 감지 능력
③ 문화 인류학의 역사
④ 위계화의 개념과 구조

02 다음 글이 들어가기에 가장 적절한 곳은?

> 잘 알려진 나치 치하의 유태인 대학살은 아리안 종족의 우월성에 대한 믿음에서 기인했다. 또한 한 사회에서 어떠한 가치와 믿음이 중요하다고 여겨지느냐에 따라, '얼굴이 희다.'는 것은 단순히 개인의 매력을 평가하는 척도로 취급될 수 있으나, 동시에 인종적 우월성을 정당화시키는 문화적 관념으로 기능하기도 한다. '나의 조상이 유럽인이다.'는 사실은 라틴 아메리카의 다인종 사회에서는 주요한 사회적 의미를 지닌다. 왜냐하면 그 사회에서는 인종적 차이가 보상과 처벌이 분배되는 방식을 결정하기 때문이다.

① (가)의 앞   ② (가)와 (나) 사이
③ (나)와 (다) 사이   ④ (다)와 (라) 사이

Easy

03 다음 중 위 제시문의 내용에 대한 설명으로 가장 적절한 것은?

① 자원과 권력만 공평하게 소유하게 된다면 인간은 불평등을 경험하지 않을 것이다.
② 문화 인류학자의 임무는 객관적인 입장에서 인간의 문화 현상을 관찰하는 것으로 끝나야 한다.
③ 관습이나 전통은 때로 구성원끼리의 권력 차이나 폭력을 수용하는 사회적 기제로 이용되기도 한다.
④ 두 사람이 싸우다가 당신의 나이가 몇 살이냐고 묻는 것은 단순히 생물학적 차이를 알고자 하는 것이다.

04 어느 도시에 있는 병원의 공휴일 진료 현황은 다음과 같다. 공휴일에 진료하는 병원의 수는?

- 만약 B병원이 진료를 하지 않으면, A병원은 진료를 한다.
- 만약 B병원이 진료를 하면, D병원은 진료를 하지 않는다.
- 만약 A병원이 진료를 하면, C병원은 진료를 하지 않는다.
- 만약 C병원이 진료를 하지 않으면, E병원이 진료를 한다.
- E병원은 공휴일에 진료를 하지 않는다.

① 1곳　　　　　　　　　　　　② 2곳
③ 3곳　　　　　　　　　　　　④ 4곳

05 다음 진술이 모두 참이라고 할 때 항상 참이라고 할 수 없는 것은?

- 등산을 좋아하는 사람은 스케이팅을 좋아하지 않는다.
- 영화 관람을 좋아하지 않는 사람은 독서를 좋아한다.
- 영화 관람을 좋아하지 않는 사람은 조깅 또한 좋아하지 않는다.
- 낮잠 자기를 좋아하는 사람은 스케이팅을 좋아한다.
- 스케이팅을 좋아하는 사람은 독서를 좋아한다.

① 등산을 좋아하는 사람은 낮잠 자기를 좋아하지 않는다.
② 스케이팅을 좋아하는 사람은 등산을 좋아하지 않고, 독서를 좋아한다.
③ 영화 관람을 좋아하는 사람은 독서를 좋아하지 않고, 조깅을 좋아한다.
④ 독서를 좋아하지 않는 사람은 낮잠 자기를 좋아하지 않는다.

06 A ~ G 7명은 게스트하우스에서 1층에 방 3개, 2층에 방 2개를 빌렸다. 다음 〈조건〉에 따르면 1층은 몇 명이 사용하는가?

> **조건**
>
> - 1인용 방은 꼭 혼자 사용해야 하고, 2인용 방은 혼자 또는 두 명이 사용할 수 있다.
> - 1인용 방은 각 층에 하나씩 있으며 F, D가 사용한다.
> - A와 F는 2층을 사용한다.
> - B와 G는 같은 방을 사용한다.
> - C와 E는 다른 층에 있다.

① 2명　　　　　　　　　　　　② 3명
③ 4명　　　　　　　　　　　　④ 5명

| 02 | 수리적 사고

01 인형 가게에서 고양이 인형을 하나 팔면 600원이 남고, 펭귄 인형을 하나 팔면 800원이 남는다. 이 두 종류의 인형을 21개 판매하고 14,400원의 이득을 얻었다면 판매된 고양이 인형의 개수는?

① 10개
② 11개
③ 12개
④ 13개

Easy

02 A동아리에서 공원에 소풍을 갔다. 공원에는 똑같은 크기의 벤치가 몇 개 있는데, 한 벤치에 4명씩 앉았더니 2명이 앉을 자리가 없었고, 5명씩 앉았더니 빈자리 없이 모두 앉을 수 있었다. A동아리원은 모두 몇 명인가?

① 10명
② 15명
③ 20명
④ 25명

03 민수가 어떤 일을 하는 데 1시간이 걸리고, 그 일을 아버지가 하는 데는 15분이 걸린다. 민수가 30분간 혼자서 일하는 중에 아버지가 오셔서 함께 그 일을 끝마쳤다면 민수가 아버지와 함께 일한 시간은?

① 5분
② 6분
③ 7분
④ 8분

04 민경이는 자신의 집에서 선화네 집을 향해 3m/초의 속도로 가고 선화는 민경이네 집을 향해 2m/초의 속도로 간다. 민경이와 선화네 집은 900m 떨어져 있고 선화가 민경이보다 3분 늦게 출발했을 때, 민경이는 집에서 출발한 지 얼마 만에 선화를 만날까?(단, 민경이와 선화네 집 사이의 길은 한 가지밖에 없다)

① 1분 12초
② 2분 12초
③ 3분 12초
④ 4분 12초

05

다음은 2011년에 검거된 강력범죄자에 대한 자료이다. 이를 보고 판단한 내용으로 적절하지 않은 것은?

〈강력범죄 검거단서〉

(단위 : 명)

구분	살인	강도	강간	방화
계	1,349	5,904	14,902	1,653
피해자 신고	298	2,036	7,456	439
제3자 신고	180	94	444	124
현행범 체포	349	915	4,072	660
수사활동	333	2,323	2,191	250
자수	53	30	26	27
기타	136	506	713	153

〈연령별 강력범죄자 수〉

(단위 : 명)

구분	살인	강도	강간	방화
계	1,208	5,584	14,329	1,443
18세 이하	18	1,414	1,574	176
19 ~ 30세	173	1,543	3,596	153
31 ~ 40세	274	1,033	3,499	277
41 ~ 50세	350	781	3,060	498
51 ~ 60세	210	293	1,407	222
61세 이상	92	68	625	52
미상	91	452	568	65

① 강력범죄 검거단서로 볼 때 수사활동이 가장 큰 비중을 차지하고 있는 것은 강도이고, 가장 작은 것은 방화이다.

② 연령별 강력범죄자 수에서 19 ~ 30세와 41 ~ 50세의 1위 비중은 강간이다.

③ 61세 이상이 강간에서 차지하는 비중은 강도에서 차지하는 비중보다 더 높다.

④ 강력범죄 검거단서 중 피해자 신고의 비중은 강도보다 강간이 더 높다.

06 다음은 한국방송공사가 발표한 2011년 연간방송 편성비율이다. 2TV의 재방송시간 중 교양프로그램에 35%를 할애했다면 교양프로그램의 방영시간은 총 얼마인가?

〈연간방송 편성비율〉

(단위 : 분, %)

사업자명	매체	연간 유형별 방송시간과 편성비율									
		보도		교양		오락		본방송		재방송	
		시간	비율	시간	비율	시간	비율	시간	비율	시간	비율
한국 방송 공사	1TV	141,615	32.2	227,305	51.7	70,440	16	397,075	90.4	42,285	9.6
	2TV	32,400	7.4	208,085	47.8	194,835	44.8	333,320	76.6	102,000	23.4
	1라디오	234,527	44.8	280,430	53.6	8,190	1.6	449,285	85.9	73,862	14.1
	2라디오	34,548	7.2	224,928	46.7	222,314	46.1	459,785	95.4	22,005	4.6
	3라디오	111,327	24.3	285,513	62.4	60,915	13.3	310,695	67.9	147,060	32.1
	1FM	85	0.02	231,114	44	294,264	56	460,260	87.6	65,203	12.4
	2FM	82	0.02	0	0	523,358	100	523,440	100	0	0
	한민족1	71,868	16.4	311,792	71.2	54,340	12.4	302,160	69	135,840	31
	한민족2	44,030	14.3	237,250	77.3	25,550	8.3	230	0.1	306,600	99.9
	국제방송 (5개채널)	729,060	22.9	1,832,670	57.6	620,590	19.5	364,150	11.4	2,818,170	88.6

① 27,530분

② 30,467분

③ 35,700분

④ 40,120분

| 03 | 문제해결

※ 다음 상황을 보고 이어지는 질문에 답하시오. [1~2]

L기업 자재관리팀에 근무 중인 귀하는 회사 행사 때 사용할 배너를 제작하는 업무를 맡았다.

■ 행사 장소 도면

■ 배너 설치 비용(배너 제작비+배너 거치대)
  – 배너 제작 비용 : 일반 배너 한 장당 15,000원
    양면 배너 한 장당 20,000원
  – 배너 거치대 : 건물 내부용 10,000원, 건물 외부용 15,000원

■ 현수막 제작 비용
  – 기본 크기(세로×가로) : 1m×3m → 5,000원
  – 기본 크기에서 추가 시 → 1m²당 3,000원씩 추가

■ 행사 장소 : 본 건물 3관

Easy

01 배너와 관련된 정보가 다음과 같을 때, 배너 설치에 필요한 총 비용은?

> 1. 배너 설치 장소 : 1관과 2관 사잇길 1장, 2관과 3관 내부 각 1장
> 2. 추가 요청 사항 : 실외용은 전부 양면 배너로 제작할 것

① 80,000원   ② 85,000원
③ 90,000원   ④ 95,000원

02 귀하는 배너 비용을 계산한 후 이를 상사에게 보고하였다. 다음 중 상사의 추가 지시에 따라 계산한 현수막 설치 비용은?

> 상사 : 행사장 위치를 명확하게 알리려면 현수막도 설치하는 것이 좋을 것 같네요. 정문하고 후문에 하나씩 걸고 2관 건물 입구에도 하나를 답시다. 정문하고 후문에는 3m×8m의 크기로 하고, 2관 건물 입구에는 1m×4m의 크기가 적당할 것 같아요. 견적 좀 부탁할게요.

① 98,000원   ② 108,000원
③ 120,000원   ④ 144,000원

03 무역회사에 근무 중인 귀하는 A과장과 함께 이집트 출장일정을 조율하고 있다. 개괄적인 출장일정을 살펴보면 현지 거래처와의 미팅은 11월 21일 오후 2시부터 시작되며, 11월 23일 저녁식사를 마지막으로 오후 5시에 모든 일정이 마무리된다. 이를 바탕으로 항공편을 알아보던 중 다음과 같은 뉴스를 접하였다. 귀하가 A과장에게 보고해야 할 내용으로 적절하지 않은 것은?

항공편	ICN, 서울(현지 시간 기준)		CAI, 카이로(현지 시간 기준)		경유 여부
150	출발	11/20 09:00	출발	11/21 14:20	2회 (홍콩, 에티오피아)
	도착	11/25 08:20	도착	11/23 13:00	
301	출발	11/20 09:30	출발	11/20 18:00	1회 (이스탄불)
	도착	11/25 09:30	도착	11/24 11:00	
402	출발	11/20 10:00	출발	11/21 11:30	1회 (로마)
	도착	11/25 10:00	도착	11/23 18:30	
501	출발	11/20 10:30	출발	11/20 21:00	1회 (두바이)
	도착	11/25 10:30	도착	11/24 10:00	

• 서울과 카이로 간의 시차는 7시간이며, 서울이 더 빠르다.
• 같은 항공편 안에서 소요되는 비행시간은 동일하다.
• 현지 거래처는 카이로 공항에서 30분 거리에 위치하고 있다.

⟨○○○ 보도국⟩

속보입니다. 프랑스 파리 연쇄 테러 사건이 발생한 이후 각국에서 시리아 내 IS 격퇴에 힘을 보태고 있습니다. 시리아 내 IS에 대한 공습이 예상되는 가운데 주변국을 포함하여 긴장감이 높아지고 있습니다. 이에 따라 시리아 영공 및 그 주변을 지나가는 항공편의 안전이 위협받고 있습니다.

① 150 항공편은 인천공항에서 11월 20일 09:00에 출발해서 이집트 카이로공항에 11월 21일 14:20에 도착하는데, 현지 업체와의 미팅 시간보다 늦게 도착해서 적절하지 않습니다.

② 뉴스를 보니 최근 파리 연쇄 테러사건으로 인하여 시리아 및 인근 지역이 위험하다고 하는데, 301 항공편이 그 지역을 경유하므로 다른 항공편을 찾아보는 것이 더 좋을 것 같습니다.

③ 402 항공편은 현지 거래처와의 업무일정에 아무런 영향을 주지 않아 적합한데, 다른 항공편에 비해서 비행시간이 가장 길어서 고민이 됩니다.

④ 501 항공편은 비행시간이 17시간 30분이 소요되므로 현지 출장업무를 모두 진행하고도 시간이 남아 여유로울 것 같습니다.

| 01 | 언어적 사고

※ 다음 제시문을 읽고 이어지는 질문에 답하시오. [1~3]

미술가가 추구하는 효과는 결코 예측할 수 없기 때문에 이러한 종류의 규칙을 설정하기란 사실상 불가능하다. 미술가는 일단 옳다는 생각이 들면 전혀 조화되지 않는 것까지 시도하기를 원할지 모른다. 제대로 된 조각이나 그림에 대한 기준은 없기 때문에 우리가 어떤 작품을 걸작이라고 느끼더라도 그 이유를 정확하게 ㉮ 표현하는 것도 거의 불가능하다.

그렇다고 어느 작품이나 다 마찬가지라거나, 사람들이 취미에 대해 논할 수 없다는 뜻은 아니다. 별 의미가 없는 것이라 하더라도 그러한 논의들은 우리에게 그림을 더 보도록 만들 뿐만 아니라, 전에 발견하지 못했던 점들을 깨닫게 해준다. 그림을 보면서 각 시대의 미술가들이 이룩하려 했던 조화에 대한 감각을 발전시키고, 느낌이 풍부해질수록 더욱 그림 ㉯ 감상을 즐기게 될 것이다. '취미에 관한 문제는 논의의 여지가 없다.'라는 오래된 ㉰ 경구가 진실이라고 해도, 이로 인해 '취미는 개발될 수 있다.'라는 사실이 숨겨져서는 안 된다. 예컨대 ㉠ 차를 자주 마시지 않던 사람들은 여러 가지 차를 혼합해서 만드는 차와 다른 종류의 차가 똑같은 맛을 낸다고 느낄지 모른다. 그러나 만일 여가(餘暇)와 기회가 있어 그러한 맛의 차이를 찾아내려 한다면, 그들은 자기가 좋아하는 혼합된 차의 종류를 정확하게 ㉱ 식별해내는 진정한 감식가가 될 수 있을 것이다. 분명히 미술 작품에 대한 취미는 음식이나 술에 대한 취미보다 매우 복잡하다. 그것은 여러 가지 미묘한 풍미(風味)를 발견하는 문제 이상으로 훨씬 진지하고 중요한 것이다. 요컨대 위대한 미술가들은 작품을 위해 그들의 모든 것을 바치고 그 작품들로 인해 고통을 받고 그들 작품에 심혈을 기울였으므로, 우리에게 최소한 그들이 원하는 방식으로 미술 작품을 이해하도록 노력해야 한다고 요구할 권리가 있다.

01 다음 중 위 제시문의 집필 의도를 바르게 제시한 것은?

① 미의 표현 방식을 설명하기 위해

② 미술에 대한 관심을 불러일으키기 위해

③ 미술 교육이 나아갈 방향을 제시하기 위해

④ 미술 작품 감상의 올바른 태도를 제시하기 위해

02 다음 중 ㉠이 의미하는 바는?

① 미술에 대해 편견을 갖고 있는 사람

② 미술 작품을 소장하고 있지 않은 사람

③ 미술 작품을 자주 접할 기회가 없는 사람

④ 그림을 그리는 방법을 잘 알지 못하는 사람

`Hard`

03 다음 중 밑줄 친 단어의 한자어로 바르지 않은 것은?

① ㉮ : 표현(表現)

② ㉯ : 감상(感想)

③ ㉰ : 경구(驚句)

④ ㉱ : 식별(識別)

`Easy`

04 빨간색, 파란색, 노란색, 초록색의 화분이 있다. 이 화분에 빨강, 파랑, 노랑, 초록 꽃씨를 심으려고 한다. 같은 색깔로는 심지 못한다고 할 때 다음 〈조건〉에 맞지 않는 것은?

> 조건
> • 빨강 꽃씨를 노란 화분에 심을 수 없으며, 노랑 꽃씨를 빨간 화분에 심지 못한다.
> • 파랑 꽃씨를 초록 화분에 심을 수 없으며, 초록 꽃씨를 파란 화분에 심지 못한다.

① 빨간 화분에 파랑 꽃씨를 심었다면, 노란 화분에는 초록 꽃씨를 심을 수 있다.

② 파란 화분에 빨강 꽃씨를 심었다면, 초록 화분에는 노랑 꽃씨를 심을 수 있다.

③ 초록 화분과 노란 화분에 심을 수 있는 꽃씨의 종류는 같다.

④ 빨간 화분과 노란 화분에 심을 수 있는 꽃씨의 종류는 같다.

05 L회사의 건물은 5층 건물이고 회사에는 A ~ E 5개의 부서가 있다. 각 부서는 한 층에 한 개씩 위치하고 있을 때, 주어진 〈조건〉에서 항상 옳은 것은?

조건

• A부서는 1층과 5층에 위치하고 있지 않다.
• B부서와 D부서는 인접하고 있다.
• A부서와 E부서 사이에 C부서가 위치하고 있다.
• A부서와 D부서는 인접하고 있지 않다.

---

① B부서는 2층에 있다.
② D부서는 1층에 있다.
③ D부서는 5층에 있다.
④ A부서는 3층에 있다.

06 민호는 6개 도시를 여행했다. 다음 〈조건〉을 바탕으로 부산이 4번째 여행지라면 전주는 몇 번째 여행지인가?

조건

• 춘천은 3번째 여행지였다.
• 대구는 6번째 여행지였다.
• 전주는 강릉의 바로 전 여행지였다.
• 부산은 안동의 바로 전 여행지였다.

---

① 첫 번째   ② 두 번째
③ 세 번째   ④ 다섯 번째

| 02 | 수리적 사고

01 50원, 100원, 500원짜리 동전이 5개씩 있을 때, 1,200원을 지불하는 방법의 수는?

① 2가지   ② 3가지

③ 4가지   ④ 5가지

02 철수는 기본급 80만 원에 차량 한 대당 3%의 성과급을 받는다. 차량 한 대의 금액이 1,200만 원이라면 월급을 240만 원 이상 받고자 할 때 최소 몇 대를 팔아야 하는가?

① 3대   ② 5대

③ 6대   ④ 10대

03 세 변의 길이가 각각 $2x$, $3x$, 10인 삼각형을 만들려고 한다. x의 범위를 구하면?

① $x > 2$ ② $x > \dfrac{10}{3}$

③ $2 < x < \dfrac{10}{3}$ ④ $2 < x < 3$

Easy
04 세 자연수 a, b, c가 있다. $a + b + c = 5$일 때, 순서쌍 (a, b, c)의 값이 될 수 있는 경우의 수는?

① 3가지   ② 4가지

③ 5가지   ④ 6가지

05 다음은 주요 선진국과 BRICs의 고령화율을 나타낸 표이다. 다음 중 2040년의 고령화율이 2010년 대비 2배 이상 증가하는 나라를 〈보기〉에서 모두 고르면?

〈주요 선진국과 BRICs 고령화율〉

(단위 : %)

구분	한국	미국	프랑스	영국	독일	일본	브라질	러시아	인도	중국
1990년	5.1	12.5	14.1	15.7	15	11.9	4.5	10.2	3.9	5.8
2000년	7.2	12.4	16	15.8	16.3	17.2	5.5	12.4	4.4	6.9
2010년	11	13.1	16.8	16.6	20.8	23	7.04	13.1	5.1	8.4
2020년	15.7	16.6	20.3	18.9	23.1	28.6	9.5	14.8	6.3	11.7
2030년	24.3	20.1	23.2	21.7	28.2	30.7	13.6	18.1	8.2	16.2
2040년	33	21.2	25.4	24	31.8	34.5	17.6	18.3	10.2	22.1

보기

㉠ 한국   ㉡ 미국
㉢ 일본   ㉣ 브라질
㉤ 인도

① ㉠, ㉡, ㉢   ② ㉠, ㉣, ㉤
③ ㉡, ㉢, ㉣   ④ ㉡, ㉣, ㉤

06 다음은 보건복지부에서 발표한 2014년 12월 말 기준 어린이집 보육교직원 현황이다. 총계에서 원장을 제외한 나머지 인원이 차지하는 비율은?

〈어린이집 보육교직원 현황〉

(단위 : 명)

구분			계	원장	보육교사	특수교사	치료사	영양사	간호사	사무원	취사부	기타
계 (전국)		총계	248,635	39,546	180,247	1,341	550	706	891	934	17,457	6,963
		국·공립	22,229	2,099	15,376	502	132	85	147	132	2,669	1,087
		법인	17,491	1,459	12,037	577	336	91	117	162	1,871	841
	민간	법인외	7,724	867	5,102	54	20	35	50	101	899	596
		민간 개인	112,779	14,030	85,079	198	62	415	508	408	8,379	3,700
		가정	82,911	20,557	58,674	5	−	1	8	53	2,997	616
		부모협동	485	88	328	1	−	3	−	3	51	11
		직장	5,016	446	3,651	4	−	76	61	75	591	112

① 75.7%   ② 76.4%
③ 80.3%   ④ 84.1%

07 다음 자료에 대한 해석으로 적절하지 않은 것은?

구분	2005년	2006년	2007년	2008년	2009년	2010년	2011년
한국	97.75	98.63	100	108.6	108.41	112.51	119.35
미국	93.46	96.26	100	106.26	103.55	107.94	114.39
독일	93.63	98.69	100	105.52	101.12	102.72	N.A.
중국	94.16	96.99	100	106.87	101.13	106.69	113.09
일본	96.15	98.27	100	104.52	99.04	98.94	100.96
대만	88.89	93.87	100	105.16	95.91	101.16	104.62

〈국가별 생산자 물가지수 추이〉

※ N.A.(Not Available) – 참고 예상 수치 없음

① 2005년 대비 2011년 생산자 물가지수 상승세가 가장 낮은 나라보다 생산자 물가지수가 4배 이상 높은 나라의 수는 2개이다.
② 우리나라의 생산자 물가지수 상승률은 2008년부터 4년 새 다른 나라에 비해 가장 높은 상승세를 보이고 있다.
③ 2005년에 비해 2011년 물가지수 상승세가 가장 낮은 나라는 일본이다.
④ 미국과 일본, 중국은 다른 경쟁국에 비해 높은 생산자 물가지수 상승세를 보이고 있다.

| 03 | 문제해결

※ 서울시는 S ~ T구간에 수도관을 매설하려고 한다. 다음 그림에서 각 마디(Node)는 지점을, 가지(Link)
는 지점 간의 연결 가능한 구간을, 가지 위의 숫자는 두 지점 간의 거리(m)를 나타내고 있다. 이어지는
질문에 각각 답하시오. [1~3]

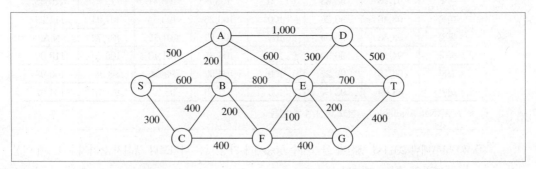

Easy

01 수도관 매설 공사를 총 지휘하고 있는 서울시 K소장은 S지점부터 T지점까지 최소 거리로 수도관
파이프라인을 설치하여 수도관 재료비용을 절감하려고 한다. 수도관 재료비용이 1m당 1만 원일
때, 최소 수도관 재료비용은?

① 1,200만 원   ② 1,300만 원
③ 1,400만 원   ④ 1,500만 원

02 01번에서 제시된 수도관 매설 공사를 진행하던 중 F지점 부근에서 청동기 시대 유적지가 발견되어
종전에 세워 둔 수도관 매설 계획에 차질이 빚어졌다. 서울시 K소장은 할 수 없이 공사 계획을
변경하여 F를 경유하지 않는 새로운 최적 경로를 재설정하기로 하였다. 수도관 재료비용이 1m당
1만 원일 때, 종전 F를 경유하는 최적 경로에서 새로 F를 경유하지 않는 최적 경로로 변경함으로써
추가되는 수도관 재료비용은?(단, 종전 공사를 복구하는 과정에서 추가되는 비용 등 다른 조건들은
무시한다)

① 300만 원   ② 400만 원
③ 500만 원   ④ 600만 원

03 수도관 매설 공사를 총 지휘하고 있는 서울시 K소장은 S지점부터 T지점까지 최소 거리로 수도관 파이프라인을 설치하여 수도관 재료비용을 절감하려고 한다. 매설 가능한 수도관의 종류는 연결 구간의 위치에 따라 세 가지로 구분되며, 각각의 수도관은 직경별로 가격 차이가 있다. 자료를 통해 구할 수 있는 수도관의 최소 구입비용은?

〈연결 구간별 매설 가능한 수도관의 종류〉

〈수도관의 종류별 직경 및 구입가격〉

구분	수도관 직경	길이 m당 구입가격
가	2m	3만 원
나	1m	2만 원
다	0.5m	1만 원

① 2,900만 원

② 3,000만 원

③ 3,100만 원

④ 3,200만 원

눈물과 더불어 빵을 먹어 보지 않은 자는 인생의 참다운 맛을 모른다.

− 괴테 −

PART

3

2개년 주요기업
기출복원문제

2개년 주요기업 기출복원문제

정답 및 해설 p.070

| 언어 |

01 다음 중 제시문의 중심 내용으로 가장 적절한 것은?

> 그리스 철학의 집대성자라고도 불리는 철학자 아리스토텔레스는 자연의 모든 물체는 '자연의 사다리'에 의해 계급화 되어 있다고 생각했다. 자연의 사다리는 아래서부터 무생물, 식물, 동물, 인간, 그리고 신인데, 이러한 계급에 맞춰 각각에 일정한 기준을 부여했다. 18세기 유럽 철학계와 과학계에서는 이러한 자연의 사다리 사상이 크게 유행을 했으며 사다리의 상층인 신과 인간에게는 높은 이성과 가치가 있고, 그 아래인 동물과 식물에게는 인간보다 낮은 가치가 있다고 보기 시작했다. 이처럼 서양의 자연관은 인간과 자연을 동일시하던 고대에서 벗어나 인간만이 영혼이 있으며, 이에 따라 인간만이 자연을 지배할 수 있다고 믿는 기독교 중심의 중세시대를 지나, 여러 철학자들을 거쳐 점차 인간이 자연보다 우월한 자연지배관으로 모습이 바뀌기 시작했다. 이러한 자연관을 토대로 서양에서는 자연스럽게 산업혁명 등을 통한 대량소비와 대량생산의 경제성장구조와 가치체계가 발전되어 왔다.
> 동양의 자연관 역시 동양철학과 불교 등의 이념과 함께 고대에서 중세세대를 지나게 되었다. 하지만 서양의 인간중심 철학과 달리 동양철학과 불교에서는 자연과 인간을 동일선상에 놓거나 둘의 조화를 중요시 하여 합일론을 주장했다. 이들의 사상은 노자와 장자의 무위자연의 도, 불교의 윤회사상 등에서 살펴볼 수 있다. 대량소비와 대량생산으로 대표되는 자본주의의 한계와 함께 지구온난화, 자원고갈, 생태계 파괴가 대두되는 요즘, 동양의 자연관이 주목받고 있다.

① 서양철학에서 나타나는 부작용
② 자연의 사다리와 산업혁명
③ 철학과 지구온난화의 상관관계
④ 서양의 자연관과 동양의 자연관의 차이
⑤ 서양철학의 문제점과 동양철학을 통한 해결법

다음 제시문의 주제로 가장 적절한 것은?

> 동양 사상이라 해서 언어와 개념을 무조건 무시하는 것은 결코 아니다. 만약 그렇다면 동양 사상은 경전이나 저술을 통해 언어화되지 않고 순전히 침묵 속에서 전수되어 왔을 것이다. 물론 이것은 사실이 아니다. 동양 사상도 끊임없이 언어적으로 다듬어져 왔으며 논리적으로 전개되어 왔다. 흔히 동양 사상은 신비주의적이라고 말하지만, 이것은 동양 사상의 한 면만을 특정 지우는 것이지, 결코 동양의 철인(哲人)들이 사상을 전개함에 있어 논리를 무시했다거나 항시 어떤 신비적인 체험에 호소해서 자신의 주장들을 폈다는 것을 뜻하지는 않는다. 그러나 역시 동양 사상은 신비주의적임에 틀림없다. 거기서는 지고(至高)의 진리란 언제나 언어화될 수 없는 어떤 신비한 체험의 경지임이 늘 강조되어 왔기 때문이다. 최고의 진리는 언어 이전, 혹은 언어 이후의 무언(無言)의 진리이다. 엉뚱하게 들리겠지만, 동양 사상의 정수(精髓)는 말로써 말이 필요 없는 경지를 가리키려는 데에 있다고 해도 과언이 아니다. 말이 스스로를 부정하고 초월하는 경지를 나타내도록 사용된 것이다. 언어로써 언어를 초월하는 경지를 나타내고자 하는 것이야말로 동양 철학이 지닌 가장 특징적인 정신이다. 동양에서는 인식의 주체를 심(心)이라는 매우 애매하면서도 포괄적인 말로 이해해 왔다. 심(心)은 물(物)과 항시 자연스러운 교류를 하고 있으며, 이성은 단지 심(心)의 일면일 뿐인 것이다. 동양은 이성의 오만이라는 것을 모른다. 지고의 진리, 인간을 살리고 자유롭게 하는 생동적 진리는 언어적 지성을 넘어선다는 의식이 있었기 때문일 것이다. 언어는 언제나 마음을 못 따르며 둘 사이에는 항시 괴리가 있다는 생각이 동양인들의 의식 저변에 깔려 있는 것이다.

① 동양 사상은 신비주의적인 요소가 많다.

② 언어와 개념을 무시하면 동양 사상을 이해할 수 없다.

③ 동양 사상은 언어적 지식을 초월하는 진리를 추구한다.

④ 인식의 주체를 심(心)으로 표현하는 동양 사상은 이성적이라 할 수 없다.

⑤ 동양 사상에서는 언어는 마음을 따르므로 진리는 마음속에 있다고 주장한다.

03 다음 제시문의 중심 내용으로 가장 적절한 것은?

> 쇼펜하우어에 따르면 우리가 살고 있는 세계의 진정한 본질은 의지이며 그 속에 있는 모든 존재는 맹목적인 삶에의 의지에 의해서 지배당하고 있다. 쇼펜하우어는 우리가 일상적으로 또는 학문적으로 접근하는 세계는 단지 표상의 세계일뿐이라고 주장하는데, 인간의 이성은 단지 이러한 표상의 세계만을 파악할 수 있을 뿐이다. 그에 따르면 존재하는 세계의 모든 사물들은 우선적으로 표상으로서 드러나게 된다. 시간과 공간 그리고 인과율에 의해서 파악되는 세계가 나의 표상인데, 이러한 표상의 세계는 오직 나에 의해서, 즉 인식하는 주관에 의해서만 파악되는 세계이다. 쇼펜하우어에 따르면 이러한 주관은 모든 현상의 세계, 즉 표상의 세계에서 주인의 역할을 하는 '나'이다.
>
> 이러한 주관을 이성이라고 부를 수도 있는데, 이성은 표상의 세계를 이끌어가는 주인공의 역할을 하는 것이다. 그러나 쇼펜하우어는 여기서 한발 더 나아가 표상의 세계에서 주인의 역할을 하는 주관 또는 이성은 의지의 지배를 받는다고 주장한다. 즉, 쇼펜하우어는 이성에 의해서 파악되는 세계의 뒤편에는 참된 본질적 세계인 의지의 세계가 있으므로 표상의 세계는 제한적이며 표면적인 세계일 뿐, 결코 이성에 의해서 또는 주관에 의해서 결코 파악될 수 없다고 주장한다. 오히려 그는 그동안 인간이 진리를 파악하는 데 최고의 도구로 칭송받던 이성이나 주관을 의지에 끌려 다니는 피지배자일 뿐이라고 비판한다.

① 세계의 본질로서 의지의 세계
② 표상 세계의 극복과 그 해결 방안
③ 의지의 세계와 표상의 세계 간의 차이
④ 표상 세계 안에서의 이성의 역할과 한계

04 다음 제시문의 제목으로 가장 적절한 것은?

> 중세 유럽에서는 토지나 자원을 왕실이 소유하고 있었다. 사람들은 이러한 토지나 자원을 이용하려면 일정한 비용을 지불해야 했다. 예를 들어 광산을 개발하거나 수산물을 얻는 사람들은 해당 자원의 이용에 대한 비용을 왕실에 지불하였고 이는 왕실의 권력과 부의 유지를 돕는 동시에 국가의 재정을 보충하는 역할을 하였는데 이때 지불한 비용이 바로 로열티이다.
>
> 로열티의 개념은 산업 혁명과 함께 발전하였다. 산업 혁명을 통해 특허, 상표 등의 지적 재산권이 보호되기 시작하면서 기업들은 이러한 권리를 보유한 개인이나 조직에게 사용에 대한 보상을 지불하게 되었다. 지적 재산권은 기업이 특정 기술, 디자인, 상표 등을 보유하고 있을 때 그들에게 독점적인 권리를 제공하고 이러한 권리의 보호와 보상을 위해 로열티 제도가 도입되었다.
>
> 로열티는 기업과 지적 재산권 소유자 간의 계약에 의해 설정되는 형태로 발전하였다. 기업이 특정 제품을 판매하거나 특정 기술을 이용하는 경우 지적 재산권 소유자에게 계약에 따라 정해진 로열티를 지불하게 된다. 이로써 지적 재산권을 보유한 개인이나 조직은 자신들의 창작물이나 기술의 사용에 대한 보상을 받을 수 있으며, 기업들은 이러한 지적 재산권의 이용을 허가받아 경쟁 우위를 확보할 수 있게 되었다.
>
> 현재 로열티는 제품 판매나 라이선스, 저작물의 이용 등 다양한 형태로 나타나며 지적 재산권의 보호와 경제적 가치를 확보하는 중요한 수단으로 작용하고 있다. 로열티는 지식과 창조성의 보상으로서의 역할을 수행하며 기업들의 연구 개발을 촉진하고 혁신을 격려한다. 이처럼 로열티 제도는 기업과 지적 재산권 소유자 간의 상호 협력과 혁신적인 경제 발전에 기여하는 중요한 구조적 요소이다.

① 지적 재산권을 보호하는 방법
② 로열티 지급 시 유의사항
③ 지적 재산권의 정의
④ 로열티 제도의 유래와 발전
⑤ 로열티 제도의 모순

※ 다음 제시된 문장 또는 문단을 논리적 순서대로 바르게 나열한 것을 고르시오. [5~10]

| 2023년 하반기 삼성그룹

05

(가) 동아시아의 문명 형성에 가장 큰 영향력을 끼친 책을 꼽을 때, 그중에 『논어』가 빠질 수 없다. 『논어』는 공자(B.C 551 ~ 479)가 제자와 정치인 등을 만나서 나눈 이야기를 담고 있다. 공자의 활동기간으로 따져보면 『논어』는 지금으로부터 대략 2,500년 전에 쓰인 것이다. 지금의 우리는 한나절에 지구 반대편으로 날아다니고, 여름에 겨울 과일을 먹는 그야말로 공자는 상상할 수도 없는 세상에 살고 있다.

(나) 2,500년 전의 공자와 그가 대화한 사람 역시 우리와 마찬가지로 '호모 사피엔스'이기 때문이다. 2,500년 전의 사람도 배고프면 먹고, 졸리면 자고, 좋은 일이 있으면 기뻐하고, 나쁜 일이 있으면 화를 내는 오늘날의 사람과 다름없었다. 불의를 보면 공분하고, 전쟁보다 평화가 지속되기를 바라고, 예술을 보고 들으며 즐거워했는데, 오늘날의 사람도 마찬가지이다.

(다) 물론 2,500년의 시간으로 인해 달라진 점도 많고 시대와 문화에 따라 '사람다움이 무엇인가?'에 대한 답은 다를 수 있지만, 사람은 돌도 아니고 개도 아니고 사자도 아니라 여전히 사람일 뿐인 것이다. 즉 현재의 인간이 과거보다 자연의 힘에 두려워하지 않고 자연을 합리적으로 설명할 수는 있지만, 인간적 약점을 극복하고 신적인 존재가 될 수는 없는 그저 인간일 뿐인 것이다.

(라) 『논어』의 일부는 여성과 아동, 이민족에 대한 당시의 편견을 드러내고 있어 이처럼 달라진 시대의 흐름에 따라 폐기될 수밖에 없지만, 이를 제외한 부분은 '오래된 미래'로서 읽을 가치가 있는 것이다.

(마) 이론의 생명 주기가 짧은 학문의 경우, 2,500년 전의 책은 역사적 가치가 있을지언정 이론으로서는 폐기 처분이 당연시된다. 그런데 왜 21세기의 우리가 2,500년 전의 『논어』를 지금까지도 읽고, 또 읽어야 할 책으로 간주하고 있는 것일까?

① (가) – (다) – (나) – (라) – (마)
② (가) – (라) – (다) – (나) – (마)
③ (가) – (마) – (나) – (다) – (라)
④ (라) – (다) – (가) – (마) – (나)
⑤ (마) – (가) – (나) – (다) – (라)

06

(가) '인력이 필요해서 노동력을 불렀더니 사람이 왔더라.'라는 말이 있다. 인간을 경제적 요소로만 단순하게 생각했으나, 이에 따른 인권문제, 복지문제, 내국인과 이민자와의 갈등 등이 수반된다는 말이다. 프랑스처럼 우선 급하다고 이민자를 선별하지 않고 받으면 인종 갈등과 이민자의 빈곤화 등 많은 사회비용이 발생한다.

(나) 이제 다문화정책의 패러다임을 전환해야 한다. 한국에 들어온 다문화가족을 적극적으로 지원해야 한다. 다문화가족과 더불어 살면서 다양성과 개방성을 바탕으로 상생의 발전을 도모해야 한다. 그리고 결혼이민자만 다문화가족으로 볼 것이 아니라 외국인 근로자와 유학생, 북한이탈주민까지 큰 틀에서 함께 보는 것도 필요하다.

(다) 다문화정책의 핵심은 두 가지이다. 첫째, 새로운 사회에 적응하려는 의지가 강해서 언어 배우기, 일자리, 문화 이해에 매우 적극적인 태도를 지닌 좋은 인력을 선별해서 입국하도록 하는 것이다. 둘째, 이민자가 새로운 사회에 잘 정착할 수 있도록 사회통합에 주력해야 하는 것이다. 해외 인구 유입 초기부터 사회 비용을 절약할 수 있는 사람들을 들어오게 하는 것이 중요하기 때문이다.

(라) 또한 이미 들어온 이민자에게는 적극적인 지원을 해야 한다. 언어와 문화, 환경이 모두 낯선 이민자에게는 이민 초기에 세심한 배려가 필요하다. 특히 중요한 것은 다문화가족이 그들이 가지고 있는 강점을 활용하여 취약 계층이 아닌 주류층으로 설 수 있도록 지원해야 한다. 뿐만 아니라 이민자에 대한 지원 시기를 놓치거나 차별과 편견으로 내국인에게 증오감을 갖게 해서는 안 된다.

① (라) – (나) – (다) – (가)   ② (다) – (나) – (라) – (가)
③ (라) – (다) – (나) – (가)   ④ (다) – (가) – (라) – (나)
⑤ (가) – (다) – (라) – (나)

Easy

07

(가) 어려서부터 모국어를 익히는 과정에서 이미 문법을 내재화했기 때문이다.

(나) 자신의 언어활동을 반성해 보고, 틀린 부분을 고쳐 보는 습관을 기르면서 문법적 직관이 발달하게 된다.

(다) 그런데 이 문법적 직관은 저절로 얻어지는 것은 아니다.

(라) 원어민은 문법을 따로 배우지 않더라도 자유자재로 모국어를 구사할 수 있다.

(마) 모든 원어민은 문법을 바탕으로 언어를 구사하는 데 나름대로의 판단 기준인 문법적 직관이 있다.

① (나) – (가) – (다) – (마) – (라)   ② (나) – (다) – (가) – (마) – (라)
③ (라) – (가) – (마) – (다) – (나)   ④ (라) – (마) – (다) – (가) – (나)
⑤ (마) – (나) – (가) – (라) – (다)

08

먹을거리가 풍부한 현대인의 가장 큰 관심사 중 하나는 웰빙과 다이어트일 것이다. 현대인은 날씬한 몸매에 대한 열망이 지나쳐서 비만한 사람들이 나태하다고 생각하기도 하고, 심지어는 거식증으로 인해 사망한 패션모델까지 있었다. 이러한 사회적 경향 때문에 우리가 먹는 음식물에 포함된 지방이나 기름 성분은 몸에 좋지 않은 '나쁜 성분'으로 매도당하기도 한다. 물론 과도한 지방 섭취, 특히 몸에 좋지 않은 지방은 비만의 원인이 되고 당뇨병, 심장병, 고혈압과 같은 각종 성인병을 유발하지만, 사실 지방은 우리 몸이 정상적으로 활동하는 데 필수적인 성분이다.

(가) 먹을 것이 풍족하지 않은 상황에서 생존에 필수적인 능력은 다름 아닌 에너지를 몸에 축적하는 능력이었다.

(나) 사실 비만과 다이어트의 문제는 찰스 다윈(Charles R. Darwin)의 진화론과 밀접한 관련이 있다. 찰스 다윈은 19세기 영국의 생물학자로 『종의 기원』이라는 책을 써서 자연선택을 통한 생물의 진화 과정을 설명하였다.

(다) 약 100년 전만 해도 우리나라를 비롯한 전 세계 대부분의 국가는 식량이 그리 풍족하지 않았다. 실제로 수십만 년 지속된 인류의 역사에서 인간이 매일 끼니 걱정을 하지 않고 살게 된 것은 최근 수십 년의 일이다.

(라) 생물체가 살아남고 번식을 해서 자손을 남길 수 있느냐 하는 것은 주위 환경과의 관계가 중요한 역할을 하는데, 자연선택이란 주위 환경에 따라 생존하기에 적합한 성질 또는 기능을 가진 종들이 그렇지 못한 종들보다 더 잘 살아남게 되어 자손을 남기게 된다는 개념이다.

그러므로 인류는 이러한 축적 능력이 유전적으로 뛰어난 사람들이 그렇지 않은 사람들보다 상대적으로 더 잘 살아남았을 것이다. 그렇게 살아남은 자들의 후손인 현대인들이 달거나 기름진 음식을 본능적으로 좋아하게 된 것은 진화의 당연한 결과였다. 그리하여 음식이 풍부한 현대 사회에서는 이러한 유전적 특성이 단점으로 작용하게 되었다. 지방이 풍부한 음식을 찾는 경향은 지나치게 많은 지방을 축적하게 했고, 결국 부작용으로 이어졌다.

① (나) - (다) - (가) - (라) 　　② (나) - (라) - (다) - (가)

③ (나) - (가) - (라) - (다) 　　④ (다) - (가) - (나) - (라)

⑤ (다) - (라) - (가) - (나)

09

(가) 칸트의 '무관심성'에 대한 논의에서 이에 대한 단서를 얻을 수 있다. 칸트는 미적 경험의 주체가 '객체가 존재한다.'는 사실성 자체로부터 거리를 둔다고 주장한다. 이에 따르면, 영화관에서 관객은 영상의 존재 자체에 대해 '무관심한' 상태에 있다. 영상의 흐름을 냉정하고 분석적인 태도로 받아들이는 것이 아니라, 영상의 흐름이 자신에게 말을 걸어오는 듯이, 자신이 미적 경험의 유희에 초대된 듯이 공감하며 체험하고 있다. 미적 거리 두기와 공감적 참여의 상태를 경험하는 것이다. 주체와 객체가 엄격하게 분리되거나 완전히 겹쳐지는 것으로 이해하는 통상적인 동일시 이론과 달리, 칸트는 미적 지각을 지각 주체와 지각 대상 사이의 분리와 융합의 긴장감 넘치는 '중간 상태'로 본 것이다.

(나) 관객은 영화를 보면서 영상의 흐름을 어떻게 지각하는 것일까? 그토록 빠르게 변화하는 앵글, 인물, 공간, 시간 등을 어떻게 별 어려움 없이 흥미진진하게 따라가는 것일까? 흔히 영화의 수용에 대해 설명할 때 관객의 눈과 카메라의 시선 사이에 일어나는 동일시 과정을 내세운다. 그러나 동일시 이론은 어떠한 조건을 기반으로, 어떠한 과정을 거쳐서 동일시가 일어나는지, 영상의 흐름을 지각할 때 일어나는 동일시의 고유한 방식이 어떤 것인지에 대해 의미 있는 설명을 제시하지 못하고 있다.

(다) 이렇게 볼 때 영화 관객은 자신의 눈을 단순히 카메라의 시선과 직접적으로 동일시하는 것이 아니다. 관객은 영화를 보면서 영화 속 공간, 운동의 양상 등을 유희적으로 동일시하며, 장소 공간이나 방향 공간 등 다양한 공간의 층들을 동시에 인지할 뿐만 아니라 감정 공간에서 나오는 독특한 분위기의 힘을 감지하고, 이를 통해 영화 속의 공간과 공감하며 소통하고 있는 것이다.

(라) 관객이 영상의 흐름을 생동감 있게 체험할 수 있는 이유는, 영화 속의 공간이 단순한 장소로서의 공간이라기보다는 '방향 공간'이기 때문이다. 카메라의 다양한 앵글 선택과 움직임, 자유로운 시점 선택이 방향 공간적 표현을 용이하게 해 준다. 예를 들어 두 사람의 대화 장면을 보여주는 장면을 생각해 보자. 관객은 단지 대화에 참여한 두 사람의 존재와 위치만 확인하는 것이 아니라, 두 사람의 시선 자체가 지닌 방향성의 암시, 즉 두 사람의 얼굴과 상반신이 서로를 향하고 있는 방향 공간적 상황을 함께 지각하고 있는 것이다.

(마) 영화의 매체적 강점은 방향 공간적 표현이라는 데에만 그치지 않는다. 영상의 흐름에 대한 지각은 언제나 생생한 느낌을 동반한다. 관객은 영화 속 공간과 인물의 독특한 감정에서 비롯된 분위기의 힘을 늘 느끼고 있다. 따라서 영화 속 공간은 근본적으로 이러한 분위기의 힘을 느끼도록 해 주는 '감정 공간'이라 할 수 있다.

① (가) – (라) – (나) – (마) – (다) ② (나) – (라) – (마) – (다) – (가)
③ (나) – (다) – (가) – (라) – (마) ④ (나) – (가) – (라) – (마) – (다)
⑤ (라) – (가) – (다) – (나) – (마)

10

(가) 나무를 가꾸기 위해서는 처음부터 여러 가지를 고려해 보아야 한다. 심을 나무의 생육조건, 나무의 형태, 성목이 되었을 때의 크기, 꽃과 단풍의 색, 식재지역의 기후와 토양 등을 종합적으로 생각하고 심어야 한다. 나무의 생육조건은 저마다 다르기 때문에 지역의 환경조건에 적합한 나무를 선별하여 환경에 적응하도록 해야 한다. 동백나무와 석류, 홍가시나무는 남부지방에 키우기 적합한 나무로 알려져 있지만 지구온난화로 남부수종의 생육한계선이 많이 북상하여 중부지방에서도 재배가 가능한 나무도 있다. 부산의 도로 중앙분리대에서 보았던 잎이 붉은 홍가시나무는 여주의 시골집 마당 양지바른 곳에서 3년째 잘 적응하고 있다.

(나) 더불어 나무의 특성을 외면하고 주관적인 해석에 따라 심었다가는 훗날 낭패를 보기 쉽다. 물을 좋아하는 수국 곁에 물을 싫어하는 소나무를 심었다면 둘 중 하나는 살기 어려운 환경이 조성된다. 나무를 심고 가꾸기 위해서는 전체적인 밑그림을 그려보고 생태적 특징을 살펴본 후에 심는 것이 바람직하다.

(다) 나무들이 밀집해있으면 나무들끼리의 경쟁은 물론 바람길과 햇빛의 방해로 성장은 고사하고 병충해에 시달리기 쉽다. 또한 나무들은 성장속도가 다르기 때문에 항상 다 자란 나무의 모습을 상상하며 나무들 사이의 공간 확보를 염두에 두어야 한다. 그러나 묘목을 심고 보니 듬성듬성한 공간을 메꾸기 위하여 자꾸 나무를 심게 되는 실수를 저지른다.

(라) 식재계획의 시작은 장기적인 안목으로 적재적소의 원칙을 염두에 두고 나무를 선정해야 한다. 식물은 햇빛, 물, 바람의 조화를 이루면 잘 산다고 하지 않는가. 그래서 나무의 특성 중에서 햇볕을 좋아하는지 그늘을 좋아하는지, 물을 좋아하는지 여부를 살펴보는 것이 중요하다. 어린 묘목을 심을 때 많이들 실수하는 것은 나무가 자랐을 때의 생육공간을 생각하지 않고 촘촘하게 심는 것이다.

① (가) – (라) – (다) – (나) 　　② (가) – (나) – (다) – (라)
③ (가) – (라) – (나) – (다) 　　④ (가) – (나) – (라) – (다)
⑤ (가) – (다) – (나) – (라)

11 다음 중 제시문에 이어질 내용을 논리적 순서대로 바르게 나열한 것은?

> 어떤 문화의 변동은 결코 외래문화의 압도적 영향이나 이식에 의해 이루어지는 것이 아니라, 수용 주체의 창조적·능동적 측면과 관련되어 이루어지는 매우 복합적인 성격의 것이다.

> (가) 그리하여 외래문화 중에서 이러한 결핍 부분의 충족에 유용한 부분만을 선별해서 선택적으로 수용하게 된다.
> (나) 이러한 수용 주체의 창조적·능동적 측면은 문화 수용과 변동에서 무엇보다도 우선하는 것인데, 이것이 외래문화 요소의 수용을 결정짓는다.
> (다) 즉, 어떤 문화의 내부에 결핍 요인이 있을 때, 그 문화의 창조적·능동적 측면은 이를 자체적으로 극복하려 노력하지만, 이러한 극복이 내부에서 성취될 수 없을 때, 그것은 외래 요소의 수용을 통해 이를 이루고자 한다. 다시 말해, 외래문화는 수용 주체의 내부 요인에 따라 수용 또는 거부되는 것이다.

① (가) – (나) – (다)
② (가) – (다) – (나)
③ (나) – (가) – (다)
④ (나) – (다) – (가)
⑤ (다) – (나) – (가)

PART 3

주요기업 기출복원문제

PART 3 2개년 주요기업 기출복원문제 • **209**

12

지진해일은 지진, 해저 화산폭발 등으로 바다에서 발생하는 파장이 긴 파도이다. 지진에 의해 바다 밑바닥이 솟아오르거나 가라앉으면 바로 위의 바닷물이 갑자기 상승 또는 하강하게 된다. 이 영향으로 지진해일파가 빠른 속도로 퍼져나가 해안가에 엄청난 위험과 피해를 일으킬 수 있다.

전 세계의 모든 해안 지역이 지진해일의 피해를 받을 수 있지만, 우리에게 피해를 주는 지진해일의 대부분은 태평양과 주변해역에서 발생한다. 이는 태평양의 규모가 거대하고 이 지역에서 대규모 지진이 많이 발생하기 때문이다. 태평양에서 발생한 지진해일은 발생 하루 만에 발생지점에서 지구의 반대편까지 이동할 수 있으며, 수심이 깊을 경우 파고가 낮고 주기가 길기 때문에 선박이나 비행기에서도 관측할 수 없다.

먼 바다에서 지진해일 파고는 해수면으로부터 수십 cm 이하이지만 얕은 바다에서는 급격하게 높아진다. 수심이 6,000m 이상인 곳에서 지진해일은 비행기의 속도와 비슷한 시속 800km로 이동할 수 있다. 지진해일은 얕은 바다에서 파고가 급격히 높아짐에 따라 그 속도가 느려지며 지진해일이 해안가의 수심이 얕은 지역에 도달할 때 그 속도는 시속 45 ~ 60km까지 느려지면서 파도가 강해진다. 이것이 해안을 강타함에 따라 파도의 에너지는 더 짧고 더 얕은 곳으로 모여 무시무시한 파괴력을 가져 우리의 생명을 위협하는 파도로 발달하게 된다. 최악의 경우, 파고가 15m 이상으로 높아지고 지진의 진앙 근처에서 발생한 지진해일의 경우 파고가 30m를 넘을 수도 있다. 파고가 3 ~ 6m 높이가 되면 많은 사상자와 피해를 일으키는 아주 파괴적인 지진해일이 될 수 있다.

지진해일의 파도 높이와 피해 정도는 에너지의 양, 지진해일의 전파 경로, 앞바다와 해안선의 모양 등으로 결정될 수 있다. 또한 암초, 항만, 하구나 해저의 모양, 해안의 경사 등 모든 것이 지진해일을 변형시키는 요인이 된다.

① 지진해일은 파장이 짧으며, 화산폭발 등으로 인해 발생한다.

② 태평양 인근에서 발생한 지진해일은 대부분 한 달에 걸쳐 지구 반대편으로 이동하게 된다.

③ 바다가 얕을수록 지진해일의 파고가 높아진다.

④ 지진해일이 해안가에 도달할수록 파도가 강해지며 속도는 800km에 달한다.

⑤ 해안의 경사는 지진해일에 아무런 영향을 주지 않는다.

뉴턴은 빛이 눈에 보이지 않는 작은 입자라고 주장하였고, 이것은 그의 권위에 의지하여 오랫동안 정설로 여겨졌다. 그러나 19세기 초에 토머스 영의 겹실틈 실험은 빛의 파동성을 증명하였다. 이 실험의 방법은 먼저 한 개의 실틈을 거쳐 생긴 빛이 다음에 설치된 두 개의 겹실틈을 지나가게 하여 스크린에 나타나는 무늬를 관찰하는 것이다.

이때 빛이 파동이냐 입자이냐에 따라 결과 값이 달라진다. 즉, 빛이 입자라면 일자 형태의 띠가 두 개 나타나야 하는데, 실험 결과 스크린에는 예상과 다른 무늬가 나타났다. 마치 두 개의 파도가 만나면 골과 마루가 상쇄와 간섭을 일으키듯이, 보강 간섭이 일어난 곳은 밝아지고 상쇄 간섭이 일어난 곳은 어두워지는 간섭무늬가 연속적으로 나타난 것이다. 그러나 19세기 말부터 빛의 파동성으로는 설명할 수 없는 몇 가지 실험적 사실이 나타났다. 1905년에 아인슈타인은 빛은 광량자라고 하는 작은 입자로 이루어졌다는 광량자설을 주장하였다. 빛의 파동성은 명백한 사실이었으므로 이것은 빛이 파동이면서 동시에 입자인 이중적인 본질을 가지고 있다는 것을 의미하는 것이었다.

① 뉴턴의 가설은 그의 권위에 의해 현재까지도 정설로 여겨진다.
② 겹실틈 실험은 한 개의 실틈을 거쳐 생긴 빛이 다음 설치된 두 개의 겹실틈을 지나가게 해서 그 틈을 관찰하는 것이다.
③ 겹실틈 실험 결과, 일자 형태의 띠가 두 개 나타났으므로, 빛은 입자이다.
④ 토머스 영의 겹실틈 실험은 빛의 파동성을 증명하였지만, 이는 아인슈타인에 의해서 거짓으로 판명 났다.
⑤ 아인슈타인의 광량자설은 뉴턴과 토머스 영의 가설을 모두 포함한다.

14

보름달 중에 가장 크게 보이는 보름달을 슈퍼문이라고 한다. 이때 보름달이 크게 보이는 이유는 달이 평소보다 지구에 가까이 있기 때문이다. 슈퍼문이 되려면 보름달이 되는 시점과 달이 지구에 가장 가까워지는 시점이 일치하여야 한다. 달의 공전 궤도가 완벽한 원이라면 지구에서 달까지의 거리가 항상 똑같을 것이다. 하지만 실제로는 타원 궤도여서 달이 지구에 가까워지거나 멀어지는 현상이 생긴다. 유독 달만 그런 것은 아니고 태양계의 모든 행성이 태양을 중심으로 타원 궤도로 돈다. 이것이 바로 그 유명한 케플러의 행성운동 제1법칙이다.

지구와 달의 평균 거리는 약 38만km인 반면 슈퍼문일 때는 그 거리가 35만 7,000km 정도로 가까워진다. 달의 반지름은 약 1,737km이므로, 지구와 달의 거리가 평균 정도일 때 지구에서 보름달을 바라보는 시각도*는 0.52도 정도인 반면, 슈퍼문일 때는 시각도가 0.56도로 커진다. 반대로 보름달이 가장 작게 보일 때, 다시 말해 보름달이 지구에서 제일 멀 때는 그 거리가 약 40만km여서 보름달을 보는 시각도가 0.49도로 작아진다.

밀물과 썰물이 생기는 원인은 지구에 작용하는 달과 태양의 중력 때문인데, 달이 태양보다는 지구에 훨씬 더 가깝기 때문에 더 큰 영향을 미친다. 달이 지구에 가까워지면 평소 달이 지구를 당기는 힘보다 더 강하게 지구를 당긴다. 그리고 달의 중력이 더 강하게 작용하면, 달을 향한 쪽의 해수면은 평상시보다 더 높아진다. 실제 우리나라에서도 슈퍼문일 때 제주도 등 해안가에 바닷물이 평소보다 더 높게 밀려 들어와서 일부 지역이 침수 피해를 겪기도 했다.

한편 달의 중력 때문에 높아진 해수면이 지구와 함께 자전을 하다보면 지구의 자전을 방해하게 된다. 일종의 브레이크가 걸리는 셈이다. 이 때문에 지구의 자전 속도가 느려지게 되고 그 결과 하루의 길이에 미세하게 차이가 생긴다. 실제 연구 결과에 따르면 100만 년에 17초 정도씩 길어지는 효과가 생긴다고 한다.

*시각도 : 물체의 양끝에서 눈의 결합점을 향하여 그은 두 선이 이루는 각

① 지구에서 태양까지의 거리는 1년 동안 항상 일정하다.
② 해수면의 높이는 지구와 달의 거리와 관계가 없다.
③ 달이 지구에서 멀어지면 궤도에서 벗어나지 않기 위해 평소보다 더 강하게 지구를 잡아당긴다.
④ 지구와 달의 거리가 36만km 정도인 경우, 지구에서 보름달을 바라보는 시각도는 0.49도보다 크다.
⑤ 달의 중력 때문에 지구가 자전하는 속도는 점점 빨라지고 있다.

15

통증은 조직 손상이 일어나거나 일어나려고 할 때 의식적인 자각을 주는 방어적 작용으로 감각의 일종이다. 통증을 유발하는 자극에는 강한 물리적 충격에 의한 기계적 자극, 높은 온도에 의한 자극, 상처가 나거나 미생물에 감염되었을 때 세포에서 방출하는 화학 물질에 의한 화학적 자극 등이 있다. 이러한 자극은 온몸에 퍼져 있는 감각 신경의 말단에서 받아들이는데, 이 신경 말단을 통각 수용기라 한다. 통각 수용기는 피부에 가장 많아 피부에서 발생한 통증은 위치를 확인하기 쉽지만, 통각 수용기가 많지 않은 내장 부위에서 발생한 통증은 위치를 정확히 확인하기 어렵다. 후각이나 촉각 수용기 등에는 지속적인 자극에 대해 수용기의 반응이 감소되는 감각 적응 현상이 일어난다. 하지만 통각 수용기에는 지속적인 자극에 대해 감각 적응 현상이 거의 일어나지 않는다. 그래서 우리 몸은 위험한 상황에 대응할 수 있게 된다.

대표적인 통각 수용 신경 섬유에는 Aδ섬유와 C섬유가 있다. Aδ섬유에는 기계적 자극이나 높은 온도 자극에 반응하는 통각 수용기가 분포되어 있으며, C섬유에는 기계적 자극이나 높은 온도 자극뿐만 아니라 화학적 자극에도 반응하는 통각 수용기가 분포되어 있다. Aδ섬유를 따라 전도된 통증 신호가 대뇌 피질로 전달되면, 대뇌 피질에서는 날카롭고 쑤시는 듯한 짧은 초기 통증을 느끼고 통증이 일어난 위치를 파악한다. C섬유를 따라 전도된 통증 신호가 대뇌 피질로 전달되면, 대뇌 피질에서는 욱신거리고 둔한 지연 통증을 느낀다. 이는 두 신경 섬유의 특징과 관련이 있다. Aδ섬유는 직경이 크고 전도 속도가 빠르며, C섬유는 직경이 작고 전도 속도가 느리다.

① Aδ섬유를 따라 전도된 통증 신호가 대뇌 피질로 전달되면, 대뇌 피질에서는 욱신거리고 둔한 지연 통증을 느낀다.
② 통각 수용기는 수용기의 반응이 감소되는 감각 적응 현상이 거의 일어나지 않는다.
③ Aδ섬유는 C섬유보다 직경이 작고 전도 속도가 빠르다.
④ 통각 수용기가 적은 부위일수록 통증 위치를 확인하기 쉽다.
⑤ 기계적 자극이나 높은 온도에 반응하는 통각 수용기는 Aδ섬유에만 분포되어 있다.

※ 다음 제시문의 내용으로 적절하지 않은 것을 고르시오. [16~23]

16

과거에는 공공 서비스가 경합성과 배제성이 모두 약한 사회 기반 시설 공급을 중심으로 제공되었다. 이런 경우 서비스 제공에 드는 비용은 주로 세금을 비롯한 공적 재원으로 충당을 한다. 하지만 복지와 같은 개인 단위 공공 서비스에 대한 사회적 요구가 증가함에 따라 관련 공공 서비스의 다양화와 양적 확대가 이루어지고 있다. 이로 인해 정부의 관련 조직이 늘어나고 행정 업무의 전문성 및 효율성이 떨어지는 문제점이 나타나기도 한다. 이 경우 정부는 정부 조직의 규모를 확대하지 않으면서 서비스의 전문성을 강화할 수 있는 민간 위탁 제도를 도입할 수 있다. 민간 위탁이란 공익성을 유지하기 위해 서비스의 대상이나 범위에 대한 결정권과 서비스 관리의 책임을 정부가 갖되, 서비스 생산은 민간 업체에게 맡기는 것이다.

민간 위탁은 주로 다음과 같은 몇 가지 방식으로 운용되고 있다. 가장 일반적인 것은 '경쟁 입찰 방식'이다. 이는 일정한 기준을 충족하는 민간 업체 간 경쟁 입찰을 거쳐 서비스 생산자를 선정, 계약하는 방식이다. 공원과 같은 공공 시설물 관리 서비스가 이에 해당한다. 이 경우 정부가 직접 공공 서비스를 제공할 때보다 서비스의 생산 비용이 절감될 수 있고 정부의 재정 부담도 경감될 수 있다. 다음으로는 '면허 발급 방식'이 있다. 이는 서비스 제공을 위한 기술과 시설이 기준을 충족하는 민간 업체에게 정부가 면허를 발급하는 방식이다. 자동차 운전면허 시험, 산업 폐기물 처리 서비스 등이 이에 해당한다. 이 경우 공공 서비스가 갖춰야 할 최소한의 수준은 유지하면서도 공급을 민간의 자율에 맡겨 공공 서비스의 수요와 공급이 탄력적으로 조절되는 효과를 얻을 수 있다. 또한 '보조금 지급 방식'이 있는데, 이는 민간이 운영하는 종합 복지관과 같이 안정적인 공공 서비스 제공이 필요한 기관에 보조금을 주어 재정적으로 지원하는 것이다.

① 과거 공공 서비스는 주로 공적 재원에 의해 운영됐다.
② 공공 서비스의 양적 확대에 따라 행정 업무 전문성이 떨어지는 부작용이 나타난다.
③ 서비스 생산을 민간 업체에게 맡김으로써 공공 서비스의 전문성을 강화할 수 있다.
④ 경쟁 입찰 방식은 정부의 재정 부담을 줄여준다.
⑤ 정부로부터 면허를 받은 민간 업체는 보조금을 지급받을 수 있다.

17

> '갑'이라는 사람이 있다고 하자. 이때 사회가 갑에게 강제적 힘을 행사하는 것이 정당화되는 근거는 무엇일까? 그것은 갑이 다른 사람에게 미치는 해악을 방지하려는 데 있다. 특정 행위가 갑에게 도움이 될 것이라든가, 이 행위가 갑을 더욱 행복하게 할 것이라든가 또는 이 행위가 현명하다든가 혹은 옳은 것이라든가 하는 이유를 들면서 갑에게 이 행위를 강제하는 것은 정당하지 않다. 이러한 이유는 갑에게 권고하거나 이치를 이해시키거나 무엇인가를 간청하거나 할 때는 충분한 이유가 된다. 그러나 갑에게 강제를 가하는 이유 혹은 어떤 처벌을 가할 이유는 되지 않는다. 이와 같은 사회적 간섭이 정당화되기 위해서는 갑이 행하려는 행위가 다른 어떤 이에게 해악을 끼칠 것이라는 점이 충분히 예측되어야 한다. 한 사람이 행하고자 하는 행위 중에서 그가 사회에 대해서 책임을 져야 할 유일한 부분은 다른 사람에게 관계되는 부분이다.

① 개인에 대한 사회의 간섭은 어떤 조건이 필요하다.
② 행위 수행 혹은 행위 금지의 도덕적 이유와 법적 이유는 구분된다.
③ 한 사람의 행위는 타인에 대한 행위와 자신에 대한 행위로 구분된다.
④ 사회는 개인의 해악에 관해서는 관심이 있지만, 그 해악을 방지할 강제성의 근거는 가지고 있지 않다.
⑤ 타인과 관계되는 행위에는 사회적 책임이 따른다.

18

모든 차의 운전자는 도로교통법 제48조 제1항에 의해 차의 조향장치와 제동장치, 그 밖의 장치를 정확하게 조작해야 하고, 도로의 교통상황과 차의 구조 및 성능에 따라 다른 사람에게 위험과 장해를 주는 속도나 방법으로 운전을 해서는 안 된다. 즉, 운전 속도나 방법이 도로교통법상 위배됨 없이 운전을 하더라도, 그 운전행위가 객관적으로 교통상황과 차의 구조, 성능 등을 모두 고려해 볼 때 다른 사람에게 위험과 장해를 초래할 개연성이 높다면 안전운전의무를 지키지 않은 것으로 본다는 것이다. 여기서 더 나아가 실제로 다른 사람들에게 자동차를 통해 위협 또는 위해를 가하거나 교통상의 위험을 발생시킨다면 난폭운전, 또는 보복운전으로 처벌을 받을 수 있다.

흔히들 난폭운전과 보복운전을 비슷한 개념으로 혼동하는 경우가 있다. 하지만 그 기준이나 처벌 수위에 있어선 엄연히 차이가 있다. 도로교통법에 따르면 난폭운전이란 특정 위반행위를 둘 이상 연달아서 하거나, 하나의 행위를 지속 또는 반복하여 다른 사람에게 위협 또는 위해를 가하는 경우 또는 교통상의 위험을 발생시킨 경우를 말한다. 여기서 말하는 특정 위반행위란 신호위반, 중앙선침범, 속도위반, 안전거리 미확보, 진로변경금지위반, 급제동, 앞지르기방법 또는 방해금지 위반, 정당한 사유 없는 소음 발생 등을 말하며 이런 행위들이 연달아 발생하거나 반복된다면 난폭운전으로 처벌을 받을 수 있는 것이다.

다음으로 보복운전은 운전면허를 받은 사람이 자동차 등을 이용하여 형법상 특수상해, 특수폭행, 특수협박, 특수손괴의 '특수'범죄를 행한 경우를 말하며, 도로교통법에 따라 운전면허가 취소 또는 정지될 뿐만 아니라 형법에 의거, 난폭운전보다 훨씬 무거운 처벌을 받을 수 있다. 보복운전이 형법에 의해 특수범죄로 취급되는 이유는 자동차를 법률에 명시된 '위험한 물건'으로 보기 때문이다. 위험한 물건은 그 자체로 흉기에 속하지는 않으나, 특수한 상황 하에서의 성질과 사용 방법에 따라서는 사람을 살상할 수 있는 물건을 말한다. 운전자가 운전대를 잡고 있는 자동차는 그 자체로 위험한 물건이 될 수 있음에는 이견이 없을 것이다. 앞서가다가 고의로 급정지를 하거나 급감속, 급제동을 반복하며 특정인을 고의로 위협하는 행위, 중앙선이나 갓길로 밀어붙이는 행위 등은 모두 자동차라는 흉기가 될 수 있는 물건을 이용해 발생하는 특수범죄로 보복운전에 해당할 수 있다.

① 안전운전의무를 지키기 위해서는 다른 사람에게 위험이 되지 않도록 운전을 해야 한다.
② 대부분의 사람들이 난폭운전과 보복운전 간의 차이를 느끼지 못한다.
③ 속도위반만 했을 경우에도 난폭운전이 될 수 있다.
④ 보복운전과 난폭운전 모두 특수범죄에 해당한다.
⑤ 보복운전의 상황에서 자동차는 흉기로 취급된다.

19

최근 국내 건설업계에서는 3D 프린팅 기술을 건설 분야와 접목하고자 노력하고 있다. 해외 건설사들도 3D 프린팅 기술을 이용한 건축 시장을 선점하기 위한 경쟁이 활발히 이루어지고 있으며 이미 미국 텍사스 지역에서 3D 프린팅 기술을 이용하여 주택 4채를 1주일 만에 완공한 바 있다. 또한 우리나라에서도 인공 조경 벽 등 건설 현장에서 3D 프린팅 건축물을 차차 도입해가고 있다.

왜 건설업계에서는 3D 프린팅 기술을 주목하게 되었을까? 3D 프린팅 건축 방식은 전통 건축 방식과 비교하여 비용을 절감할 수 있고 공사 기간이 단축되는 점을 장점으로 꼽을 수 있다. 특히 공사 기간이 짧은 점은 천재지변으로 인한 이재민 등을 위한 주거시설을 빠르게 준비할 수 있다는 점에서 호평받고 있다. 또한 전통 건축 방식으로는 구현하기 힘든 다양한 디자인을 구현할 수 있는 점과 건축 폐기물 감소 및 CO_2 배출량 감소 등 환경보호 면에서도 긍정적인 평가를 받고 있으며 각 국가 간 이해관계 충돌로 인한 직·간접적 자재 수급난을 해결할 수 있는 점도 긍정적 평가를 받는 요인이다.

어떻게 3D 프린터로 건축물을 세우는 것일까? 먼저 일반적인 3D 프린팅의 과정을 알아야 한다. 일반적인 3D 프린팅은 컴퓨터로 물체를 3D 형태로 모델링한 후 용융성 플라스틱이나 금속 등을 3D 프린터 노즐을 통해 분사하여 아래부터 층별로 겹겹이 쌓는 과정을 거친다.

3D 프린팅 건축 방식도 마찬가지이다. 컴퓨터를 통해 건축물을 모델링 후 모델링한 정보에 따라 콘크리트, 금속, 폴리머 등의 건축자재를 노즐을 통해 분사시켜 층층이 쌓아 올리면서 컴퓨터로 설계한 대로 건축물을 만든다. 기계가 대신 건축물을 만든다는 점에서 사람의 힘으로 한계가 있는 기존 건축방식의 보완은 물론 코로나19 사태로 인한 인건비 상승 및 전문인력 수급난을 해결할 수 있다는 점 또한 호평받고 있다.

하지만 아쉽게도 우리나라에서의 3D 프린팅 건설 사업은 관련 인증 및 안전 규정 미비 등의 제도적 한계와 기술적 한계가 있어 상용화 단계가 이루어지기는 힘들다. 특히 3D 프린터로 구조물을 적층하여 구조물을 쌓아 올리는 데에는 로봇 팔이 필요한데 아직은 5층 이하의 저층 주택 준공이 한계이고 현 대한민국 주택시장은 고층 아파트 등 고층 건물이 주력이므로 3D 프린터 고층 건축물 제작 기술을 개발해야 한다는 주장도 더러 나오고 있다.

① 이미 해외에서는 3D 프린터를 이용하여 주택을 시공한 바 있다.
② 3D 프린터 건축 기술은 전통 건축 기술과는 달리 환경에 영향을 덜 끼친다.
③ 3D 프린터 건축 기술은 인력난을 해소할 수 있는 새로운 기술이다.
④ 3D 프린터 건축 기술로 인해 대량의 실업자가 발생할 것이다.
⑤ 현재 우리나라는 3D 프린터 건축 기술의 제도적 장치 및 기술적 한계를 해결해야만 하는 과제가 있다.

20

혐기성 미생물은 산소에 비해 에너지 대사 효율이 낮은 질소산화물로 에너지를 만든다.

혐기성 미생물이 에너지 대사 효율이 높은 산소를 사용하지 않는 이유는 무엇일까? 생물체가 체내에 들어온 영양분을 흡수하기 위해서는 산소를 매개로 한 여러 가지 화학 반응을 수행해야 한다. 영양분이 산화 반응을 통해 세포 안으로 흡수되면 전자가 나오는데, 이 전자가 체내에서 퍼지는 과정에서 ATP가 생긴다. 그리고 에너지를 생산하기 위해 산소를 이용하는 호흡 과정에서 독성 물질인 과산화물과 과산화수소와 같은 활성산소가 생긴다.

이 두 물질은 DNA나 단백질 같은 세포 속 물질을 산화시켜 손상시킨다. 일반 미생물은 활성산소로부터 자신을 보호하는 메커니즘이 발달했다. 사람도 몸속에 독성 산소화합물을 해독하는 메커니즘이 있어 활성산소로 인해 죽지는 않는다. 단지 주름살이 늘거나 신체기관이 서서히 노화될 뿐이다. 인체 내에서 '슈퍼 옥사이드 분해효소(SOD)'가 과산화물 분자를 과산화수소와 산소로 바꾸고, 카탈리아제가 과산화수소를 물과 산소로 분해하기 때문이다. 그러나 혐기성 미생물에는 활성산소를 해독할 기관이 없다. 그렇기 때문에 혐기성 미생물은 활성산소를 피하는 방향으로 진화해 왔다고 할 수 있다.

① 산소는 일반 생물체에 이로움과 함께 해로움을 주기도 한다.

② 체내 활성산소의 농도가 증가되면 생물체의 생명이 연장된다.

③ 혐기성 미생물은 활성산소를 분해하는 메커니즘을 갖지 못했다.

④ 활성산소가 생물체의 죽음을 유발하는 직접적인 원인은 아니다.

⑤ 혐기성 미생물은 활성산소를 피하는 방향으로 진화해 왔다.

21

위기지학(爲己之學)이란 15세기의 사림파 선비들이 『소학(小學)』을 강조하면서 내세운 공부 태도를 가리킨다. 원래 이 말은 위인지학(爲人之學)과 함께 『논어(論語)』에 나오는 말이다. '옛날에 공부하던 사람들은 자기를 위해 공부했는데, 요즘 사람들은 남을 위해 공부한다.' 즉, 공자는 공부하는 사람의 관심이 어디에 있느냐를 가지고 학자를 두 부류로 구분했다. 어떤 학자는 '위기(爲己)란 자아가 성숙하는 것을 추구하며, 위인(爲人)이란 남들에게서 인정받기를 바라는 태도'라고 했다.

조선 시대를 대표하는 지식인 퇴계 이황(李滉)은 이렇게 말했다. "위기지학이란, 우리가 마땅히 알아야 할 바가 도리이며, 우리가 마땅히 행해야 할 바가 덕행이라는 것을 믿고, 가까운 데서부터 착수해 나가되 자신의 이해를 통해서 몸소 실천하는 것을 목표로 삼는 공부이다. 반면 위인지학이란, 내면의 공허함을 감추고 관심을 바깥으로 돌려 지위와 명성을 취하는 공부이다." 위기지학과 위인지학의 차이는 공부의 대상이 무엇이냐에 있다기보다 공부를 하는 사람의 일차적 관심과 태도가 자신을 내면적으로 성숙시키는 데 있느냐 아니면 다른 사람으로부터 인정을 받는 데 있느냐에 있다는 것이다.

이것은 학문의 목적이 외재적 가치에 의해서가 아니라 내재적 가치에 의해서 정당화된다는 사고방식이 나타났음을 뜻한다. 이로써 당시 사대부들은 출사(出仕)를 통해 정치에 참여하는 것 외에 학문과 교육에 종사하면서도 자신의 사회적 존재 의의를 주장할 수 있다고 믿었다. 더 나아가 학자 또는 교육자로서 사는 것이 관료 또는 정치가로서 사는 것보다 훌륭한 것이라고 주장할 수 있게 되었다. 또한 위기지학의 출현은 종래 과거제에 종속되어 있던 교육에 독자적 가치를 부여했다는 점에서 역사적 사건으로 평가받아 마땅하다.

① 국가가 위기지학을 권장함으로써 그 위상이 높아졌다.
② 위인지학을 추구하는 사람들은 체면과 인정을 중시했다.
③ 위기적 태도를 견지한 사람들은 자아의 성숙을 추구했다.
④ 공자는 학문을 대하는 태도를 기준으로 삼아 학자들을 나누었다.

『북학의』는 18세기 후반 사회적 위기에 직면한 조선을 개혁하려는 의도로 쓰인 책이다. 당시까지 조선 사회는 외국 문물에 대해 굳게 문을 닫고 있었고 지식인은 자아도취에 빠져 백성들의 현실을 외면한 채 성리학 이론에만 깊이 매몰되어 있었다. 북경 사행길에서 새로운 세계를 접한 박제가는 후진 상태에 머물러 있는 조선 사회와 백성의 빈곤을 해결할 수 있는 대책을 정리하여 『북학의』를 완성했다.

『북학의』는 이후 '북학'이라는 학문이 조선의 시대사상으로 자리 잡는 데 기반이 되는 역할을 하였다. 박제가 외에도 박지원, 홍대용, 이덕무 등 북학의 중요성을 강조하는 학자그룹이 나타나면서 북학은 시대사상으로 자리 잡았다. 폐쇄적인 사회의 문을 활짝 열고 이용후생(利用厚生)을 통한 백성들의 생활 안정과 부국을 강조했기 때문에 북학파 학자들을 일컬어 '이용후생 학파'라고도 부른다.

이들은 청나라 사행에서 견문한 내용을 국가 정책으로 발전시키고자 하였다. 건축 자재로서 벽돌의 이용, 교통수단으로서 선박과 수레의 적극적 활용, 비활동적인 한복의 개량, 대외무역 확대 등이 이들이 제시한 주요 정책들이었다. 그 바탕에는 사농공상으로 서열화된 직업의 귀천을 최대한 배제하고 상공업의 중흥을 강조해야 한다는 생각이 자리 잡고 있었다.

① 18세기 후반 조선 사회는 외국 문화에 대해 폐쇄적이었다.

② 『북학의』의 저자는 박제가이다.

③ 이용후생 학파는 농업의 중요성을 강조하였다.

④ 이용후생 학파는 청나라에서 보고 들은 내용을 국가 정책으로 발전시키고자 했다.

⑤ 『북학의』를 통해 후진 상태의 조선에서 벗어날 수 있는 대책을 제시하였고 이는 시대적 공감을 얻었다.

23

운전자 10명 중 3명은 내년 4월부터 전면 시행되는 '안전속도 5030' 정책을 모르는 것으로 나타났다. 한국교통안전공단은 지난 7월 전국 운전자 3,922명을 대상으로 '안전속도 5030 정책 인지도'를 조사한 결과 이를 인지하고 있는 운전자는 68.1%에 그쳤다고 밝혔다. 안전속도 5030 정책은 전국 도시 지역 일반도로의 제한속도를 시속 50km로, 주택가 등 이면도로는 시속 30km 이하로 하향 조정하는 정책이다. 지난해 4월 도로교통법 시행규칙 개정에 따라 내년 4월 17일부터 본격적으로 시행된다. 교통안전공단에 따르면 예기치 못한 사고가 발생하더라도 차량의 속도를 30km로 낮추면 중상 가능성은 15.4%로 크게 낮아진다. 이번 조사에서 특히 20대 이하 운전자의 정책 인지도는 59.7%, 30대 운전자는 66.6%로 전체 평균보다 낮은 것으로 나타났다. 반면 40대(70.2%), 50대(72.1%), 60대 이상(77.3%) 등 연령대가 높아질수록 안전속도 도입을 알고 있다고 응답한 비율이 높았다.

한국교통안전공단은 내년 4월부터 전면 시행되는 안전속도 5030의 성공적 정착을 위해 정책 인지도가 가장 낮은 2030 운전자를 대상으로 온라인 중심의 언택트(Untact) 홍보를 시행할 예정이다. 2030세대가 운전 시 주로 이용하는 모바일 내비게이션사와 협업하여 5030 속도 관리구역 음성안내 및 이미지 표출 등을 통해 제한속도 인식률 향상 및 속도 준수를 유도하고, 유튜브와 SNS 등을 활용한 대국민 참여 이벤트와 공모전 등을 통해 제한속도 하향에 대한 공감대 확산 및 자발적인 속도 하향을 유도할 예정이다.

① 운전자 10명 중 6명 이상은 안전속도 5030 정책을 알고 있다.
② 안전속도 5030 정책에 대한 인지도가 가장 낮은 연령대는 20대 이하이다.
③ 연령대가 높을수록 안전속도 5030 정책에 대한 인지도가 높다.
④ 안전속도 5030 정책에 대한 연령대별 인식률의 평균은 68.1%이다.
⑤ 안전속도 5030 정책이 시행되면 주택가에서의 주행속도는 시속 30km 이하로 제한된다.

PART 3
주요기업 기출복원문제

24 다음 제시문의 주장에 대한 비판으로 적절하지 않은 것은?

> 동물실험이란 교육, 시험, 연구 및 생물학적 제제의 생산 등 과학적 목적을 위해 동물을 대상으로 실시하는 실험 또는 그 과학적 절차를 말한다. 전 세계적으로 매년 약 6억 마리의 동물들이 실험에 쓰이고 있다고 추정되며, 대부분의 동물들은 실험이 끝난 뒤 안락사를 시킨다.
> 동물실험은 대개 인체실험의 전 단계로 이루어지는데, 검증되지 않은 물질을 바로 사람에게 주입하여 발생하는 위험을 줄일 수 있다는 점에서 필수적인 실험이라고 말할 수 있다. 물론 살아있는 생물을 대상으로 하는 실험이기 때문에 대체(Replacement), 감소(Reduction), 개선(Refinement)으로 요약되는 3R 원칙에 입각하여 실험하는 것이 당연하다. 다른 방법이 있다면 그 방법을 채택할 것이며, 희생이 되는 동물의 수를 최대한 줄이고, 필수적인 실험 조건 외에는 자극을 주지 않아야 한다. 하지만 그럼에도 보다 안전한 결과를 도출해내기 위한 동물실험은 필요악이며, 이러한 필수적인 의약실험조차 금지하려 한다는 것은 기술 발전 속도를 늦춰 약이 필요한 누군가의 고통을 감수하자는 이기적인 주장과 같다고 할 수 있다.

① 3R 원칙과 같은 윤리적 강령이 법적인 통제력을 지니지 않은 이상 실제로 얼마나 엄격하게 지켜질 것인지는 알 수 없다.

② 화장품 업체들의 동물실험과 같은 사례를 통해, 생명과 큰 연관이 없는 실험은 필요악이라고 주장할 수 없다.

③ 아무리 엄격하게 통제된 실험이라고 해도 동물 입장에서 바라본 실험이 비윤리적이며 생명체의 존엄성을 훼손하는 행위라는 사실을 벗어날 수는 없다.

④ 과거와 달리 현대에서는 인공 조직을 배양하여 실험의 대상으로 삼을 수 있으므로 동물실험 자체를 대체하는 것이 가능하다.

⑤ 동물실험에서 안전성을 검증받은 이후 인체에 피해를 준 약물의 사례가 존재한다.

25 다음 중 A의 주장에 대해 반박할 수 있는 내용으로 가장 적절한 것은?

> A : 우리나라의 장기 기증률은 선진국에 비해 너무 낮아. 이게 다 부모로부터 받은 신체를 함부로 훼손해서는 안 된다는 전통적 유교 사상 때문이야.
>
> B : 맞아. 그런데 장기 기증 희망자로 등록이 돼 있어도 유족들이 장기 기증을 반대하여 기증이 이뤄지지 않는 경우도 많아.
>
> A : 유족들도 결국 유교 사상으로 인해 신체 일부를 다른 사람에게 준다는 방식을 잘 이해하지 못하는 거야.
>
> B : 글쎄, 유족들이 동의해서 기증이 이뤄지더라도 보상금을 받고 '장기를 팔았다.'는 죄책감을 느끼는 유족들도 있다고 들었어. 또 아직은 장기 기증에 대한 생소함 때문일 수도 있어.

① 캠페인을 통해 장기 기증에 대한 사람들의 인식을 변화시켜야 한다.

② 유족에게 지급하는 보상금 액수가 증가하면 장기 기증률도 높아질 것이다.

③ 장기 기증 희망자는 반드시 가족들의 동의를 미리 받아야 한다.

④ 장기 기증률이 낮은 이유에는 유교 사상 외에도 여러 가지 원인이 있을 수 있다.

⑤ 제도 변화만으로는 장기 기증률을 높이기 어렵다.

| 2023년 하반기 LG그룹

26

> 보통의 질병은 병균이나 바이러스를 통해 감염되며, 병에 걸리는 원인으로는 개인적 요인의 영향이 가장 크다. 어떤 사람이 바이러스에 노출되었다면 그 사람이 평소에 위생 관리를 철저히 하지 않았기 때문이다. 또한 꾸준히 건강을 관리하지 않은 사람은 더 쉽게 병균에 노출될 것이다.

① 규칙적인 식사와 운동을 통해 건강을 관리하는 사람들의 발병률은 그렇지 않은 사람들에 비해 상대적으로 낮다.

② 병균이나 바이러스의 감염 경로를 자세하게 추적함으로써 질병의 감염원을 명확하게 파악할 수 있다.

③ 바이러스에 노출되지 않기 위해서는 사람이 많은 곳을 피하고, 개인위생을 철저히 해야 한다.

④ 발병한 사람들 전체를 고려하면 성별, 계층, 직업 등의 요인에 따라 질병 종류나 정도가 다르게 나타난다.

⑤ 불특정 다수에게 발병할 수 있는 감염병은 개인적 차원에서 벗어나 사회적 차원에서 국가가 관리하여야 한다.

27

우리는 우리가 생각한 것을 말로 나타낸다. 또 다른 사람의 말을 듣고, 그 사람이 무슨 생각을 가지고 있는가를 짐작한다. 그러므로 생각과 말은 서로 떨어질 수 없는 깊은 관계를 가지고 있다.

그러면 말과 생각이 얼마만큼 깊은 관계를 가지고 있을까? 이 문제를 놓고 사람들은 오랫동안 여러 가지 생각을 하였다. 그 가운데 가장 두드러진 것이 두 가지 있다. 그 하나는 말과 생각이 서로 꼭 달라붙은 쌍둥이인데 한 놈은 생각이 되어 속에 감추어져 있고 다른 한 놈은 말이 되어 사람 귀에 들리는 것이라는 생각이다. 다른 하나는 생각이 큰 그릇이고 말은 생각 속에 들어가는 작은 그릇이어서 생각에는 말 이외에도 다른 것이 더 있다는 생각이다.

이 두 가지 생각 가운데서 앞의 것은 조금만 깊이 생각해 보면 틀렸다는 것을 즉시 깨달을 수 있다. 우리가 생각한 것은 거의 대부분 말로 나타낼 수 있지만, 누구든지 가슴 속에 응어리진 어떤 생각이 분명히 있기는 한데 그것을 어떻게 말로 표현해야 할지 애태운 경험을 가지고 있을 것이다. 이것 한 가지만 보더라도 말과 생각이 서로 안팎을 이루는 쌍둥이가 아님은 쉽게 판명된다.

인간의 생각이라는 것은 매우 넓고 큰 것이며, 말이란 결국 생각의 일부분을 주워 담는 작은 그릇에 지나지 않는다. 그러나 아무리 인간의 생각이 말보다 범위가 넓고 큰 것이라고 하여도 그것을 가능한 한 말로 바꾸어 놓지 않으면 그 생각의 위대함이나 오묘함이 다른 사람에게 전달되지 않기 때문에 생각이 형님이요, 말이 동생이라고 할지라도 생각은 동생의 신세를 지지 않을 수가 없게 되어 있다.

① 말이 통하지 않아도 생각은 얼마든지 전달될 수 있다.
② 생각을 드러내는 가장 직접적인 수단은 말이다.
③ 말은 생각이 바탕이 되어야 생산될 수 있다.
④ 말과 생각은 서로 영향을 주고받는 긴밀한 관계를 유지한다.
⑤ 사회적·문화적 배경이 우리의 생각에 영향을 끼친다.

28 다음 제시문의 전개 방식으로 적절하지 않은 것은?

> 나는 집이 가난해서 말이 없기 때문에 간혹 남의 말을 빌려서 탔다. 그런데 노둔하고 야윈 말을 얻었을 경우에는 일이 아무리 급해도 감히 채찍을 대지 못한 채 금방이라도 쓰러지고 넘어질 것처럼 전전긍긍하기 일쑤요, 개천이나 도랑이라도 만나면 또 말에서 내리곤 한다. 그래서 후회하는 일이 거의 없다. 반면에 발굽이 높고 귀가 쫑긋하며 잘 달리는 준마를 얻었을 경우에는 의기양양하여 방자하게 채찍을 갈기기도 하고 고삐를 놓기도 하면서 언덕과 골짜기를 모두 평지로 간주한 채 매우 유쾌하게 질주하곤 한다. 그러나 간혹 위험하게 말에서 떨어지는 환란을 면하지 못한다.
> 아, 사람의 감정이라는 것이 어쩌면 이렇게까지 달라지고 뒤바뀔 수가 있단 말인가. 남의 물건을 빌려서 잠깐 동안 쓸 때에도 오히려 이와 같은데, 하물며 진짜로 자기가 가지고 있는 경우야 더 말해 무엇 하겠는가.
> 그렇긴 하지만 사람이 가지고 있는 것 가운데 남에게 빌리지 않은 것이 또 뭐가 있다고 하겠는가. 임금은 백성으로부터 힘을 빌려서 존귀하고 부유하게 되는 것이요, 신하는 임금으로부터 권세를 빌려서 총애를 받고 귀한 신분이 되는 것이다. 그리고 자식은 어버이에게서, 지어미는 지아비에게서, 비복(婢僕)은 주인에게서 각각 빌리는 것이 또한 심하고도 많은데, 대부분 자기가 본래 가지고 있는 것처럼 여기기만 할 뿐 끝내 돌이켜 보려고 하지 않는다. 이 어찌 미혹된 일이 아니겠는가.
> 그러다가 혹 잠깐 사이에 그동안 빌렸던 것을 돌려주는 일이 생기게 되면, 만방(萬邦)의 임금도 독부(獨夫)가 되고 백승(百乘)의 대부(大夫)도 고신(孤臣)이 되는 법인데, 더군다나 미천한 자의 경우야 더 말해 무엇 하겠는가.
> 맹자(孟子)가 말하기를 "오래도록 차용하고서 반환하지 않았으니, 그들이 자기의 소유가 아니라는 것을 어떻게 알았겠는가."라고 하였다. 내가 이 말을 접하고서 느껴지는 바가 있기에, 차마설을 지어서 그 뜻을 부연해 보노라.
>
> — 이곡, 『차마설』

① 유추의 방법을 통해 개인의 경험을 보편적 깨달음으로 일반화한다.

② 예화와 교훈의 2단으로 구성하였다.

③ 주관적인 사실에 대한 보편적인 의견을 제시한다.

④ 성인의 말을 인용하여 자신의 주장을 뒷받침한다.

⑤ 자신의 견해를 먼저 제시하고, 그에 맞는 사례를 제시한다.

29 다음 제시문에 사용된 설명 방식으로 적절하지 않은 것은?

> 집단사고는 강한 응집력을 보이는 집단의 의사결정과정에서 나타나는 비합리적인 사고방식이다. 이는 소수의 우월한 엘리트들이 모여서 무언가를 결정하는 과정에서 흔히 발생한다. 이것의 폐해는 반대 시각의 부재, 다시 말해 원활하지 못한 소통에서 비롯된다. 그 결과 '이건 아닌데……' 하면서도 서로 아무 말을 못 해서 일이 파국으로 치닫곤 한다.
> 요즘 각광받는 집단지성은 집단사고와 비슷한 것 같지만 전혀 다른 개념이다. 집단지성이란 다수의 개체들이 협력하거나 경쟁함으로써 얻어지는 고도의 지적 능력을 말한다. 이는 1910년대 한 곤충학자가 개미의 사회적 행동을 관찰하면서 처음 제시한 개념인데, 사회학자 피에르레비가 사이버공간에서의 집단지성의 개념을 제시한 이후 여러 분야에서 활발히 연구되고 있다. 위키피디아는 집단지성의 대표적인 사례이다. 위키피디아는 참여자 모두에게 편집권이 있고, 다수에 의해 수정되며, 매일 업데이트 되는 '살아 있는 백과사전'이다. 서로 이해와 입장이 다른 수많은 참여자가 콘텐츠를 생산하거나 수정하고 다시 그것을 소비하면서 지식의 빈자리를 함께 메워 가는 소통의 과정 그 자체가 위키피디아의 본질이다. 이처럼 집단지성은 참여와 소통의 수준 면에서 집단사고와는 큰 차이가 있다.

① 정의   ② 대조
③ 예시   ④ 인용
⑤ 비유

30

커피 찌꺼기를 일컫는 커피박이라는 단어는 우리에게 생소한 편이다. 하지만 외국에서는 커피 웨이스트(Coffee Waste), 커피 그라운드(Coffee Ground) 등 다양한 이름으로 불린다. 커피박은 커피 원두로부터 액을 추출한 후 남은 찌꺼기를 말하는데 이는 유기물뿐만 아니라 섬유소, 리그닌, 카페인 등 다양한 물질을 풍부하게 함유하고 있어 재활용 가치가 높은 유기물 자원으로 평가받고 있다.

특히 우리나라는 높은 커피 소비국으로 2007년부터 2010년까지의 관세청 자료에 의하면 매년 지속적으로 커피원두 및 생두 수입이 지속적으로 증가한 것으로 나타났다. 1인당 연간 커피 소비량은 2019년 기준 평균 328잔 정도에 달하며 커피 한잔에 사용되는 커피콩은 0.2%, 나머지는 99.8%로 커피박이 되어 생활폐기물 혹은 매립지에서 소각처리된다.

이렇게 커피 소비량이 증가하고 있는 가운데 커피를 마시고 난 후 생기는 부산물인 커피박도 연평균 12만 톤 이상 발생하고 있는 것으로 알려져 있다. 이렇듯 막대한 양의 커피박은 폐기물로 분류되며 폐기처리만 해도 큰 비용이 발생된다.

따라서 우리나라와 같이 농업분야의 유기성 자원이 절대적으로 부족한 곳에서는 비료 원자재 대부분을 수입산에 의존하고 있는데, 원재료 매입비용이 적은 반면 부가가치를 창출할 수 있는 수익성이 매우 높은 재료로 고가로 수입된 커피박 자원을 재활용할 수 있다면 자원절감과 비용절감 두 마리 토끼를 잡을 수 있을 것으로 기대된다.

또한 커피박은 부재료 선택에 신경을 쓴다면 분명 더 나은 품질의 퇴비가 가능하다고 전문가들은 지적한다. 그 가운데 톱밥, 볏짚, 버섯폐배지, 한약재 찌꺼기, 쌀겨, 스테비아분말, 채종유박, 깻묵 등의 부재료 화학성 pH는 4.9 ~ 6.4, 총탄소 4 ~ 54%, 총질소 0.08 ~ 10.4%, 탈질률 7.8 ~ 680으로 매우 다양했다. 그중에서 한약재 찌꺼기의 질소 함량이 가장 높았고, 유기물 함량은 톱밥이 가장 높았다.

유기물 퇴비를 만들기 위한 조건은 수분함량, 공기, 탄질비, 온도 등이 중요하다. 흔히 유기 퇴비의 원료로는 농가에서 쉽게 찾아볼 수 있는 볏짚, 나무껍질, 깻묵, 쌀겨 등이 있다. 그밖에 낙엽이나 산야초를 베어 퇴비를 만들어도 되지만 일손과 노동력이 다소 소모된다는 단점이 있다. 무엇보다 양질의 퇴비를 만들기 위해서는 재료로 사용되는 자재가 지닌 기본적인 탄소와 질소의 비율이 중요한데 탄질률은 20 ~ 30 : 1 인 것이 가장 이상적이다. 농촌진흥청 관계자는 이에 대해 "탄질률은 퇴비의 분해 속도와 관련이 있어 지나치게 질소가 많거나 탄소성분이 많을 경우 양질의 퇴비를 얻을 수 없다. 또한 퇴비 재료에 미생물이 첨가되면서 자연 분해되면 열이 발생하는데 이는 유해 미생물을 죽일 수 있어 양질의 퇴비를 얻기 위해서는 퇴비 더미의 온도를 50℃ 이상으로 유지하는 것이 바람직하다."고 밝혔다.

① 커피박을 이용하여 유기농 비료를 만드는 것은 환경 보호뿐만 아니라 경제적으로도 이득이다.

② 커피박과 함께 비료에 들어갈 부재료를 고를 때에는 질소나 유기물이 얼마나 들어있는지가 중요한 기준이다.

③ 비료에서 중요한 성분인 질소가 많이 함유되어 있을수록 좋은 비료라고 할 수 있다.

④ 퇴비 재료에 있는 유해 미생물을 50℃ 이상의 고온을 통해 없앨 수 있다.

⑤ 커피박을 이용하여 유기 비료를 만들 때, 질소 보충이 필요한 사람이라면 한약재 찌꺼기를 첨가하는 것이 좋다.

인간의 삶과 행위를 하나의 질서로 파악하고 개념과 논리를 통해 이해하고자 하는 시도는 소크라테스와 플라톤을 기점으로 시작된 가장 전통적인 방법론이라고 할 수 있다. 이는 결국 경험적이고 우연적인 요소를 배제하여 논리적 필연으로 인간을 규정하고자 한 것이다. 이에 반해 경험과 감각을 중시하고 욕구하는 실체로서의 인간을 파악하고자 한 이들이 소피스트들이다. 이 두 관점은 두 개의 큰 축으로 서구 지성사에 작용해 온 것이 사실이다.

하지만 이는 곧 소크라테스와 플라톤의 관점에서는 삶과 행위의 구체적이고 실제적인 일상이 무시된 채 본질적이고 이념적인 영역을 추구하였다는 것이며, 소피스트들의 관점에서는 고정적 실체로서의 도덕이나 정당화의 문제보다는 변화하는 실제적 행위만이 인정되었다는 이야기로 환원되어왔다. 그리고 이와 같은 문제를 제대로 파악한 것이 바로 고대 그리스의 웅변가이자 소피스트인 '이소크라테스'이다.

이소크라테스는 소피스트들에 대해서는 그들의 교육이 도덕이나 시민적 덕성의 함양과는 무관하게 탐욕과 사리사욕을 위한 교육에 그치고 있다고 비판했으며, 동시에 영원불변하는 보편적 지식의 무용성을 주장했다. 그는 시의적절한 의견들을 통해 더 좋은 결과에 이를 수 있는 능력을 얻으려는 자가 바로 철학자라고 주장했다. 그렇기에 이소크라테스의 수사학은 플라톤의 이데아론은 물론 소피스트들의 무분별한 실용성을 지양하면서도, 동시에 삶과 행위의 문제를 이론적이고도 실제적으로 해석하는 것으로 평가할 수 있다.

① 이소크라테스의 주장에 따르면 플라톤의 이데아론은 과연 그것이 현실을 살아가는 이들에게 무슨 의미가 있는가에 대한 필연적인 물음에 맞닥뜨리게 된다.

② 소피스트들의 주장과 관점은 현대사회의 물질만능주의를 이해하기에 적절한 사례가 된다.

③ 소피스트와 이소크라테스는 영원불변하는 보편적 지식의 존재를 부정하며 구체적이고 실제적인 일상을 중요하게 여겼다.

④ 이소크라테스를 통해 절대적인 진리를 추구하지 않는 것이 반드시 비도덕적인 일로 환원된다고는 볼 수 없음을 확인할 수 있다.

⑤ 훌륭한 말과 미덕을 갖춘 지성인은 이소크라테스가 추구한 목표에 가장 가까운 존재라고 할 수 있다.

32

> 핀테크는 금융과 기술의 합성어로, 은행, 카드사 등의 금융기관이 기존 금융서비스에 ICT를 결합한 것으로 금융 전반에 나타난 디지털 혁신이다. 은행은 직접 방문하지 않아도 스마트폰 등을 이용하여 은행 업무를 처리할 수 있는 것이 대표적이다.
>
> 테크핀은 ICT 기업이 자신들의 기술을 통해 특색 있는 금융 서비스를 만드는 것으로, 핀테크와 비교했을 때, 기술을 금융보다 강조하는 점이 특징이다. ○○페이 등의 간편결제, 송금 서비스, 인터넷 전문은행 등이 대표적이다.
>
> 한국은 주로 금융기관이 주축이 되어 금융서비스를 개선하고 있었지만, 최근에는 비금융회사의 금융업 진출이 확대되고 있다. 국내의 높은 IT 인프라와 전자상거래 확산으로 인해 소비자들이 현재보다 편한 서비스를 필요하다고 생각하는 것이 원인이다. 또한 공인인증서 의무사용 폐지와 같은 규제가 완화되는 것 또한 ICT 기업이 금융으로 진출할 수 있는 좋은 상황으로 평가된다.
>
> 테크핀의 발전은 핀테크의 발전 역시 야기하였다. 테크핀으로 인한 위기를 느낀 금융기관은 이와 경쟁하기 위해 서비스를 개선하고 있다. 금융기관도 공인인증서, 보안카드 등이 필요 없는 서비스 등을 개선하고 모바일 뱅킹도 더 편리하게 개선하고 있다.
>
> 핀테크와 테크핀이 긍정적인 영향만을 가진 것은 아니다. 금융서비스 이용실태 조사에 따르면 금융혁신이 이루어지고 이에 대한 혜택을 받는 사람이 저연령층이나 고소득층이 높은 비율을 차지하고 있다. 따라서 핀테크와 테크핀을 발전시키는 동시에 모든 사람이 혜택을 누릴 수 있는 방안도 같이 찾아야 한다.

① 핀테크가 발전하면 저소득층부터 고소득층 모두 혜택을 누린다.

② 핀테크는 비금융기관이 주도한 금융혁신이다.

③ 테크핀은 기술보다 금융을 강조한다.

④ IT 인프라가 높으면 테크핀이 발전하기 쉬워진다.

⑤ 핀테크와 테크핀은 동시에 발전할 수 없다.

33

1896년 『독립신문』 창간을 계기로 여러 가지의 애국가 가사가 신문에 게재되기 시작했는데, 어떤 곡조에 따라 이 가사들을 노래로 불렀는지는 명확하지 않다. 다만 대한제국이 서구식 군악대를 조직해 1902년 '대한제국 애국가'라는 이름의 국가(國歌)를 만들어 나라의 주요 행사에 사용했다는 기록은 남아 있다. 오늘날 우리가 부르는 애국가의 노랫말은 외세의 침략으로 나라가 위기에 처해있던 1907년을 전후하여 조국애와 충성심을 북돋우기 위하여 만들어졌다.

1935년 해외에서 활동 중이던 안익태는 오늘날 우리가 부르고 있는 국가를 작곡하였다. 대한민국 임시정부는 이 곡을 애국가로 채택해 사용했으나 이는 해외에서만 퍼져나갔을 뿐, 국내에서는 광복 이후 정부수립 무렵까지 애국가 노랫말과 스코틀랜드 민요에 맞춰 부르고 있었다. 그러다가 1948년 대한민국 정부가 수립된 이후 현재의 노랫말과 함께 안익태가 작곡한 곡조의 애국가가 정부의 공식 행사에 사용되고 각급 학교 교과서에도 실리면서 전국적으로 애창되기 시작하였다.

애국가가 국가로 공식화되면서 1950년대에는 대한뉴스 등을 통해 적극적으로 홍보가 이루어졌다. 그리고 「국기게양 및 애국가 제창 시의 예의에 관한 지시(1966)」 등에 의해 점차 국가의례의 하나로 간주되었다.

1970년대 초에는 공연장에서 본공연 전에 애국가가 상영되기 시작하였다. 이후 1980년대 중반까지 주요 방송국에서 국기강하식에 맞춰 애국가를 방송하였다. 주요 방송국의 국기강하식 방송, 극장에서의 애국가 상영 등은 1980년대 후반 중지되었으며 음악회와 같은 공연 시 애국가 연주도 이때 자율화되었다.

오늘날 주요 행사 등에서 애국가를 제창하는 경우에는 부득이한 경우를 제외하고 4절까지 제창하여야 한다. 애국가는 모두 함께 부르는 경우에는 전주곡을 연주한다. 다만, 약식 절차로 국민의례를 행할 때 애국가를 부르지 않고 연주만 하는 의전행사(외국에서 하는 경우 포함)나 시상식·공연 등에서는 전주곡을 연주해서는 안 된다.

① 1940년에 해외에서는 안익태가 만든 애국가 곡조를 들을 수 없었다.
② 1990년대 초반에는 국기강하식 방송과 극장에서의 애국가 상영이 의무화되었다.
③ 오늘날 우리가 부르는 애국가의 노랫말은 1896년 『독립신문』에 게재되지 않았다.
④ 시상식에서 애국가를 부르지 않고 연주만 하는 경우에는 전주곡을 연주할 수 있다.

아파트를 분양받을 경우 전용면적, 공용면적, 공급면적, 계약면적, 서비스면적이라는 용어를 자주 접하게 된다.

전용면적은 아파트의 방이나 거실, 주방, 화장실 등을 모두 포함한 면적으로, 개별 세대 현관문 안쪽의 전용 생활공간을 말한다. 다만 발코니 면적은 전용면적에서 제외된다.

공용면적은 주거공용면적과 기타공용면적으로 나뉜다. 주거공용면적은 세대가 거주를 위하여 공유하는 면적으로 세대가 속한 건물의 공용계단, 공용복도 등의 면적을 더한 것을 말한다. 기타공용면적은 주거공용면적을 제외한 지하층, 관리사무소, 노인정 등의 면적을 더한 것이다.

공급면적은 통상적으로 분야에 사용되는 용어로 전용면적과 주거공용면적을 더한 것이다. 계약면적은 공급면적과 기타공용면적을 더한 것이다. 서비스면적은 발코니 같은 공간의 면적으로 전용면적과 공용면적에서 제외된다.

① 발코니 면적은 계약면적에 포함된다.

② 관리사무소 면적은 공급면적에 포함된다.

③ 계약면적은 전용면적, 주거공용면적, 기타공용면적을 더한 것이다.

④ 공용계단과 공용복도의 면적은 공급면적에 포함되지 않는다.

⑤ 개별 세대 내 거실과 주방의 면적은 주거공용면적에 포함된다.

Easy

35

'쓰는 문화'가 책의 문화에서 가장 우선이다. 쓰는 이가 없이는 책이 나올 수가 없기 때문이다. 그러나 지혜를 많이 갖고 있다는 것과 그것을 글로 옮길 줄 아는 것은 별개의 문제이다. 엄격하게 이야기해서 지혜는 어떤 한 가지 일에 지속적으로 매달린 사람이면 누구나 머릿속에 쌓아두고 있는 것이다. 하지만 그것을 글로 옮기기 위해서는 특별하고도 고통스러운 훈련이 필요하다. 생각을 명료하게 정리하는 것과 글 맥을 이어갈 줄 알아야 하며, 그리고 줄기찬 노력을 바칠 준비가 되어 있어야 한다. 모든 국민이 책 한 권을 남길 수 있을 만큼 쓰는 문화가 발달한 사회가 도래하면, 그때에는 지혜의 르네상스가 가능할 것이다.

'읽는 문화'의 실종, 그것이 바로 현대의 특징이다. 신문의 판매 부수가 날로 떨어져 가는 반면에 텔레비전의 시청률은 날로 증가하고 있다. 깨알 같은 글로 구성된 200쪽 이상의 책보다 그림과 여백이 압도적으로 많이 들어간 만화책 같은 것이 늘어나고 있다. '보는 문화'가 읽는 문화를 대체해 가고 있다. 읽는 일에는 피로가 동반되지만 보는 놀이에는 휴식이 따라온다. 일을 저버리고 놀이만 좇는 문화가 범람하고 있지 않은가. 보는 놀이가 머리를 비게 하는 것은 너무나 당연하다. 읽는 일이 장려되지 않는 한 생각 없는 사회로 치달을 수밖에 없다. 책의 문화는 바로 읽는 일과 직결되며, 생각하는 사회를 만드는 지름길이다.

① 지혜로운 사람이 그렇지 않은 사람보다 더 논리적으로 글을 쓸 수 있다.
② 고통스러운 훈련을 견뎌야 지혜로운 사람이 될 수 있다.
③ 텔레비전을 많이 보는 사람은 그렇지 않은 사람보다 신문을 적게 읽는다.
④ 만화책은 내용과 관계없이 그림의 수준이 높을수록 더 많이 판매된다.
⑤ 사람들이 텔레비전을 많이 볼수록 생각하는 시간이 적어진다.

Hard
36

반도체 및 디스플레이 제조공정에서 사용되는 방법인 포토리소그래피(Photo-lithography)는 그 이름처럼 사진 인쇄 기술과 비슷하게 빛을 이용하여 복잡한 회로 패턴을 제조하는 공정이다. 포토리소그래피는 디스플레이에서는 TFT(Thin Film Transistor : 박막 트랜지스터) 공정에 사용되는데, 먼저 세정된 기판(Substrate) 위에 TFT 구성에 필요한 증착 물질과 이를 덮을 PR(Photo Resist : 감광액) 코팅을 올리고, 빛과 마스크, 그리고 현상액과 식각 과정으로 PR 코팅과 증착 물질을 원하는 모양대로 깎아 내린 다음, 다시 그 위에 층을 쌓는 것을 반복하여 원하는 형태를 패터닝하는 것이다.

한편 포토리소그래피 공정에 사용되는 PR 물질은 빛의 반응에 따라 포지티브와 네거티브 두 가지 방식으로 분류되는데, 포지티브 방식은 마스크에 의해 빛에 노출된 부분이 현상액에 녹기 쉽게 화학 구조가 변하는 것으로, 노광(Exposure) 과정에서 빛을 받은 부분을 제거한다. 반대로 네거티브 방식은 빛에 노출된 부분이 더욱 단단해지는 것으로 빛을 받지 못한 부분을 현상액으로 제거한다. 이후 원하는 패턴만 남은 PR층은 식각(Etching) 과정을 거쳐 PR이 덮여 있지 않은 부분의 증착 물질을 제거하고, 이후 남은 증착 물질이 원하는 모양으로 패터닝 되면 그 위의 도포되어 있던 PR층을 마저 제거하여 증착 물질만 남도록 하는 것이다.

보기

창우와 광수는 각각 포토리소그래피 공정을 통해 디스플레이 회로 패턴을 완성시키기로 하였다. 창우는 포지티브 방식을, 광수는 네거티브 방식을 사용하기로 하였는데, 광수는 실수로 포지티브 방식의 PR 코팅을 사용해 공정을 진행했음을 깨달았다.

① 창우의 디스플레이 회로는 증착, PR 코팅, 노광, 현상, 식각까지의 과정을 반복하여 완성되었을 것이다.

② 광수가 포토리소그래피의 매 공정을 검토했을 경우 최소 식각 과정을 확인하면서 자신의 실수를 알아차렸을 것이다.

③ 포토리소그래피 공정 중 현상 과정에서 문제가 발생했다면 창우의 디스플레이 기판에는 PR층과 증착 물질이 남아있지 않을 것이다.

④ 원래 의도대로라면 노광 과정 이후 창우가 사용한 감광액은 용해도가 높아지고, 광수가 사용한 감광액은 용해도가 매우 낮아졌을 것이다.

⑤ 광수가 원래 의도대로 디스플레이 회로를 완성시키기 위해서는 최소한 노광 과정까지는 공정을 되돌릴 필요가 있다.

37

독립신문은 우리나라 최초의 민간 신문이다. 사장 겸 주필(신문의 최고 책임자)은 서재필 선생이, 국문판 편집과 교정은 최고의 국어학자로 유명한 주시경 선생이, 그리고 영문판 편집은 선교사 호머 헐버트가 맡았다. 창간 당시 독립신문은 이들 세 명에 기자 두 명과 몇몇 인쇄공들이 합쳐 단출하게 시작했다.

신문은 우리가 흔히 사용하는 'A4 용지'보다 약간 큰 '국배판(218×304mm)' 크기로 제작됐고, 총 4면 중 3면은 순 한글판으로, 나머지 1면은 영문판으로 발행했다. 제1호는 '독닙신문'이고 영문판은 'Independent(독립)'로 조판했고, 내용을 살펴보면 제1면에는 대체로 논설과 광고가 실렸고, 제2면에는 관보·외국통신·잡보가, 제3면에는 물가·우체시간표·제물포 기선 출입항 시간표와 광고가 게재됐다.

독립신문은 민중을 개화시키고 교육하기 위해 발간된 것이지만, 그 이름에서부터 알 수 있듯 스스로 우뚝 서는 독립국을 만들고자 자주적 근대화 사상을 강조했다. 창간호 표지에는 '뎨일권 뎨일호. 조선 서울 건양 원년 사월 초칠일 금요일'이라고 표기했는데, '건양(建陽)'은 조선의 연호이고, 한성 대신 서울을 표기한 점과 음력 대신 양력을 쓴 점 모두 중국 사대주의에서 벗어난 자주독립을 꾀한 것으로 볼 수 있다.

독립신문이 발행되자 사람들은 모두 깜짝 놀랄 수밖에 없었다. 순 한글로 만들어진 것은 물론 유려한 편집 솜씨에 조판과 내용까지 완벽했기 때문이다. 무엇보다 제4면을 영어로 발행해 국내 사정을 외국에 알린다는 점은 호시탐탐 한반도를 노리던 일본 당국에 큰 부담을 안겨주었고, 더는 자기네들 마음대로 조선의 사정을 왜곡 보도할 수 없게 된 것이다.

날이 갈수록 독립신문을 구독하려는 사람은 늘어났고, 처음 300부씩 인쇄되던 신문이 곧 500부로, 나중에는 3,000부까지 확대된다. 오늘날에는 한 사람이 신문 한 부를 읽으면 폐지 처리하지만, 과거에는 돌려가며 읽는 경우가 많았고 시장이나 광장에서 글을 아는 사람이 낭독해주는 일도 빈번했기에 한 부의 독자 수는 50명에서 100명에 달했다. 이런 점을 감안해보면 실제 독립신문의 독자 수는 10만 명을 넘어섰다고 가늠해 볼 수 있다.

보기

우리 신문이 한문은 아니 쓰고 다만 국문으로만 쓰는 것은 상하귀천이 다 보게 함이라. 또 국문을 이렇게 구절을 떼어 쓴즉 아무라도 이 신문을 보기가 쉽고 신문 속에 있는 말을 자세히 알아보게 함이라.

---

① 교통수단도 발달하지 않던 과거에는 활자 매체인 신문이 소식 전달에 있어 절대적인 역할을 차지했다.
② 민중을 개화시키고 교육하기 위해 발간된 것으로 역사적·정치적으로 큰 의의를 가진다.
③ 한글을 사용해야 누구나 읽을 수 있다는 점을 인식해 한문우월주의에 영향을 받지 않고, 소신 있는 행보를 했다.
④ 일본이 한반도를 집어삼키려 하던 혼란기 우리만의 신문을 펴낼 수 있었다는 것에 큰 의의가 있다.
⑤ 중국의 지배에서 벗어나 자주독립을 꾀하고 스스로 우뚝 서는 독립국을 만들고자 자주적 사상을 강조했다.

Easy

38

몰랐지만 넘겨짚어 시험의 정답을 맞힌 경우와 제대로 알고 시험의 정답을 맞힌 경우를 구별할 수 있을까? 또 무작정 외워서 쓴 경우와 제대로 이해하고 쓴 경우는 어떤가? 전자와 후자는 서로 다르게 평가받아야 할까, 아니면 동등한 평가를 받아야 할까?

선택형 시험의 평가는 오로지 답안지에 표기된 선택지가 정답과 일치하는가의 여부에만 달려 있다. 이는 위의 첫 번째 물음이 항상 긍정으로 대답되지는 않으리라는 사실을 말해준다. 그러나 만일 시험관에게 답안지를 놓고 응시자와 면담할 기회가 주어진다면, 시험관은 응시자에게 정답지를 선택한 근거를 물음으로써 그가 문제에 관해 올바른 정보와 추론 능력을 가지고 있는지 검사할 수 있을 것이다. 예를 들어 한 응시자가 '대한민국의 수도가 어디냐'는 물음에 대해 '서울'이라고 답했다고 하자. 그렇게 답한 이유가 단지 '부모님이 사시는 도시라 이름이 익숙해서'였을 뿐, 정작 대한민국의 지리나 행정에 관해서는 아는 바 없다는 사실이 면접을 통해 드러났다고 하자. 이 경우에 시험관은 이 응시자가 대한민국의 수도에 관한 올바른 정보를 갖고 있다고 인정하기 어려울 것이다. 이 예는 응시자가 올바른 답을 제시하는 데 필요한 정보가 부족한 경우이다.

그렇다면 어떤 사람이 문제의 올바른 답을 추론해내는 데 필요한 모든 정보를 갖고 있었고 실제로도 정답을 제시했다고 해서, 그가 문제에 대한 올바른 추론 능력을 가지고 있다고 할 수 있는가? 어느 도난사건을 함께 조사한 홈즈와 왓슨이 사건의 모든 구체적인 세부사항, 예컨대 범행 현장에서 발견된 흙발자국의 토양 성분뿐 아니라 올바른 결론을 내리는 데 필요한 모든 일반적 정보, 이를테면 영국의 지역별 토양의 성분에 관한 정보 등을 똑같이 갖고 있었고, 실제로 동일한 용의자를 범인으로 지목했다고 하자. 이 경우 두 사람의 추론을 동등하게 평가해야 하는가? 그렇지 않다.

가령 왓슨은 모든 정보를 완비하고 있었음에도 불구하고, 이름에 모음의 수가 가장 적다는 엉터리 이유로 범인을 지목했다고 하자. 이런 경우에도 우리는 왓슨의 추론에 박수를 보낼 수 있을까? 아니다. 왜냐하면 _____

① 왓슨은 일반적으로 타당한 개인적 경험을 토대로 추론했기 때문이다.

② 왓슨은 올바른 추론의 방법을 알고 있음에도 불구하고 요행을 우선시했기 때문이다.

③ 왓슨은 추론에 필요한 전문적인 훈련을 받지 못해서 범인을 잘못 골랐기 때문이다.

④ 왓슨은 올바른 추론에 필요한 정보를 가지고 있긴 했지만 그 정보와 무관하게 범인을 지목했기 때문이다.

⑤ 왓슨은 올바른 추론에 필요한 논리적 능력은 갖추고 있음에도 불구하고 범인을 추론하는 데 필요한 관련 정보가 부족했기 때문이다.

39

경기적 실업이란 경기 침체의 영향으로 기업 활동이 위축되고 이로 인해 노동에 대한 수요가 감소하여 고용량이 줄어들어 발생하는 실업이다. 다시 말해 경기적 실업은 노동 시장에서 노동의 수요와 공급이 균형을 이루고 있는 상태라고 가정할 때, 경기가 침체되어 물가가 하락하게 되면 _____ _____ 경기적 실업은 다른 종류의 실업에 비해 생산량 측면에서 경제적으로 큰 손실을 발생시킬 수 있기에 경제학자들은 이를 해결하기 위한 정부의 역할에 대해 다양한 의견을 제시한다.

① 기업은 생산량을 줄이게 되고 이로 인해 노동에 대한 공급이 감소하여 발생한다.
② 기업은 생산량을 늘리게 되고 이로 인해 노동에 대한 수요가 증가하여 발생한다.
③ 기업은 생산량을 늘리게 되고 이로 인해 노동에 대한 공급이 감소하여 발생한다.
④ 기업은 생산량을 줄이게 되고 이로 인해 노동에 대한 수요가 감소하여 발생한다.
⑤ 기업은 생산량을 줄이게 되고 이로 인해 노동에 대한 수요가 증가하여 발생한다.

40

1979년 경찰관 출신이자 샌프란시스코 시의원이었던 화이트 씨는 시장과 시의원을 살해했다는 이유로 1급 살인죄로 기소되었다. 화이트의 변호인은 피고인이 스낵을 비롯해 컵케이크, 캔디 등을 과다 섭취해서 당분 과다로 뇌의 화학적 균형이 무너져 정신에 장애가 왔다고 주장하면서 책임 경감을 요구하였다. 재판부는 변호인의 주장을 인정하여 계획 살인죄보다 약한 일반 살인죄를 적용하여 7년 8개월의 금고형을 선고했다. 이 항변은 당시 미국에서 인기 있던 스낵의 이름을 따 '트윙키 항변'이라 불렸고 사건의 사회성이나 의외의 소송 전개 때문에 큰 화제가 되었다.
이를 계기로 1982년 슈엔달러는 교정시설에 수용된 소년범 276명을 대상으로 섭식과 반사회 행동의 상관관계에 대해 실험을 하였다. 기존의 식단에서 각설탕을 꿀로 바꾸어 보고, 설탕이 들어간 음료수에서 천연 과일 주스를 주는 등으로 변화를 주었다. 이처럼 정제한 당의 섭취를 원천적으로 차단한 결과 시설 내 폭행, 절도, 규율 위반, 패싸움 등이 실험 전에 비해 무려 45%나 감소했다는 것을 알게 되었다. 따라서 이 실험을 통해 _____

① 과다한 영양 섭취가 범죄 발생에 영향을 미친다는 것을 알 수 있다.
② 과다한 정제당 섭취는 반사회적 행동을 유발할 수 있다는 것을 알 수 있다.
③ 가공 식품의 섭취가 일반적으로 폭력 행위를 증가시킨다는 것을 알 수 있다.
④ 정제당 첨가물로 인한 범죄 행위는 그 책임이 경감되어야 한다는 것을 알 수 있다.
⑤ 범죄 예방을 위해 교정시설 내에 정제당을 제공하지 말아야 한다는 것을 알 수 있다.

| 수리 |

01 연경이와 효진이와 은이가 동시에 회사를 출발하여 식당까지 걸었다. 은이는 시속 3km로 걷고, 연경이는 시속 4km로 걷는다. 연경이가 은이보다 식당에 10분 일찍 도착하였고, 효진이는 은이보다 5분 일찍 식당에 도착했다. 효진이의 속력은?

① $\dfrac{7}{2}$ km/h

② $\dfrac{10}{3}$ km/h

③ $\dfrac{13}{4}$ km/h

④ $\dfrac{18}{5}$ km/h

⑤ $\dfrac{24}{7}$ km/h

02 하이킹을 하는데 올라갈 때는 시속 10km로 달리고, 내려올 때는 올라갈 때보다 10km 더 먼 길을 시속 20km로 달렸다. 올라갔다가 내려오는 데 총 5시간이 걸렸다면, 올라갈 때 달린 거리는?

① 15km

② 20km

③ 25km

④ 30km

⑤ 35km

03 세빈이는 이번 주말에 등산을 하였다. 올라갈 때에는 시속 4km로 걷고 내려올 때에는 올라갈 때보다 2km 더 먼 거리를 시속 6km의 속력으로 걸어 내려왔다. 올라갈 때와 내려올 때 걸린 시간이 같았다면 내려올 때 걸린 시간은?

① 1시간

② 1.5시간

③ 2시간

④ 2.5시간

⑤ 3시간

04 1km 떨어진 지점을 왕복하는 데 20분 동안 30m/min의 속력으로 갔다. 총 1시간 안에 왕복할 때, 이후 속력은?

① 25m/min

② 30m/min

③ 35m/min

④ 40m/min

⑤ 45m/min

05 가로의 길이가 5m, 세로의 길이가 12m인 직사각형 모양의 농구코트가 있다. 철수는 농구코트의 모서리에 서 있으며, 농구공은 농구코트 안에서 철수로부터 가장 멀리 떨어진 곳에 존재하고 있다. 최단거리로 농구공을 가지러 간다면 철수의 이동거리는?

① 5m

② 6m

③ 12m

④ 13m

⑤ 15m

`Easy`

06 무게가 1개당 15g인 사탕과 20g인 초콜렛을 합하여 14개를 사는데 총 무게가 235g 이상 250g 이하가 되도록 하려고 한다. 사탕을 최대 몇 개까지 살 수 있는가?

① 7개

② 8개

③ 9개

④ 10개

⑤ 11개

07 A ~ H 8명의 후보 선수 중 4명을 뽑을 때, A, B, C를 포함하여 뽑을 확률은?

① $\dfrac{1}{14}$

② $\dfrac{1}{5}$

③ $\dfrac{3}{8}$

④ $\dfrac{1}{2}$

⑤ $\dfrac{3}{5}$

08 서로 다른 2개의 주사위를 동시에 던질 때, 나오는 눈의 수의 곱이 4의 배수일 확률은?

① $\dfrac{1}{3}$ ② $\dfrac{1}{6}$

③ $\dfrac{2}{9}$ ④ $\dfrac{5}{12}$

⑤ $\dfrac{5}{18}$

09 S회사 회계팀에는 A~E 다섯 명의 팀원이 일을 하고 있다. 이들은 다가오는 감사에 대비하기 위해 월요일부터 금요일에 한 명씩 돌아가면서 당직 근무를 하기로 하였다. D는 금요일에, E는 수요일에 당직 근무를 할 확률은?

① $\dfrac{1}{2}$ ② $\dfrac{1}{4}$

③ $\dfrac{1}{5}$ ④ $\dfrac{1}{10}$

⑤ $\dfrac{1}{20}$

Hard

10 A와 B가 같이 일을 하면 12일이 걸리고, B와 C가 같이 일을 하면 6일, C와 A가 같이 일을 하면 18일이 걸리는 일이 있다. 만약 A~C 모두 함께 72일 동안 일을 하면 기존에 했던 일의 몇 배의 일을 할 수 있는가?

① 9배   ② 10배

③ 11배   ④ 12배

⑤ 13배

11 수현이의 부모님은 미국에 거주 중이고, 동생은 일본에서 유학 중이다. 한국에서 미국과 일본에 국제전화를 걸 때 분당 통화요금은 각각 40원, 60원이다. 이번 달에 수현이가 부모님과 동생에게 전화를 건 시간을 합하면 1시간이고, 부모님과 통화하는 데 들어간 요금이 동생과 통화하는 데 들어간 요금의 2배일 때, 수현이가 내야 하는 국제전화 요금의 총액은?

① 2,400원
② 2,500원
③ 2,600원
④ 2,700원
⑤ 1,800원

Easy

12 농도가 20%인 소금물 100g을 50g 덜어낸 뒤, 남아있는 소금물에 물을 더 넣어 10%의 소금물을 만들려고 한다. 이때, 필요한 물의 양은?

① 10g
② 20g
③ 30g
④ 40g
⑤ 50g

13 농도가 14%로 오염된 물 50g이 있다. 깨끗한 물을 채워서 오염농도를 4%p 줄이려고 한다면 깨끗한 물을 얼마나 넣어야 하는가?

① 5g
② 10g
③ 15g
④ 20g
⑤ 25g

Easy

14 어떤 자연수로 245를 나누면 5가 남고, 100을 나누면 4가 남는다고 한다. 이러한 어떤 자연수 중 가장 큰 수는?

① 12
② 24
③ 36
④ 48
⑤ 60

15 어떤 두 소행성 간의 거리는 150km이다. 이 두 소행성이 서로를 향하여 각각 초속 10km와 5km로 접근한다면, 둘은 몇 초 후에 충돌하겠는가?

① 5초   ② 10초

③ 15초   ④ 20초

⑤ 25초

16 서로 다른 8개의 컵 중에서 4개만 식탁 위에 원형으로 놓는 경우의 수는?

① 400가지   ② 410가지

③ 420가지   ④ 430가지

⑤ 440가지

17 직원 A ~ P 16명이 야유회에 가서 4명씩 4개의 조로 행사를 한다. 첫 번째 이벤트에서 같은 조였던 사람은 두 번째 이벤트에서 같은 조가 될 수 없다. 두 번째 이벤트에서 1, 4조가 〈보기〉처럼 주어졌을 때, 두 번째 이벤트에서 나머지 두 개 조로 가능한 경우의 수는?

> **보기**
> • 1조 : I, J, K, L
> • 4조 : M, N, O, P

① 8가지   ② 10가지

③ 12가지   ④ 14가지

⑤ 16가지

18 남자 5명과 여자 3명 중에서 4명의 대표를 선출할 때, 적어도 1명의 여자가 포함되도록 선출하는 경우의 수는?

① 55가지   ② 60가지

③ 65가지   ④ 70가지

⑤ 75가지

19 한국, 미국, 중국, 러시아에서 각각 두 명의 테니스 선수들이 8강전에 진출하였다. 각 국가의 선수들이 결승전에서만 붙는 경우의 수는?

① 56가지   ② 58가지

③ 52가지   ④ 64가지

⑤ 72가지

20 A산악회는 이번 주말에 일정 수의 인원으로 조를 짜서 등산을 하려고 한다. 12명씩 조를 구성할 경우 4명이 남고, 10명씩 조를 구성할 경우 6명이 남는다면 A산악회 회원은 최소 몇 명인가?(단, A산악회 회원 수는 20명 이상이다)

① 132명   ② 126명

③ 96명   ④ 76명

⑤ 63명

21 어느 모임의 여자 회원의 수는 남자 회원 수의 80%이다. 남자 회원 5명이 모임을 탈퇴하고 여자 회원 1명이 새로 가입한다면 남자 회원과 여자 회원의 수가 같아진다. 이 모임의 회원 수는?

① 26명   ② 30명

③ 50명   ④ 54명

⑤ 62명

| 2022년 상반기 KT그룹

Easy

22 K회사의 구내식당에서는 파란색과 초록색 두 가지 색깔의 식권을 판매한다. 파란색 식권은 1장에 1명이 식사가 가능하고 초록색 식권은 1장에 2명까지 식사가 가능할 때, 파란색 식권 3장과 초록색 식권 2장으로 식사 가능한 최대 인원은?

① 5명   ② 6명

③ 7명   ④ 8명

⑤ 9명

| 2022년 상반기 CJ그룹

23 A와 B는 C사 필기시험에 응시했다. A가 합격할 확률은 40%이고, A와 B 모두 합격할 확률은 30%일 때, 두 사람 모두 불합격할 확률은?

① 0.1   ② 0.15

③ 0.2   ④ 0.25

⑤ 0.3

| 2022년 상반기 SK그룹

24 같은 헤어숍에 다니고 있는 A양과 B군은 일요일에 헤어숍에서 마주쳤다. 서로 마주친 이후 A양은 10일 간격으로 헤어숍에 방문했고, B군은 16일마다 헤어숍에 방문했다. 두 사람이 다시 헤어숍에서 만났을 때의 요일은?

① 월요일   ② 화요일

③ 수요일   ④ 목요일

⑤ 금요일

25 다음은 2020 ~ 2022년 S사의 데스크탑 PC와 노트북 판매량에 대한 표이다. 전년 대비 2022년의 판매량 증감률을 바르게 짝지은 것은?

<2020 ~ 2022년 데스크탑 PC 및 노트북 판매량>

(단위 : 천 대)

구분	2020년	2021년	2022년
데스크탑 PC	5,500	5,000	4,700
노트북	1,800	2,000	2,400

	데스크탑 PC	노트북
①	6%	20%
②	6%	10%
③	− 6%	20%
④	− 6%	10%
⑤	− 6%	5%

26 다음은 S전자 공장에서 만든 부품과 불량품의 수를 기록한 표이다. 전년 대비 부품 수의 차이와 불량품 수의 차이 사이에 일정한 비례관계가 성립할 때, A와 B에 들어갈 수치를 올바르게 나열한 것은?

<연도별 부품 수와 불량품 수>

(단위 : 개)

구분	2017년	2018년	2019년	2020년	2021년	2022년
부품 수	120	170	270	420	620	(A)
불량품 수	10	30	70	(B)	210	310

	(A)	(B)
①	800	90
②	830	110
③	850	120
④	870	130
⑤	900	150

PART 3

주요기업 기출복원문제

27 일정한 수를 다음과 같은 규칙으로 나열할 때, 빈칸에 들어갈 a와 b의 총합이 처음으로 800이 넘는 b의 값은?

규칙	1	2	3	4	5	6	…
A	50	70	95	125	160	200	(a)
B	150	180	210	240	270	300	(b)

① 330

② 350

③ 360

④ 390

⑤ 420

28 S사는 매년 A기계와 B기계를 생산한다. 다음과 같은 일정한 규칙에 따라 생산을 할 때, 2025년에 두 기계의 총 생산량은?

〈A, B기계 생산대수〉

(단위 : 대)

구분	2015년	2016년	2017년	2018년	2019년	2020년
A기계	20	23	26	29	32	35
B기계	10	11	14	19	26	35

① 130대

② 140대

③ 150대

④ 160대

⑤ 170대

※ 다음과 같이 일정한 규칙으로 수를 나열할 때, 빈칸에 들어갈 알맞은 수를 고르시오. [29~45]

| 2023년 하반기 CJ그룹

29

| 4   3   1   2   -1   3   ( ) |

① -3   ② -4
③ -5   ④ -6
⑤ -7

| 2023년 하반기 CJ그룹

30

| 13   9   6   12   ( )   15   -8 |

① 24   ② 9
③ -1   ④ 3
⑤ 5

| 2023년 하반기 LG그룹

31

| 14   18   26   42   74   138   ( ) |

① 212   ② 248
③ 266   ④ 312
⑤ 338

| 2023년 하반기 KT그룹

32

| 3   4   0   16   -5   36   -12   ( ) |

① -36   ② 64
③ 72   ④ 121
⑤ 144

33

$$\frac{27}{358} \qquad \frac{30}{351} \qquad \frac{32}{345} \qquad \frac{33}{340} \qquad (\quad) \qquad \frac{32}{333}$$

① $\frac{35}{338}$

② $\frac{34}{338}$

③ $\frac{33}{338}$

④ $\frac{34}{336}$

⑤ $\frac{33}{336}$

34

$$5 \qquad 9 \qquad 21 \qquad 57 \qquad 165 \qquad 489 \qquad (\quad)$$

① 1,355

② 1,402

③ 1,438

④ 1,461

⑤ 11,476

Hard

35

$$0.8 \quad 0.9 \quad 2.7 \quad 0.7 \quad 6.6 \quad 0.3 \quad 14.5 \quad (\quad)$$

① -0.5

② -0.6

③ -0.7

④ -0.8

⑤ -0.9

Easy

36

$$216 \quad (\quad) \quad 324 \quad 432 \quad 486 \quad 576 \quad 729 \quad 768$$

① 324

② 340

③ 384

④ 410

37

$$0.4 \quad 0.5 \quad 0.65 \quad 0.85 \quad 1.1 \quad (\quad)$$

① 1.35
② 1.4
③ 1.45
④ 1.5
⑤ 1.55

Hard
38

$$\frac{7}{11} \quad \frac{2}{22} \quad -\frac{4}{44} \quad -\frac{11}{77} \quad -\frac{19}{121} \quad (\quad)$$

① $-\dfrac{26}{150}$
② $-\dfrac{28}{176}$
③ $-\dfrac{22}{154}$
④ $-\dfrac{38}{242}$
⑤ $-\dfrac{45}{242}$

39

$$1 \quad -1 \quad 2 \quad -6 \quad 24 \quad -120 \quad (\quad) \quad -5{,}040$$

① 700
② 720
③ 740
④ 760
⑤ 780

40

$$92 \quad 103 \quad 107 \quad 115 \quad (\quad) \quad 127$$

① 110
② 112
③ 118
④ 121
⑤ 122

41

13	76	63	−80	−110	−30	−27	( )	23

① − 14   ② − 4

③ 4   ④ 14

⑤ 22

42

6	4	4	21	5	32	19	( )	10

① 18   ② 16

③ 14   ④ 12

⑤ 10

43

1	2	2	2	4	2	3	12	( )

① 4   ② 5

③ 6   ④ 7

⑤ 8

44

5	1	2	3	9	4	8	( )	6

① 2   ② 7

③ 10   ④ 11

⑤ 12

45

| 1 8 15 22 29 36 36 43 ( ) 57 64 71 |

① 42

② 43

③ 45

④ 50

Hard

46 다음 수열의 11번째 항의 값은?

| 4 5 10 11 22 23 ⋯ |

① 174

② 178

③ 186

④ 190

⑤ 195

47 다음은 일정한 규칙에 따라 수를 배치한 것이다. 빈칸에 들어갈 수는?

7	29	117
19	( )	129
31	53	141

① 18

② 21

③ 37

④ 41

⑤ 65

PART 3

주요기업 기출복원문제

48 다음은 병역자원 현황에 대한 표이다. 총 지원자 수에 대한 2015 · 2016년 평균과 2021 · 2022년 평균과의 차이는?

〈병역자원 현황〉

(단위 : 만 명)

구분	2015년	2016년	2017년	2018년	2019년	2020년	2021년	2022년
징·소집 대상	135.3	128.6	126.2	122.7	127.2	130.2	133.2	127.7
보충역 복무자 등	16.0	14.3	11.6	9.5	8.9	8.6	8.6	8.9
병력동원 대상	675.6	664.0	646.1	687.0	694.7	687.4	654.5	676.4
합계	826.9	806.9	783.9	819.2	830.8	826.2	796.3	813.0

① 11.25만 명
② 11.75만 명
③ 12.25만 명
④ 12.75만 명
⑤ 13.25만 명

49 C영화관에서 근무하는 A씨는 판매율을 높이기 위해 영화를 본 관객들을 추첨해 사은품을 나누어 주는 이벤트를 실시하고자 한다. 본사로부터 할당받은 예산은 총 5백만 원이며, 예산 내에서 고객 1명당 2가지 사은품을 증정하고자 한다. 고객 만족도 대비 비용이 낮은 순으로 상품을 확보하였을 때, 최대 몇 명의 고객에게 사은품을 전달할 수 있는가?

〈C영화관 사은품 목록〉

상품명	개당 구매비용(원)	확보 가능한 최대물량(개)	상품 고객 만족도(점)
차량용 방향제	7,000	300	5
식용유 세트	10,000	80	4
유리용기 세트	6,000	200	6
32GB USB	5,000	180	4
머그컵 세트	10,000	80	5
영화 관련 도서	8,800	120	4
핸드폰 충전기	7,500	150	3

① 360명
② 370명
③ 380명
④ 390명
⑤ 400명

50 다음은 A ~ E과제에 대해 전문가 5명이 평가한 점수이다. 최종점수와 평균점수가 같은 과제로만 짝지어진 것은?

〈과제별 점수 현황〉

(단위 : 점)

구분	A과제	B과제	C과제	D과제	E과제
전문가 1	100	80	60	80	100
전문가 2	70	60	50	100	40
전문가 3	60	40	100	90	( )
전문가 4	50	60	90	70	70
전문가 5	80	60	60	40	80
평균점수	( )	( )	( )	( )	70

※ 최종점수는 가장 낮은 점수와 가장 높은 점수를 제외한 평균점수임

① A, B
② B, C
③ B, D
④ B, E
⑤ D, E

51 귀하는 L회사의 인사관리 부서에서 근무 중이다. 오늘 회의시간에 생산부의 인사평가 자료를 취합하여 보고해야 하는데 자료 취합 중 파일에 오류가 생겨 일부 자료가 훼손되었다. 다음 중 (가) ~ (다)에 들어갈 점수로 가장 적절한 것은?(단, 각 평가는 100점 만점이고, 종합순위는 각 평가지표 점수의 총합으로 결정한다)

〈인사평가 점수 현황〉

(단위 : 점)

구분	역량	실적	자기계발	성실성	종합순위
A사원	70	(가)	80	70	4위
B대리	80	85	(나)	70	1위
C과장	(다)	85	70	75	2위
D부장	80	80	60	70	3위

※ 점수는 5점 단위로 부여함

	(가)	(나)	(다)
①	60	70	55
②	65	65	65
③	65	60	65
④	75	65	55
⑤	75	60	65

52 다음은 중성세제 브랜드별 용량 및 가격을 정리한 표이다. 브랜드마다 용량에 대한 가격을 조정했을 때, 브랜드별 판매 가격 및 용량의 변경 전과 변경 후에 대한 판매 금액 차이가 바르게 연결된 것은?

〈브랜드별 중성세제 판매 가격 및 용량〉

(단위 : 원, L)

구분		1L당 가격	용량		1L당 가격	용량
A브랜드	변경 전	8,000	1.3	변경 후	8,200	1.2
B브랜드		7,000	1.4		6,900	1.6
C브랜드		3,960	2.5		4,000	2.0
D브랜드		4,300	2.4		4,500	2.5

	A브랜드	B브랜드	C브랜드	D브랜드
①	550원 증가	1,220원 감소	2,000원 증가	930원 증가
②	550원 감소	1,240원 증가	1,900원 증가	930원 증가
③	560원 감소	1,240원 증가	1,900원 감소	930원 증가
④	560원 증가	1,240원 감소	2,000원 감소	900원 감소
⑤	560원 감소	1,220원 증가	1,900원 감소	900원 감소

53 다음은 주요 온실가스의 연평균 농도 변화 추이를 나타낸 표이다. 이에 대한 설명으로 옳지 않은 것은?

〈주요 온실가스의 연평균 농도 변화 추이〉

구분	2016년	2017년	2018년	2019년	2020년	2021년	2022년
이산화탄소(CO_2, ppm)	387.2	388.7	389.9	391.4	392.5	394.5	395.7
오존전량(O_3, DU)	331	330	328	325	329	343	335

① 이산화탄소의 농도는 계속해서 증가하고 있다.

② 오존전량은 계속해서 증가하고 있다.

③ 2022년 오존전량은 2016년의 오존전량보다 4DU 증가했다.

④ 2022년 이산화탄소의 농도는 2017년보다 7ppm 증가했다.

⑤ 오존전량이 가장 크게 감소한 해는 2022년이다.

54 다음은 A ~ E 5개국의 경제 및 사회 지표 자료이다. 이에 대한 설명으로 옳지 않은 것은?

〈주요 5개국의 경제 및 사회 지표〉

구분	1인당 GDP(달러)	경제성장률(%)	수출(백만 달러)	수입(백만 달러)	총인구(백만 명)
A	27,214	2.6	526,757	436,499	50.6
B	32,477	0.5	624,787	648,315	126.6
C	55,837	2.4	1,504,580	2,315,300	321.8
D	25,832	3.2	277,423	304,315	46.1
E	56,328	2.3	188,445	208,414	24.0

※ (총 GDP)=(1인당 GDP)×(총인구)

① 경제성장률이 가장 큰 나라가 총 GDP는 가장 작다.
② 총 GDP가 가장 큰 나라의 GDP는 가장 작은 나라의 GDP보다 10배 이상 더 크다.
③ 5개국 중 수출과 수입에 있어서 규모에 따라 나열한 순위는 서로 일치한다.
④ A국이 E국보다 총 GDP가 더 크다.
⑤ 1인당 GDP에 따른 순위와 총 GDP에 따른 순위는 서로 일치한다.

55 어느 도서관에서 일정 기간 도서 대여 횟수를 작성한 자료이다. 자료를 통해 얻을 수 있는 내용으로 옳지 않은 것은?

〈도서 대여 횟수〉

(단위 : 회)

구분	비소설		소설	
	남자	여자	남자	여자
40세 미만	20	10	40	50
40세 이상	30	20	20	30

① 소설을 대여한 전체 횟수가 비소설을 대여한 전체 횟수보다 많다.
② 40세 미만보다 40세 이상의 전체 대여 횟수가 더 적다.
③ 남자가 소설을 대여한 횟수는 여자가 소설을 대여한 횟수의 70% 이하이다.
④ 40세 미만의 전체 대여 횟수에서 비소설 대여 횟수가 차지하는 비율은 20%를 넘는다.
⑤ 40세 이상의 전체 대여 횟수에서 소설 대여 횟수가 차지하는 비율은 40% 이상이다.

56 다음은 피자 1판 주문 시 구매 방식별 할인 혜택과 비용을 나타낸 자료이다. 이를 근거로 정가가 12,500원인 A사 피자 1판을 가장 싸게 살 수 있는 구매 방식은?

〈구매 방식별 할인 혜택과 비용〉

구매 방식	할인 혜택과 비용
스마트폰앱	정가의 25% 할인
전화	정가에서 1,000원 할인 후, 할인된 가격의 10% 추가 할인
회원카드와 쿠폰	회원카드로 정가의 10% 할인 후, 할인된 가격의 15%를 쿠폰으로 추가 할인
직접 방문	정가의 30% 할인. 교통비용 1,000원 발생
교환권	피자 1판 교환권 구매비용 10,000원 발생

※ 구매 방식은 한 가지만 선택함

① 스마트폰앱   ② 전화

③ 회원카드와 쿠폰   ④ 직접 방문

⑤ 교환권

57 다음은 인터넷 공유활동 참여 현황을 정리한 자료이다. 이에 대해 옳지 않은 설명을 한 사람은?

〈인터넷 공유활동 참여율(복수응답)〉

(단위 : %)

구분		커뮤니티 이용	퍼나르기	블로그 운영	댓글 달기	동영상 게시
성별	남성	79.1	64.1	49.9	52.2	46.1
	여성	76.4	59.6	55.1	38.4	40.1
연령	10대	75.1	63.9	54.7	44.3	51.3
	20대	88.8	74.4	76.3	47.3	54.4
	30대	77.3	58.5	46.3	44.0	37.5
	40대	66.0	48.6	27.0	48.2	29.6

※ 성별, 연령별 조사인원은 동일함

① A사원 : 자료에 의하면 20대가 다른 연령대에 비해 인터넷상에서 공유활동을 활발히 참여하고 있네요.

② B주임 : 대체로 남성이 여성에 비해 상대적으로 활발한 활동을 하고 있는 것 같아요. 그런데 블로그 운영 활동은 여성이 더 많네요.

③ C대리 : 남녀 간의 참여율 격차가 가장 큰 영역은 댓글 달기네요. 반면에 커뮤니티 이용은 남녀 간의 참여율 격차가 가장 적네요.

④ D사원 : 10대와 30대의 공유활동 참여율을 크기순으로 나열하면 두 연령대의 활동 순위가 동일 하네요.

⑤ E사원 : 40대는 대부분의 공유활동에서 모든 연령대의 참여율보다 낮지만, 댓글 달기에서는 가장 높은 참여율을 보이고 있네요.

PART 3 주요기업 기출복원문제

58 다음은 주중과 주말 교통상황에 대한 자료이다. 이에 대한 〈보기〉의 설명 중 옳은 것을 모두 고르면?

〈주중·주말 예상 교통량〉

(단위 : 만 대)

구분	전국	수도권 → 지방	지방 → 수도권
주중 예상 교통량	40	4	2
주말 예상 교통량	60	5	3

〈대도시 간 예상 최대 소요시간〉

구분	서울 - 대전	서울 - 부산	서울 - 광주	서울 - 강릉	남양주 - 양양
주중	1시간	4시간	3시간	2시간	1시간
주말	2시간	5시간	4시간	3시간	2시간

보기

ㄱ. 대도시 간 예상 최대 소요시간은 모든 구간에서 주중이 주말보다 적게 걸린다.
ㄴ. 주중 전국 예상 교통량 중 수도권에서 지방으로 가는 예상 교통량의 비율은 10%이다.
ㄷ. 지방에서 수도권으로 가는 주말 예상 교통량은 주중 예상 교통량의 2배이다.
ㄹ. 서울 - 광주 구간 주중 예상 소요시간은 서울 - 강릉 구간 주말 예상 소요시간과 같다.

① ㄱ, ㄴ
② ㄴ, ㄷ
③ ㄷ, ㄹ
④ ㄱ, ㄴ, ㄹ
⑤ ㄴ, ㄷ, ㄹ

59 다음은 S기업 지원자의 인턴 및 해외연수 경험과 합격여부에 대한 자료이다. 이에 대한 〈보기〉의 설명 중 옳은 것을 모두 고르면?

〈S기업 지원자의 인턴 및 해외연수 경험과 합격여부〉

(단위 : 명, %)

인턴 경험	해외연수 경험	합격여부		합격률
		합격	불합격	
있음	있음	53	414	11.3
	없음	11	37	22.9
없음	있음	0	16	0.0
	없음	4	139	2.8

※ 합격률(%) = $\dfrac{(\text{합격자 수})}{(\text{합격자 수})+(\text{불합격자 수})} \times 100$

※ 합격률은 소수점 둘째 자리에서 반올림한 값임

보기

ㄱ. 해외연수 경험이 있는 지원자가 해외연수 경험이 없는 지원자보다 합격률이 높다.

ㄴ. 인턴 경험이 있는 지원자가 인턴 경험이 없는 지원자보다 합격률이 높다.

ㄷ. 인턴 경험과 해외연수 경험이 모두 있는 지원자 합격률은 인턴 경험만 있는 지원자 합격률의 2배 이상이다.

ㄹ. 인턴 경험과 해외연수 경험이 모두 없는 지원자와 인턴 경험만 있는 지원자 간 합격률 차이는 30%p보다 크다.

① ㄱ, ㄴ   ② ㄱ, ㄷ

③ ㄴ, ㄷ   ④ ㄱ, ㄴ, ㄹ

⑤ ㄴ, ㄷ, ㄹ

60 다음 자료에 대한 〈보기〉의 설명 중 옳은 것을 모두 고르면?

〈결혼할 의향이 없는 1인 가구의 비중〉

(단위 : %)

구분	2022년		2023년	
	남자	여자	남자	여자
20대	8.2	4.2	15.1	15.5
30대	6.3	13.9	18.8	19.4
40대	18.6	29.5	22.1	35.5
50대	24.3	45.1	20.8	44.9

〈1인 생활 지속기간〉

• 향후 10년 이상 1인 생활 지속 예상

(단위 : %)

• 2년 이내 1인 생활 종료 예상

(단위 : %)

보기

ㄱ. 20대 남성은 30대 남성보다 1인 가구의 비중이 더 높다.
ㄴ. 30대 이상에서 결혼할 의향이 없는 1인 가구의 비중은 여성이 더 높다.
ㄷ. 2023년도에서는 40대 남성이 남성 중 제일 높은 1인 가구 비중을 차지한다.
ㄹ. 2년 이내 1인 생활을 종료하는 1인 가구의 비중은 2021년도부터 꾸준히 증가하였다.

① ㄱ
② ㄹ
③ ㄱ, ㄴ
④ ㄴ, ㄷ
⑤ ㄷ, ㄹ

61 다음은 2013 ~ 2022년 물이용부담금 총액에 대한 자료이다. 이에 대한 〈보기〉의 설명 중 옳지 않은 것을 모두 고르면?

〈물이용부담금 총액〉

(단위 : 억 원)

※ 상수원 상류지역에서의 수질개선 및 주민지원 사업을 효율적으로 추진하기 위한 재원 마련을 위해 최종수요자에게 물 사용량에 비례하여 물이용부담금 부과함
※ 한강, 낙동강, 영·섬유역의 물이용부담금 단가는 170원/m^3, 금강유역은 160원/m^3임

보기

ㄱ. 물이용부담금 총액은 지속적으로 증가하는 추세를 보이고 있다.
ㄴ. 2014 ~ 2022년 중 물이용부담금 총액이 전년 대비 가장 많이 증가한 해는 2015년이다.
ㄷ. 2022년 물이용부담금 총액에서 금강유역 물이용부담금 총액이 차지하는 비중이 20%라면, 2022년 금강유역에서 사용한 물의 양은 약 10.83억m^3이다.
ㄹ. 2022년 물이용부담금 총액은 전년 대비 약 3.2% 이상 증가했다.

① ㄱ
② ㄴ
③ ㄷ
④ ㄱ, ㄹ
⑤ ㄴ, ㄷ

62 다음은 봉사 장소별 봉사자 수를 연령별로 조사한 자료이다. 이에 대한 〈보기〉의 설명 중 옳은 것을 모두 고르면?

〈봉사 장소의 연령대별 봉사자 수〉

(단위 : 명)

구분	10대	20대	30대	40대	50대	전체
보육원	148	197	405	674	576	2,000
요양원	65	42	33	298	296	734
무료급식소	121	201	138	274	381	1,115
노숙자쉼터	–	93	118	242	347	800
유기견보호소	166	117	56	12	–	351
전체	500	650	750	1,500	1,600	5,000

보기

ㄱ. 전체 보육원 봉사자 중 30대 이하가 차지하는 비율은 36%이다.
ㄴ. 전체 무료급식소 봉사자 중 40·50대는 절반 이상이다.
ㄷ. 전체 봉사자 중 50대의 비율은 20대의 3배이다.
ㄹ. 노숙자쉼터 봉사자 중 30대는 15% 미만이다.

① ㄱ, ㄷ   ② ㄱ, ㄹ

③ ㄴ, ㄷ   ④ ㄴ, ㄹ

⑤ ㄷ, ㄹ

63 다음은 어느 지역의 주화 공급에 대한 표이다. 이에 대한 〈보기〉의 설명 중 적절한 것을 모두 고르면?

구분	액면가				
	10원	50원	100원	500원	합계
공급량(만 개)	3,469	2,140	2,589	1,825	10,023
공급기관 수(개)	1,519	929	801	953	4,202

※ (평균 주화 공급량)$=\dfrac{(주화\ 종류별\ 공급량의\ 합)}{(주화\ 종류\ 수)}$

※ (주화 공급액)=(주화 공급량)×(액면가)

보기

ㄱ. 주화 공급량이 주화 종류별로 각각 200만 개씩 증가한다면, 이 지역의 평균 주화 공급량은 2,700만 개 이상이다.

ㄴ. 주화 종류별 공급기관당 공급량은 10원 주화가 500원 주화보다 적다.

ㄷ. 10원과 500원 주화는 각각 10%씩, 50원과 100원 주화는 각각 20%씩 공급량이 증가한다면, 이 지역의 평균 주화 공급량의 증가율은 15% 이하이다.

ㄹ. 총 주화 공급액 규모가 12% 증가해도 주화 종류별 주화 공급량의 비율은 변하지 않는다.

① ㄱ, ㄴ　　　　　　　　② ㄱ, ㄷ

③ ㄷ, ㄹ　　　　　　　　④ ㄱ, ㄷ, ㄹ

⑤ ㄴ, ㄷ, ㄹ

64 다음은 2021년 1월 기준 코로나19 확진자 발생 현황에 대한 표이다. 이에 대한 〈보기〉의 설명 중 적절하지 않은 것을 모두 고르면?

<코로나19 확진자 발생 현황>

(단위 : 명)

구분	확진자	치료중	퇴원	소속기관별 확진자							
				유	초	중	고	특수	각종	학평	행정기관
학생	1,203	114	1,089	56	489	271	351	14	12	10	–
교직원	233	7	226	16	73	68	58	9	3	–	6

보기

ㄱ. 확진자 중 퇴원수의 비율은 교직원이 학생보다 6% 이상 높다.
ㄴ. 학생 확진자 중 초등학생 비율은 전체 확진자 중 초등 소속(학생+교직원) 비율보다 낮다.
ㄷ. 전체 확진자 중 고등학생의 비율은 전체 확진자 중 유치원생의 비율의 8배 이상이다.
ㄹ. 고등학교와 중학교 소속 확진자는 전체 확진자의 과반수 이상이다.

① ㄱ, ㄴ
② ㄷ, ㄹ
③ ㄴ, ㄷ
④ ㄴ, ㄹ
⑤ ㄱ, ㄴ, ㄷ

65 다음은 연도별 자원봉사 참여현황을 나타낸 표이다. 이에 대한 〈보기〉의 설명 중 옳은 것을 모두 고르면?

<연도별 자원봉사 참여현황>

(단위 : 명)

구분	2017년	2018년	2019년	2020년	2021년
총 성인 인구수	41,649,010	42,038,921	43,011,143	43,362,250	43,624,033
자원봉사 참여 성인 인구수	2,667,575	2,874,958	2,252,287	2,124,110	1,383,916

보기

ㄱ. 자원봉사에 참여하는 성인 참여율은 2018년도가 가장 높다.
ㄴ. 2019년도의 성인 자원봉사 참여율은 2020년보다 높다.
ㄷ. 자원봉사 참여 증가율이 가장 높은 해는 2018년도이고 가장 낮은 해는 2020년이다.
ㄹ. 2017년부터 2020년까지의 총 자원봉사 참여한 성인 인구수는 천만 명 이상이다.

① ㄱ, ㄴ
② ㄱ, ㄷ
③ ㄴ, ㄹ
④ ㄷ, ㄹ

66 다음은 흡연율에 대한 표이다. 이에 대한 설명으로 적절하지 않은 것은?

① 남자의 흡연율은 감소하고 있다.

② 여자의 흡연율은 감소에서 증가로 바뀌었다.

③ 남자와 여자의 흡연율 차이는 감소하고 있다.

④ 남자의 흡연율이 전년도와 가장 많은 차이를 보이는 해는 2018년이다.

⑤ 여자의 흡연율이 전년도와 가장 많은 차이를 보이는 해는 2019년이다.

※ 다음은 2018 ~ 2022년 연도별 해양사고 발생 현황에 대한 그래프이다. 이를 읽고 이어지는 질문에 답하시오. [67~68]

Easy

67 다음 중 2018년 대비 2019년 사고 척수의 증가율과 사고 건수의 증가율이 순서대로 나열된 것은?

① 40%, 45%

② 45%, 50%

③ 60%, 50%

④ 60%, 55%

⑤ 60%, 65%

68 다음 중 사고 건수당 인명피해의 인원수가 가장 많은 연도는?

① 2018년

② 2019년

③ 2020년

④ 2021년

⑤ 2022년

※ 다음은 국유재산 종류별 규모현황에 대한 표이다. 이를 보고 이어지는 질문에 답하시오. [69~70]

〈국유재산 종류별 규모현황〉

(단위 : 억 원)

국유재산 종류	2017년	2018년	2019년	2020년	2021년
합계	9,384,902	9,901,975	10,444,088	10,757,551	10,817,553
토지	4,374,692	4,485,830	4,670,080	4,630,098	4,677,016
건물	580,211	616,824	652,422	677,188	699,211
공작물	2,615,588	2,664,379	2,756,345	2,821,660	2,887,831
입목죽	108,049	110,789	80,750	128,387	88,025
선박·항공기	21,775	20,882	23,355	23,178	25,524
기계·기구	4,124	4,096	6,342	9,252	10,524
무체재산	10,432	10,825	11,334	11,232	11,034
유가증권	1,670,031	1,988,350	2,243,460	2,456,556	2,418,389

| 2022년 상반기 포스코그룹

69 다음 중 2019년에 국유재산의 규모가 10조 원을 넘는 국유재산의 종류의 개수는?

① 2개 　　　　　　　　　　　② 3개

③ 4개 　　　　　　　　　　　④ 5개

| 2022년 상반기 포스코그룹

70 자료에 대한 〈보기〉의 설명 중 옳은 것을 모두 고르면?

> **보기**
> ㄱ. 2019년과 2021년에 국유재산 종류별로 규모가 큰 순서는 동일하다.
> ㄴ. 2017년과 2018년에 규모가 가장 작은 국유재산은 동일하다.
> ㄷ. 2018년 국유재산 중 건물과 무체재산, 유가증권 규모의 합계는 260조 원보다 크다.
> ㄹ. 2017년부터 2020년까지 국유재산 중 선박·항공기와 기계·기구의 전년 대비 증감추이는 동일하다.

① ㄴ, ㄷ 　　　　　　　　　　② ㄷ, ㄹ

③ ㄱ, ㄴ, ㄷ 　　　　　　　　④ ㄴ, ㄷ, ㄹ

| 추리 |

※ 제시된 명제가 모두 참일 때, 다음 중 빈칸에 들어갈 명제로 가장 적절한 것을 고르시오. [1~6]

| 2023년 하반기 삼성그룹

01

> 전제1. 눈을 자주 깜빡이지 않으면 눈이 건조해진다.
> 전제2. 스마트폰을 이용할 때는 눈을 자주 깜빡이지 않는다.
> 결론. _____

① 눈이 건조해지면 눈을 자주 깜빡이지 않는다.
② 눈이 건조해지지 않으면 눈을 자주 깜빡이지 않는다.
③ 눈을 자주 깜빡이지 않으면 스마트폰을 이용하는 때이다.
④ 스마트폰을 이용할 때는 눈이 건조해진다.
⑤ 눈이 건조해지면 눈을 자주 깜빡인 것이다.

| 2023년 하반기 삼성그룹

02

> 전제1. 밤에 잠을 잘 못자면 낮에 피곤하다.
> 전제2. _____
> 전제3. 업무효율이 떨어지면 성과급을 받지 못한다.
> 결론. 밤에 잠을 잘 못자면 성과급을 받지 못한다.

① 업무효율이 떨어지면 밤에 잠을 잘 못 잔다.
② 낮에 피곤하면 업무효율이 떨어진다.
③ 성과급을 받으면 밤에 잠을 잘 못 잔다.
④ 밤에 잠을 잘 자면 성과급을 받는다.
⑤ 성과급을 받지 못하면 낮에 피곤하다.

전제1. 한 씨는 부동산을 구두로 양도했다.
전제2. _____
결론. 한 씨의 부동산 양도는 무효다.

① 무효가 아니면, 부동산을 구두로 양도했다.

② 부동산을 구두로 양도하지 않으면, 무효다.

③ 부동산을 구두로 양도하면, 무효다.

④ 부동산을 구두로 양도하면, 무효가 아니다.

⑤ 구두로 양보하지 않으면, 무효가 아니다.

• 회의에 참석하는 어떤 회사원은 결근을 한다.
• _____
• 출장을 가는 어떤 회사원은 회의에 참석한다.

① 결근을 하는 회사원은 회의에 참석한다.

② 회의에 참석하는 어떤 회사원은 출장을 간다.

③ 결근을 하는 회사원은 출장을 간다.

④ 출장을 가는 어떤 회사원은 결근을 한다.

⑤ 출장을 가는 회사원은 결근을 한다.

• 오존층이 파괴되지 않으면 프레온 가스가 나오지 않는다.
• _____
• 지구 온난화가 진행되지 않았다면 오존층이 파괴되지 않는다.
• 지구 온난화가 진행되지 않았다면 에어컨을 과도하게 사용하지 않았다.

① 에어컨을 잘 쓰지 않으면 프레온 가스가 나오지 않는다.

② 프레온 가스가 나온다고 해도 오존층은 파괴되지 않는다.

③ 오존층을 파괴하면 지구 온난화가 진행된다.

④ 에어컨을 과도하게 쓰면 프레온 가스가 나온다.

⑤ 에어컨을 적게 써도 지구 온난화는 진행된다.

- _____
- 선영이는 경식이보다 나이가 많다.
- 그러므로 재경이가 나이가 가장 많다.

① 재경이는 선영이보다 나이가 많다.
② 재경이는 경식이보다 나이가 많다.
③ 경식이는 재경이보다 나이가 많다.
④ 재경이는 선영이와 나이가 같다.
⑤ 선영이는 나이가 제일 적다.

※ 다음 명제가 모두 참일 때, 항상 참인 명제를 고르시오. [7~10]

07

- 스포츠를 좋아하는 사람은 음악을 좋아한다.
- 그림을 좋아하는 사람은 독서를 좋아한다.
- 음악을 좋아하지 않는 사람은 독서를 좋아하지 않는다.

① 스포츠를 좋아하지 않는 사람은 독서를 좋아한다.
② 음악을 좋아하는 사람은 독서를 좋아하지 않는다.
③ 독서를 좋아하는 사람은 스포츠를 좋아하지 않는다.
④ 그림을 좋아하는 사람은 음악을 좋아한다.
⑤ 음악을 좋아하지 않는 사람은 그림을 좋아한다.

08

- 마케팅 팀의 사원은 기획 역량이 있다.
- 마케팅 팀이 아닌 사원은 영업 역량이 없다.
- 기획 역량이 없는 사원은 소통 역량이 없다.

① 마케팅 팀의 사원은 영업 역량이 있다.
② 소통 역량이 있는 사원은 마케팅 팀이다.
③ 영업 역량을 가진 사원은 기획 역량이 있다.
④ 기획 역량이 있는 사원은 소통 역량이 있다.
⑤ 영업 역량이 없으면 소통 역량도 없다.

09

> • 사과를 좋아하면 배를 좋아하지 않는다.
> • 귤을 좋아하면 배를 좋아한다.
> • 귤을 좋아하지 않으면 오이를 좋아한다.

① 사과를 좋아하면 오이를 좋아하지 않는다.
② 배를 좋아하면 오이를 좋아한다.
③ 귤을 좋아하면 사과를 좋아한다.
④ 배를 좋아하지 않으면 사과를 좋아한다.
⑤ 사과를 좋아하면 오이를 좋아한다.

10

> • 서로 다른 음식을 판매하는 총 여섯 대의 푸드트럭이 이 사업에 신청하였고, 이들 중 세 대의 푸드 트럭이 최종 선정될 예정이다.
> • 치킨을 판매하는 푸드트럭이 선정되면, 핫도그를 판매하는 푸드트럭은 선정되지 않는다.
> • 커피를 판매하는 푸드트럭이 선정되지 않으면, 피자를 판매하는 푸드트럭이 선정된다.
> • 솜사탕을 판매하는 푸드트럭이 선정되면, 치킨을 판매하는 푸드트럭도 선정된다.
> • 핫도그를 판매하는 푸드트럭이 최종 선정되었다.
> • 피자를 판매하는 푸드트럭과 떡볶이를 판매하는 푸드트럭 중 하나만 선정된다.
> • 솜사탕을 판매하는 푸드트럭이 선정되지 않으면, 떡볶이를 판매하는 푸드트럭이 선정된다.

① 치킨, 커피, 핫도그를 판매하는 푸드트럭이 선정될 것이다.
② 피자, 솜사탕, 핫도그를 판매하는 푸드트럭이 선정될 것이다.
③ 피자, 커피, 핫도그를 판매하는 푸드트럭이 선정될 것이다.
④ 핫도그, 커피, 떡볶이를 판매하는 푸드트럭이 선정될 것이다.
⑤ 핫도그, 피자, 떡볶이를 판매하는 푸드트럭이 선정될 것이다.

11 A ~ E는 S시에서 개최하는 마라톤에 참가하였다. 제시된 내용이 모두 참일 때, 다음 중 항상 참이 아닌 것은?

> • A는 B와 C보다 앞서 달리고 있다.
> • D는 A보다 뒤에 달리고 있지만, B보다는 앞서 달리고 있다.
> • C는 D보다 뒤에 달리고 있지만, B보다는 앞서 달리고 있다.
> • E는 C보다 뒤에 달리고 있지만, 다섯 명 중 꼴찌는 아니다.

① 현재 1등은 A이다.
② 현재 꼴찌는 B이다.
③ E는 C와 B 사이에서 달리고 있다.
④ D는 A와 C 사이에서 달리고 있다.
⑤ 현재 순위에 변동 없이 결승점까지 달린다면 C가 4등을 할 것이다.

12 다음 명제가 항상 참이라고 할 때, 반드시 참이라고 할 수 없는 것은?

> • 모든 사람은 자신에 대해서 호의적인 사람에게 호의적이다.
> • 어느 누구도 자신을 비방한 사람에게 호의적이지 않다.
> • 모든 사람 중에는 다른 사람을 절대 비방하지 않는 사람이 있다.
> • 어느 누구도 자기 자신에 대해서 호의적이지도 않고 자기 자신을 비방하지도 않는다.

① 두 사람이 서로 호의적이라면, 그 두 사람은 서로 비방한 적이 없다.
② 두 사람이 서로 비방한 적이 없다면, 그 두 사람은 서로 호의적이다.
③ 어떤 사람이 다른 모든 사람을 비방한다면, 그 사람에 대해 호의적인 사람은 없다.
④ A가 다른 모든 사람을 비방한다면, A에게 호의적이지 않지만 A를 비방하지 않는 사람이 있다.
⑤ 모든 사람이 자신을 비방하지 않는 사람에게 호의적이라면, 모든 사람에게는 각자가 호의적으로 대하는 사람이 적어도 하나는 있다.

※ 제시된 내용을 바탕으로 내린 A, B의 결론에 대한 판단으로 항상 옳은 것을 고르시오. [13~14]

| 2023년 하반기 KT그룹

13

- 휴가는 2박 3일이다.
- 혜진이는 수연이보다 하루 일찍 휴가를 간다.
- 지연이는 수연이보다 이틀 늦게 휴가를 간다.
- 태현이는 지연이보다 하루 일찍 휴가를 간다.
- 수연이는 화요일에 휴가를 간다.

A : 수요일에 휴가 중인 사람의 수와 목요일의 휴가 중인 사람의 수는 같다.
B : 태현이는 금요일까지 휴가이다.

① A만 옳다.
② B만 옳다.
③ A, B 모두 옳다.
④ A, B 모두 틀리다.
⑤ A, B 모두 옳은지 틀린지 판단할 수 없다.

| 2023년 상반기 LG그룹

14

- 자동차 외판원인 C ~ H 여섯 명의 판매실적을 비교했다.
- C는 D에게 실적에서 앞섰다.
- E는 F에게 실적에서 뒤졌다.
- G는 H에게 실적에서 뒤졌지만, C에게는 실적에서 앞섰다.
- D는 F에게 실적에서 앞섰지만, G에게는 실적에서 뒤졌다.

A : 실적이 가장 좋은 외판원은 H이다.
B : 실적이 가장 나쁜 외판원은 E이다.

① A만 옳다.
② B만 옳다.
③ A, B 모두 옳다.
④ A, B 모두 틀리다.
⑤ A, B 모두 옳은지 틀린지 판단한 수 없다.

15 A ~ E가 기말고사를 봤는데, 이 중 2명은 부정행위를 하였다. 부정행위를 한 2명은 거짓을 말하고 부정행위를 하지 않은 3명은 진실을 말할 때, 다음 진술을 보고 부정행위를 한 사람끼리 짝지은 것으로 옳은 것은?

> A : D는 거짓말을 하고 있어.
> B : A는 부정행위를 하지 않았어.
> C : B가 부정행위를 했어.
> D : 나는 부정행위를 하지 않았어.
> E : C가 거짓말을 하고 있어.

① A, B   ② B, C
③ C, D   ④ C, E
⑤ D, E

16 C기업의 직원인 A ~ E 5명이 자신들의 직급에 대하여 이야기하고 있다. 이들은 각각 사원, 대리, 과장, 차장, 부장이며 1명의 말만 진실이고 나머지 사람들의 말은 모두 거짓이라고 할 때, 다음 중 진실을 말한 사람은?(단, 직급은 사원 – 대리 – 과장 – 차장 – 부장 순이며, 모든 사람은 진실 또는 거짓만 말한다)

> A : 나는 사원이고, D는 사원보다 직급이 높아.
> B : E가 차장이고, 나는 차장보다 낮은 직급이지.
> C : A는 과장이 아니고, 사원이야.
> D : E보다 직급이 높은 사람은 없어.
> E : C는 부장이고, B는 사원이야.

① A   ② B
③ C   ④ D
⑤ E

17 다음 A~C 세 명은 물건을 훔친 용의자들이다. 용의자들 중 두 명이 진실을 말하고 있다면, 거짓말을 한 사람과 범인을 각각 바르게 연결한 것은?

> A : 난 거짓말하지 않는다. 난 범인이 아니다.
> B : 난 진실을 말한다. 범인은 A이다.
> C : B는 거짓말을 하고 있다. 범인은 B다.

	거짓말을 한 사람	범인
①	A	A
②	B	A
③	B	B
④	C	B
⑤	C	C

18 다음 다섯 사람이 얘기를 하고 있다. 이 중 두 사람은 진실만을 말하고, 세 사람은 거짓만을 말하고 있다. 지훈이 거짓을 말할 때, 다음 중 진실만을 말하는 사람을 짝지은 것은?

> 동현 : 정은이는 지훈이와 영석이를 싫어해.
> 정은 : 아니야. 난 둘 중 한 사람은 좋아해.
> 선영 : 동현이는 정은이를 좋아해.
> 지훈 : 선영이는 거짓말만 해.
> 영석 : 선영이는 동현이를 싫어해.
> 선영 : 맞아. 그런데 정은이는 지훈이와 영석이 둘 다 좋아해.

① 동현, 선영   ② 정은, 영석

③ 동현, 영석   ④ 정은, 선영

⑤ 선영, 영석

19 S그룹의 A ~ D사원은 각각 홍보팀, 총무팀, 영업팀, 기획팀 소속으로 3 ~ 6층의 서로 다른 층에서 근무하고 있다. 이들 중 한 명이 거짓말을 하고 있을 때, 다음 중 바르게 추론한 것은?(단, 각 팀은 서로 다른 층에 위치한다)

> A사원 : 저는 홍보팀과 총무팀 소속이 아니며, 3층에서 근무하고 있지 않습니다.
> B사원 : 저는 영업팀 소속이며, 4층에서 근무하고 있습니다.
> C사원 : 저는 홍보팀 소속이며, 5층에서 근무하고 있습니다.
> D사원 : 저는 기획팀 소속이며, 3층에서 근무하고 있습니다.

① A사원은 홍보팀 소속이다.
② B사원은 6층에서 근무하고 있다.
③ 홍보팀은 3층에 위치한다.
④ 기획팀은 4층에 위치한다.
⑤ D사원은 5층에서 근무하고 있다.

20 S병원에는 현재 5명의 심리상담사가 근무 중이다. 얼마 전 시행한 감사 결과 이들 중 1명이 근무시간에 자리를 비운 것이 확인되었다. 5명의 심리상담사 중 3명이 진실을 말하고 2명이 거짓을 말한다고 할 때, 다음 중 거짓을 말하고 있는 심리상담사를 모두 고르면?

> A : B는 진실을 말하고 있어요.
> B : 제가 근무시간에 C를 찾아갔을 때, C는 자리에 없었어요.
> C : 근무시간에 자리를 비운 사람은 A입니다.
> D : 저는 C가 근무시간에 밖으로 나가는 것을 봤어요.
> E : D는 어제도 근무시간에 자리를 비웠어요.

① A, B ② A, D
③ B, C ④ B, D
⑤ C, E

21 K사의 기획팀에서 근무하고 있는 직원 A ~ D는 서로의 프로젝트 참여 여부에 관하여 다음과 같이 진술하였고, 이들 중 단 1명만이 진실을 말하였다. 이들 가운데 반드시 프로젝트에 참여하는 사람은?

> A : 나는 프로젝트에 참여하고, B는 프로젝트에 참여하지 않는다.
> B : A와 C 중 적어도 한 명은 프로젝트에 참여한다.
> C : 나와 B 중 적어도 한 명은 프로젝트에 참여하지 않는다.
> D : B와 C 중 한 명이라도 프로젝트에 참여한다면, 나도 프로젝트에 참여한다.

① A   ② B
③ C   ④ D
⑤ 없음

22 재은이는 얼마 전부터 건강을 위해 매주 아침마다 달리기를 하기로 했다. 다음 사실로부터 추론할 수 있는 것은?

> • 재은이는 화요일에 월요일보다 50m 더 달려 200m를 달렸다.
> • 재은이는 수요일에 화요일보다 30m 적게 달렸다.
> • 재은이는 목요일에 수요일보다 10m 더 달렸다.

① 재은이는 목요일에 가장 많이 달렸다.
② 재은이는 목요일에 화요일보다 20m 적게 달렸다.
③ 재은이는 월요일에 수요일보다 50m 적게 달렸다.
④ 재은이는 목요일에 가장 적게 달렸다.
⑤ 재은이는 수요일에 가장 적게 달렸다.

`Easy`

23 다음 사실로부터 추론할 수 있는 것은?

> • 지훈이는 이번 주 워크숍에 참여하며, 다음 주에는 체육대회에 참가할 예정이다.
> • 영훈이는 다음 주 체육대회와 창립기념일 행사에만 참여할 예정이다.

① 지훈이는 다음 주 창립기념일 행사에 참여한다.
② 영훈이는 이번 주 워크숍에 참여한다.
③ 지훈이와 영훈이는 이번 주 체육대회에 참가한다.
④ 지훈이와 영훈이는 다음 주 체육대회에 참가한다.
⑤ 영훈이는 창립기념일 행사보다 체육대회에 먼저 참가한다.

24 C사는 A ~ E제품을 대상으로 내구성, 효율성, 실용성 세 개 영역에 대해 1 ~ 3등급을 기준에 따라 평가하였다. A ~ E제품에 대한 평가 결과가 다음과 같을 때, 반드시 참이 되지 않는 것은?

- 모든 영역에서 3등급을 받은 제품이 있다.
- 모든 제품이 3등급을 받은 영역이 있다.
- A제품은 내구성 영역에서만 3등급을 받았다.
- B제품만 실용성 영역에서 3등급을 받았다.
- C, D제품만 효율성 영역에서 2등급을 받았다.
- E제품은 1개의 영역에서만 2등급을 받았다.
- A와 C제품이 세 영역에서 받은 등급의 총합은 서로 같다.

① A제품은 효율성 영역에서 1등급을 받았다.
② B제품은 내구성 영역에서 3등급을 받았다.
③ C제품은 내구성 영역에서 3등급을 받았다.
④ D제품은 실용성 영역에서 2등급을 받았다.
⑤ E제품은 실용성 영역에서 2등급을 받았다.

25 N백화점 명품관에서 도난 사건이 발생했다. CCTV 확인을 통해 그 시각 백화점 명품관에 있던 A ~ F용의자가 검거됐다. 이들 중 범인인 두 사람이 거짓말을 하고 있다면, 거짓말을 한 사람은?

A : F가 성급한 모습으로 나가는 것을 봤어요.
B : C가 가방 속에 무언가 넣는 모습을 봤어요.
C : 나는 범인이 아닙니다.
D : B 혹은 A가 훔치는 것을 봤어요.
E : F가 범인인 게 확실해요. CCTV를 자꾸 신경 쓰고 있었거든요.
F : 얼핏 봤는데, 제가 본 도둑은 C 아니면 E예요.

① A, C   ② B, C
③ B, F   ④ D, E
⑤ F, C

26 S부서는 회식 메뉴를 선정하려고 한다. 제시된 〈조건〉에 따라 주문할 메뉴를 선택한다고 할 때, 다음 중 반드시 주문할 메뉴를 모두 고르면?

> **조건**
>
> • 삼선짬뽕은 반드시 주문한다.
> • 양장피와 탕수육 중 하나는 반드시 주문하여야 한다.
> • 자장면을 주문하는 경우, 탕수육은 주문하지 않는다.
> • 자장면을 주문하지 않는 경우에만 만두를 주문한다.
> • 양장피를 주문하지 않으면, 팔보채를 주문하지 않는다.
> • 팔보채를 주문하지 않으면, 삼선짬뽕을 주문하지 않는다.

① 삼선짬뽕, 자장면, 양장피
② 삼선짬뽕, 탕수육, 양장피
③ 삼선짬뽕, 팔보채, 양장피
④ 삼선짬뽕, 탕수육, 만두
⑤ 삼선짬뽕, 탕수육, 양장피, 자장면

27 다음은 〈조건〉에 따라 2에서 10까지의 서로 다른 자연수의 관계를 나타낸 것이다. 이때 A, B, C에 해당하는 수의 합은?

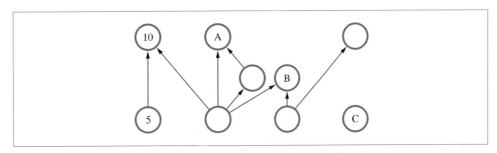

> **조건**
>
> • 2에서 10까지의 자연수는 ◯ 안에 한 개씩만 사용되고, 사용되지 않는 자연수는 없다.
> • 2에서 10까지의 서로 다른 임의의 자연수 3개를 x, y, z라고 할 때,
>   - ⓧ ⟶ ⓨ는 y가 x의 배수임을 나타낸다.
>   - 화살표로 연결되지 않은 ⓩ는 z가 x, y와 약수나 배수 관계가 없음을 나타낸다.

① 20   ② 21
③ 22   ④ 23
⑤ 24

28 카드게임을 하기 위해 A ~ F 6명이 원형 테이블에 앉고자 한다. 제시된 〈조건〉에 따라 이들의 좌석을 배치하고자 할 때, 다음 중 F와 이웃하여 앉을 사람은?(단, 좌우 방향은 원탁을 바라보고 앉은 상태를 기준으로 한다)

> **조건**
> • B는 C와 이웃하여 앉는다.
> • A는 E와 마주보고 앉는다.
> • C의 오른쪽에는 E가 앉는다.
> • F는 A와 이웃하여 앉지 않는다.

① A, C   ② B, D
③ B, E   ④ C, D
⑤ D, E

29 L사의 A ~ D는 각각 다른 팀에 근무하는데, 각 팀은 2 ~ 5층에 위치하고 있다. 〈조건〉을 참고할 때, 다음 중 항상 참인 것은?

> **조건**
> • A ~ D 중 2명은 부장, 1명은 과장, 1명은 대리이다.
> • 대리의 사무실은 B보다 높은 층에 있다.
> • B는 과장이다.
> • A는 대리가 아니다.
> • A의 사무실이 가장 높다.

① 부장 중 한 명은 반드시 2층에 근무한다.
② A는 부장이다.
③ 대리는 4층에 근무한다.
④ B는 2층에 근무한다.
⑤ C는 대리이다.

한 마트에서는 4층짜리 매대에 과일들을 진열해 놓았다. 매대의 각 층에는 서로 다른 과일이 한 종류씩 진열되어 있을 때, 〈조건〉을 보고 바르게 추론한 것은?

조건

- 정리된 과일은 사과, 귤, 감, 배의 네 종류이다.
- 사과 위에는 아무 과일도 존재하지 않는다.
- 배는 감보다 아래쪽에 올 수 없다.
- 귤은 감보다는 높이 위치해 있지만, 배보다 높이 있는 것은 아니다.

① 사과는 3층 매대에 있을 것이다.
② 귤이 사과 바로 아래층에 있을 것이다.
③ 배는 감 바로 위층에 있을 것이다.
④ 귤은 감과 배 사이에 있다.
⑤ 귤은 가장 아래층에 있을 것이다.

※ 다음 도식에서 기호들은 일정한 규칙에 따라 문자를 변화시킨다. 물음표에 들어갈 알맞은 문자를 고르시오(단, 규칙은 가로와 세로 중 한 방향으로만 적용된다). [31~34]

31

US24 → □ → ☆ → ?

① 4S2U

② 2US4

③ 4V8V

④ 8V4V

⑤ 48VV

32

KB52 → ☆ → ♡ → ?

① 37KE

② 37EO

③ E37K

④ EO52

⑤ E37O

33

$$? \rightarrow \triangle \rightarrow \heartsuit \rightarrow \triangle \rightarrow 9381$$

① 1839   ② 3819

③ 2748   ④ 4827

⑤ 8472

34

$$? \rightarrow \square \rightarrow \triangle \rightarrow 96\mathrm{II}$$

① 96HJ   ② 9HJ6

③ 87HJ   ④ 8H7J

⑤ J7H8

※ 다음 도식에서 기호들은 일정한 규칙에 따라 문자를 변화시킨다. 물음표에 들어갈 알맞은 문자를 고르시오(단, 규칙은 가로와 세로 중 한 방향으로만 적용된다). [35~38]

35

$$24US \rightarrow \square \rightarrow ☆ \rightarrow ?$$

① 2S4U
② W3W7
③ 8V4V
④ W7W3
⑤ 73VV

36

$$52BK \rightarrow ☆ \rightarrow ♡ \rightarrow ?$$

① LD68
② LD59
③ 5LD9
④ 59LD
⑤ LD95

37

$$? \rightarrow \triangle \rightarrow \heartsuit \rightarrow \triangle \rightarrow 3891$$

① 1983   ② 3819

③ 2748   ④ 4827

⑤ 7284

38

$$? \rightarrow \square \rightarrow \triangle \rightarrow II96$$

① HJ96   ② 9HJ6

③ 78HJ   ④ 8H7J

⑤ 7J8H

※ 다음 도식에서 기호들은 일정한 규칙에 따라 문자를 변화시킨다. 물음표에 들어갈 적절한 문자를 고르
시오(단, 규칙은 가로와 세로 중 한 방향으로만 적용된다). [39~40]

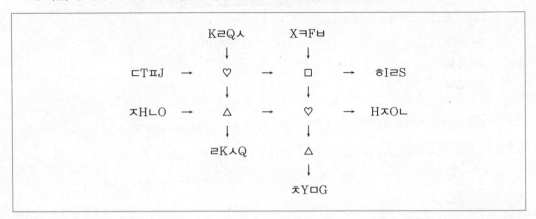

39

ㄱㅌWN → ㅁ → ♡ → ?

① VMㅎㅋ
② ㅎㅋVM
③ XMㄴㅋ
④ ㄴㅋXM
⑤ XOㅎ

40

ㅎBㄱG → ㅁ → △ → ?

① FAㄱㄴ
② CHㅍㅎ
③ FㄴAㄱ
④ CㅎHㅍ
⑤ AㄱㄴF

1퍼센트의 가능성, 그것이 나의 길이다.

- 나폴레옹 -

앞선 정보 제공! 도서 업데이트

언제, 왜 업데이트될까?

도서의 학습 효율을 높이기 위해 자료를 추가로 제공할 때!
공기업 · 대기업 필기시험에 변동사항 발생 시 정보 공유를 위해!
공기업 · 대기업 채용 및 시험 관련 중요 이슈가 생겼을 때!

01 시대에듀 도서
www.sdedu.co.kr/book
홈페이지 접속

02 상단 카테고리
「도서업데이트」
클릭

03 해당
기업명으로
검색

참고자료, 시험 개정사항 등 정보 제공으로 학습효율을 높여 드립니다.

시대에듀
대기업 인적성검사
시리즈

신뢰와 책임의 마음으로 수험생 여러분에게 다가갑니다.

대기업 인적성 "기본서" 시리즈

대기업 취업 기초부터 합격까지! 취업의 문을 여는
Master Key!

L-TAB

롯데그룹 온라인 직무적합진단

기출이 답이다

편저 | SDC(Sidae Data Center)

SDC

SDC는 **시대에듀 데이터 센터**의 약자로 약 30만 개의 NCS · 적성 문제 데이터를
바탕으로 최신 출제경향을 반영하여 문제를 출제합니다.

판매량
1위
YES24 롯데그룹
부문

2025 대비

10개년 기출복원문제 +
기출유형 완전 분석 + 무료롯데특강

정답 및 해설

[합격시대]
온라인 모의고사
무료쿠폰

—

10대기업
면접 기출
질문 자료집

—

영역별
공략비법
강의

시대에듀

PART

2

기출복원문제

정답 및 해설

01	02	03	04	05	06	07	08	09	10
③	⑤	⑤	④	③	②	①	④	④	②
11	12								
③	⑤								

01 정답 ③

제시문은 영화의 리얼리즘 미학에 대한 바쟁의 영화관을 주제로 한다. 네 번째 문단에 따르면 바쟁은 '형식주의적 기교가 현실의 복잡성과 모호성을 침해하여 현실을 왜곡할 수 있다.'고 보았기 때문에 '현실의 참모습을 변조하는 과도한 편집 기법보다는 단일한 숏(Shot)을 길게 촬영하는 롱 테이크 기법을 지지'하였다. 그것은 사건의 공간적 단일성을 존중하고 현실적 사건으로서의 가치를 보장한다고 여기기 때문이다. 따라서 ③과 같은 진술은 바쟁의 의견과 거리가 멀다.

02 정답 ⑤

'바쟁의 영화관(映畵觀)'에 동조한다면 리얼리즘적인 특성을 최대한 살릴 수 있도록 영화를 제작했을 것이다. 따라서 인위적인 편집이나 조작을 최대한 배제하고, 현실을 있는 그대로 재현하려고 했을 것이다. 또한 네 번째 문단에서 언급한 것처럼 '관객의 시선에도 자유를 부여'하려고 했을 것이므로 ⑤와 같은 반응은 적절하지 않다.

03 정답 ⑤

• 감수하다 : 외부의 영향을 수동적으로 받아들이다.
• 담보하다 : 맡아서 보증하다.

04 정답 ④

'멜로 영화를 좋아하는 사람'을 p, '독립 영화를 좋아하는 사람'을 q, '공포 영화를 좋아하는 사람'을 r, 'SF 영화를 좋아하는 사람'을 s라고 하면, 설문조사 결과를 정리한 내용은 각각 $p \to q$, $r \to s$, $\sim q \to \sim s$로 나타낼 수 있다. $\sim q \to \sim s$ 명제의 대우는 $s \to q$이므로, $r \to s \to q$이다. 즉, $r \to q$이다.
따라서 '공포 영화를 좋아하는 사람은 독립 영화를 좋아한다.'를 유추할 수 있다.

05 정답 ③

글쓴이는 현대인들이 사람을 판단할 때, 순간적으로 느껴지는 겉모습보다 자신의 내면적 가치를 소중히 해야 한다고 말하고 있다.

06 정답 ②

글쓴이는 현대인들이 대중문화 속에서 '내가 다른 사람의 눈에 어떻게 보이느냐'에 대해 '조바심과 공포감'을 가지고 있으며, 이것은 특히 광고에 의해 많이 생겨난다고 말한다. 하지만 ②의 '극장에서 공포영화를 보고 화장실에 가기를 무서워한다.'는 단순한 공포심을 나타내고 있을 뿐이다.

오답분석

①·③·④·⑤ 대중매체를 통해 정보를 얻고, 그 정보대로 실행하지 않으면 남들보다 열등한 상태에 놓이게 될 것으로 여겨 대중매체가 요구하는 대로 행동하는 사례들이다.

07 정답 ①

제시문에서는 사람들의 내면세계를 중요시하던 '과거를 향유했던 사람'과는 달리 내면보다는 겉모습의 느낌을 중시하는 '현시대를 살아가는 사람'을 비판하고 있다. 이 경우 보기 좋게 꾸며진 겉보다는 실속 있는 내면이 더 중요하다는 속담으로 비판할 수 있을 것이다. ①은 겉보기보다는 속이 더 중요하다는 말로, 이는 형식보다 내용이 중요함을 강조한 표현으로 이해할 수 있다. 따라서 '과거를 향유했던 사람'의 입장에서 '현시대를 살아가는 사람'을 비판할 수 있는 속담으로는 ①이 적절하다.

오답분석

②·③·⑤ 겉모습이 좋아야 내면도 좋을 수 있다는 것으로 겉모습의 중요성을 말하고 있다.
④ 전체를 보지 못하고 자기가 알고 있는 부분만 가지고 고집함을 뜻하는 말이다.

08 정답 ④

D사원이 등록할 수 있는 월~토요일까지의 운동 스케줄은 다음과 같다.

구분	월	화	수	목	금	토
경우 1	리포머	바렐	체어	리포머	체어	리포머
경우 2	리포머	체어	바렐	리포머	체어	리포머
경우 3	리포머	체어	리포머	바렐	체어	리포머
경우 4	체어	리포머	바렐	리포머	체어	리포머
경우 5	바렐	리포머	체어	리포머	체어	리포머

토요일에는 리포머 수업만 진행되므로 D사원은 토요일에 리포머 수업을 선택해야 한다.
금요일에는 체어 수업에 참여하므로 네 번째 조건에 따라 목요일에는 바렐 또는 리포머 수업만 선택할 수 있다. 그런데 D사원이 화요일에 바렐 수업을 선택한다면, 목요일에는 리포머 수업만 선택할 수 있다. 따라서 수요일에는 리포머 수업을 선택할 수 없으며, 반드시 체어 수업을 선택해야 한다.

월	화	수	목	금	토
리포머	바렐	체어	리포머	체어	리포머

오답분석

① 경우 2와 경우 3에 따라 옳은 내용이다.
② 경우 4에 따라 옳은 내용이다.
③ 경우 2에 따라 옳은 내용이다.
⑤ 경우 3에 따라 옳은 내용이다.

09 정답 ④

박대리는 워크숍 시작 1시간 전에는 대구공항에 도착하여야 하므로 12:00에는 도착하는 것을 타야 한다. 따라서 김포공항에서 대구공항으로 가는 항공편은 IA910편을 이용하며, 다시 김포공항으로 오는 경우에는 워크숍 종료시각인 17:00부터 그 후 2시간 이내인 18:00에 출발하는 항공편을 이용하여야 하므로 TK280편을 이용한다. 또한 항공료를 제외한 교통비는 대구공항에서 이동하는 첫날과 마지막 날 이틀에 대한 비용이 지급된다. 이를 반영하여 출장비를 계산하면 다음과 같다.

(식비)+(숙박비)+(교통비)+(대구행 비행기요금)+(서울행 비행기요금)=(4일×30,000원)+(3박×80,000원)+(2일×10,000원)+34,500원+58,000원=472,500원

따라서 박대리의 대구 출장으로 인한 출장비 총액은 472,500원이다.

10 정답 ②

박대리는 김포공항에서 대구공항으로 이동 시에는 IA910편을, 대구공항에서 김포공항으로 이동 시에는 TK280편을 이용한다. 특히 IA910편의 경우, 비고사항에 따라 1.0%p 추가 적립된다는 점에 유의한다.

따라서 IA910편을 이용하는 경우에는 $34,500×(3+0.01)=1,380$점, TK280편을 이용하는 경우에는 $58,000×0.05=2,900$점이 적립되어, 총 $1,380+2,900=4,280$점이 적립된다.

11 정답 ③

먼저 세 번째 ~ 여섯 번째 조건을 기호화하면 다음과 같다.

- A or B → D, A and B → D
- C → ~E and ~F
- D → G
- G → E

세 번째 조건의 대우 ~D → ~A and ~B에 따라 D사원이 출장을 가지 않으면 A사원과 B사원 모두 출장을 가지 않는 것을 알 수 있다. 즉, D사원이 출장을 가지 않으면 남은 C사원과 E, F, G대리 모두 출장을 가야 한다. 그러나 이는 대리 중 적어도 한 사람은 출장을 가지 않는다는 두 번째 조건과 모순되므로 성립하지 않는다. 그러므로 D사원은 반드시 출장을 가야 한다. D사원이 출장을 가면 다섯 번째, 여섯 번째 조건을 통해 D → G → E가 성립하므로 G대리와 E대리도 출장을 가는 것을 알 수 있다. 이때, 네 번째 조건의 대우에 따라 E대리와 F대리 중 적어도 한 사람이 출장을 가면 C사원은 출장을 갈 수 없으며, 두 번째 조건에 따라 E, F, G대리는 모두 함께 출장을 갈 수 없다. 결국 D사원, G대리, E대리와 함께 출장을 갈 수 있는 사람은 A사원 또는 B사원이다.

따라서 항상 참이 되는 것은 'C사원은 출장을 가지 않는다.'의 ③이다.

12 정답 ⑤

병사원과 정사원의 항공 마일리지를 비교할 수 없으므로 순서대로 나열하면 '갑 – 정 – 병 – 을'과 '갑 – 병 – 정 – 을' 모두 가능하다.

01	02	03	04	05	06	07	08	09	10
⑤	②	④	⑤	④	②	③	③	②	①
11	12								
①	③								

01   정답   ⑤

정기주주총회 공고문에서 확인할 수 있는 이사진은 사내이사 3명(신○○, 송○○, 고○○), 사외이사 3명(권○○, 이○○, 김○○)으로 총 6명이다. 그런데 정관 제31조에 따르면 이사는 최대 9명까지 선임할 수 있으며(제1항), 사외이사는 9명 중 과반수로 한다(제2항). 이때 9명의 과반수는 5명이다. 따라서 사내이사가 3명이라면 사외이사는 5 ~ 6명을 선임할 수 있다. 정기주주총회에서 선임된 사외이사가 3명이므로 기존의 사외이사로서 유임된 이사는 2 ~ 3명이다.

오답분석

① 주주총회에 참석한 전체 주식수(52,632,633주) 가운데 ⓐ의 비율은 $\frac{43,591,963}{52,632,633} \times 100 = 82.82\cdots$로 약 83%이다. 또한 ⓑ의

비율은 $\frac{9,040,670}{52,632,633} \times 100 = 17.17\cdots$로 약 17%이다.

따라서 ⓐ는 ⓑ의 $83 \div 17 = 4.8823\cdots$로 약 4.8배이다.

② 총 발행주식수는 105,896,861주이고, 그 가운데 의결권 있는 주식수는 70,805,300주이다.

따라서 총 발행주식수 가운데 의결권 있는 주식수의 비율은 $\frac{70,805,300}{105,896,861} \times 100 = 66.86\cdots$로 약 67%이므로 70%를 초과하지

않는다.

③ 정관 제5조에 따르면 발행 가능한 주식의 총수는 5억 주이며, 공고문에서 총 발행주식수는 105,896,861주라고 하였다.

따라서 500,000,000 - 105,896,861 = 394,103,139주까지 신주를 발행할 수 있다.

④ 의결권이 있는 주식은 70,805,300주이며, 주주총회에 참석한 전체 주식수는 52,632,633주이다.

따라서 의결권 있는 주식수 가운데 주주총회에 참석한 주식수의 비율은 $\frac{52,632,633}{70,805,300} \times 100 = 74.33\cdots$로 약 74%이다.

02 　정답 　②

ㄱ. 총 발행주식수는 105,896,861주이며, 정관 제29조에서 어떠한 안건이든지 가결되기 위해서는 발행주식총수의 4분의 1 이상의 찬성을 얻어야 한다고 하였다.

따라서 최소 의결정족수는 $105,896,861 \times \frac{1}{4} = 26,474,215.25$주이다.

ㄷ. 정기주주총회에 참석한 전체 주식수는 52,632,633주이고 '사내이사 신○○ 선임의 건'에 대한 찬성률과 반대율의 차이는 $90.1 - 9.9 = 80.2\%$이다.

따라서 찬성 주식수와 반대 주식수의 차이는 $52,632,633 \times 0.802 = 42,211,371.666$주이다.

오답분석

ㄴ. 우선주를 포함한 총 발행주식수는 105,896,861주이며, 이 가운데 의결권 있는 주식수는 70,805,300주이다. 또한 정관 제7조에 따르면 L그룹이 발행할 주식은 기명식 보통주식과 기명식 우선주식으로 2종류이며 우선주식에는 의결권이 없다.

따라서 의결권이 없는 주식, 즉 우선주를 계산하면 $105,896,861 - 70,805,300 = 35,091,561$주이다. 이는 의결권이 있는 보통주의 약 0.4956배이다.

ㄹ. 제56기 사업연도는 2022년 1월 1일부터 2022년 12월 31일까지이며, 정관 제19조 제2항에 따르면 정기주주총회는 매 사업연도 종료 후 3월 이내에 소집된다. 따라서 2023년 제56기 정기주주총회는 2023년 1월부터 3월 사이에 소집된다.

03 　정답 　④

'시(時)'는 일부 명사나 어미 '-을' 뒤에 쓰여 어떤 일이나 현상이 일어날 때나 경우를 뜻하는 의존 명사이다. 따라서 의존 명사는 띄어 쓴다는 「한글 맞춤법」 제42항의 규정에 따라 '유고 시에는'으로 띄어 써야 한다.

오답분석

① 공통의 전문적인 주제를 가지고 비교적 긴 시간에 걸쳐 열리는 대규모 회의를 뜻하는 'Conference'의 규범 표기는 '콘퍼런스'이다.
② 다른 수나 양에 대한 어떤 수나 양의 비율을 뜻하는 '率'의 본음은 '률'이지만 두음법칙에 따라 '율'로 적는다. 그러나 모음이나 'ㄴ' 받침 뒤에 이어지는 '렬, 률'은 '열, 율'로 적는다(「한글 맞춤법」 제11항). 따라서 '찬성율'이 아니라 '찬성률'로 적어야 한다.
③ '사업＋연도', 즉 명사와 명사가 더해진 합성어로, 업무와 결산의 편의를 위하여 정한 기간, 즉 결산기와 결산기 사이를 뜻한다. 이때 '사업'과 '연도'를 띄어 쓰거나 붙여 쓰는 것 모두 허용되지만, 두음법칙에 따라 '년도'가 아니라 '연도'로 적어야 한다.
⑤ '과반(過半)'은 절반이 넘는다는 뜻이므로, '과반이 넘는'은 같은 의미의 어휘가 중복된 표현이다. 따라서 '과반수' 또는 '절반이 넘는 수'라고 표현해야 한다.

04 　정답 　⑤

ㄱ. 정관 제20조의 전단에 따르면 주주총회의 소집은 법령에 다른 규정이 있는 경우를 제외하고는 이사회의 결의에 따라 대표이사가 소집해야 한다. 즉, 주주총회 소집 권한을 가진 주체는 대표이사이지만, 주주총회를 소집하려면 이사회가 이를 결의해야 한다.
ㄴ. 정관 제19조에 따르면 주주총회는 정기주주총회와 임시주주총회로 구분되며(제1항), 임시주주총회는 필요에 따라 소집한다(제2항). 따라서 임시주주총회는 소집 횟수에 제한이 없다.
ㄷ. 정관 제20조의 단서 조항에 따르면 대표이사의 유고 시에는 이사회에서 정한 순서에 따라 이사가 대표이사의 직무를 대행한다. 또한 이사는 사내이사와 사외이사로 구성되며, 감사위원은 이사진에 포함되지 않는다. 따라서 대표이사의 궐위 시에 감사위원이 아니라 이사가 대표이사의 직무를 대행한다. 또한 사전에 이사회에서 대행 순서를 정한다고 했으므로 주주총회를 소집할 필요가 없다.
ㄹ. 정관 제29조에 따르면 주주총회에 출석한 주주의 의결권의 과반수로 결의를 할 수 있으나, 이때 의결정족수는 발행주식총수의 4분의 1 이상이어야 한다. 따라서 발행주식총수의 25% 미만이 주주총회에 참석한 경우에는 안건의 가결 여부를 결정할 수 없다.

05 정답 ④

ㄱ. '이 기간 동안 국제 유가와 천연가스 가격 상승이 예측되어'라는 부분을 위해 이용한 자료이다.
ㄴ·ㄷ. '비OECD 국가들의 높은 경제성장률과 인구증가율로 인해'라는 부분을 위해 이용한 자료이다.

오답분석

ㄹ. 보고서는 에너지 수요에 대한 내용만을 다루고 있을 뿐, 에너지 생산에 대해서는 언급하고 있지 않다.

06 정답 ②

'전가통신(錢可通神)'은 돈이 있으면 귀신과도 통할 수 있다는 뜻으로, 돈의 위력으로 못할 게 없음을 이르는 말이므로 문맥상 ⓒ에 들어가기에 적절하지 않다. ⓒ에는 미래를 예측하기 어렵다는 의미의 한자성어가 들어가야 하므로 '세사난측(世事難測)', '오리무중(五里霧中)' 등이 적절하다.

오답분석

① '동전의 양면'은 겉과 안처럼 언제나 공존하여 나타나는 사물의 두 면이라는 뜻으로, 흔히 하나의 사물이 서로 대립하며 맞서는 두 가지의 성질을 동시에 가지는 경우를 비유한다.
③ '시금석(試金石)'은 귀금속의 순도를 판정하는 데 쓰는 검은색의 현무암이나 규질의 암석을 가리키는 말로, 가치를 판정하거나 미래를 예측하는 데 기준이 될 만한 사물을 비유적으로 뜻하기도 한다.
④ '조변석개(朝變夕改)'는 아침저녁으로 뜯어고친다는 뜻으로, 계획이나 결정 등을 (일관성 없이) 자주 고침을 이르는 말이다.
⑤ '고래 싸움에 새우 등 터진다.'는 강한 자들끼리 싸우는 통에 아무 상관도 없는 약한 자가 중간에 끼어 피해를 입게 됨을 비유적으로 이르는 말이다.

07 정답 ③

2010년의 세계 에너지 수요 현황은 461QBTU이고, 이 가운데 아시아 / 오세아니아 지역의 OECD 국가의 수요는 38QBTU로 약 8.24%이다. 또한 2035년 세계 에너지 수요 전망치는 694QBTU이고, 아시아 / 오세아니아 지역의 OECD 국가의 수요는 45QBTU로 약 6.48%이다.
따라서 8.24%에서 6.48%로 1.76%p의 감소가 전망된다.

오답분석

① 2010년 유럽 지역 OECD 국가의 에너지 수요 현황은 81QBTU이었고 2035년 전망치는 92QBTU이므로, 2035년에는 2010년보다 11QBTU(=92-81)의 에너지가 더 필요할 것으로 전망된다. 또한 같은 연도의 유럽 지역 비OECD 국가의 에너지 수요 현황은 51QBTU이었고 전망치는 69QBTU이므로, 18QBTU(=69-51)의 에너지가 더 필요할 것으로 전망된다. 이때 18QBTU는 11QBTU의 약 1.6363배이다.
② 2010년의 세계 에너지 수요 현황은 461QBTU이고, 이 가운데 아시아 / 오세아니아 지역의 비OECD 국가의 수요는 133QBTU로 약 28.85%이다. 또한 2035년 세계 에너지 수요 전망치는 694QBTU이고, 아시아 / 오세아니아 지역의 비OECD 국가의 수요는 277QBTU로 약 39.91%이다. 이때 39.91%는 28.85%의 약 1.3833배이다.
④ 제시된 표에서 2015 ~ 2035년의 세계 에너지 수요 연평균 증가율 소계를 보면 비OECD 국가는 2.8%로 OECD 국가의 0.7%의 4배이다.
⑤ 제시된 표에 따르면 2015 ~ 2035년 세계 에너지 수요 연평균 증가율은 1.8%이고, 2035년 전 세계 에너지 수요는 694QBTU로 전망된다. 따라서 이러한 추세가 2036년에도 이어진다면 2036년 전 세계 에너지 수요량은 694×1.018=706.492QBTU로 전망된다. 또한 북미 지역 OECD 국가의 에너지 수요 연평균 증가율은 0.9%이고, 2035년의 수요는 149QBTU으로 전망된다. 그러므로 이러한 추세가 2036년에도 이어진다면 2036년 북미 지역 OECD 국가의 에너지 수요는 149×1.009=150.341QBTU로 전망되며, 이때 150.341QBTU는 706.492QBTU의 약 21.2799%이다.

08 정답 ③

ㄴ. 보고서에 따르면 전 세계 에너지 수요는 2010년 461QBTU에서 2035년 694QBTU로 증가할 것이며, 전 세계에서 미국의 에너지 수요가 차지하는 비중은 2010년 22%에서 2035년 17%로 줄어들 것으로 예상된다. 따라서 미국의 에너지 수요량은 2010년에 461×0.22=101.42QBTU이었고, 2035년에는 694×0.17=117.98QBTU로 예상되므로, 2010년 대비 2035년 미국의 에너지 수요량은 $\frac{117.98-101.42}{101.42}=\frac{16.56}{101.42}=0.16328\cdots$, 즉 16%가 조금 넘는 정도로 증가할 것이다.

ㄷ. 보고서에 따르면 국제 유가와 천연가스 가격 상승이 예측되어 장기적으로 에너지 수요가 둔화될 것으로 보임에도 불구하고 비(非)OECD 국가들의 높은 경제성장률과 인구증가율로 인해 세계 에너지 수요 증가율은 높은 수준을 유지할 것으로 예상되어 2035년의 전 세계 에너지 수요는 2010년보다 50% 이상 증가할 것으로 전망된다. 즉, 에너지 수요 둔화 요인에도 불구하고 전 세계 에너지 수요의 증가가 예측되는 것은 전 세계 에너지 수요에 대한 비(非)OECD 국가들의 영향이 OECD 국가들에 비해 크기 때문임을 자료를 통해 알 수 있다.

오답분석

ㄱ. 보고서에 따르면 2035년의 전 세계 에너지 수요 중에서 중국과 인도가 차지하는 비중은 25%에 달할 것으로 예측된다. 그러나 중국과 인도 가운데 어느 국가의 에너지 수요가 더 많은지를 판단할 수 있는 근거가 제시문에는 없다.

ㄹ. 보고서에서 2015 ~ 2035년 기간 중 비(非)OECD 국가들의 연평균 에너지 수요는 연평균 2.8%씩 증가할 것으로 예상된다고 했으므로 2035년은 2015년보다 56%p(=2.8%×20년) 증가할 것이다. 또한 같은 기간에 OECD 국가들의 연평균 에너지 수요는 연평균 0.7%씩 증가할 것으로 예상된다고 했으므로 2035년은 2015년보다 14%p(=0.7%×20년) 증가할 것이다. 이때 56%p 는 14%p의 4배이다.

09 정답 ②

ㄱ. '2023년 3월 자동차 생산·수출 현황' 표 바로 위의 문단에서 부품 수출의 경우 전년 동월 대비 5.3% 감소했다고 설명했으며, 2023년 3월의 부품 수출액은 2,059백만 달러이다.

따라서 2022년 3월의 부품 수출액을 x백만 달러라 하면 $2,059=x×(1-0.053) \rightarrow x=\frac{2,059}{0.947}≒2,174.23\cdots$로, 약 2,174 백만 달러이다.

ㄷ. 2023년 3월의 자동차 수출액은 6,518백만 달러이고, 이는 2월에 비해 16.5% 증가한 수치이다. 2월의 수출액을 x백만 달러라 하면 $6,518=x×1.165 \rightarrow x=\frac{6,518}{1.165}≒5,594.84\cdots$로, 약 5,594백만 달러이다.

따라서 2023년 1월의 자동차 수출액은 17,099백만-5,594백만-6,518백만=4,987백만 달러이며, 이는 2023년 1분기 수출 액의 $\frac{4,987}{17,099}≒0.2916\cdots$, 즉 약 29.16%로 30%를 넘지 않는다.

오답분석

ㄴ. 표에서 2023년 1분기의 자동차 수출 대수는 684,009대이며, 이는 2022년 1분기보다 30.8% 증가한 수치이다.

따라서 2022년 1분기의 자동차 수출 대수를 x대라 하면 $684,009=x×1.308 \rightarrow x=\frac{684,009}{1.308}≒522,942.66\cdots$로, 약 522,942대이다.

ㄹ. 2023년 3월의 자동차 생산 대수는 409,806대이고, 이는 전월 대비 17.9% 증가한 수치이다.

따라서 17.9%의 상승률이 절반(=8.95%)으로 감소한다면 2023년 4월의 생산 대수는 409,806×1.0895=446,483.637대 이다.

10 정답 ①

ㄱ. 2022년 9월부터 2023년 3월까지 친환경차 수출량과 친환경차 수출액의 전월 대비 증감 추이를 정리하면 다음과 같다. 조사기간 내내 수출액은 증가했으며, 2022년 11월과 2023년 1월에는 수출량과 수출액의 증감 추이가 다름을 알 수 있다.

구분	2022년				2023년		
	9월	10월	11월	12월	1월	2월	3월
친환경차 수출량	증가	증가	감소	증가	동일	증가	증가
친환경차 수출액	증가	증가	증가	증가	증가	증가	증가

ㄴ. 2022년 9월부터 2023년 3월까지 자동차 수출량과 친환경차 수출량의 전월 대비 증감 추이를 정리하면 다음과 같으며, 2022년 11월부터 2023년 1월까지 증감 추이가 다름을 알 수 있다.

구분	2022년				2023년		
	9월	10월	11월	12월	1월	2월	3월
자동차 수출량	증가	증가	증가	동일	감소	증가	증가
친환경차 수출량	증가	증가	감소	증가	동일	증가	증가

오답분석

ㄷ. 2023년 1 ~ 3월의 전월 대비 자동차 수출량 증가율을 구하면 다음과 같다.

- 2023년 1월 : $\dfrac{19.9만-21.8만}{21.8만}=-\dfrac{1.9만}{21.8만}≒-0.0871=-8.71\%$

- 2023년 2월 : $\dfrac{22.3만-19.9만}{19.9만}=\dfrac{2.4만}{19.9만}≒0.1206=12.06\%$

- 2023년 3월 : $\dfrac{26.2만-22.3만}{22.3만}=\dfrac{3.9만}{22.3만}≒0.1748=17.48\%$

따라서 2023년 1 ~ 3월 전월 대비 자동차 수출량 증가율 평균은 $\dfrac{-8.71+12.06+17.48}{3}=\dfrac{20.83}{3}≒6.9433=6.94\%$이며, 2023년 4월의 전월 대비 증가율이 6.94%와 같다면 26.2만 대×1.0694=28.01828만 대, 즉 약 28만 대의 자동차가 수출될 것이다.

ㄹ. 2023년 1 ~ 3월의 전월 대비 경차 수출액 증가율을 구하면 다음과 같다.

- 2023년 1월 : $\dfrac{17.9억-17.6억}{17.6억}=\dfrac{0.3억}{17.6억}≒0.0170=1.7\%$

- 2023년 2월 : $\dfrac{20.2억-17.9억}{17.9억}=\dfrac{2.3억}{17.9억}≒0.1284=12.84\%$

- 2023년 3월 : $\dfrac{22.7억-20.2억}{20.2억}=\dfrac{2.5억}{20.2억}≒0.1237=12.37\%$

따라서 2023년 1 ~ 3월 전월 대비 친환경차 수출액 증가율 평균은 $\dfrac{1.7+12.84+12.37}{3}=\dfrac{26.91}{3}=8.97\%$이며, 2023년 4월의 전월 대비 증가율이 8.97%와 같다면 22.7억 달러×1.0897=24.73619억 달러, 즉 약 24억 7,000만 달러의 수출액을 기록할 것이다.

11 정답 ①

제시된 자료에서 2023년 3월에는 전년 동월 대비 부품 수출액이 5.3% 감소했다고 설명하고, 표에서는 이를 '△5.3%'라고 기록하고 있다.
따라서 '△'는 감소를 나타내는 기호임을 알 수 있고, 표에서 2023년 1 ~ 3월에는 2022년 같은 분기에 비해 '△3.5%', 즉 3.5% 감소했다고 기록되어 있다.

오답분석

② 2023년 3월에는 전년 동월 대비 자동차 생산 대수는 35.6%, 국내 판매 대수는 19.6%, 수출 대수는 48.0% 증가했으며, 수출액 또한 전년 동월 대비 64.1% 증가하였다.

③ 2022년 8월과 2023년 3월의 미국 IRA 세액공제 적용 대상 차종의 수출량 증가율과 같은 시점에서의 자동차 판매 대수 증가율을 각각 구하면 다음과 같다.

- 수출 대수 : $\dfrac{14.4\text{천}-5.5\text{천}}{5.5\text{천}}=\dfrac{8.9\text{천}}{5.5\text{천}}≒1.6181=161.81\%$

- 판매 대수 : $\dfrac{7.5\text{천}-5.5\text{천}}{5.5\text{천}}=\dfrac{2\text{천}}{5.5\text{천}}≒0.3636=36.36\%$

따라서 161.81%는 36.36%의 약 4.45배이다.

④ 2022년 8월과 2023년 3월의 친환경차 및 자동차 수출액 증가율을 각각 구하면 다음과 같다.

- 친환경차 수출액 : $\dfrac{22.7\text{억}-12.2\text{억}}{12.2\text{억}}=\dfrac{10.5\text{억}}{12.2\text{억}}=0.8606\cdots=86.06\%$

- 자동차 수출액 : $\dfrac{65.2\text{억}-41.1\text{억}}{41.1\text{억}}=\dfrac{24.1\text{억}}{41.1\text{억}}=0.5863\cdots=58.63\%$

따라서 86.06%는 58.63%의 약 1.46배이다.

⑤ 제시된 자료에 따르면 2017년 3월에 월간 자동차 생산 대수 40.7만 대를 기록한 이후 2023년 2월까지 40만 대를 넘지 못하다가 2023년 3월에 이르러 40.9만 대 이상을 기록하며 40만 대 이상으로 집계되었다. 이러한 생산량 확대의 원동력 중 하나로 '차량용 부품 공급 정상화'를 제시하였다.
따라서 2017년 4월부터 2023년 2월까지 월간 자동차 생산 대수가 40만 대를 넘지 못한 원인 중에는 '자동차 부품 수급 차질'이 있음을 알 수 있다.

12 정답 ③

'경신'과 '갱신'을 한자로 쓰면 '更新'으로 같다. 이때 '更'의 훈음은 '고칠 경', '다시 갱'으로 의미에 따라서 소리가 다르다. 이미 있던 것을 고쳐 새롭게 한다는 뜻을 나타낼 때에는 '경신'과 '갱신'을 모두 쓸 수 있다. 그러나 종전의 기록을 깨뜨린다는 의미일 때는 '경신'이 바른 표현이며, 법률 관계의 존속 기간이 끝났을 때 그 기간을 연장한다는 의미일 때는 '갱신'이 바른 표현이다. 따라서 ⓒ에서는 '갱신했다'가 아니라 '경신했다'가 적절하다.

오답분석

㉠ '늘리다'는 수효나 분량 등을 본디보다 많아지게 한다는 뜻이고, '늘이다'는 길이를 길어지게 한다는 뜻이므로 ㉠에서는 '늘린'이 적절한 표현이다.

㉡ '지적되다'는 고쳐야 할 문제점이나 허물 등이 드러나 폭로된다는 의미이므로 ㉡에서 쓰기에 적절하지 않다. 따라서 '꼽히다', '평가되다'를 활용한 '꼽힌다', '평가된다'가 적절한 표현이다.

㉣ '역대급(歷代級)'은 '역대'에 '그에 준하는'의 뜻을 더하는 접미사 '-급'을 더한 신조어로, 흔히 '대대로 이어져 오고 있는 여러 것들 가운데 가장 높은 수준'이라는 의미로 쓰인다. 그러나 역대(歷代)는 '대대로 이어 내려온 여러 대, 또는 그동안'이라는 뜻이므로, '역대급'은 '그동안에 준하는, 평균 정도의, 평상적인 수준의'라는 의미로 이해할 수 있다. 즉, '역대급'을 '가장 높은, 최대, 최고'를 뜻하는 표준어로 쓸 수 없는 것이다. 다만 국립국어원에서는 '역대급'이라는 낱말을 언중이 현실적으로 널리 사용하고 있다는 점에서 표제어로 등재하였다.

㉤ '수혜(受惠)'는 은혜 · 혜택을 받는다는 뜻이므로, '수혜를 받을'은 같은 의미의 어휘가 중복된 표현이다. 따라서 ㉤에서는 '혜택을 받을'로 다듬어야 한다.

01	02	03	04	05	06	07	08	09	10
③	④	②	④	②	①	③	③	③	③

11	12
②	③

01 정답 ③

제시문에서는 청년실업 문제에 대해 긍정적인 부분을 거의 제시하고 있지 않다. 반면 정부 당국 관계자는 향후 청년의 공급이 줄어들게 되는 인구구조의 변화가 문제 해결에 유리한 조건을 형성한다고 발언하였다. 하지만 이러한 인구구조의 변화가 곧 문제 해결이나 완화로 이어지지 않는다는 것이 기사에 나타나있다.

오답분석

①・② 제시문에서는 올해부터 3 ~ 4년간 인구 문제가 부정적으로 작용할 것이라고 발언하였으나, 올해가 가장 좋지 않다거나 현재 문제가 해결 중에 있다는 내용은 언급되지 않았다.
④ 제시문에서는 에코세대의 노동시장 진입으로 인한 청년 공급 증가에 대응해야 함을 인식하고 있다.
⑤ 일본의 상황을 참고하여 한국도 장차 상황이 좋아질 것이라고 예측하고 있을 뿐, 한국의 상황이 일본보다 낫다고 생각하고 있다는 근거는 제시문에서 찾을 수 없다.

02 정답 ④

첫 번째 조건에서 전체 지원자 120명 중 신입직은 경력직의 2배이므로, 신입직 지원자는 80명, 경력직 지원자는 40명이다. 이에 두 번째 조건에서 신입직 중 기획 부서에 지원한 사람이 30%라고 했으므로 $80 \times 0.3 = 24$명이 되고, 신입직 중 영업 부서와 회계 부서에 지원한 사람은 $80 - 24 = 56$명이 된다. 또한 세 번째 조건에서 신입직 중 영업 부서와 회계 부서에 지원한 사람의 비율이 $3 : 1$이므로, 영업 부서에 지원한 신입직은 $56 \times \frac{3}{3+1} = 42$명, 회계 부서에 지원한 신입직은 $56 \times \frac{1}{3+1} = 14$명이 된다. 다음 네 번째 조건에 따라 기획 부서에 지원한 경력직 지원자는 $120 \times 0.05 = 6$명이다. 마지막 다섯 번째 조건에 따라 전체 지원자 120명 중 50%에 해당하는 60명이 영업 부서에 지원했다고 했으므로, 영업 부서 지원자 중 경력직 지원자는 세 번째 조건에서 구한 신입직 지원자 42명을 제외한 $60 - 42 = 18$명이 되고, 회계 부서에 지원한 경력직 지원자는 전체 경력직 지원자 중 기획 부서와 영업 부서의 지원자를 제외한 $40 - (6 + 18) = 16$명이 된다.

따라서 회계 부서 지원자는 $14 + 16 = 30$명이다.

03 정답 ②

해외사업연계 취업 지원 사업은 청년 인재를 선발하여 K-Move 스쿨 개설 및 맞춤 연수를 시행 후 L사가 투자 및 운영자로 참여하고 있는 해외법인에 취업연계를 시켜주는 것이다. 따라서 시행처가 다르지 않다.

오답분석

① 8월 중 공고예정이라고 되어 있으며 한국발전교육원 및 당진 발전기술 EDU센터에서 2022년 9 ~ 12월까지 3개월 동안 교육을 받는다고 되어있지만 정확한 일정이 나와 있지 않으므로 확인하는 것이 적절하다.

③ 최종 선발된 10명은 한국발전교육원 및 당진 발전기술 EDU센터에서 교육을 받는다.

④ L사는 K-Move 스쿨 연수생 선발·맞춤연수 시행·해외 법인과의 협의를 통한 취업연계 지원을, Z사는 연수비용 일부 및 취업 장려금을 지원한다.

⑤ L사는 청년 인재들이 해외사업장에 취업하는 것뿐만 아니라 해당 국가의 고급 기술 인력으로 거듭날 수 있도록 지속적인 지원을 아끼지 않을 예정이다.

04 정답 ④

적립된 멤버십 포인트는 롯데기업 서비스센터에서 수리뿐만 아니라 렌탈 구매를 하는 경우에도 사용가능하다.

오답분석

① 백화점 및 대형마트는 롯데기업 멤버십 운영매장이지만 포인트 사용은 불가능하다.

② VIP 기간이 종료된 경우, 추가 구매를 통해 연간 구매금액 5백만 원 이상을 달성하여야 자동 연장된다.

③ 정수기냉장고도 무상 A/S 대상인 5대 제품에 포함된다.

⑤ 소비자 과실에 의한 수리의 경우에는 무상 서비스가 제공되지 않는다.

05 정답 ②

B가 A/S를 요청한 제품 중 TV에 대하여는 무상 서비스가 가능하지만, 스탠드 자재는 제외항목이므로 무상 서비스를 받을 수 없다.

오답분석

① B는 문의일 현재 유효한 VIP 멤버십을 갖고 있으므로, 무상 A/S 서비스를 받을 수 있다. 또한 문의한 TV 1대는 무상 A/S 서비스 대상 항목에 해당하므로 무상 수리가 가능하다.

③ 수리 소요기간은 수리 센터 및 수리 내용에 따라 별도로 안내된다.

④ B는 2021년 11월 중에 VIP 멤버십을 적용받기 시작한 것을 알 수 있으며, VIP 멤버십은 3년간 무상 서비스가 적용되므로 문의일 현재 유효하다.

⑤ VIP 멤버십 획득 요건은 '1년간 500만 원 이상 구매'이며, 구매처도 멤버십 제휴 매장에 해당되고 2021년 11월에 VIP 멤버십 획득 안내 메일을 수신하였으므로, 2020년 11월 이후 최소한 500만 원 이상 구매하였음을 알 수 있다.

06 정답 ①

ㄱ. 포인트 사용 가능처는 일반 멤버십과 VIP 멤버십이 동일하게 적용받는 내용이므로 멤버십 간 차별성을 두지 못한다.

ㄴ. 이는 VIP 멤버십 가입을 용이하게 하는 조치일 뿐, VIP 멤버십 획득 고객에 대한 차별적 혜택 제공에는 도움이 되지 않는다.

오답분석

ㄷ. 현재는 한 번 3년 무상 처리된 제품은 추가 연장되지 않으나, 연장 기회를 제공한다면 VIP 멤버십 회원들이 받을 수 있는 무상 서비스 기한이 연장되므로 적절한 개선 방안이다.

ㄹ. 무상 A/S 서비스는 VIP 멤버십에게만 제공되는 서비스이므로 적절한 개선 방안이다.

07 [정답] ③

3번에 따르면, 충전 시간은 매뉴얼에 기재된 시간을 초과하면 안 된다.

[오답분석]
① 14번에 따르면, 애완동물에게도 배터리를 주지 말라고 안내되어 있다.
② 18번에 따르면, 전자담배의 경우를 포함하여 개인은 절대 배터리를 취급할 수 없다.
④ 15번에 따르면, 제품의 수명이 다하지 않아도 배터리 수명이 짧아졌을 때 교체하는 것이 바람직하다.
⑤ 6번에 따르면, 배터리는 배터리 표면 온도 기준 $-20 \sim 75℃$의 범위에서 사용되어야 한다.

08 [정답] ③

ㄱ. 단전지의 구체적 제조 과정은 위험성을 직접적으로 설명하지 못하므로 적절한 제안이라 볼 수 없다.
ㄷ. 단전지에 대한 안전 교육은 단전지를 소비자가 직접 이용하는 것의 위험성을 알리는 것이므로, 해당 전지를 사용한 제품 구매를 자제하라는 메시지는 불필요한 자사 매출액 감소로 이어질 우려가 있으므로 부적절하다.

[오답분석]
ㄴ. 실제 사고 사례를 재현함으로써 경각심을 일깨울 수 있다.
ㄹ. 단전지 오용으로 인한 사고 피해자의 인터뷰를 추가하면 사고 시의 통증, 사고 후의 후회 및 회복과정에서의 불편함 등을 통해 더욱 경각심을 일깨울 수 있다.

09 [정답] ③

ㄴ. 8번에 따르면, 허가 받지 않은 직원에 의한 경우에 해당되므로 보증이 적용되지 않는다.
ㄷ. 9번에 따르면, 불가항력에 의한 경우로 분류되어 보증을 받을 수 없다.

[오답분석]
ㄱ. 제시된 사항에서 보증 미적용 항목에 해당하지 않으므로, 보증 기한 이내라면 보증을 받을 수 있다.
ㄹ. 1번에 적용되는 사안이다.

10 [정답] ③

예비입주자 모집일정의 첫 번째 단계는 입주자 모집공고로 7월 31일부터 휴일을 포함하여 10일 동안 진행한다. 따라서 모집공고는 8월 9일까지이며, 다음 단계인 신청접수는 8월 10일 또는 11일에 시작한다. 모집일정 완료일은 8월 24일까지이므로 입주자 모집공고 후 근무일(주중)은 총 10 ~ 11일이 주어진다. 각 단계마다 1일 이하의 간격을 두고 진행되므로 입주자 모집공고 이후부터 소요되는 근무일 기간은 10일 이상 14일 이하이다. 따라서 모집공고 후 완료일에 따라 필요한 근무일 기간은 10일 또는 11일이며, 정리하면 경우의 수는 총 5가지가 나온다.

• 입주자 모집공고 이후 10일간 일정(1가지, 각 단계 사이의 기간이 없음)

모집공고	신청접수 (근무일 5일)	대상자 발표 (근무일 1일)	서류제출 (근무일 3일)	순번 발표 (근무일 1일)
7월 31일 ~ 8월 9일	10 ~ 14일	17일	18 ~ 20일	21일

• 입주자 모집공고 이후 11일간 일정(4가지)

모집공고	간격	신청접수 (근무일 5일)	간격	대상자 발표 (근무일 1일)	간격	서류제출 (근무일 3일)	간격	순번 발표 (근무일 1일)
7월 31일 ~ 8월 9일	10일	11 ~ 17일	–	18일	–	19 ~ 21일	–	24일
	–	10 ~ 14일	17일	18일	–	19 ~ 21일	–	
	–	10 ~ 14일	–	17일	18일	19 ~ 21일	–	
	–	10 ~ 14일	–	17일	–	18 ~ 20일	21일	

따라서 선택지 중 모든 경우에서 M대리가 신청 가능한 휴가 기간은 신청접수 단계에서 2일 동안 근무가 가능한 8월 11 ~ 13일이다.

① · ② 각각 근무일이 2일 동안만 신청한 경우이다.
④ 모든 경우에서 서류심사 대상자 발표일이 8월 17일 또는 18일이므로 불가능하다.
⑤ 입주자 모집공고 이후 11일간 일정을 보면 8월 19 ~ 21일은 서류제출 단계(근무일 3일)가 될 수 있으므로 불가능하다.

11   정답   ②

2021년과 2020년 휴직자 수를 구하면 다음과 같다.
• 2021년 : $550,000 \times 0.2 = 110,000$명
• 2020년 : $480,000 \times 0.23 = 110,400$명
따라서 2021년 휴직자 수는 2020년 휴직자 수보다 적다.

① 2017년부터 2021년까지 연도별 전업자의 비율은 68%, 62%, 58%, 52%, 46%로 감소하는 반면에, 겸직자의 비율은 8%, 11%, 15%, 21%, 32%로 증가하고 있다.
③ 연도별 전업자 수를 구하면 다음과 같다.
• 2017년 : $300,000 \times 0.68 = 204,000$명
• 2018년 : $350,000 \times 0.62 = 217,000$명
• 2019년 : $420,000 \times 0.58 = 243,600$명
• 2020년 : $480,000 \times 0.52 = 249,600$명
• 2021년 : $550,000 \times 0.46 = 253,000$명
따라서 전업자 수가 가장 적은 연도는 2017년이다.
④ 2020년과 2017년의 겸직자 수를 구하면 다음과 같다.
• 2020년 : $480,000 \times 0.21 = 100,800$명
• 2017년 : $300,000 \times 0.08 = 24,000$명

따라서 2020년 겸직자 수는 2017년의 $\frac{100,800}{24,000} = 4.2$배이다.
⑤ 2017년과 2021년의 휴직자 수를 구하면 다음과 같다.
• 2017년 : $300,000 \times 0.06 = 18,000$명
• 2021년 : $550,000 \times 0.2 = 110,000$명

따라서 2017년 휴직자 수는 2021년 휴직자 수의 $\frac{18,000}{110,000} \times 100 ≒ 16\%$이다.

12   정답   ③

1월의 난방요금을 $7k$원, 6월의 난방요금을 $3k$원이라고 하자(단, k는 비례상수).
$(7k - 20,000) : 3k = 2 : 1$
∴ $k = 20,000$
따라서 1월의 난방요금은 14만 원이다.

01	02	03	04	05	06	07	08	09	10
④	②	①	④	③	②	②	①	②	②
11	12								
④	④								

01 정답 ④

휴일에 근무 시 휴일 근무일수의 2배에 해당하는 휴가를 지급하며, 0.5일은 휴가 사용 시 토요일을 0.5일로 계산한다는 의미이므로 적절하지 않다.

02 정답 ②

휴일인 일요일을 제외하고 10월 1 ~ 13일 동안 평일은 9일이고, 3일과 10일은 토요일이므로 휴가 사용 시 토요일은 0.5일로 계산한다는 기준을 적용한다. 따라서 C팀장의 휴가 신청일수는 9(평일)+1(토요일, 0.5×2)=10일이다.

03 정답 ①

주어진 조건을 표로 나타내면 다음과 같다. 따라서 민경이가 가는 곳은 제주도이고, 게스트하우스에서 숙박한다.

구분	제주도	일본	대만
정주		게스트하우스	
경순			호텔
민경	게스트하우스		

04 정답 ④

내려오는 경우, 구간별 트래킹 소요시간은 50% 단축되므로 F지점에서 E지점으로 가는 데에는 1시간이 소요된다.

오답분석
① A지점에서 B지점까지 3시간이 소요되고, B지점에서 C지점을 거쳐 D지점까지도 3시간(=2+1)이 소요된다.
② F지점에서 G지점까지 3시간이 소요되고, E지점에서 F지점까지 2시간이 소요된다.
③ 내려오는 경우이므로 M지점에서 L지점까지 1시간 30분(=3×0.5)이 소요되고, K지점에서 J지점을 거쳐 I지점까지도 1시간 30분(=(2+1)×0.5)이 소요된다.
⑤ 3시간이 소요되는 구간은 'A → B', 'F → G', 'K → L', 'L → M' 구간으로 'A → B' 구간의 거리가 588m(=1,638−1,050)로 가장 길다.

05 정답 ③

5월 3일에 트래킹을 시작한 총무부의 트래킹에 대한 정보는 다음과 같다.

(단위 : m, 시간)

구분	이동경로	이동거리	소요시간	해발고도
5월 3일	A → D	1,061	6	2,111
5월 4일	D → G	237	6	2,348
5월 5일	G → I	246	4	2,502
5월 6일	I → K	139	3	2,641
5월 7일	K → L	192	3	2,833
5월 8일	L → M	179	3	3,012
5월 9일	M → H	545	5.5	2,467
5월 10일	H → B	829	5.5	1,638
5월 11일	B → A	588	1.5	1,050

하루에 가능한 트래킹의 최장시간은 6시간으로 셋째 날에 G지점에서 J지점까지 5시간이 소요되어 올라갈 수 있지만, 해발 2,500m 를 통과한 순간부터 고산병 예방을 위해 수면고도를 전날 수면고도에 비해 200m 이상 높일 수 없으므로 셋째 날은 J지점이 아닌 I지점까지만 올라간다. 따라서 둘째 날의 트레킹 소요시간은 6시간, 셋째 날에는 4시간이다.

06 정답 ②

05번의 표로부터 총무부가 모든 트래킹 일정을 완료한 날짜는 5월 11일임을 알 수 있다.

07 정답 ②

사업을 추진하기 위해서는 먼저 ⓒ 수요조사를 통해 ② 시행계획을 수립한 후 ⓒ 세부계획에 대한 공고를 통해 연구기관의 접수를 받는다. 이후 제시된 자료에 나타난 절차를 거친 후, ⊙ 최종평가를 진행하고 이를 통해 제출된 ⓓ 연구결과를 활용하여 계약을 체결한다.

08 정답 ①

제시된 자료에 따르면 선정평가는 사전검토 → 전문기관검토 → 전문가평가 → 심의위원회 심의·조정 단계로 진행된다. 따라서 전문기관의 검토 다음 단계인 ⓐ에 들어갈 내용으로는 전문가평가인 ①이 적절하다.

09 정답 ②

145와 203의 최대공약수는 29이므로 연구개발조는 29조로 편성된다. 따라서 한 조에 남자 연구자는 5명, 여자 연구자는 7명으로 구성되므로 $a+b=5+7=12$이다.

10 정답 ②

중간에 D과장이 화요일에 급한 업무가 많다고 하였으므로 수요일에만 회의가 가능하다. 수요일만 살펴보면 오전 9시부터 오전 11시까지는 B대리가 안 되고, 오후 12시부터 오후 1시까지는 점심시간이며, 오후 1시부터 오후 4시까지는 A사원의 외근으로 불가능하고, E사원은 오후 4시 전까지만 가능하다고 했으므로 수요일 오전 11시에 회의를 할 수 있다.

11 정답 ④

화요일 3시부터 4시까지 외근을 하려면 2시부터 5시까지 스케줄이 없어야 하므로 화요일에 급한 업무가 많은 D과장과 스케줄이 겹치는 B대리, A사원은 불가능하다. 따라서 2시부터 5시까지 스케줄이 없는 E사원이 적절하다.

12 정답 ④

프로젝트를 끝내는 일의 양을 1이라고 가정한다. 혼자 할 경우 A사원은 하루에 할 수 있는 일의 양은 $\frac{1}{24}$ 이고, E사원은 $\frac{1}{16}$ 이며, 함께 할 경우 $\frac{1}{24}+\frac{1}{16}=\frac{5}{48}$ 만큼 할 수 있다.

문제에서 함께 한 일수는 3일간이며, E사원 혼자 한 날을 x 일이라 하면 총 일의 양에 대한 방정식은 다음과 같다.

$$\frac{5}{48}\times3+\frac{1}{16}\times x=1$$
$$\rightarrow \frac{5}{16}+\frac{1}{16}\times x=1$$
$$\rightarrow \frac{1}{16}\times x=\frac{11}{16}$$
$$\therefore x=11$$

따라서 E사원이 혼자 일한 기간은 11일이므로, 보고서를 제출할 때까지 3+11=14일이 걸렸다.

01	02	03	04	05	06	07	08	09	10
③	①	⑤	②	③	④	①	③	⑤	④
11	12								
④	④								

01 정답 ③

11월 21일의 팀미팅은 워크숍 시작시간 전인 오후 1시 30분에 끝나므로 3시에 출발 가능하며, 22일의 일정이 없기 때문에 11월 21 ~ 22일이 워크숍 날짜로 적절하다.

오답분석

① 11월 9 ~ 10일 : 다른 팀과 함께하는 업무가 있는 주이므로 워크숍 날짜로 적절하지 않다.
② 11월 18 ~ 19일 : 19일은 주말이므로 워크숍 날짜로 적절하지 않다.
④ 11월 28 ~ 29일 : E대리 휴가로 모든 팀원이 참여가 불가능하므로 워크숍 날짜로 적절하지 않다.
⑤ 11월 29 ~ 30일 : 말일이므로 워크숍 날짜로 적절하지 않다.

02 정답 ①

가중평균을 이용하여 합격생 수를 구하면 빠르게 풀 수 있다. 합격률이 $x\%$라 가정하면 불합격률은 $(1-x)\%$이다. 조건에 따라 방정식을 세우면 다음과 같다.
$80x+50(1-x)=54.5 \rightarrow 30x=4.5$
$\therefore x=0.15$
따라서 합격률은 15%이며, 1차 시험에 합격한 응시생은 $2,500\times0.15=375$명이다.

03 정답 ⑤

먼저 첫 번째 조건에 따라 감염대책위원장과 재택관리위원장은 함께 뽑힐 수 없으므로 감염대책위원장이 뽑히는 경우와 재택관리위원장이 뽑히는 경우로 나누어 볼 수 있다.
ⅰ) 감염대책위원장이 뽑히는 경우
첫 번째 조건에 따라 재택관리위원장은 뽑히지 않으며, 두 번째 조건에 따라 위생관리위원장 2명이 모두 뽑힌다. 이때, 위원회는 총 4명으로 구성되므로 나머지 후보 중 생활방역위원장 1명이 뽑힌다.
ⅱ) 재택관리위원장이 뽑히는 경우
첫 번째 조건에 따라 감염대책위원장은 뽑히지 않으며, 세 번째 조건에 따라 생활방역위원장은 2명 이상이 뽑힐 수 없으므로 1명 또는 2명이 뽑힐 수 있다. 따라서 생활방역위원장 2명이 뽑히면 위생관리위원장은 1명이 뽑히고, 생활방역위원장 1명이 뽑히면 위생관리위원장은 2명이 뽑힌다.

이를 표로 정리하면 다음과 같다.

구분	감염병관리위원회 구성원
경우 1	감염대책위원장 1명, 위생관리위원장 2명, 생활방역위원장 1명
경우 2	재택관리위원장 1명, 위생관리위원장 1명, 생활방역위원장 2명
경우 3	재택관리위원장 1명, 위생관리위원장 2명, 생활방역위원장 1명

따라서 항상 참이 되는 것은 '생활방역위원장이 뽑히면 위생관리위원장도 뽑힌다.'인 ⑤이다.

오답분석

① 경우 3에서는 위생관리위원장 2명이 뽑힌다.
② 경우 2에서는 생활방역위원장 2명이 뽑힌다.
③ 어떤 경우에도 감염대책위원장과 재택관리위원장은 함께 뽑히지 않는다.
④ 감염대책위원장이 뽑히면 생활방역위원장은 1명이 뽑힌다.

04 정답 ②

세 번째 문단을 보면, 위험하고 반복한 일은 로봇에게 맡김으로써 인간이 보다 가치집약적인 일에 집중하게 하는 것을 목표로 한다는 내용이 제시되어 있다.

오답분석

① 두 번째 문단에 따르면 공모전의 본선은 서울산업진흥원 본부가 아닌 G캠프에서 진행된다.
③ 두 번째 문단에 따르면 최종 우승팀은 연말에 결정된다.
④ 첫 번째 문단에 따르면 홈페이지로만 지원서를 접수해야 한다.
⑤ 첫 번째 문단에 따르면 팀뿐만 아니라 개인 자격으로도 공모전에 참가가 가능하다.

05 정답 ③

ㄱ. 본선 진출팀의 수를 늘려 상금 획득 가능성에 대한 기대를 높이고, 최종 우승 시의 보상을 높이는 것은 참여의지를 촉진시킨다.
ㄴ. 내부 심사 외에, 일반 고객들이 지원자가 아닌 평가자로서도 참여할 수 있도록 하고 이를 홍보한다면 다른 일반인들의 관심이 높아져 흥행할 수 있다.

오답분석

ㄷ. 제출 작품의 전문성을 높일 수는 있겠지만, 지원자의 폭을 좁혀 흥행 촉진에는 부정적일 수 있다. 또한 일상에서의 로봇 활용 아이디어를 목표로 하는 만큼, 지원자격에 전문성을 추가하는 것은 참신한 아이디어를 제한할 수 있다.

06 정답 ④

팀별 평가결과를 바탕으로 가중치를 반영하여 최종 점수를 산출하면 다음과 같다.

(단위 : 점)

팀명	안전개선	고객지향	기술혁신	가치창조	최종 점수
A	24	5	16	4	49
B	18	8	10	5	41
C	21	6	12	7	46
D	21	7	14	7	49
E	15	6	20	4	45

최종 점수는 A팀과 D팀이 49점 동점으로 가장 높다. 그중 고객지향 점수가 더 높은 D팀이 최종 우승팀으로 결정된다.

07 정답 ①

네 번째 문단에 따르면 ESG는 특정 조직 업무가 아니라 전사적 기조임을 강조하고 있다.

오답분석

② 마지막 문단에 따르면 ESG 경영의 일환으로 주주총회 전자투표제가 도입되었다.
③ 두 번째 문단에 따르면 'ESG Committee'는 CFO를 의장으로 안전환경, 사회공헌 등을 한다.
④ 네 번째 문단에서 환경(Environment), 사회(Social), 지배구조(Governance)임을 알 수 있다.
⑤ 마지막 문단에서 지배구조는 주주친화 정책과 경영 투명성 강화에 주력한다고 하고 있다.

08 정답 ③

ㄱ. 세 번째 문단에 따르면, ESG 친화를 위한 단기적 대안 수립보다는 중장기 전략을 수립하는 것이 적절한 추진책이라 볼 수 있다.
ㄴ. 다섯 번째 문단에 따르면, 지역사회와의 공존도 ESG 경영기조에 포함되므로 지역사회로부터의 독립성을 강화하는 것은 적절한 조치라 볼 수 없다.

오답분석

ㄷ. 친환경 분야에서의 노력이면서 노조 측과의 협의를 통해 지배구조상의 개선을 추구하고 있으므로 ESG 경영기조에 부합하는 내용이다.

09 정답 ⑤

선정방식에 따라 각 후보자들의 최종 점수를 산정하면 다음과 같다.

(단위 : 점)

후보자	관련 경력	최종 학위	성과점수	대외점수	최종 점수
A	25	12	24	18	79
B	16	18	28	14	76
C	22	20	21	19	82
D	19	15	32	17	83
E	25	10	27	20	82

최종 점수가 가장 높은 D가 1순위로 선정되며, C와 E가 82점으로 동점이 된다. 그중 동점자 처리 기준에 따라 성과점수가 더 높은 E가 2순위로 선정된다.

10 정답 ④

가입 후 1년 이내에 해지하는 경우, 사은품으로 증정한 모바일 상품권에 대한 할인반환금이 발생한다.

오답분석

① 두 상품은 월 이용요금과 간식로봇의 제공 여부에서만 차이를 보인다.
② 3년 약정으로 가입한 경우에만 자료의 혜택이 모두 제공됨을 알 수 있다.
③ 3년간 무료 가입됨을 알 수 있다.
⑤ O펫샵에서 할인을 제공받을 수 있다.

11 정답 ④

ㄱ. 2020.03.01.에 가입하여 1년이 경과하였으므로, 모바일 상품권에 대한 할인반환금은 발생하지 않는다.
ㄴ. 시츄는 맹견이 아니므로 반려동물보험 가입불가종에 해당하지 않는다.
ㄹ. A의 반려견인 시츄는 만 10세 이상이므로, 사망 위로금을 받을 수 없다.

오답분석

ㄷ. 보험의 경우, 본인이 직접 가입 신청하여야 하므로 직접 신청하지 않았다면 반려견은 가입되어 있지 않을 것이다.

12 정답 ④

P펫호텔에서 사용 가능한 무료 숙박권 2회 중 1회를 사용하였으므로 별도 비용이 발생하지 않으며, 무료 촬영권의 경우, 액자비 2만 원이 현장 청구된다. 또한 가입과 동시에 10만 원 상당의 모바일 상품권을 제공받지만, 현대백화점은 사용 가능처가 아니므로 사용금액은 B가 부담하게 된다. 따라서 총 12만 원을 부담하게 된다.

01	02	03	04	05	06	07	08	09	10
⑤	④	③	④	③	③	③	④	⑤	③
11	12	13	14	15					
①	①	④	④	③					

01 정답 ⑤

견적 제출 및 계약방식에 따르면 국가종합전자조달시스템의 안전 입찰서비스를 이용하여 견적서를 제출해야 한다.

오답분석

① 견적서 제출기간에 따르면 견적서 제출확인은 국가종합전자조달 전자입찰시스템의 웹 송신함에서 확인할 수 있음을 알 수 있다.
② 개찰일시 및 장소에 따르면 개찰은 견적서 제출 마감일인 6월 14일 오전 11시에 진행되므로 마감 1시간 뒤에 바로 진행됨을 알 수 있다.
③ 견적서 제출기간 항목에 보면 마감 시간이 임박하여 제출할 경우 입력 도중 중단되는 경우가 있으므로 마감 시간 10분 전까지 입력을 완료하도록 안내한다. 따라서 마감 시간 이후로는 더 이상 견적서를 제출할 수 없음을 알 수 있다.
④ 견적 제출 참가 자격에 따르면 이번 입찰은 '지문인식 신원확인 입찰'이 적용되므로 입찰대리인은 미리 지문정보를 등록하여야 하나, 예외적으로 지문인식 신원확인이 곤란한 자에 한하여 개인인증서에 의한 제출이 가능하다. 따라서 둘 중 하나의 방법을 선택한다는 내용은 적절하지 않다.

02 정답 ④

• 재출 → 제출
• 개약 → 계약
• 소제지 → 소재지
• 낙찰차 → 낙찰자

03 정답 ③

$_{10}\mathrm{C}_2 \times {_8}\mathrm{C}_2 = \dfrac{10 \times 9}{2 \times 1} \times \dfrac{8 \times 7}{2 \times 1} = 1,260$가지

04 정답 ④

6월 달력을 살펴보면 다음과 같다.

〈6월 달력〉

월	화	수	목	금	토	일
	1	2	3	4	5	6
7	8	9	10	11	12	13
14	15	16	17	18	19	20
21	22	23	24	25	26	27
28	29	30				

• 견적서 제출 마감일 제외(14-1=13일)
  → 둘째 주 주말 제외(13-2=11일)
  → 회의 결과에 따른 견적서 수정 기간 사흘 제외(11-3=8일)
  → 제출 전 검토 기간 이틀 제외(8-2=6일)
  → 첫째 주 주말 제외(6-2=4일)
따라서 견적서 제출일과 가장 가까운 회의 날짜는 6월 4일 금요일이다.

05 정답 ③

직장에서 업무와 관련된 이메일을 보낼 때는 메일을 받는 상대가 내용을 쉽게 알 수 있도록 내용이 축약된 제목을 붙여야 한다.

06 정답 ③

경산모의 $\frac{1}{3}$ 은 $150 \times 0.58 \times \frac{1}{3} = 29$명, 30대는 $150 \times (0.32 + 0.1) = 63$명이다.

따라서 경산모의 $\frac{1}{3}$ 이 30대라고 할 때, 30대에서 경산모의 비율은 $\frac{29}{63} \times 100 ≒ 46\%$이다.

오답분석

① 초산모는 $150 \times 0.42 = 63$명, 20대는 $150 \times (0.12 + 0.46) = 87$명으로, 초산모가 모두 20대라고 할 때, 20대에서 초산모가 차지
하는 비율은 $\frac{63}{87} \times 100 ≒ 72\%$로 70% 이상이다.

② 초산모는 $150 \times 0.42 = 63$명, 단태아는 $150 \times 0.76 = 114$명으로, 초산모가 모두 단태아를 출산했다고 하면, 단태아를 출산한
경산모의 수는 $114 - 63 = 51$명이다. 따라서 단태아를 출산한 산모 중 경산모가 차지하는 비율은 $\frac{51}{114} \times 100 ≒ 44\%$이므로 48%
미만이다.

④ 20대 산모는 $150 \times (0.12 + 0.46) = 87$명, 30대 산모는 $150 \times (0.32 + 0.1) = 63$명으로 20대 산모는 30대 산모보다 24명 더 많다.

⑤ 산모가 200명일 때의 단태아를 출산한 산모의 수는 $200 \times 0.76 = 152$명, 산모가 400명일 때의 초산모의 수는 $400 \times 0.42 = 168$
명이다. 따라서 산모가 200명일 때의 단태아를 출산한 산모의 수는 산모가 400명일 때의 초산모의 수보다 적다.

07 정답 ③

경산모의 전체 인원은 150명 중 58%로 $150 \times 0.58 = 87$명이다. 25세 이상 35세 미만의 산모의 $\frac{1}{3}$ 은 $150 \times (0.46 + 0.32) \times \frac{1}{3} =$
39명이다.

따라서 차지하는 비율은 $\frac{39}{87} \times 100 ≒ 44\%$이다.

08 정답 ④

- 유형 : 성질이나 특징 따위가 공통적인 것끼리 묶은 하나의 틀. 또는 그 틀에 속하는 것
- 특징 : 다른 것에 비하여 특별히 눈에 뜨이는 점

① 종류 : 사물의 부문을 나누는 갈래
② 가닥 : 한군데서 갈려 나온 낱낱의 줄
③ 갈래 : 하나에서 둘 이상으로 갈라져 나간 낱낱의 부분이나 계통
⑤ 전형 : 같은 부류의 특징을 가장 잘 나타내고 있는 본보기

09 정답 ⑤

산모의 연령대는 제시된 것 이외엔 없다고 하였으므로 40대 이상의 산모를 위한 프리미엄 상품을 기획한다면 수요자가 없을 것이다.

10 정답 ③

국제관 세미나실B의 경우 화요일에 글로벌전략부의 이용이 끝난 13시 30분부터 예약이 가능하다.

오답분석

① 본관 1세미나실의 경우 수요일은 15시 이후에 이용 가능하지만 발표는 오후 1시부터 오후 4시 사이에 진행되어야 하므로, 1시간 30분 동안 연이어 진행되어야 하는 발표회는 불가능하다.
② 본관 2세미나실은 최대 수용가능인원이 16명이므로 24명의 발표회 참석자를 수용하지 못해 제외된다.
④ 국제관 세미나실B의 경우 수요일은 오후 1시부터 오후 4시 사이에 진행되어야 하는 조건에 따라 수요일에 사업부 이용 전에는 1시간, 이용 후에는 30분만 이용이 가능하므로 1시간 30분 동안 연이어 진행되어야 하는 발표회는 불가능하다.
⑤ 복지동 세미나실은 빔프로젝터가 없어서 제외된다.

11 정답 ①

남자 5명 중 보조자 1명, 여자 3명 중 보조자 1명을 차출하고, 남은 6명 중 발표자 1명을 선정하면 된다.
→ 5×3×6=90
따라서 경우의 수는 90가지이다.

12 정답 ①

조건에 맞지 않는 제품들을 차례대로 제외해 나가도록 한다.
1. 최대 스크린 200 이하의 제품인 B기업의 'PL680', E기업의 'SY3211'를 제외한다(두 제품의 경우 800*600 이하 해상도를 지닌 제품이기도 하다).
2. 무료 A/S 기간이 1년 이하인 C기업의 'Leisure 470', E기업의 'SY8200'를 제외한다.
3. 스피커 출력 7W 이하의 제품인 B기업의 'PH550', C기업의 'Leisure 520'을 제외한다.
4. 남은 A기업의 'HF60LA'와 D기업의 'T-1000', 'T-2500' 중 가장 가격이 저렴한 것은 1,210,000원인 A기업의 'HF60LA'이다.
따라서 조건에 부합하는 빔 프로젝터 회사는 'A기업'이다.

13　정답 ④

숨은 참조인으로 메일을 수신 받은 팀장, 매니저, 책임급 참여자들은 사원급과 대리급 이하 참여자들의 메일에서 수신인으로 확인되지 않으므로 ④가 가장 적절하다.

오답분석

①·②·③·⑤ 메일은 받는 사람과 참조, 숨은 참조 기능을 사용한 모든 이들에게 전송되지만 숨은 참조인, 즉 팀장, 매니저, 책임급 참여자들은 받는 사람 및 참조인으로 자료를 받은 이들은 수신자로 확인되지 않으며, 반대로 숨은 참조인으로 자료를 받은 이들은 나머지 수신인들을 확인할 수 있다.

14　정답 ④

당직 근무 일정을 요일별로 정리하면 다음과 같다.

구분	월	화	수	목	금	토	일
오전	공주원 지한준 김민정	이지유 최유리	강리환 이영유	공주원 강리환 이건율	이지유 지한준	김민정 최민관 강지공	이건율 최민관
오후	이지유 최민관	최민관 이영유 강지공	공주원 지한준 강지공 김민정	최유리	이영유 강지공	강리환 최유리 이영유	이지유 김민정

당직 근무 규칙에 따르면 오후 당직의 경우 최소 2명이 근무해야 한다. 그러나 목요일 오후에 최유리 1명만 근무하므로 최소 1명의 근무자가 더 필요하다. 이때, 한 사람이 같은 날 오전·오후 당직을 모두 할 수 없으므로 목요일 오전 당직 근무자인 공주원, 강리환, 이건율은 제외된다. 또한 당직 근무는 주당 5회 미만이므로 이번 주에 4번의 당직 근무가 예정된 근무자 역시 제외된다. 따라서 지한준의 당직 근무 일정을 추가해야 한다.

15　정답 ③

당직 근무 규칙에 따르면 1일 당직 근무 최소 인원은 오전 1명, 오후 2명으로 총 3명이다. 이때 오전에는 홀로 배정된 인원이 없으므로 오후 인원만 파악하도록 한다. 이번 주 당직에서 제외되더라도 문제가 없는 근무자는 월요일 오전(3명), 수요일 오후(4명), 목요일 오전(3명)에 근무하는 공주원이다.

오답분석

① 최소 인원이 2명인 목요일 오후에 홀로 배정되어 있으므로 제외될 수 없다.
② 월요일 오후에 최소 인원 2명 중 한 명으로 배정되어 있으므로 제외될 수 없다.
④·⑤ 일요일 오후에 최소 인원 2명 중 한 명으로 배정되어 있으므로 제외될 수 없다.

PART 2 기출복원문제 정답 및 해설

|01| 언어적 사고

01	02	03	04						
④	④	②	②						

01 정답 ④

먼저 첫 번째 조건과 두 번째 조건에 따라 6명의 신입 사원을 부서별로 1명, 2명, 3명으로 나누어 배치한다. 이때, 세 번째 조건에 따라 기획부에 3명, 구매부에 1명이 배치되므로 인사부에는 2명의 신입 사원이 배치된다. 또한 1명이 배치되는 구매부에는 마지막 조건에 따라 여자 신입 사원이 배치될 수 없으므로 반드시 1명의 남자 신입 사원이 배치된다. 남은 5명의 신입 사원을 기획부와 인사부에 배치하는 방법은 다음과 같다.

구분	기획부(3명)	인사부(2명)	구매부(1명)
경우 1	남자 1명, 여자 2명	남자 2명	남자 1명
경우 2	남자 2명, 여자 1명	남자 1명, 여자 1명	남자 1명

경우 1에서는 인사부에 남자 신입 사원만 배치되므로 '인사부에는 반드시 여자 신입 사원이 배치된다.'의 ④는 옳지 않다.

02 정답 ④

제시문에서는 대리모가 아이를 금전적인 대가를 받는 수단으로 취급하여 인간의 존엄과 가치를 침해한다는 것을 전제로 대리모의 허용을 반대한다. 이러한 주장을 반박하기 위해서는 근거로 제시하고 있는 전제를 부정하는 것이 효과적이므로 대리모는 아이가 아닌 임신·출산 서비스를 매매의 대상으로 삼는다는 ④를 통해 반박하는 것이 가장 적절하다.

오답분석

①·② 대리모를 찬성하는 입장에 해당하나, 제시문의 주장과는 전혀 다른 관점에서 반박하고 있으므로 적절하지 않다.
③ 대리모를 통해 발생할 수 있는 문제에 대한 해결책을 촉구하는 것에 해당하므로 제시문의 주장에 대한 반박으로는 적절하지 않다.

03 정답 ②

먼저 을의 진술이 거짓일 경우 갑과 병은 모두 세미나에 참석하지 않으며, 병의 진술이 거짓일 경우 을과 병은 모두 세미나에 참여한다. 따라서 을과 병의 진술은 동시에 거짓이 될 수 없으므로 둘 중 한 명의 진술은 반드시 참이 된다.
ⅰ) 을의 진술이 참인 경우
　　갑은 세미나에 참석하지 않으며, 을과 병은 모두 세미나에 참석한다. 을과 병 모두 세미나에 참석하므로 정은 세미나에 참석하지 않는다.
ⅱ) 병의 진술이 참인 경우
　　갑의 진술은 거짓이므로 갑은 세미나에 참석하지 않으며, 을은 세미나에 참석한다. 병은 세미나에 참석하지 않으나, 을이 세미나에 참석하므로 정은 세미나에 참석하지 않는다.
따라서 반드시 세미나에 참석하는 사람은 을이다.

04 정답 ②

오키프 박사와 모세르 부부는 장소세포와 격자세포를 발견했으나 장소세포가 어떻게 생성되고 변화하는지는 밝혀내지 못했다.
이를 밝혀낸 것은 뇌과학운영단의 세바스쳔 로열 박사팀이다.

|02| 수리적 사고

01	02	03	04	05					
④	①	④	④	④					

01 정답 ④

5개월 동안 평균 외식비가 12만 원 이상 13만 원 이하일 때, 총 외식비는 $12 \times 5 = 60$만 원 이상 $13 \times 5 = 65$만 원 이하가 된다.
1월부터 4월까지 지출한 외식비는 $110,000 + 180,000 + 50,000 + 120,000 = 460,000$원이다.
따라서 A씨가 5월에 최대로 사용할 수 있는 외식비는 $650,000 - 460,000 = 190,000$원이다.

02 정답 ①

프린터를 x개월 사용한다고 할 때, 구입 시에 드는 비용이 대여료만 낼 경우보다 저렴해야 한다. 이를 부등식으로 나타내면
$200,000 + 15,000x < 22,000x \rightarrow 200,000 < 7,000x \rightarrow x > 28.57\cdots$
따라서 최소 29개월 이상 사용하면 프린터를 대여하는 것보다 구입하는 것이 더 저렴하다.

03 정답 ④

A기차가 터널을 빠져나가는 데에 56초가 걸렸고, 기차 길이가 더 짧은 B기차는 160초가 걸렸으므로 A기차가 B기차보다 속력이
빠르다는 것을 알 수 있다. 두 기차가 터널 양 끝에서 출발하면 $\frac{1}{4}$ 지점에서 만나므로 A기차 속력이 B기차 속력의 3배가 된다.
B기차 속력을 am/s, 길이를 bm라고 가정하면 A기차의 속력과 길이는 각각 $3a$m/s, $(b+40)$m가 된다.
두 기차가 터널을 완전히 빠져나갈 때까지 걸리는 시간$\left(= \frac{거리}{속력} \right)$에 대한 방정식을 세우면, 다음과 같다.

- A기차 : $\dfrac{720 + (b+40)}{3a} = 56 \rightarrow b + 760 = 168a \cdots \bigcirc$
- B기차 : $\dfrac{720 + b}{a} = 160 \rightarrow b + 720 = 160a \cdots \bigcirc$

$\bigcirc$과 $\bigcirc$을 연립하여 풀면 $a = 5$, $b = 80$임을 알 수 있다.
따라서 B기차의 길이는 80m, 속력은 5m/s이고, A기차의 길이는 120m, 속력은 15m/s이다.

04 정답 ④

ㄴ. 2020년 준중형 자동차 판매량은 전년 대비 $\dfrac{180.4-179.2}{179.2}\times 100 ≒ 0.67\%$로 1% 미만 증가했다.

ㄷ. 2018 ~ 2019년까지 자동차 판매 순위는 'SUV – 중형 – 대형 – 준중형 – 소형' 순서지만 2020년에는 'SUV – 중형 – 준중형 – 대형 – 소형' 순서이다.

ㄹ. ㄱ의 해설에서 준중형, 중형, 대형은 2018년 대비 2019년에 판매량이 감소했음을 알 수 있으며, 소형과 SUV는 판매량이 증가했다.

오답분석

ㄱ. 2018년 대비 2019년 판매량이 감소한 자동차 종류는 준중형, 중형, 대형으로 세 종류의 감소율을 구하면 다음과 같다.

구분	2018년 대비 2019년 판매량 감소율
준중형	$\dfrac{179.2-181.3}{181.3}\times 100 ≒ -1.16\%$
중형	$\dfrac{202.5-209.3}{209.3}\times 100 ≒ -3.25\%$
대형	$\dfrac{185-186.1}{186.1}\times 100 ≒ -0.59\%$

따라서 2018년 대비 2019년 판매량 감소율이 가장 낮은 차종은 '대형'이다.

05 정답 ④

2020년 산업통상자원부 지원금을 지급받는 중소기업 수는 총 244+1,138+787+252+4=2,425개이므로 2020년 산업통상자원부 지원금을 지급받는 총 기업 수 2,815개의 약 $\dfrac{2,425}{2,815}\times 100 ≒ 86.1\%$로 85% 이상이다.

오답분석

① 매년 대기업 수는 감소하고, 중소기업 수는 증가하고 있다.

② 중소기업 총지원액의 최소금액과 대기업 총지원액의 최대금액을 비교를 통해 확인할 수 있다. 먼저 최소금액을 구하기 위해 지원액 규모를 각각 0원, 5억 원, 10억 원, 20억 원, 50억 원이라고 가정하고 지원액 규모별 중소기업의 수를 곱해 총 지원액을 구하면 $(0\times 244)+(5\times 1,138)+(10\times 787)+(20\times 252)+(50\times 4)=18,800$억 원이다.

반대로 최대금액을 구하기 위해 지원액 규모를 각각 5억 원, 10억 원, 20억 원, 50억 원, 100억 원으로 가정하고 지원액 규모별 대기업의 수를 곱해 총 지원액을 구하면 $(5\times 4)+(10\times 11)+(20\times 58)+(50\times 38)+(100\times 22)=5,390$억 원이다. 이를 통해 지원액 규모가 얼마인지 정확하게 알 수는 없지만, 2020년 중소기업 총지원액은 대기업 총지원액보다 많다는 것을 알 수 있다.

③ 매년 대기업과 중견기업은 지원액 규모가 10억 이상 20억 미만에서, 중소기업은 5억 이상 10억 미만에서 가장 많은 기업이 산업통상자원부 지원금을 지급받는다.

| 03 | 문제해결

01	02	03							
③	②	④							

01 　정답　③

선택지에 제시된 경로는 두 가지로 각각의 소요시간을 계산하면 다음과 같다.
• 3호선 수성시장역 → 2호선 청라언덕역 → 2호선 용산역
　3호선 수성시장역 탑승 청라언덕역 도착(5정거장, 4×5=20분) → 청라언덕역에서 3호선에서 2호선으로 환승(4분) → 2호선
　용산역 도착(6정거장, 3×6=18분)
　∴ 총 소요시간은 20+4+18=42분
• 3호선 수성시장역 → 1호선 명덕역 → 2호선 반월당역 → 2호선 용산역
　3호선 수성시장역 탑승 명덕역 도착(3정거장, 4×3=12분) → 명덕역에서 3호선에서 1호선으로 환승(4분) → 1호선 반월당역
　도착(1정거장 4×1=4분) → 반월당역에서 1호선에서 2호선으로 환승(4분) → 2호선 용산역 도착(7정거장, 3×7=21분)
　∴ 총 소요시간 12+4+4+4+21=45분
따라서 두 가지 경로 중 더 빠른 경로는 '3호선 수성시장역 → 2호선 청라언덕역 → 2호선 용산역'이며, 총 소요시간은 42분이다.

02 　정답　②

L씨가 이용하는 지하철 노선은 2호선과 3호선으로 3호선 수성시장역에서 2호선 용산역까지 가는 방법은 '3호선 수성시장역 →
2호선 청라언덕역 → 2호선 용산역'의 경로이며, 환승은 한 번이다. L씨와 가족들이 오후 4시 30분(=16시 30분)에 전시회에
도착하기 위해 늦어도 집에서 출발할 시각은 역으로 계산하면 쉽게 구할 수 있다.
2호선 용산역 16시 18분 도착(도보 12분) → 2호선 청라언덕역에서 16시 전 출발(6정거장, 3×6=18분) → 2호선 청라언덕역
반고개 방향 15시 53분 지하철 탑승 → 3호선 청라언덕역 15시 49분(환승 4분) 도착 → 3호선 수성시장역에서 15시 29분까지
출발(5정거장, 4×5=20분) → 3호선 수성시장역 대봉교 방향 15시 29분 지하철 탑승
따라서 L씨와 가족들은 15시 29분 지하철 탑승을 위해 집에서 늦어도 15시 19분(도보 10분)에는 출발해야 한다.

03 　정답　④

시간표에 따라 L씨의 이동경로를 정리하면 다음과 같다.
오후 3시 50분에 자택에서 출발 → 16시 (10분 도보 이동) 3호선 수성시장역 도착 → 16시 04분 3호선 수성시장역에서 대봉교
방향 지하철 탑승 → 16시 24분(5정거장, 4×5=20분) 청라언덕역 도착 → 16시 28분 3호선에서 2호선으로 청라언덕역에서 환승
(4분) → 16시 33분 반고개 방향 2호선 지하철 탑승 → 16시 51분(6정거장, 3×6=18분) 2호선 용산역 도착 → 17시 3분 전시회
도착(도보 12분)
따라서 L씨는 딸의 전시회에 오후 5시 3분에 도착할 예정이다.

|01| 언어적 사고

01	02	03							
③	①	④							

01 정답 ③

할랄식품 시장의 확대로 많은 유통업계들이 할랄식품을 위한 생산라인을 설치 중이다.

오답분석

① · ② 할랄식품은 엄격하게 생산 · 유통되기 때문에 일반 소비자들에게도 평이 좋다.
④ 세계 할랄 인증 기준은 200종에 달하고 수출하는 무슬림 국가마다 별도의 인증을 받아야 한다.

02 정답 ①

'미국 사회에서 동양계 ~ 구성된다.'에서 '모범적 소수 인종'의 인종적 정체성은 백인의 특성이 장점이라고 생각하는 것과 동양인의 특성이 단점이라고 생각하는 것의 사이에서 구성된다. 따라서 '모범적 소수 인종'은 특유의 인종적 정체성을 내면화하고 있음을 추론할 수 있다.

오답분석

② 제시문의 논점은 '동양계 미국인 학생들(모범적 소수 인종)'이 성공적인 학교생활을 통해 주류 사회에 동화되고 있는 것이 사실인지 여부이다. 그에 따라 사회적 삶에서 인종주의의 영향이 약화될 수 있는지에 대한 문제이다. 따라서 '모범적 소수 인종'의 성공이 일시적 · 허구적인지에 대한 논점은 확인할 수 없다.
③ 동양계 미국인 학생들은 인종적인 차별을 의식하고 있다고 말할 수 있지만 소수 인종 모두가 의식하고 있는지는 제시문을 통해서 추측할 수 없다.
④ 인종차별을 의식하는 것은 알 수 있지만 한정된 자원의 배분을 놓고 갈등하는지는 알 수 없다.

03 정답 ④

두 번째 조건에 의해, B는 항상 1과 5 사이에 앉는다. E가 4와 5 사이에 앉으면 2와 3 사이에는 A, C, D 중 누구나 앉을 수 있다.

오답분석

① A가 1과 2 사이에 앉으면 네 번째 조건에 의해, E는 4와 5 사이에 앉는다. 그러면 C는 3 옆에 앉고 D는 1 옆에 앉을 수 없게 된다. 이는 세 번째 조건과 모순이 된다.
② D가 4와 5 사이에 앉으면 네 번째 조건에 의해, E는 1과 2 사이에 앉는다. 그러면 C는 3 옆에 앉고 D는 1 옆에 앉을 수 없게 된다. 이는 세 번째 조건과 모순이 된다.
③ C가 2와 3 사이에 앉으면 세 번째 조건에 의해, D는 1과 2 사이에 앉는다. 또한 네 번째 조건에 의해, E는 3과 4 사이에 앉을 수 없다. 따라서 A는 반드시 3과 4 사이에 앉는다.

| 02 | 수리적 사고

01	02	03	04	05	06				
④	③	④	①	①	③				

01 　정답　 ④

(열차가 이동한 거리)=(열차의 길이)+(터널의 길이)
열차의 길이와 속력을 각각 xm, ym/s라고 하자.
$x+50=10y$ … ㉠
$x+200=25y$ … ㉡
㉠과 ㉡을 연립하면
$-150=-15y \rightarrow y=10$
$\therefore x=50$

02 　정답　 ③

• 2km=2,000m(1km=1,000m)
• $3m^2=3\times100^2 cm^2=30,000cm^2(1m^2=10,000cm^2)$
• 1시간=3,600초(1시간=60분=3,600초)
• $68°F=(68°F-32)\div1.8=20°C$
따라서 빈칸에 해당하는 숫자의 합은 2,000+30,000+3,600+20=35,620이다.

03 　정답　 ④

2019년 소포우편 분야의 2015년 대비 매출액 증가율은 $\frac{5,017-3,390}{3,390}\times100 \fallingdotseq 48\%$이므로 적절하지 않은 설명이다.

오답분석
① 제시된 자료를 통해 매년 매출액이 가장 높은 분야는 일반통상 분야인 것을 확인할 수 있다.
② 일반통상 분야의 매출액은 2016년, 2017년, 2019년, 특수통상 분야의 매출액은 2018년, 2019년에 감소했고, 소포우편 분야는 매년 매출액이 꾸준히 증가한다.
③ 2019년 1분기 우편매출액에서 특수통상 분야의 매출액이 차지하고 있는 비율은 $\frac{1,406}{5,354}\times100 \fallingdotseq 26.3\%$이므로 20% 이상이다.

04 　정답　 ①

이메일 스팸 수신량이 가장 높은 시기는 2017년 하반기이지만, 휴대폰 스팸 수신량이 가장 높은 시기는 2016년 하반기이다.

오답분석
② 제시된 자료를 통해 모든 기간 이메일 스팸 수신량이 휴대폰 스팸 수신량보다 많음을 확인할 수 있다.
③ 이메일 스팸 수신량의 증가·감소 추이와 휴대폰 스팸 수신량의 증가·감소 추이가 일치하지 않으므로 서로 밀접한 관련이 있다고 보기 어렵다.
④ 이메일 스팸 총수신량의 평균은 약 0.6통이고 휴대폰 스팸 총수신량의 평균은 약 0.19통이다. 따라서 $\frac{0.6}{0.19}\fallingdotseq3.16$으로 3배 이상이다.

05　　정답　①

해상 교통서비스 수입액이 많은 국가부터 차례대로 나열하면 '인도 – 미국 – 한국 – 브라질 – 멕시코 – 이탈리아 – 터키' 순서이다.

06　　정답　③

해상 교통서비스 수입보다 항공 교통서비스 수입이 더 높은 국가는 미국과 이탈리아이다.

오답분석

① 터키의 교통서비스 수입에서 항공 수입이 차지하는 비중은 $\dfrac{4,003}{10,157} \times 100 \fallingdotseq 39.4\%$이다.

② 교통서비스 수입액이 첫 번째(미국)와 두 번째(인도)로 높은 국가의 차이는 94,344−77,256=17,088백만 달러이다.

④ 제시된 자료를 통해 확인할 수 있다.

| 03 |　문제해결

01	02	03	04	05					
-	-	①	③	③					

01~02

정답이 따로 없는 문제 유형입니다.

03　　정답　①

오늘 검침 일지에 기입되는 사항을 보면 실내 온도는 9℃이므로 PSD 수치는 Parallel Mode를 적용하고, 오후 1시부터 5시까지 매 정각의 각 계기판 수치 중 가장 높은 수치의 평균은 $\dfrac{10+9+11}{3}=10$이 된다. 기준치는 수요일일 때 세 계기판의 표준수치 합이므로 8+2+6=16이 된다.

따라서 PSD 수치가 포함된 버튼 범위는 PSD≤16−3 → PSD≤13으로 '정상'이며, 경고등은 파란색, 이에 대한 조치는 '정상가동'이다.

04　　정답　③

03번 문제에서 실내 온도가 16℃로 수정되면 PSD 수치는 B계기판을 제외한 Serial Mode가 적용되고, 오후 6시 정각 각 계기판 수치의 합으로 6+4=10이 된다. 기준치는 수요일로 세 계기판의 표준수치 합이므로 8+2+6=16이 된다.

따라서 PSD 수치가 포함된 버튼 범위는 PSD≤16−3 → PSD≤13으로 '정상'이며, 경고등은 파란색, 이에 대한 조치는 '정상가동'이다.

05 정답 ③

11월 18일 중간보고에는 보고자인 J대리를 포함해 A팀장, B주임, C주임, D책임연구원까지 총 5명이 참석하므로 J대리는 적어도 5인 이상을 수용할 수 있는 세미나실을 대여해야. 한다. 그런데 '호텔 아뜰리에'는 보수공사로 인해 4인실만 이용가능하며, '경주 베일리쉬'의 세미나실은 4인실이므로 '호텔 아뜰리에'와 '경주 베일리쉬'는 고려하지 않는다.

나머지 호텔들의 총비용을 계산하면 다음과 같다.

(단위 : 원)

호텔명	총비용
글래드 경주	$(78,000 \times 2) + 48,000 = 204,000$
스카이뷰 호텔	$(80,000 \times 0.90 \times 2) + 50,000 = 194,000$
이데아 호텔	$(85,000 \times 0.95 \times 2) + 30,000 = 191,500$
경주 하운드	$(80,000 \times 2) + (80,000 \times 0.60) = 208,000$

'글래드 경주'과 '경주 하운드'의 경우 예산범위인 200,000원을 초과하므로 J대리가 예약 가능한 호텔은 '스카이뷰 호텔'과 '이데아 호텔'이다.

|01| 언어적 사고

01	02	03	04						
④	④	④	①						

01 정답 ④

첫 번째 문단은 임신 중 고지방식 섭취로 인한 자식의 생식기에 종양 발생 가능성에 대한 연구결과를 이야기하고 있고, 두 번째 문단은 사지 절단 수술로 인해 심장병으로 사망할 가능성에 대한 조사 결과를 이야기하고 있다. 따라서 제시문의 주제는 '의외의 질병 원인과 질병 사이의 상관관계'이다.

02 정답 ④

주어진 조건에 따라 부서별 위치를 정리하면 다음과 같다.

구분	1층	2층	3층	4층	5층	6층
경우 1	해외사업부	인사 교육부	기획부	디자인부	서비스개선부	연구·개발부
경우 2	해외사업부	인사 교육부	기획부	서비스개선부	디자인부	연구·개발부

따라서 3층에 위치한 기획부의 직원은 출근 시 반드시 계단을 이용해야 하므로 ④는 항상 옳다.

오답분석

① 경우 1일 때 김대리는 출근 시 엘리베이터를 타고 4층에서 내린다.
② 경우 2일 때 디자인부의 김대리는 서비스개선부의 조대리보다 엘리베이터에서 나중에 내린다.
③ 커피숍과 같은 층에 위치한 부서는 해외사업부이다.

03 정답 ④

제시문에서 C대표는 본인 아들의 건강 상태를 이유로 자신의 공판기일을 연기해 줄 것을 요청하였으므로 타당한 논거를 제시하지 않고 상대방의 동정에 호소하는 오류를 범하고 있다. 이와 동일한 오류를 보이는 것은 사람들의 동정에 호소하여 기부 행사의 참여를 끌어내고자 하는 ④이다.

오답분석

① 논점 일탈의 오류
② 흑백 사고의 오류
③ 인신공격의 오류

04　정답　①

제시문에서는 단순히 두 선수의 연봉 차이를 성과 차이에 대한 근거로 삼아 고액의 연봉이 선수들의 동기를 약화하기 때문에 선수들의 연봉을 낮춰야 한다고 주장한다. 따라서 특정 사례만을 근거로 전체를 일반화하는 성급한 일반화의 오류에 해당한다.

│02│ 수리적 사고

01	02	03	04	05	06				
④	①	②	④	②	①				

01　정답　④

작년 A제품의 판매량을 x개, B제품의 판매량을 y개라고 하자.
작년 두 제품의 총 판매량은 800개이므로
$x+y=800$ … ㉠
올해 총 판매량은 1,280개이므로
$1.5x+(3x-70)=1,280 \rightarrow 4.5x=1,350$ … ㉡
㉠과 ㉡을 연립하면 $x=300$, $y=500$
즉, 올해 B제품의 판매량은 $3\times300-70=830$개이다.

따라서 작년 대비 올해 B제품 판매량의 증가율은 $\dfrac{830-500}{500}\times100=66\%$이다.

02　정답　①

1시간 동안 준희와 민기가 할 수 있는 일의 양은 각각 $\dfrac{1}{14}$, $\dfrac{1}{35}$이다.

동시에 일을 하여 x시간 걸렸다고 하자.

$\left(\dfrac{1}{14}+\dfrac{1}{35}\right)\times x=1 \rightarrow \dfrac{1}{10}x=1$

$\therefore x=10$

03　정답　②

매출평균이 22억 원이므로 3분기까지의 총 매출은 $22\times9=198$억 원이다. 전체 총 매출이 246억 원이므로 4분기의 매출은 $246-198=48$억 원이다.

따라서 4분기의 평균은 $\dfrac{48}{3}=16$억 원이 된다.

04　정답　④

매월 갑, 을 팀의 총득점과 병, 정 팀의 총득점이 같다.
따라서 빈칸에 들어갈 알맞은 수는 $1,156+2000-1,658=1,498$이다.

05   정답 ②

2017 ~ 2018년 동안 농업 분야와 긴급구호 분야의 지원금은 다음과 같다.
- 농업 : 1,275+147.28=1,422.28억 원
- 긴급구호 : 951+275.52=1,226.52억 원

따라서 농업 분야가 더 많다.

오답분석

① 제시된 자료를 통해 알 수 있다.
③ 2017 ~ 2018년 동안 가장 많은 금액을 지원한 분야는 보건의료 분야로 동일하다.
④ 2017년의 산림분야 지원금은 100억 원이고, 2018년은 73.58억 원이다. 따라서 100−73.58=26.42억 원 감소했으므로 25억
    원 이상 감소했다.

06   정답 ①

2017년에 가장 많은 금액을 지원한 세 가지 분야는 보건의료, 식량차관, 농업 분야이고 지원금의 합은 2,134+1,505+1,275=
4,914억 원이다. 2018년에 가장 많은 금액을 지원한 세 가지 분야는 보건의료, 사회복지, 긴급구호 분야이고 지원금의 합은
1,655.96+745.69+275.52=2,677.17억 원이다. 따라서 지원금의 차는 4,914−2,677.17≒2,237억 원이다.

|03| 문제해결

01	02	03	04						
①	④	③	④						

01   정답 ①

맛과 음식 구성 그리고 가격의 점수를 환산하면 다음과 같다.

(단위 : 점)

구분	맛	음식 구성	계
A호텔	3×5=15	3×5+1×3=18	33
B호텔	2×5+1×3=13	3×5=15	28
C호텔	2×5=10	3×5+1×3=18	28
D호텔	3×5+1×3=18	2×5+1×3=13	31

맛과 음식 구성의 합산 점수가 1위인 곳은 A호텔로 33점, 2위인 곳은 D호텔로 31점이므로 그 차(2점)가 3점 이하이다. 따라서
가격 점수를 비교하면 A호텔은 18점, D호텔은 15점으로 A호텔이 선택된다.

02   정답 ④

200만 원 내에서 25명의 식사비용을 내려면 한 사람당 식대가 200÷25=8만 원 이하여야 한다. 이 조건을 만족하는 곳은 A,
D호텔이고 각 호텔에서의 총 식사비용은 다음과 같다.
- A호텔 : 73,000×25=1,825,000원
- D호텔 : 75,000×25=1,875,000원

가장 저렴한 A호텔과 D호텔의 가격 차이는 모두 10만 원 이하이므로 맛 점수가 높은 곳으로 선정한다. 01번 해설에서 D호텔이
18점으로 맛 점수가 가장 높으므로 D호텔이 선정된다.

03 정답 ③

80타는 (72+8)타이므로 9오버 파인 72+9=81타 이하이다. 따라서 싱글에 해당한다.

오답분석

① 파 4인 홀에서는 8타까지 칠 수 있고, 9타 이상 칠 수 없다.
② 모든 홀을 버디로 끝냈다면 72+(−1)×18=72−18=54타가 되고, 이는 72타보다 작으므로 언더 파에 해당한다.
④ 홀인원은 1타를 쳐서 공을 홀에 넣은 것을 의미한다.

04 정답 ④

A과장의 점수를 계산하면 다음과 같다.

HOLE	1	2	3	4	5	6	7	8	9	합계
PAR	4	4	3	4	5	3	5	4	4	36
타수	5	3	1	4	5	6	3	2	3	32
점수	+1	−1	−2	0	0	+3	−2	−2	−1	−4
HOLE	10	11	12	13	14	15	16	17	18	합계
PAR	5	4	4	3	4	4	4	3	5	36
타수	5	2	2	3	4	4	2	6	8	36
점수	0	−2	−2	0	0	0	−2	+3	+3	0

따라서 A과장의 점수는 72−4=68타이므로 4언더 파이다.

CHAPTER

10 | 2019년 상반기 기출복원문제

| 01 | 언어적 사고

01	02	03	04	05					
④	③	④	③	④					

01 정답 ④

제시문에 따르면 상투는 관례나 결혼 후 머리카락을 틀어 높이 세우는 성인 남자의 대표적인 머리모양으로, 전통사회에서는 나이가 어리더라도 장가를 들면 상투를 틀고 존대를 받았다. 따라서 '상투를 틀었다.'는 뜻에 '성인이 되었다.', 혹은 '장가를 들었다.'는 의미가 내포되어 있다는 것을 유추할 수 있다.

02 정답 ③

제시문을 통해 관우는 촌락에서 믿던 수호신을 대신하거나 불교의 민간 포교활동의 일환으로 포섭되는 등 백성들에게 인기를 얻은 신이었다는 사실은 확인할 수 있지만 지배층에게 인기를 얻은 신이었다는 사실은 확인할 수 없다.

오답분석

① 관우가 신으로 추앙받기 시작한 시대는 수, 당대라는 견해가 일반적이지만, 몇몇 학자들은 위진남북조 시대에서 기원을 찾고 있어 의견이 엇갈리고 있다.
② 관우는 민간신앙 외에도 불교의 민간 포섭활동이나 도교와의 융합 등 다양한 종교와 연관이 있다.
④ 관우는 높은 의리와 충의의 이미지 덕분에 상인들 사이에서 중요한 역할을 하는 재물의 신으로 널리 알려졌다.

03 정답 ④

먼저, 갑이나 병이 짜장면을 시켰다면 진실만 말해야 하는데, 다른 사람이 짜장면을 먹었다고 말할 경우 거짓을 말한 것이 되므로 모순이 된다. 따라서 짜장면을 시킨 사람은 을 또는 정이다.
ⅰ) 을이 짜장면을 주문한 경우 : 병은 짬뽕, 정은 우동을 시키고 남은 갑이 볶음밥을 시킨다. 이 경우 갑이 한 말은 모두 거짓이고, 병과 정은 진실과 거짓을 한 개씩 말하므로 모든 조건이 충족된다.
ⅱ) 정이 짜장면을 주문한 경우 : 을은 짬뽕, 갑은 볶음밥, 병은 우동을 시킨다. 이 경우 갑은 진실과 거짓을 함께 말하고, 을과 병은 거짓만 말한 것이 되므로 모순이 된다. 따라서 정은 짜장면을 주문하지 않았다.
따라서 갑은 볶음밥을, 을은 짜장면을, 병은 짬뽕을, 정은 우동을 주문했다.

04 정답 ③

'승용차를 탄다.'를 p, '연봉이 높아진다.'를 q, '야근을 많이 한다.'를 r, '서울에 거주한다.'를 s라고 했을 때, 첫 번째 명제는 '$p \rightarrow s$', 세 번째 명제는 '$q \rightarrow r$', 네 번째 명제는 '$q \rightarrow s$'이므로 마지막 명제가 참이 되기 위해서는 '$r \rightarrow p$'라는 명제가 필요하다. 따라서 '$r \rightarrow p$'의 대우명제인 ③이 답이 된다.

05 정답 ④

'예술가'를 p, '조각상을 좋아한다.'를 q, '철학자'를 r, '귀족'을 s, '부유하다.'를 t라고 했을 때, 명제를 나열하면 '$p \rightarrow q$', '$r \rightarrow \sim q$', '$q \rightarrow s$', '$\sim p \rightarrow t$'이다.

이를 정리하면 '$p \rightarrow q \rightarrow \sim r$', '$p \rightarrow q \rightarrow s$'이고, '$r \rightarrow \sim q \rightarrow \sim p \rightarrow t$'임을 알 수 있다. 여기서 부유한 사람이 귀족인지는 알 수 없다.

오답분석

① 1번째 명제, 2번째 명제 대우를 통해 추론할 수 있다.
② 1번째 명제, 3번째 명제를 통해 추론할 수 있다.
③ 2번째 명제, 1번째 명제 대우, 4번째 명제를 통해 추론할 수 있다.

| 02 | 수리적 사고

01	02	03	04	05					
④	②	④	③	④					

01 정답 ④

처음 숫자의 십의 자리 숫자를 x, 일의 자리 숫자를 y라고 하자.
$x + y = 10$ … ㉠
$(10y + x) \div 2 = 10x + y - 14 \rightarrow 19x - 8y = 28$ … ㉡
㉠과 ㉡을 연립하면 $x = 4$, $y = 6$이다.
따라서 처음 숫자는 $4 \times 10 + 6 = 46$이다.

02 정답 ②

한 숙소에 4명씩 잤을 때의 신입사원 수는 $4a + 8 = b$명이고, 한 숙소에 5명씩 잤을 때의 신입사원 수는 $5(a-6) + 4 = b$명이다.
$4a + 8 = 5(a-6) + 4 \rightarrow a = 34$
$b = 34 \times 4 + 8 = 144$
$\therefore b - a = 144 - 34 = 110$

03 정답 ④

ㄱ. 영어 관광통역 안내사 자격증 취득자는 2015년에 2014년 대비 감소하였으며, 스페인어 관광통역 안내사 자격증 취득자는 2016년에 2015년 대비 감소하였다.

ㄷ. 2013 ~ 2015년까지 태국어 관광통역 안내사 자격증 취득자 수 대비 베트남어 취득자 수 비율은 다음과 같다.

- 2013년 : $\dfrac{4}{8} \times 100 = 50.0\%$

- 2014년 : $\dfrac{15}{35} \times 100 ≒ 42.9\%$

- 2015년 : $\dfrac{5}{17} \times 100 ≒ 29.4\%$

따라서 매년 감소하고 있다.

ㄹ. 2014년에 불어 관광통역 안내사 자격증 취득자 수는 전년 대비 불변인 반면, 스페인어 관광통역 안내사 자격증 취득자 수는 전년 대비 증가하였다.

CHAPTER 10 2019년 상반기 기출복원문제 • 39

ㄴ. 2014 ~ 2016년의 일어 관광통역 안내사 자격증 취득자 수의 8배는 각각 266×8=2,128, 137×8=1,096, 153×8=1,224 이다. 중국어 관광통역 안내사 자격증 취득자 수는 각각 2,468, 1,963, 1,418로 이보다 많으므로 8배 이상이다.

04 정답 ③

ㄱ. 그리스가 4.4명, 한국은 1.4명이다. 1.4×4=5.6>4.4이므로 4배가 넘지 않는다.

ㄴ. 한국은 2006년부터 2016년까지 십만 명당 0.6천 명 증가한 반면, 캐나다는 십만 명당 0.1천 명 증가했다. 따라서 이 추이대로 라면 10년 이내에 한국이 캐나다의 수치를 넘어선다는 것을 알 수 없다.

ㄷ. 그리스가 십만 명당 5.4천 명으로 가장 많고, 한국이 십만 명당 1.7천 명으로 가장 적다. 1.7×3=5.1<5.4이므로 3배 이상이다.

05 정답 ④

한국이 십만 명당 1.6천 명으로 가장 적고, 그리스가 십만 명당 4.9천 명으로 가장 많다.

① 네덜란드는 십만 명당 3.7천 명이고, 그리스가 십만 명당 5.0천 명으로 가장 많다. 따라서 그리스에 비해 십만 명당 1.3천 명 적다.

② 한국이 매년 수치가 가장 적다는 사실을 볼 때, 한국의 의료 서비스 지수가 멕시코보다 더 열악하다고 할 수 있다.

③ 2006년, 2010년, 2011년에는 그리스가 미국의 두 배에 못 미친다.

| 03 | 문제해결

01	02	03	04						
③	④	②	②						

01 정답 ③

회의 목적은 신제품 홍보 방안 수립 및 제품명 개발이며 회의 이후 이러한 목적을 달성할 수 있도록 업무를 진행해야 한다. 기획팀의 D대리는 신제품의 특성에 적합하고 소비자의 흥미를 유발하는 제품명을 개발해야 하는 업무를 맡고 있으므로, 자사의 제품과 관계 없는 타사 제품의 이름을 조사하는 것은 적절하지 않다.

02 정답 ④

④의 경우 오프라인에서의 제품 접근성에 대한 소비자의 반응으로, 온라인 홍보팀이 필요로 하는 온라인에서의 타사 여드름 화장품 에 대한 소비자 반응으로 적절하지 않다.

03 정답 ②

업무 순서를 나열하면 '회사 홈페이지, 관리자 페이지 및 업무용 메일 확인 - 외주업체로부터 브로슈어 샘플 디자인 받기 - 회의실 예약 후 마이크 및 프로젝터 체크 - 팀 회의 참석 - 지출결의서 총무부 제출'이다. 따라서 출근 후 두 번째로 해야 할 일은 '외주업체 로부터 판촉 행사 브로슈어 샘플 디자인 받기'이다.

04 　정답　②

조사결과를 살펴보면 시간대별 이용률 상위 3개 미디어에 대해서 순서대로 제시되어 있다. 그리고 조사대상 미디어 중 잡지는 모든 시간대에 3순위 안에 들지 않는다. 따라서 자료에 제시된 3순위 미디어의 이용률보다 낮다는 것을 알 수 있다. 그러나 잡지가 시간대별 이용률이 10% 미만이라는 설명은 오전, 점심, 오후 시간대의 잡지 이용률을 추측해보면 옳지 않다는 것을 알 수 있다.

- 오전 시간대=30.8%+24.1%+23.5%=78.4% → 100%−78.4%=21.6%

  ∴ 잡지 이용률이 최대 21.6%까지 가능[21.6%<23.5%(스마트 기기)]

- 점심 시간대=47.7%+23.6%+13.4%=84.7% → 100%−84.7%=15.3%

  ∴ 잡지 이용률이 최대 13.4%까지 가능[15.3%>13.4%(TV)]

- 오후 시간대=36.5%+25.2%+23.7%=85.4% → 100%−85.4%=14.6%

  ∴ 잡지 이용률이 최대 14.6%까지 가능[14.6%<23.7%(TV)]

오답분석

① 시간대별로 이용률이 높은 미디어를 바르게 나열하였다.
③ 저녁 시간대 TV 이용률이 70.9%로 가장 높기 때문에 옳은 설명이다.
④ 출퇴근 및 등하교는 이동 시간대를 살펴보면 되는데, 두 시간대 모두 스마트 기기 이용률이 50% 이상이므로 옳은 설명이다.

| 01 | 언어적 사고

01	02	03	04	05					
③	④	③	①	②					

01 정답 ③

보험료율이 사고 발생 확률보다 높으면 구성원 전체의 보험료 총액이 보험금 총액보다 더 많고 그 반대의 경우, 즉 사고 발생 확률이 보험료율보다 높은 경우에는 구성원 전체의 보험료 총액이 보험금 총액보다 더 적게 된다.

02 정답 ④

• 보전(補塡) : 부족한 부분을 보태어 채움
• 보존(保存) : 잘 보호하고 간수하여 남김

오답분석

① 대처(對處) : 어떤 정세나 사건에 대하여 알맞은 조치를 취함
② 인접(隣接) : 이웃하여 있음. 또는 옆에 닿아 있음
③ 상당(相當) : 일정한 액수나 수치 따위에 해당함

03 정답 ③

사과를 먹음$=p$, 볼이 빨감$=q$, 원숭이$=r$, 나무에 잘 매달림$=s$라고 하면, 각각 '$p \rightarrow q$', '$\sim s \rightarrow \sim r$', '$q \rightarrow \sim r$'이다. 따라서 '$p \rightarrow q \rightarrow \sim r$'이므로 '$p \rightarrow \sim r$'이 성립하고, 그 대우인 ③이 답이 된다.

04 정답 ①

첫 번째 문장의 대우와 두 번째 문장을 통해 '가재는 게 편이다.'를 유추할 수 있다. 또한 혼합가언 삼단논법을 통해 다음과 같이 ①이 답이 됨을 알 수 있다.
• 가재는 게 편이다(A → B).
• 소라는 게 편이 아니다(~B).
따라서 소라는 가재가 아니다(~A).

05 정답 ②

만약 준민이가 진실을 말할 때, 준민이는 팀장이고 서경이 역시 진실을 말하므로 슬비와 정현은 모두 거짓을 말해야 한다. 따라서 서경이와 슬비는 부팀장이 아니고, 정현이가 부팀장이 되어야 하는데, 그러면 슬비의 말이 진실이 되므로 주어진 조건에 어긋난다. 따라서 준민이는 거짓을 말하고, 이때 준민이가 부팀장인 경우와 일반 팀원인 경우로 나누어볼 수 있다.

ⅰ) 준민이가 일반 팀원인 경우 : 서경이는 거짓을 말하고, 슬비와 정현은 진실을 말한다. 따라서 슬비가 부팀장, 정현이가 팀장인데 이 경우, 자신이 일반 팀원이라고 말한 서경이의 말도 진실이 되어야 하므로 주어진 조건에 어긋난다.

ⅱ) 준민이가 부팀장인 경우 : 서경이는 진실을 말하고, 정현이가 거짓을 말하고 있으므로 정현이는 거짓, 슬비는 진실을 말한다. 따라서 정현이가 팀장이다.

| 02 | 수리적 사고

01	02	03	04	05					
③	②	④	②	④					

01　정답　③

작년의 임원진 3명은 연임하지 못하므로 올해 임원 선출이 가능한 인원은 17−3=14명이다.

14명 중에서 회장, 부회장, 총무를 각 1명씩 뽑을 수 있는 방법은 다음과 같다.

$_{14}P_3 = 14 \times 13 \times 12 = 2,184$

따라서 올해 임원을 선출할 수 있는 경우의 수는 2,184가지이다.

02　정답　②

소포 하나당 택배비는 다음과 같다.

4,000원+(5kg−3kg)×300원/kg=4,600원

소포가 4개이므로 총 택배비는 4,600×4=18,400원이다.

또한 택배가 3개 이상이면 택배비는 10% 할인을 받기 때문에 A사원이 실제로 지불하는 택배비는 18,400×0.9=16,560원임을 알 수 있다.

03　정답　④

• 남성 : 11.1×3=33.3>32.2
• 여성 : 10.9×3=32.7<34.7

따라서 남성의 경우 국가기관에 대한 선호 비율이 공기업 선호 비율의 3배보다 작다.

오답분석

① 3%, 2.6%, 2.5%, 2.1%, 1.9%, 1.7%로 가구소득이 많을수록 중소기업을 선호하는 비율이 줄어들고 있음을 알 수 있다.

② 15 ~ 18세 청소년이 3번째로 선호하는 직장과, 19 ~ 24세 청소년이 3번째로 선호하는 직장은 모두 전문직 기업이다.

③ 국가기관은 모든 기준에서 선호 비율이 가장 높은 모습을 보여주고 있다.

04　정답　②

부산광역시와 인천광역시는 2015년에 2010년 대비 어가인구가 각각 약 23%, 27% 감소하였으므로 옳은 설명이다.

오답분석

① 2015년 울산광역시, 충청남도, 경상북도, 제주특별자치도에서는 어가인구 중 여성이 남성보다 많았으므로 틀린 설명이다.

③ 2010년에는 $\frac{3,039}{844} ≒ 3.6$배, 2015년에는 $\frac{2,292}{762} ≒ 3.0$배이므로, 2010년과 2015년 모두 강원도의 어가 수는 경기도의 어가 수의 4배 이하이다.

④ 2010년에 어가 수가 두 번째로 많은 지역은 충청남도이며, 어가인구가 두 번째로 많은 지역은 경상남도이다.

05 정답 ④

ⓒ 대전의 경우 어가가 소멸하였으므로 틀린 설명이다.
ⓔ 서울특별시만 어가인구가 증가하였으므로 틀린 설명이다.

오답분석

ⓐ 2010년 해수면어업 종사 가구가 가장 많은 구역은 전라남도이므로 옳은 내용이다.
ⓑ 가구 수가 가장 적은 행정구역은 대전이 맞으며, 가구, 인구 측면에서 모두 최저이므로 옳은 내용이다.

| 03 | 문제해결

01	02	03	04						
②	④	②	③						

01 정답 ②

승자	갑	을	병	정	무
갑		갑	갑	갑	갑
을	갑		을	을	을
병	갑	을		병	병
정	갑	을	병		정
무	갑	을	병	정	

갑~무의 점수를 구하면 다음과 같다.
- 갑 : 2+2+2+2=8점
- 을 : 2+2+2+0=6점
- 병 : 2+2+0+0=4점
- 정 : 2+0+0+0=2점
- 무 : 0+0+0+0=0점

따라서 갑~무의 점수를 모두 합하면 8+6+4+2+0=20점이다.

02 정답 ④

10번째 판에서 결과가 결정된다.

03 정답 ②

A호텔 연꽃실은 2시간 이상 사용할 경우 추가비용이 발생하고, 수용 인원도 적절하지 않다. B호텔 백합실은 1시간 초과 대여가 불가능하며, C호텔 매화실은 이동수단을 제공하지만 수용 인원이 적절하지 않다.
나머지 C호텔 튤립실과 D호텔 장미실을 비교했을 때, C호텔의 튤립실은 예산초과로 예약할 수 없고, D호텔 장미실은 대여료와 수용 인원의 조건이 맞으므로 이대리는 D호텔의 연회장을 예약하면 된다. 따라서 이대리가 지불해야 하는 예약금은 D호텔 대여료 150만 원의 10%인 15만 원임을 알 수 있다.

04 정답 ③

예산이 200만 원으로 증액되었을 때, 조건에 맞는 연회장은 C호텔 튤립실과 D호텔 장미실이다. 예산 내에서 더 저렴한 연회장을 선택해야 한다는 조건은 없고, 이동수단이 제공되는 연회장을 우선적으로 고려해야 하므로 이대리는 C호텔 튤립실을 예약할 것이다.

2018년 상반기 기출복원문제

| 01 | 언어적 사고

01	02	03	04	05	06				
①	②	②	②	③	③				

01 정답 ①

제시문은 과학이 단순한 발견의 과정이 아니듯이 예술도 순수한 창조와 구성의 과정이 아니며, 과학에는 상상력을 이용하는 주체의 창의적 과정이, 예술 활동에는 논리적 요소가 포함된다고 주장하고 있다. 따라서 발견과 창작에서의 과정이 아닌 각각의 결과에 대해서만 언급하고 있는 ①은 제시문의 논지를 지지한다고 볼 수 없다.

02 정답 ②

(나) 문단은 (가) 문단에 이어 기존의 관점에 대한 근거를 제시하고 있다.

03 정답 ②

(다) 문단은 (나) 문단의 마지막 문장인 '과학은 인간 외부에 실재하는 자연의 사실과 법칙을 다루기에 과학자는 사실과 법칙을 발견하지만, 예술은 인간의 내면에 존재하는 심성을 탐구하며, 미적 가치를 창작하고 구성하는 활동이라고 본다.'에 반박하는 내용이다. 따라서 ⓐ~ⓓ를 포함하는 문장은 과학(ⓐ)이 단순한 발견(ⓑ)의 과정이 아니듯이 예술(ⓒ)도 순수한 창조(ⓓ)와 구성의 과정이 아님을 알 수 있다.

04 정답 ②

두 번째와 세 번째 문장의 삼단논법에 의해 '동화책은 삽화가 있는 책이다.'가 되고, 이 문장을 통해 대우인 '삽화가 없는 책은 동화책이 아니다.'를 유추할 수 있다.

05 정답 ③

첫 번째와 세 번째 문장의 삼단논법에 의해 '기름기가 많은 고기에는 비계가 있다.'를 유추할 수 있다.

06 정답 ③

두 번째 조건에 의해 A-D-E 순서로 승차하는 것과 첫 번째 조건과 세 번째 조건에 의해, A-D-E-B-F 순서로 승차하는 것을 알 수 있다. 또한 네 번째 조건대로 C와 F는 연속으로 승차하지 않기 때문에 C-A-D-E-B-F 순서로 승차함을 알 수 있다.

| 02 | 수리적 사고

01	02	03	04	05	06				
①	③	③	②	①	③				

01 정답 ①

12자루가 1타인 볼펜에서 12자루의 4분의 1인 3자루를 뺀 가격을 묻는 문제다.
따라서 $1,600 \div 4 = 400$원으로 9개씩 묶인 볼펜의 가격은 3자루의 가격인 400원을 제한 나머지 값인 1,200원이 된다.

02 정답 ③

7% 설탕물에 들어있는 설탕의 양은 $100 \times \dfrac{7}{100} = 7$g이다. xg의 물을 증발시켜 14%의 농도가 되게 하려면 $\dfrac{7}{100-x} \times 100 = 14$이므로 50g만큼 증발시켜야 한다.
따라서 한 시간에 물 2g이 증발된다고 했으므로 총 $50 \div 2 = 25$시간이 소요된다.

03 정답 ③

버스의 속력을 xm/분이라고 하자.
4대의 버스가 총 40km인 경로를 돌 때, 배차 간격은 $\dfrac{40,000}{x} \div 4$분이다.

$$\dfrac{40,000}{x} \div 4 - \dfrac{40,000}{x} \div 5 = 1 + \dfrac{36}{60}$$

$$\dfrac{40,000}{x} \times \dfrac{1}{4} - \dfrac{40,000}{x} \times \dfrac{1}{5} = \dfrac{96}{60}$$

$$40,000 \times \dfrac{1}{4} - 40,000 \times \dfrac{1}{5} = \dfrac{96}{60} \times x$$

$$10,000 - 8,000 = \dfrac{8}{5} \times x$$

$$2,000 = \dfrac{8}{5} \times x$$

$$\therefore \ x = 1,250$$

따라서 버스의 속력은 1,250m/분이다.

04 정답 ②

주어진 자료에서 부패인식 응답비율의 전년 대비 증감 폭이 가장 큰 것은 2014년 외국인으로 2013년 23.4%에서 2014년 48.5%로 25.1%p 증가했다.

05 정답 ①

부패인식 점수는 응답자가 생각하는 공직사회의 부패도가 높을수록 낮아진다. 설문조사의 응답비율이 높을수록 부패도가 높다고 응답하며 부패인식 점수는 낮아지기 때문에 부패인식 응답비율과 부패인식 점수는 반비례 관계이다.

06 정답 ③

김54ㅈ - 1번 : 김 / 2번 : 5(ㅅ) / 3번 : 4(ㅔ) / 4번 : ㅈ

오답분석

① 전65ㄱ - 1번 : 전 / 2번 : 6(ㅇ) / 3번 : 5(ㅛ) / 4번 : ㄱ
② 안54ㄴ - 1번 : 안 / 2번 : 5(ㅅ) / 3번 : 4(ㅓ) / 4번 : ㄴ
④ 김66ㅎ - 1번 : 김 / 2번 : 6(ㅇ) / 3번 : 6(ㅝ) / 4번 : ㅎ

| 03 | 문제해결

01	02	03	04	05	06	07			
–	①	–	②	③	①	③			

01

이 문제는 실제 업무에서 발생할 수 있는 상황을 제시하여 지원자의 상황판단능력을 확인하고자 하는 문제이다. 따라서 정해진 답은 없으며, 상황에 가장 적절하다고 판단되는 선택지를 고르면 된다.
업무 중 상호 간의 의견이 충돌하는 과정에서 무례하거나 감정적인 행동은 자칫 갈등을 심화시킬 수 있다. 늘 상사를 존중하는 태도를 취하되 의견이 다를 경우에는 정중하고 논리적으로 그 이유를 밝히도록 해야 한다.

02 정답 ①

B대리는 C과장의 나이가 많다는 이유로 업무 역량이 없을 것이라고 무시했다. 이는 '공과 사의 구별은 철저하게, 기회는 공정하게' 부문의 첫 번째 항목과 두 번째 항목에 위배되는 언행이다.

03

이 문제는 실제 업무에서 발생할 수 있는 상황을 제시하여 지원자의 상황판단능력을 확인하고자 하는 문제이다. 따라서 정해진 답은 없으며, 상황에 가장 적절하다고 판단되는 선택지를 고르면 된다.
갈등해결에서 중요한 것은 상대방에 대한 이해심과 관심, 약속의 이행과 진지한 사과 등이다. 비록 사전에 통보된 행사라고는 하나 논쟁은 갈등을 더욱 부추길 수 있다. 갈등을 즉각적으로 다루지 않으면 문제가 더욱 심화되지만 이미 진행 중인 행사를 함부로 변경할 수도 없기 때문에 타협이 가능한 선에서 해결해야 한다.

04 정답 ②

이동 경로 중 최소의 경로가 되는 것만 확인하여 정리해보면 다음과 같다.

①
경로	E → C	C → A	A → B	B → D	합계
정거장(개)	10	1	3	6	20
환승(회)	1(고속터미널)	1(강남)	0	1(잠실)	3

②
경로	E → D	D → B	B → A	A → C	합계
정거장(개)	7	6	3	1	17
환승(회)	1(잠실)	1(잠실)	0	1(강남)	3

③ 경로	E → B	B → A	A → C	C → D	합계
정거장(개)	7	3	1	10	21
환승(회)	0	0	1(강남)	2(강남, 잠실)	3

④ 경로	E → A	A → C	C → B	B → D	합계
정거장(개)	10	1	4	6	21
환승(회)	0	1(강남)	1(강남)	1(잠실)	3

따라서 가장 효율적으로 이동할 수 있는 순서는 ②이다.

05 정답 ③

04번의 해설에 따라 가장 효율적으로 이동할 수 있는 순서는 건대입구역(E) − 천호역(D) − 삼성역(B) − 강남역(A) − 양재역(C) 순서로 총 69분이 소요된다.
- 건대입구역(E) − 천호역(D) : 7정거장×3분+1환승×6분=27분
- 천호역(D) − 삼성역(B) : 6정거장×3분+1환승×6분=24분
- 삼성역(B) − 강남역(A) : 3정거장×3분=9분
- 강남역(A) − 양재역(C) : 1환승×6분+1정거장×3분=9분

06 정답 ①

제시된 문제에서 실외 온도는 영하이므로 세 계기판의 수치를 모두 고려해야 하며, 실내 온도는 20℃ 이상이므로 Serial Mode를 적용한다. 따라서 PSD는 계기판 숫자의 합인 14이다. 이때 검침일이 월요일이므로 기준치는 세 계기판 표준 수치의 합인 15가 된다. 따라서 PSD가 기준치에 미치지 못하므로 B사원이 눌러야 할 버튼은 정상 버튼이고, 상황통제실의 경고등에는 녹색불이 들어오므로 정상 가동을 하면 된다.

07 정답 ③

검침일이 화요일이고 비정상 버튼을 눌렀으므로 PSD는 '기준치+5'인 12.5(=15/2+5)와 수치가 같거나 더 높아야 한다. 검침 당시 실외 온도계의 온도는 영상이었으므로 B계기판의 수치를 제외한 계기판 숫자의 평균은 10.5(=(11+10)/2)이다. 이것은 12.5 에 미치지 못하므로 PSD 수치를 검침 시각 계기판 숫자의 합으로 취급하는 Serial Mode가 적용되었을 것이며, 이는 검침하는 시각에 실내 온도계의 온도가 20℃ 이상일 때 적용되는 모드이므로 실내용 온도계의 수치는 영상 20℃ 이상이었을 것이라 예상할 수 있다.

CHAPTER 13 2017년 하반기 기출복원문제

| 01 | 언어적 사고

01	02	03	04	05	06				
④	②	①	④	②	④				

01 정답 ④

첫 번째와 두 번째 문장의 삼단논법에 의해 '물에 잘 번지는 잉크의 펜은 뚜껑이 있다.'를 유추할 수 있다.

02 정답 ②

두 번째와 세 번째 문장의 삼단논법에 의해 '아로니아는 비타민이 많은 과일이다.'가 되고, 이 문장을 통해 대우인 ②를 유추할 수 있다.

03 정답 ①

(라) 문단에서 ㉠ 앞의 '예술 작품이 계속 전해지기만 한다면, 그것은 끊임없이 새로운 참조 체계를 통해 변화하며 새로운 의미를 부여받게 된다. 따라서 근본적으로 예술 작품의 의미는 무궁하다.'라는 문장을 통해 ㉠은 셰익스피어 작품의 의미가 준거 틀인 참조 체계가 달라짐에 따라 변화한다는 의미임을 짐작해 볼 수 있다.

04 정답 ④

'감상자는 대화 방식의 감상을 통해 예술 작품과 소통함으로써 새로운 진리를 만들어 낸다.'라고 한 (마) 문단과, '감상은 감상자와 예술 작품이 양방향으로 초월하는 미적 체험의 과정'이며 '예술 작품은 감상자를 향하여, 감상자는 예술 작품을 향하여 서로 열려 있는 것'이라는 (바) 문단을 통해 제시문의 주제로 '소통으로서의 예술 작품 감상'이 가장 적절함을 알 수 있다.

05 정답 ②

(다) 문단의 마지막 문장인 '감상자가 예술 작품과 만나는 역사적 순간의 참조 체계는 과거와는 다른 새로운 관계를 만들어 내며, 이러한 새로운 관계에 의거해 감상자는 예술 작품으로부터 새로운 의미를 생산해 낸다.'는 내용을 통해 텍스트는 끊임없이 새로운 감상자를 찾으며, 새로운 감상자로부터 새로운 참조 체계를 획득하고, 끊임없이 새로운 관계를 형성하며 새로운 의미를 생산함을 알 수 있다.

06 정답 ④

먼저 네 번째 조건에서 구다리와 김지정은 양 끝에 서 있음을 확인하고, 여섯 번째 조건에서 이소아는 구다리보다 왼쪽에 서 있다고 하였으므로, 구다리는 가장 오른쪽에 서 있고, 김지정은 가장 왼쪽에 서 있는 것을 알 수 있다. 또한 첫 번째 조건에 따라 김인자는 왼쪽에서 다섯 번째 자리에 서 있고, 두 번째 조건과 다섯 번째 조건에 따라 문성질은 네 번째 자리, 이소아와 조상욱은 두 번째 자리와 세 번째 자리에 서게 되지만 정확한 자리의 순서는 알 수 없다. 따라서 ④는 옳지 않다.

| 02 | 수리적 사고

01	02	03	04	05	06	07			
③	②	①	②	③	④	④			

01 정답 ③

$\{(25,000-500\times5-5,700-600\times3)\div250\}\div12=5$타

02 정답 ②

$C=\dfrac{5}{9}(F-32) \rightarrow F=\dfrac{9}{5}\times C+32$

$\rightarrow F=\dfrac{9}{5}\times30+32$

$\therefore C=86°F$

03 정답 ①

2015년 일본의 수입이 2014년 일본 수입보다 $164,233(=812,222-647,989)$백만 불만큼 감소하였다.

04 정답 ②

2016년 일본의 무역액을 x백만 불이라 하면, 2015년 일본 무역액은 $1,272,790(=647,989+624,801)$백만 불이므로 식을 세우면 다음과 같다.

$\dfrac{x-1,272,790}{1,272,790}\times100=-12\%$

$\therefore x=1,120,055.2$

따라서 가장 근사치인 ②가 답이다.

05 　정답　③

미국 수입액의 증감추세는 '증가 → 감소 → 증가 → 감소'이고, 일본 수입액의 증감추세는 '증가 → 감소 → 감소 → 감소'로 동일하지 않다.

오답분석

① 미국의 수입액은 한국과 일본의 수입액 합보다 매년 많고, 미국의 수출액 또한 한국과 일본의 수출액 합보다 매년 많으므로 미국의 무역액은 한국과 일본의 무역액 합보다 매년 많다.

② 전년 대비 2015년 한국 수입의 증감액과 전년 대비 2014년 미국 수입의 증감액은 비슷하지만 증감률을 구할 때 분모에 들어갈 전년도 수입액은 미국이 훨씬 크다. 따라서 전년 대비 2015년 한국 수입액의 증감률 절댓값은 전년 대비 2014년 미국 수입의 증감률 절댓값보다 크다.

④ 일본의 수출액은 매년 감소하고 있다.

06 　정답　④

오답분석

① 1997년 11월 Moody's와 S&P가 평가한 A회사의 신용등급은 같다.

② S&P가 평가한 A회사의 신용등급의 최고 등급은 'AA'이고, 최저 등급은 'B+'로, 11등급의 차이가 난다.

③ 2000년 이후 S&P가 평가한 A회사의 신용등급은 꾸준히 상승하였지만, Moody's가 평가한 신용등급은 2009년 3월에 하락하였다.

07 　정답　④

Moody's가 평가한 A회사의 신용등급은 항상 투자 적격 등급에 해당한 반면, S&P가 평가한 A회사의 신용등급은 1997년 11월과 12월 사이에 신용등급이 투자 부적격 등급으로 하락한 다음 1999년 1월에 투자 적격 등급에 진입하였다.

| 03 | 문제해결

01	02	03	04	05					
③	④	③	②	①					

01 　정답　③

김정현 대리는 신입이라는 이유로 임상희를 무시하거나, 여자라는 이유로 여성 직원들을 폄하하고 있다. 이는 '우리 모두는 누군가의 소중한 가족입니다.' 부문의 세 번째 항목과 다섯 번째 항목에 위배되는 언행이다.

02 　정답　④

행동강령의 '공과 사의 구별은 철저하게, 기회는 공정하게' 부문에서 마지막 항목에 '불공정한 대우를 받았거나 혹은 목격, 그에 대한 고충을 들었다면 조직 책임자, 인사 또는 윤리담당과 바로 상의하십시오.'라고 제시되어 있으므로 조직의 책임자인 조경현 과장에게 알리는 내용인 ④가 적절하다.

03 정답 ③

행동강령의 '공과 사의 구별은 철저하게, 기회는 공정하게' 부문에서 네 번째 항목에 '오직 역량과 성과만으로 평가하십시오. 타인으로부터 채용이나 승진을 청탁 받았다면 거부하십시오. 그리고 우리의 원칙에 대하여 적극적으로 설명하십시오.'라고 제시되어 있으므로 원칙을 설명하고 거절한다는 내용의 ③이 적절하다.

04 정답 ②

행동강령의 '우리 모두는 누군가의 소중한 가족입니다.' 부문에서 일곱 번째 항목에 따르면 '국가와 지역마다 다른 법·규정·관습·예법 등이 존재합니다. 해외에서 근무하거나 출장 시에는 이점을 항상 주의해서 행동하십시오. 국내에서 문제없는 행동이 해외에서는 문제가 될 수도 있다는 사실을 명심하십시오.'라고 제시되어 있으므로 ②는 적절하지 않다.

05 정답 ①

행동강령의 '정직한 보고는 우리의 땀과 열정을 더 빛나게 해줍니다.' 부문에서 첫 번째 항목의 '발생하는 모든 비용은 일정한 문서에 의해 증명되어야 합니다. 비용과 관련된 시간 및 경비를 상세히 기록하여 보고서로 제출하십시오.'에 따라 영수증 없이 보고한다고 한 ①이 적절하지 않다.

|01| 언어적 사고

01	02	03	04	05	06	07			
③	④	①	①	④	②	②			

01   정답 ③

시조문학이 발전한 배경 설명과 함께, 두 경향인 강호가류(江湖歌類)와 오륜가류(五倫歌類)를 소개하고 있는 (다)가 맨 처음에 와야 한다. 다음으로 강호가류에 대하여 설명하는 (라)나 오륜가류에 대하여 설명하는 (나)가 와야 하는데, (나)가 전환 기능의 접속어 '한편'으로 시작하므로 (라) – (나)가 되고, 강호가류와 오륜가류에 대한 설명을 마무리하며 사대부들의 문학관을 설명하는 (가)가 마지막으로 온다.

02   정답 ④

섬유 예술과 타 예술장르와의 관계에 대해서는 제시된 바가 없다.

오답분석

① 첫 번째 문단에서 섬유 예술의 재료인 실, 직물, 가죽, 짐승의 털 등이 제시되어 있다.
② 두 번째, 세 번째 문단에서 섬유 예술이 조형 예술 장르로 자리매김한 계기와, 이후 조형성을 강조하는 방향으로 발전한 과정을 설명하고 있다.
③ 대표적인 섬유 예술 작품으로 올덴버그의 「부드러운 타자기」와 라우센버그의 「침대」를 들고 있다.

03   정답 ①

첫 번째 문단에 의하면 섬유 예술에 쓰이는 재료들은 상징적 의미를 불러일으키는 '오브제'로 쓰인다. 따라서 라우센버그의 「침대」에 쓰인 모든 재료들 역시 이러한 의미를 지니고 있을 것임을 유추해볼 수 있으므로, 특별한 의미를 추구하지 않는다는 것은 적절하지 않다.

오답분석

② 올덴버그의 「부드러운 타자기」가 주목받은 것이 섬유 예술이 새로운 조형 예술의 한 장르로 자리매김한 결정적 계기라고 하였으므로, 이전에는 대체로 섬유 예술을 조형 예술 장르로 보지 않았음을 알 수 있다.
③ 두 번째 문단에 따르면 올덴버그가 「부드러운 타자기」를 통해 섬유를 심미적 대상으로 인식할 수 있게 하였다.
④ 세 번째 문단에서 콜라주와 아상블라주는 현대의 여러 예술 사조에서 활용되는 기법을 차용한 것이라고 하였으므로, 섬유 예술 이외에도 다양한 예술 분야에서 활용됨을 알 수 있다.

04 정답 ①

'손이 고움' : p, '마음이 예쁨' : q, '키가 큼' : r이라고 하면, '$p \rightarrow q$', '$\sim p \rightarrow r$'이다. 어떤 명제가 참이면 그 명제의 대우도 참이므로 '$\sim r \rightarrow p$'가 성립하고, '$\sim r \rightarrow p \rightarrow q$'가 되어 '$\sim r \rightarrow q$'가 성립하므로 ①이 적절하다.

05 정답 ④

어떤 L대학교 학생은 중국어 수업을 들으므로, 중국어 수업을 듣는 학생이 적어도 1명 이상이다. 모든 L대학교 학생은 영어 또는 작문 수업을 들으므로, 이 학생은 중국어와 영어 수업을 듣거나, 중국어와 작문 수업을 듣는다. 따라서 ④가 적절하다.

06 정답 ②

조건에 따라 정리해 보면 다음과 같다.

첫 번째	두 번째	세 번째	네 번째	다섯 번째	여섯 번째
A	D	F	B	E	C
A	F	D	B	E	C
D	F	B	E	C	A
F	D	B	E	C	A
D	F	C	E	B	A
F	D	C	E	B	A

따라서 A가 맨 앞에 서면 E는 다섯 번째에 설 수밖에 없으므로 ②가 항상 옳다.

오답분석

① A가 맨 뒤에 서 있는 경우 맨 앞에는 D가 서 있을 수도, F가 서 있을 수도 있다.
③ 첫 번째, 세 번째 경우 F와 B가 앞뒤로 서 있다.
④ 첫 번째, 두 번째 경우 C가 맨 뒤에 서 있다.

07 정답 ②

만약 갑의 말이 진실이면 을의 말은 거짓, 병의 말은 진실, 정의 말도 진실, 무의 말은 거짓이 되어 진실을 말한 사람이 3명이 되므로 1명만 진실을 말한다는 조건에 맞지 않다. 따라서 갑의 말은 거짓이다. 또한, 을이나 무의 말이 진실이라면 병의 말이 진실이 되므로 이 역시 1명만 진실을 말한다는 조건에 위배되어 을과 무의 말 역시 거짓이다. 병의 말이 진실이라면 을의 말은 거짓, 정의 말은 진실이 되므로 병의 말도 거짓이다. 따라서 진실을 말한 사람은 정이고, 갑, 을, 병, 무의 말은 모두 거짓이며, 병이 범인이 된다.

| 02 | 수리적 사고

01	02	03	04	05	06	07			
④	①	①	③	①	③	②			

01 　정답　 ④

구입한 텀블러 개수를 x개, 이어폰 개수를 $300-x$개라 하면

$15,000x+17,000(300-x)=4,730,000$

→ $15,000x+5,100,000-17,000x=4,730,000$

→ $2,000x=370,000$

∴ $x=185$

따라서 텀블러의 개수는 185개, 이어폰의 개수는 $300-185=115$개이므로, $185-115=70$개 차이가 난다.

02 　정답　 ①

내려가는 데 걸리는 시간을 a시간이라 하면, 거슬러 올라가는 데 걸린 시간은 $\frac{3}{2}a$이므로,

$a+\frac{3}{2}a=2\frac{1}{4}$ → $a=\frac{9}{10}$

물이 정지해 있을 때 배의 속력을 $x$km/h, 강 물살의 속력을 $y$km/h라 하면, 배가 상류로 거슬러 올라갈 때의 속력은 $x-y$km/h, 배가 하류로 내려갈 때의 속력은 $x+y$km/h이다. (시간)=(거리)÷(속력)이므로 다음과 같은 연립방정식을 세울 수 있다.

$\frac{27}{x-y}=\frac{9}{10}\times\frac{3}{2}$ → $x-y=20$ … ㉠

$\frac{27}{x+y}=\frac{9}{10}$ → $x+y=30$ … ㉡

㉠+㉡을 하면,

$2x=50$

∴ $x=25,\ y=5$

따라서 물이 정지해 있을 때 배의 속력은 25km/h이다.

03 　정답　 ①

• A카드로 결제할 경우 : $(10,000\times2\times0.8)+(8,000\times3\times0.6)=16,000+14,400=30,400$원
• B카드로 결제할 경우 : $(10,000\times2\times0.7)+(8,000\times3\times0.75)=14,000+18,000=32,000$원

따라서 A카드로 결제하는 것이 1,600원 더 이익이다.

04 　정답　 ③

전체 지역의 면적당 논벼 생산량을 구해 보면 다음과 같다.

• 서울 · 인천 · 경기 : $\frac{468,506}{91,557}=5.11\cdots$톤/ha

• 강원 : $\frac{166,396}{30,714}=5.41\cdots$톤/ha

• 충북 : $\frac{201,670}{37,111}=5.43\cdots$톤/ha

• 세종 · 대전 · 충남 : $\frac{803,806}{142,722}=5.63\cdots$톤/ha

- 전북 : $\dfrac{687,367}{121,016}=5.67\cdots$톤/ha

- 광주·전남 : $\dfrac{871,005}{170,930}=5.09\cdots$톤/ha

- 대구·경북 : $\dfrac{591,981}{105,894}=5.59\cdots$톤/ha

- 부산·울산·경남 : $\dfrac{403,845}{77,918}=5.18\cdots$톤/ha

- 제주 : $\dfrac{41}{10}=4.1$톤/ha

따라서 면적당 논벼 생산량이 가장 많은 지역은 전북 지역이다.

자료를 대략적으로만 살펴보아도 서울·인천·경기, 광주·전남, 부산·울산·경남, 제주 네 지역은 면적당 논벼 생산량이 타 지역에 비해 많지 않다는 것을 알 수 있으므로, 나머지 다섯 지역의 논벼 생산량만 구해보아도 답을 구할 수 있다.

오답분석

① 광주·전남 지역의 논벼 면적과 밭벼 면적은 각각 가장 넓고, 논벼와 밭벼 생산량도 각각 가장 많다.

② 제주 지역의 백미 생산량 중 밭벼 생산량이 차지하는 비율을 구하면, $\dfrac{317}{41+317}\times100=88.54\cdots≒88.5\%$이다.

④ 전국 밭벼 생산 면적 중 광주·전남 지역의 밭벼 생산 면적이 차지하는 비율은 $\dfrac{705}{2+3+11+10+705+3+11+117}\times100$ $=81.78\cdots\%$이므로, 80% 이상이다.

05 정답 ①

수치가 전년도 대비 증가한 연도만 살펴보면, 2008년에는 $0.66-0.53=0.13\%$p, 2009년에는 $0.74-0.66=0.08\%$p, 2010년에는 $0.87-0.74=0.13\%$p, 2011년에는 $1.1-0.87=0.23\%$p, 2012년에는 $1.43-1.1=0.33\%$p 증가했다.

따라서 전년 대비 유기농 경작 면적률이 가장 많이 증가한 것은 2012년이다.

06 정답 ③

- 2014 ~ 2016년 석유제품의 총 수출액 : $50,784+32,002+26,472=109,258$백만 달러
- 2014 ~ 2016년 무선통신기기의 총 수출액 : $29,573+32,587+29,664=91,824$백만 달러

따라서 석유제품의 총 수출액이 무선통신기기보다 많다.

오답분석

① 2014 ~ 2015년 10위를 유지하던 전자응용기기가 2016년 10위권 밖으로 밀려나고 대신 플라스틱 제품이 10위를 기록했다.

② 1위 반도체, 6위 자동차 부품, 9위 철강판은 3년 연속 순위를 유지했으나 수출액은 모두 점차 줄어들고 있다.

④ 순위와 수출액 모두 상승한 것은 선박해양구조물 및 부품과 무선통신기기로 총 2품목이다.

07 정답 ②

전체 1인 가구 중 서울·인천·경기의 1인 가구가 차지하는 비율을 구하면, $\dfrac{1{,}012+254+1{,}045}{5{,}279}\times100\fallingdotseq43.77\%$이다.

따라서 전체 1인 가구 중 서울·인천·경기의 1인 가구가 차지하는 비율은 40%가 넘는다.

오답분석

① 강원도와 충청북도의 전체 가구 및 1인 가구 수를 대략 비교만 해봐도 전체 가구 대비 1인 가구의 비율이 강원도가 더 높다는 것을 쉽게 알 수 있다.

- 강원도의 1인 가구 비율 : $\dfrac{202}{616}\times100\fallingdotseq32.79\%$

- 충청북도의 1인 가구 비율 : $\dfrac{201}{632}\times100\fallingdotseq31.80\%$

따라서 강원도의 1인 가구 비율이 더 높다.

③ 도 지역 가구 수 총합을 구하면 $4{,}396+616+632+866+709+722+1{,}090+1{,}262+203=10{,}496$가구이다.

따라서 서울시 및 광역시 가구 수는 $19{,}017-10{,}496=8{,}521$가구이므로, 도 지역의 가구 수 총합이 더 크다.

④ 경기도를 제외한 도 지역 중 1인 가구 수가 가장 많은 지역은 경상북도이지만, 전체 가구 수가 가장 많은 지역은 경상남도이다.

| 03 | 문제해결

01	02	03							
②	③	④							

01 정답 ②

발표 자료 작성 시 무조건적으로 많은 양의 자료를 입력하는 것은 청자의 집중력을 분산시킬 수 있다. 따라서 꼭 필요한 검증된 자료만 사용하는 것이 바람직하다.

02 정답 ③

S주임은 한 폴더 안에 파일이 많으면 가장 최근에 진행한 업무 파일이 맨 앞에 오게 정리하라고 조언하였다. 따라서 가나다순이 아닌 날짜순으로 정렬해야 한다.

03 정답 ④

각 항목별로 채용조건과 대조해 보면, 4년제 대학 재학생 또는 졸업자여야 하므로 고졸의 주부인 A와 재수생인 B는 제외된다. 또한, 사용 가능 프로그램은 엑셀과 워드프로세서가 필수이므로 엑셀이 포함되지 않은 E가 제외되며, 화요일 근무가 불가하고 출퇴근 시간이 30분 이상인 C가 제외된다. 따라서 연락할 지원자는 D, F이다.

| 01 | 언어적 사고

01	02	03	04	05	06				
②	③	③	①	②	②				

01 정답 ②

제시문은 은행의 종류와 역할에 대한 설명을 통해 독자에게 새로운 정보를 제공하고 있다.

02 정답 ③

제시문에 따르면 투자신탁회사, 자산운용회사는 투자자들이 맡긴 돈을 모아 뭉칫돈으로 만들어 증권이나 채권 등에 투자해 수익을 올리지만, 돈을 빌려주지는 않는다.

03 정답 ③

우리 춤은 '곡선'을 위주로 진행되는 과정 중에 '정지'가 나타나곤 하는데, 정지의 상태에도 상상이 선을 느낄 수 있는 경지를 구현하는 것이 우리 춤의 특성이라고 할 수 있다. 우리 춤의 힘찬 선 및 부드러운 선 등 다양한 곡선은 호흡 조절을 통해 구현되는데, 그렇다고 해서 힘차고 가벼운 동작이 규칙적으로 반복되는 것은 아니다.

오답분석

① 첫 번째 문단에서 '흔히 우리 춤을 손으로 추는 선의 예술이라 한다.'라고 하였다.
② 두 번째 문단의 첫 문장에서 '우리 춤의 선은 내내 곡선을 유지한다.'라고 하였다.
④ 네 번째 문단 첫 문장의 '호흡의 조절을 통해 다양하게 구현되는 곡선'이라는 내용에서 확인할 수 있다.

04 정답 ①

우리 춤은 내내 '곡선'을 유지하면서 진행된다. 이 말은 춤이 시종일관 곡선만으로 진행된다는 말이 아니라, '정지'의 순간에도 상상의 선을 만들어 춤을 이어갈 수 있다는 것을 의미한다. 이는 몰입 현상에 의해 완성되는 우리 춤의 특성을 보여 주는 것으로, '곡선'과 더불어 '정지'의 순간에도 유지되는 선까지 느낄 수 있어야 우리 춤을 제대로 감상하는 것임을 알 수 있게 해준다. 따라서 ㉠은 '실제로 보이는 곡선'을 의미하고, ㉡·㉢·㉣은 '정지'의 상태를 의미하므로 의미하는 것이 다른 하나는 ①이다.

05 정답 ②

주어진 조건을 표로 정리하면 다음과 같다.

구분	불고기버거	치즈버거	새우버거
사이다	경순 or 다은		
콜라	경순 or 다은		
우유		주연	
물			은지, 정언

오답분석

①·③ 은지와 정언이는 둘 다 물과 새우버거를 먹는다.
④ 주연이는 우유와 치즈버거를 먹는다.

06 정답 ②

주어진 조건을 표로 정리하면 다음과 같다.

구분	월	화	수	목	금
경우 1	전주	목포	여수	담양	순천
경우 2	전주	목포	여수	순천	담양

오답분석

①·④ 여수는 수요일에 가기 때문에 비가 오는 것이 확실하지만, 비가 오는 금요일에 방문하는 곳은 순천과 담양 두 가지의 경우의 수가 나오기 때문에 항상 참이 될 수 없다.
③ 여행지 순서는 '전주 – 목포 – 여수 – 담양 – 순천'과 '전주 – 목포 – 여수 – 순천 – 담양' 두 가지가 있다.

| 02 | 수리적 사고

01	02	03	04	05	06	07			
①	②	④	④	④	①	③			

01 정답 ①

정주가 걸어서 간 시간을 x분이라고 하면, 자전거를 타고 간 시간은 $(30-x)$분이다.
$150(30-x)+50x=4,000$
$100x=500$
$\therefore\ x=5$
따라서 정주가 걸어서 간 시간은 5분이다.

02 정답 ②

• 고속버스를 이용할 경우 : 68,400(어른요금 2명)+34,200(아동요금 2명)=102,600원
• 승용차를 이용할 경우 : 87,156원(경차), 99,706원(경차 외)

오답분석

① 경차를 이용할 경우 : 74,606+12,550=87,156원
   경차 외 승용차를 이용할 경우 : 74,606+25,100=99,706원
③ 어른 두 명이 고속버스 이용할 경우 : 68,400원
   어른 두 명이 경차를 이용할 경우 : 74,606+12,550=87,156원
④ KTX를 이용할 경우 : 114,600+57,200=171,800원

03 정답 ④

영화 동아리에 가입하는 사건을 A, 볼링 동아리에 가입하는 사건을 B라고 하면,
$n(U)=n(A \cup B)$일 때, $n(A \cap B)$가 최대이다.
$n(A \cap B)=n(A)+n(B)-n(A \cup B)=39+25-50=14$
따라서 최대 14명이 두 동아리에 모두 가입할 수 있다.

04 정답 ④

10개 중 3개를 선택해 순서대로 나열하는 총 경우의 수는 $_{10}P_3=10 \times 9 \times 8=720$가지이다.

05 정답 ④

해당 기간 동안 이용자 수의 증감률이 가장 낮은 분야는 전년 상반기 대비 증감률이 약 -0.06%인 PC기반 오픈마켓이다.

오답분석

① 모바일 쇼핑앱 월평균 이용자 수는 조사기간 동안 계속 증가하였다.
② $\dfrac{(5,480,000+1,530,000+6,604,000)-(3,675,000+868,000+4,057,000)}{(3,675,000+868,000+4,057,000)} \times 100 ≒ 58.3\%$
③ 자료를 통해 확인할 수 있다.

06 정답 ①

• 2010년과 2011년에 일본을 방문한 총 중국인 관광객 수 : 830,000+450,000=1,280,000명
• 2010년과 2011년에 한국을 방문한 총 중국인 관광객 수 : 1,010,000+1,310,000=2,320,000명

오답분석

② 2011년부터 2014년까지는 계속 증가하였다.
③ 2010 ~ 2011년 감소, 2011 ~ 2012년 증가, 2012 ~ 2013년 감소, 2013 ~ 2014년 증가
④ 2014년 방한 중국 국적 관광객은 477만 명으로 가장 많다.

07 정답 ③

국산, 미국산, 호주산의 소 가격은 각각 모두 증가와 감소가 함께 나타나고 있다.

오답분석
① 표를 통해 알 수 있다.
② 2~3월 양파 가격 평균의 합 : 2,392+2,373=4,765
  6~7월 배추 가격 평균의 합 : 2,775+2,967=5,742
④ 1~2월 계란 가격 변동 폭 : 5,473-5,493=-20
  1~2월 닭 가격 변동 폭 : 5,107-5,265=-158

|03| 문제해결

01	02	03							
④	③	②							

01 정답 ④

전화를 다른 부서로 연결할 때 고객에게 양해를 구하지 않았으며, 다른 부서의 사람이 전화를 받을 수 있는 상황인지를 사전에 확인하지 않은 것도 잘못된 태도이다.

02 정답 ③

(A) 비서실 연락은 브로슈어 인쇄를 위해 미리 파일을 받아야 하므로 (D) 인쇄소 방문보다는 먼저 이루어져야 한다. (B) 회의실, 마이크 체크는 내일 오전 (E) 업무 보고 전에 준비해야 할 사항이다. (C) 케이터링 서비스 예약은 내일 3시 팀장회의를 위해 준비하는 것이므로 24시간 전인 오늘 3시 이전에 실시하여야 한다.
따라서 순서를 정리하면 (C) - (A) - (D) - (B) - (E)가 되는데, 여기서 (C)가 (A)보다 먼저 이루어져야 하는 이유는 현재 시간이 2시 50분이며, 비서실까지 가는 데 걸리는 시간이 15분이므로 3시가 지나기 때문이다. 그러므로 먼저 케이터링 서비스 예약을 하는 것이 옳다.

03 정답 ②

주어진 문제에 대해서 계속해서 원인을 물어 가장 근본이 되는 원인을 찾는 5Why의 사고법을 활용하여 푸는 문제이다. 주어진 내용을 토대로 인과 관계를 나열하면, 신입사원이 결혼을 못하는 이유는 (A) 배우자를 만날 시간이 없는 것이며, (B) 이는 매일 늦게 퇴근하기 때문이다. 또한 늦게 퇴근하는 원인은 (C) 업무를 제때 못 마치기 때문이며, 이는 (D) 신입사원이어서 업무에 대해 잘 모르기 때문이다. 따라서 그 해결방안으로 업무에 대한 OJT나 업무 매뉴얼을 활용하여 업무시간을 줄이도록 할 수 있다.

| 01 | 언어적 사고

01	02	03	04	05	06				
④	③	③	②	③	③				

01 정답 ④

제시문의 첫 문단에서 위계화의 개념을 설명하고 이러한 불평등의 원인과 구조에 대해 살펴보고 있다.

02 정답 ③

제시문은 나치 치하의 유태인 대학살과 라틴 아메리카의 다인종 사회의 예는 민족이나 인종의 차이가 단순한 차이가 아닌 차별과 불평등을 정당화하는 근거로 이용되고 있다는 내용이므로 (나)의 '개인의 열등성과 우등성을 가늠하게 만드는 사회적 개념이 되곤 한다.' 다음에 들어가는 것이 적절하다.

03 정답 ③

제시문의 (다) '불평등은 체계적으로 ~ 수용될 때가 많다.'를 통해 알 수 있다.

04 정답 ②

제시된 진료 현황을 각각의 명제로 보고 이들을 수식으로 설명하면 다음과 같다(단, 명제가 참일 경우 그 대우도 참이다).
• B병원이 진료를 하지 않을 때 A병원이 진료한다($\sim$B $\rightarrow$ A / $\sim$A $\rightarrow$ B).
• B병원이 진료를 하면 D병원은 진료를 하지 않는다(B $\rightarrow$ $\sim$D / D $\rightarrow$ $\sim$B).
• A병원이 진료를 하면 C병원은 진료를 하지 않는다(A $\rightarrow$ $\sim$C / C $\rightarrow$ $\sim$A).
• C병원이 진료를 하지 않을 때 E병원이 진료한다($\sim$C $\rightarrow$ E / $\sim$E $\rightarrow$ C).
이를 하나로 연결하면, D병원이 진료를 하면 B병원이 진료를 하지 않고, B병원이 진료를 하지 않으면 A병원은 진료를 한다. A병원이 진료를 하는 경우 C병원은 진료를 하지 않고, C병원이 진료를 하지 않으면 E병원은 진료를 한다(D $\rightarrow$ $\sim$B $\rightarrow$ A $\rightarrow$ $\sim$C $\rightarrow$ E).
명제가 참일 경우 그 대우도 참이므로 $\sim$E $\rightarrow$ C $\rightarrow$ $\sim$A $\rightarrow$ B $\rightarrow$ $\sim$D이다.
공휴일일 경우는 E병원이 진료를 하지 않을 때이므로 위의 명제를 참고하면 C와 B병원만이 진료를 하는 경우가 된다.
따라서 공휴일에 진료를 하는 병원은 2곳이다.

05 정답 ③

두 번째 명제의 대우는 '독서를 좋아하지 않는 사람은 영화 관람을 좋아한다.'이고, 세 번째 명제의 대우는 '조깅을 좋아하는 사람은 영화 관람을 좋아한다.'이다. 그러나 이 두 문장을 가지고 ③을 추론하는 것은 적절하지 않다.

오답분석

① 첫 번째 명제와 네 번째 명제의 대우를 연결하면 참임을 알 수 있다.
② 첫 번째 명제의 대우와 다섯 번째 명제를 통해서 알 수 있다.
④ 다섯 번째 명제의 대우와 네 번째 명제의 대우를 연결하면 참임을 알 수 있다.

06 정답 ③

주어진 조건에 따르면 다음과 같은 경우가 나온다.

〈경우 1〉

F	A, C	
D	B, G	E

〈경우 2〉

F	A, E	
D	B, G	C

이와 같이 어느 경우라도 1층에는 4명이 있다.

| 02 | 수리적 사고

01	02	03	04	05	06				
③	①	②	④	①	③				

01 정답 ③

고양이 인형이 x개 판매되었다면, 펭귄 인형은 $(21-x)$개 판매되었다.
$600x+800(21-x)=14,400 \rightarrow 600x+16,800-800x=14,400 \rightarrow 200x=2,400$
∴ $x=12$
따라서 판매된 고양이 인형의 개수는 12개이다.

02 정답 ①

벤치의 개수를 x개라 하면 다음과 같다.
$4x+2=5x$
∴ $x=2$
따라서 A동아리원은 모두 10명이다.

03 정답 ②

전체 일의 양을 1이라 하면 민수와 아버지가 1분 동안 하는 일의 양은 각자 $\dfrac{1}{60}$, $\dfrac{1}{15}$ 이다.

민수가 아버지와 함께 일한 시간을 x분이라 하면 다음과 같다.
$\dfrac{1}{60}\times30+\left(\dfrac{1}{60}+\dfrac{1}{15}\right)\times x=1$
∴ $x=6$
따라서 민수가 아버지와 함께 일한 시간은 6분이다.

04　정답　④

민경이가 이동한 시간을 x초, 선화가 이동한 시간을 $(x-180)$초라고 하면

$3x+2(x-180)=900 \rightarrow 5x=1,260$

$\therefore \ x=252$

따라서 4분 12초이다.

05　정답　①

방화는 $\dfrac{250}{1,653} \times 100 ≒ 15.1\%$, 강간은 $\dfrac{2,191}{14,902} \times 100 ≒ 14.7\%$로 강간이 가장 작다.

오답분석

②·④ 자료를 통해 쉽게 확인할 수 있다.

③ 61세 이상이 강간에서 차지하는 비중은 $\dfrac{625}{14,329} \times 100 ≒ 4.3\%$, 강도에서 차지하는 비중은 $\dfrac{68}{5,584} \times 100 ≒ 1.2\%$이다.

06　정답　③

2TV의 재방송시간은 총 102,000분인데 이에 대한 35%이므로 102,000×0.35=35,700분이다.

| 03 |　문제해결

01	02	03							
②	④	③							

01　정답　②

배너 설치 장소는 총 3곳이며, 외부용 1장과 내부용 2장이 필요하고 실외용은 전부 양면 배너로 제작한다. 따라서 일반 배너 2장, 양면 배너 1장 그리고 내부용 거치대 2개, 외부용 거치대 1개가 필요하다.

그러므로 배너 설치에 필요한 총 비용은 15,000원×2장+20,000원×1장+10,000원×2개+15,000원×1개=85,000원이다.

02　정답　④

현수막의 기본 크기는 1m×3m(3m²)이고 5,000원이다. 그리고 1m²만큼 추가될 때 3,000원씩 비용이 추가된다. 상사가 추가로 요청한 현수막을 살펴보면 '3m×8m' 2개, '1m×4m' 1개이다.

'3m×8m'는 24m²로 기본금 5,000원+(24−3)×3,000원=68,000원이다. '1m×4m'는 4m²로 기본금 5,000원+(4−3)×3,000원=8,000원이다.

따라서 현수막 설치 총비용은 68,000원×2+8,000원=144,000원이다.

03　정답　③

402 항공편의 비행시간은 32시간 30분이다. 반면 150 항공편은 36시간 20분이다. 따라서 402 항공편의 비행시간이 가장 길다는 ③의 설명은 적절하지 않다.

| 01 | 언어적 사고

01	02	03	04	05	06				
④	③	③	③	④	①				

01 　정답　④

제시문은 미술 작품을 올바르게 감상하기 위해 우리들이 지녀야 할 태도에 대해 언급하고 있다. 작품을 올바르게 이해하기 위해서는 기존의 편협한 사고방식이나 태도에 얽매이지 말고 나름대로의 날카로운 안목과 감수성을 길러야 함을 강조하고 있다.

02 　정답　③

차를 자주 마셔 보지 않던 사람들은 여러 종류의 차가 지닌 독특한 맛을 구분할 수 없다. 마찬가지로 미술 작품을 자주 접할 기회가 없는 사람은 미의 본질에 대한 이해가 부족하여 여러 종류의 미술 작품에 대한 안목과 감상 능력이 부족하다.

03 　정답　③

제시문에서 쓰인 경구의 한자어는 '어떤 사상이나 진리를 간결하고 날카롭게 표현할 글귀'를 뜻하는 경구(警句)이다. 경구(驚句)란 사람을 놀라게 할 만큼 뛰어나게 잘 지은 시구를 의미한다.

04 　정답　③

같은 색깔로는 심지 못한다고 할 때 아래의 경우로 꽃씨를 심을 수 있다.
1) 빨간 화분 : 파랑, 노랑, 초록
2) 파란 화분 : 빨강, 노랑, 초록
3) 노란 화분 : 빨강, 파랑, 초록
4) 초록 화분 : 빨강, 파랑, 노랑
주어진 조건을 적용하면 아래와 같은 경우로 꽃씨를 심을 수 있다.
1) 빨간 화분 : 파랑, 초록
2) 파란 화분 : 빨강, 노랑
3) 노란 화분 : 파랑, 초록
4) 초록 화분 : 빨강, 노랑
초록 화분과 노란 화분에 심을 수 있는 꽃씨의 종류는 다르므로 ③은 틀린 설명이다.

05 정답 ④

주어진 조건에 따르면 두 가지의 경우가 있다.

i)

5층	D
4층	B
3층	A
2층	C
1층	E

ii)

5층	E
4층	C
3층	A
2층	B
1층	D

따라서 A부서는 항상 3층에 위치한다.

06 정답 ①

부산이 4번째 여행지일 때, 민호가 여행한 순서는 다음과 같다.

전주	강릉	춘천	부산	안동	대구

따라서 전주는 첫 번째 여행지이다.

| 02 | 수리적 사고

01	02	03	04	05	06	07			
③	②	③	④	②	④	④			

01 정답 ③

500원, 100원, 50원짜리 순으로 순서쌍을 만들어 보면,

→ (2, 2, 0), (2, 1, 2), (2, 0, 4), (1, 5, 4)

따라서 1,200원을 지불하는 경우의 수는 4가지이다.

02 정답 ②

판매 차량 대수를 x대라 하면, 차량 판매 금액은 1,200x만 원이고, 판매 성과급은 $1,200x \times \dfrac{3}{100} = 36x$이다.

즉, 월급은 $80 + 36x \geq 240 \rightarrow 36x \geq 160 \rightarrow x \geq 4.4444\cdots$

$\therefore x = 5$

따라서 판매 차량 대수는 5이다.

03 정답 ③

ⅰ) 가장 긴 변의 길이가 10이므로 → $3x < 10$

$\therefore x < \dfrac{10}{3}$

ⅱ) 가장 긴 변의 길이는 나머지 두 변 길이의 합보다 작아야 하므로 → $2x + 3x > 10$

$\therefore x > 2$

ⅰ), ⅱ)에 의하여, $2 < x < \dfrac{10}{3}$ 이다.

04 정답 ④

$a + b + c = 5$

ⅰ) $a = 1$일 경우 : (1, 1, 3), (1, 2, 2), (1, 3, 1)

ⅱ) $a = 2$일 경우 : (2, 1, 2), (2, 2, 1)

ⅲ) $a = 3$일 경우 : (3, 1, 1)

$\therefore$ 6가지

05 정답 ②

2040년의 고령화율이 2010년 대비 2배 이상 증가하는 나라는 ㉠ 한국(3.0배), ㉣ 브라질(2.5배), ㉤ 인도(2.0배)이다.

㉠ 한국 : $\dfrac{33.0}{11.0} = 3.0$배

㉡ 미국 : $\dfrac{21.2}{13.1} = 1.6$배

㉢ 일본 : $\dfrac{34.5}{23.0} = 1.5$배

㉣ 브라질 : $\dfrac{17.6}{7.04} = 2.5$배

㉤ 인도 : $\dfrac{10.2}{5.1} = 2.0$배

06 정답 ④

전체 보육교직원 중 원장이 차지하는 비율을 구하면 $\dfrac{39,546}{248,635} \times 100 ≒ 15.9\%$이다.

따라서 나머지 인원이 차지하는 비율은 $100 - 15.9 = 84.1\%$이다.

07 정답 ④

미국과 중국은 다른 경쟁국에 비해 높은 생산자 물가지수 상승세를 보이고 있으나 일본의 경우는 생산자 물가지수의 변동이 크지 않다.

오답분석

① 일본의 4.81에 비해 4배 이상(19.24)이 상승한 나라는 우리나라의 21.6과 미국의 20.930이며, 그다음 순위인 중국은 18.930이므로 해당하지 않는다.

② 우리나라의 생산자 물가지수 상승률은 4년 새 약 9.9% 상승하여 다른 나라에 비해 높은 상승세를 보이고 있다.

③ 일본은 2005년에 비해 2011년의 물가지수가 4.81밖에 상승하지 않았다.

01	02	03							
③	①	①							

01 정답 ③

최단 경로는 굵은 선으로 표시된 'S → C → F → E → G → T'이다.
최단 경로의 이동 거리는 300+400+100+200+400=1,400m이다.
따라서 최소 수도관 재료비용은 1,400m×1만 원=1,400만 원이다.

02 정답 ①

종전 최단 경로의 이동 거리는 1,400m이고, 수도관 재료비용은 1,400만 원이다.
새로운 최단 경로는 굵은 선으로 표시된 'S → A → E → G → T'이다. 새로운 최단 경로는 1,700m이고, 수도관 재료비용은 1,700만 원이다. 최단 경로를 찾는 방법은 복잡해 보이지만, 아래 그림에 B에 표시된 S600, E에 표시된 A1100, T에 표시된 G1700과 같이 표시하면서 경로를 찾으면 혼동 없이 최단 경로를 찾을 수 있다. 여기서 'S600'이란 'S → B'의 600m가 최단 경로라는 뜻이다. 이런 식으로 중간중간 표시를 하면 빠뜨리지 않고 경로를 좀 더 쉽게 찾을 수 있다.
따라서 추가되는 수도관 재료비용은 1,700만 원-1,400만 원=300만 원이다.

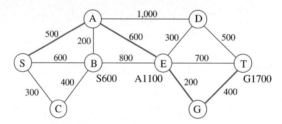

03 정답 ①

이 문제를 풀기 위해서는 수도관 연결 구간의 숫자를 구입비용으로 바꾸어야 한다. 그래야만 쉽게 최소 구입비용을 구할 수 있다. 연결 구간별 수도관의 종류는 외곽은 직경 2m 수도관, 중간은 직경 1m 수도관, 나머지 구간은 모두 직경 0.5m 수도관이다. 굵은 선으로 표시한 부분이 최소 구입비용이 되는 이동 경로이다. 끝부분에서 E → T로 가는 경로와 E → G → T로 가는 경로가 구입가격이 같은데, 묻고 있는 것이 구입비용이므로 결과는 같다.
따라서 최소 수도관 구입비용은 1,200만 원+200만 원+100만 원+1,400만 원=2,900만 원이다.

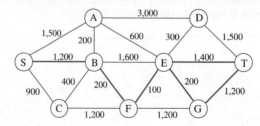

2개년 주요기업
기출복원문제

정답 및 해설

| 언어 |

01	02	03	04	05	06	07	08	09	10	11	12	13	14	15	16	17	18	19	20
④	③	④	④	③	④	③	②	④	①	④	③	⑤	④	②	⑤	④	④	④	②
21	22	23	24	25	26	27	28	29	30	31	32	33	34	35	36	37	38	39	40
①	③	④	②	④	④	①	⑤	④	③	③	④	③	③	⑤	④	③	④	④	②

01 정답 ④

서양의 자연관은 인간이 자연보다 우월한 자연지배관이며, 동양의 자연관은 인간과 자연을 동일 선상에 놓거나 조화를 중요시한다고 설명한다. 따라서 본 제시문의 중심 내용으로는 '서양의 자연관과 동양의 자연관의 차이'로 보는 것이 가장 적절하다.

02 정답 ③

'최고의 진리는 언어 이전, 혹은 언어 이후의 무언(無言)의 진리이다.', '동양 사상의 정수(精髓)는 말로써 말이 필요 없는 경지'라는 문장을 보았을 때 '동양 사상은 언어적 지식을 초월하는 진리를 추구한다.'는 것이 제시문의 주제로 가장 적절하다.

03 정답 ④

쇼펜하우어는 표상의 세계 안에서의 이성의 역할, 즉 시간과 공간, 인과율을 통해서 세계를 파악하는 주인의 역할을 함에도 불구하고 이 이성이 다시 의지에 종속됨으로써 제한적이며 표면적일 수밖에 없다는 한계를 지적하고 있다.

오답분석

① 세계의 본질은 의지의 세계라는 내용은 쇼펜하우어 주장의 핵심 내용이라는 점에서는 옳지만, 제시문의 주요 내용은 주관 또는 이성 인식으로 만들어내는 표상의 세계는 결국 한계를 가질 수밖에 없다는 것이다.
② 제시문에서는 표상 세계의 한계를 지적했을 뿐, 표상 세계의 극복과 그 해결 방안에 대한 내용은 없다.
③ 제시문에서 의지의 세계와 표상 세계는 의지가 표상을 지배하는 종속관계라는 차이를 파악할 수는 있으나, 중심 내용으로는 적절하지 않다.

04 정답 ④

제시문은 중세 유럽에서 유래된 로열티 제도가 산업 혁명부터 현재까지 지적 재산권에 대한 보호와 가치 확보를 위해 발전되었음을 설명하고 있다. 따라서 가장 적절한 제목은 '로열티 제도의 유래와 발전'이다.

05 정답 ③

제시문은 2,500년 전 인간과 현대의 인간의 공통점을 언급하며 2,500년 전에 쓰인 『논어』가 현대에서 지니는 가치에 대하여 설명하고 있다. 따라서 (가) 『논어』가 쓰인 2,500년 전 과거와 현대의 차이점 – (마) 2,500년 전의 책인 『논어』가 폐기되지 않고 현대에서도 읽히는 이유에 대한 의문 – (나) 인간이라는 공통점을 지닌 2,500년 전 공자와 우리들 – (다) 2,500년의 시간이 흐르는 동안 인간의 달라진 부분과 달라지지 않은 부분에 대한 설명 – (라) 시대가 흐름에 따라 폐기될 부분을 제외하더라도 여전히 오래된 미래로서의 가치를 지니는 『논어』의 순서로 나열하는 것이 적절하다.

06 정답 ④

다문화정책의 두 가지 핵심을 밝히고 있는 (다)가 가장 처음에 온 뒤 (다)의 내용을 뒷받침하기 위해 프랑스를 사례로 든 (가)를 그 뒤에 배치하는 것이 자연스럽다. 다음으로는 이민자에 대한 지원 촉구 및 다문화정책의 개선 등에 대한 내용이 이어지는 것이 글의 흐름상 적절하므로, 이민자에 대한 배려의 필요성을 주장하는 (라), 다문화정책의 패러다임 전환을 주장하는 (나) 순서로 연결되어야 한다. 따라서 (다) – (가) – (라) – (나)의 순서로 나열하는 것이 적절하다.

07 정답 ③

제시문은 원어민은 문법을 따로 배우지 않아도 자유자재로 모국어를 구사할 수 있는 이유에 대한 내용이다. 따라서 (라) 원어민은 문법을 따로 배우지 않음 – (가) 어려서부터 문법을 내재화했기 때문 – (마) 모든 원어민은 문법적 직관이 있음 – (다) 그런데 이 문법적 직관은 저절로 얻어지지 않음 – (나) 언어활동을 통해 문법적 직관이 발달함 순서로 연결되어야 한다.

08 정답 ②

제시문의 서론에서 지방은 건강에 반드시 필요한 것이라고 서술하고 있으며, 결론에서는 현대인들의 지방이 풍부한 음식을 찾는 경향이 부작용으로 이어졌다고 한다. 따라서 본론은 (나) 비만과 다이어트의 문제는 찰스 다윈의 진화론과 관련 있음 – (라) 자연선택에서 생존한 종들이 번식하여 자손을 남기게 됨 – (다) 인류의 역사에서 인간이 끼니 걱정을 하지 않고 살게 된 것은 최근 수십 년의 일임 – (가) 생존에 필수적인 능력은 에너지를 몸에 축적하는 능력이었음 순서로 나열해야 한다.

09 정답 ④

제시문은 관객이 영화를 보면서 흐름을 지각하는 것을 제대로 설명하지 못하는 동일시 이론에 대해 문제를 제기하고 이를 칸트의 무관심성을 통해 설명할 수 있다고 제시한다. 이어서 관객이 영화의 흐름을 생동감 있게 체험할 수 있는 이유로 '방향 공간'과 '감정 공간'을 제시하고 이에 대한 설명을 한 뒤 이것이 관객이 영화를 지각할 수 있는 원리가 될 수 있음을 정리하며 마치고 있는 글이다. 따라서 (나) 영화를 보면서 흐름을 지각하는 것을 제대로 설명하지 못하는 '동일시 이론' – (가) 영화 흐름의 지각에 대해 설명할 수 있는 칸트의 '무관심성' – (라) 영화의 생동감을 체험할 수 있게 하는 '방향 공간' – (마) 영화의 생동감을 체험할 수 있게 하는 또 다른 이유인 '감정 공간' – (다) 관객이 영화를 지각하는 과정에 대한 정리 순으로 나열되어야 한다.

10 정답 ①

제시문은 나무를 가꾸기 위해 고려해야 하는 사항에 대해 서술하는 글로, 고려해야 할 사항들을 나열하고 그중 제일 먼저 생육조건에 대해 설명하는 (가)가 첫 부분으로 적절하다. 그 다음으로 (라)는 나무를 양육할 때 주로 저지르는 실수로 나무 간격을 촘촘하게 심는 것을 언급하고 있다. 따라서 그 이유를 설명하는 (다)가 다음으로 이어지는 것이 옳다. 그리고 (나) 역시 또 다른 식재계획 시 주의점에 대해서 이야기하고 있으므로 (다) 뒤에 나열하는 것이 적절한 순서이다.

11 정답 ④

논리의 흐름에 따라 순서를 나열해 보면, 문화 변동은 수용 주체의 창조적·능동적 측면과 관련되어 이루어짐 – (나) 수용 주체의 창조적·능동적 측면은 외래문화 요소의 수용을 결정지음 – (다) 즉, 문화의 창조적·능동적 측면은 내부의 결핍 요인을 자체적으로 극복하려 노력하나 그렇지 못할 경우 외래 요소를 수용함 – (가) 결핍 부분에 유용한 부분만을 선별적으로 수용함 순으로 나열된다.

12 정답 ③

먼 바다에서 지진해일의 파고는 수십 cm 이하이지만 얕은 바다에서는 급격하게 높아진다.

오답분석
① 화산폭발로 인해 발생하는 건 맞지만 파장이 긴 파도를 지진해일이라 한다.
② 태평양에서 발생한 지진해일은 발생 하루 만에 발생지점에서 지구의 반대편까지 이동할 수 있다.
④ 지진해일이 해안가에 가까워질수록 파도가 강해지는 것은 맞지만, 속도는 시속 45 ~ 60km까지 느려진다.
⑤ 해안의 경사 역시 암초, 항만 등과 마찬가지로 지진해일을 변형시키는 요인이 된다.

13 정답 ⑤

아인슈타인의 광량자설은 빛이 파동이면서 동시에 입자인 이중적인 본질을 가지고 있다는 것을 의미하는 것으로, 뉴턴의 입자설과 토머스 영의 파동성설을 모두 포함한다.

오답분석
① 뉴턴의 가설은 그의 권위에 의해 오랫동안 정설로 여겨졌지만, 토머스 영의 겹실틈 실험에 의해 다른 가설이 생겨났다.
② 겹실틈 실험은 한 개의 실틈을 거쳐 생긴 빛이 다음 설치된 두 개의 겹실틈을 지나가게 해서 스크린에 나타나는 무늬를 관찰하는 것이다.
③ 일자 형태의 띠가 두 개 나타나면 빛이 입자임은 맞으나, 겹실틈 실험 결과 보강 간섭이 일어난 곳은 밝아지고 상쇄 간섭이 일어난 곳은 어두워지는 간섭무늬가 연속적으로 나타났다.
④ 토머스 영의 겹실틈 실험은 빛의 파동성을 증명하였고, 이는 명백한 사실이었으므로 아인슈타인은 빛이 파동이면서 동시에 입자인 이중적인 본질을 가지고 있다는 것을 증명하였다.

14 정답 ④

슈퍼문일 때는 지구와 달의 거리가 35만 7,000km 정도로 가까워지며, 이때 지구에서 보름달을 바라보는 시각도는 0.56도로 커지므로 0.49의 시각도보다 크다는 판단은 적절하다.

오답분석
① 케플러의 행성운동 제1법칙에 따라 태양계의 모든 행성은 태양을 중심으로 타원 궤도로 돈다. 따라서 지구도 태양을 타원 궤도로 돌기 때문에 지구에서 태양까지의 거리는 항상 일정하지 않을 것이다.
② 달이 지구에 가까워지면 달의 중력이 더 강하게 작용하여, 달을 향한 쪽의 해수면이 평상시보다 더 높아진다. 즉, 지구와 달의 거리에 따라 해수면의 높이가 달라지므로 서로 관계가 있다.
③ 달이 지구에 가까워지면 평소 달이 지구를 당기는 힘보다 더 강하게 지구를 당긴다. 따라서 이와 반대로 달이 지구에서 멀어지면 지구를 당기는 달의 힘은 약해질 것이다.
⑤ 달의 중력 때문에 높아진 해수면이 지구의 자전을 방해하게 되고, 이 때문에 지구의 자전 속도가 느려져 100만 년에 17초 정도씩 길어진다고 하였으므로 지구의 자전 속도는 점점 느려지고 있다.

15 　정답　②

첫 번째 문단에 통각 수용기에는 감각 적응 현상이 거의 일어나지 않는다는 내용이 나와 있다.

오답분석

① 두 번째 문단에서 Aδ섬유를 따라 전도된 통증 신호가 대뇌 피질로 전달되면, 대뇌 피질에서는 날카롭고 쑤시는 듯한 짧은 초기 통증을 느끼고 통증이 일어난 위치를 파악한다고 하였으므로 옳지 않다.

③ 두 번째 문단에서 Aδ섬유는 직경이 크고 전도 속도가 빠르며, C섬유는 직경이 작고 전도 속도가 느리다고 했으므로 옳지 않다.

④ 첫 번째 문단에서 통각 수용기는 피부에 가장 많아 피부에서 발생한 통증은 위치를 확인하기 쉽다고 했으므로 옳지 않다.

⑤ 두 번째 문단에서 Aδ섬유에는 기계적 자극이나 높은 온도 자극에 반응하는 통각 수용기가 분포되어 있고, C섬유에도 기계적 자극이나 높은 온도 자극에 반응하는 통각 수용기가 분포되어 있다고 했으므로 옳지 않다.

16 　정답　⑤

면허를 발급하는 것은 면허 발급 방식이며, 보조금을 지급받는 것은 보조금 지급 방식으로 둘 사이의 연관성은 없다. 따라서 ⑤는 제시문의 내용으로 적절하지 않다.

오답분석

① 과거에는 공공 서비스가 경합성과 배제성이 모두 약한 사회 기반 시설 공급을 중심으로 제공되었다. 이런 경우 서비스 제공에 드는 비용은 주로 세금을 비롯한 공적 재원으로 충당을 하였다.

② 공공 서비스의 다양화와 양적 확대가 이루어지면서 행정 업무의 전문성 및 효율성이 떨어지는 문제점이 나타나기도 하였다.

③ 정부는 위탁 제도를 도입함으로써 정부 조직의 규모를 확대하지 않으면서 서비스의 전문성을 강화할 수 있었다.

④ 경쟁 입찰 방식의 경우 정부가 직접 공공 서비스를 제공할 때보다 서비스의 생산 비용이 절감될 수 있고, 정부의 재정 부담도 경감될 수 있었다.

17 　정답　④

오답분석

①은 두 번째 문장, ②는 제시문의 흐름, ③과 ⑤는 마지막 문장에서 각각 확인할 수 있다.

18 　정답　④

보복운전만 특수범죄로 취급한다. 보복운전이 형법에 의해 특수범죄로 취급되는 이유는 자동차를 법률에 명시된 '위험한 물건'으로 보기 때문이다.

오답분석

① 안전운전을 위해서는 도로도로교통법상 위배됨 없이 운전을 함과 더불어, 다른 사람에게 위험과 장해를 초래하지 않도록 해야 한다.

② 흔히들 난폭운전과 보복운전을 비슷한 개념으로 혼동한다.

③ 속도위반은 난폭운전으로 처벌받을 수 있는 요소 중 하나이다.

⑤ 보복운전의 상황에서 자동차는 법률에 명시된 '위험한 물건'이 된다. 위험한 물건은 그 자체로 흉기에 속하지는 않으나, 보복운전과 같은 상황 하에서는 흉기로 취급된다.

19 정답 ④

제시문만으로는 알 수 없는 내용이다.

오답분석

① 첫 번째 문단에서 미국 텍사스 지역에서 3D 프린터 건축 기술을 이용한 주택이 완공되었음을 알 수 있다.
② 두 번째 문단에서 전통 건축 기술에 비해 3D 프린터 건축 기술은 건축 폐기물 및 CO_2 배출량 감소 등 환경오염이 적음을 알 수 있다.
③ 네 번째 문단에서 코로나19 사태로 인한 인력 수급난을 해소할 수 있음을 알 수 있다.
⑤ 다섯 번째 문단에서 우리나라의 3D 프린터 건축 기술은 아직 제도적 한계와 기술적 한계가 있음을 알 수 있다.

20 정답 ②

체내 활성산소의 농도와 생물체의 생명 연장이 비례한다는 내용은 제시문에서 확인할 수 없다. 오히려 활성산소인 과산화수소는 체내에 쌓이면 독소가 된다는 점이 나와있다.

21 정답 ①

제시문에서 언급되지 않은 내용이다.

오답분석

② 두 번째 문단에 나와 있다.
③ 첫 번째 문단에서 '위기(爲己)란 자아가 성숙하는 것을 추구하며'라고 하였다.
④ 첫 번째 문단에서 '공자는 공부하는 사람의 관심이 어디에 있느냐를 가지고 학자를 두 부류로 구분했다.'고 하였다.

22 정답 ③

세 번째 문단에서 이용후생 학파들이 제시한 주요 정책들의 바탕에는 '사농공상으로 서열화된 직업의 귀천을 최대한 배제하고 상공업의 중흥을 강조해야 한다는 생각이 자리 잡고 있었다.'고 하였다. 따라서 농업의 중요성이 아닌 상공업의 중흥을 강조했다.

23 정답 ④

안전속도 5030 정책에 대한 연령대별 인지도의 평균은 $\dfrac{59.7+66.6+70.2+72.1+77.3}{5}=69.18\%$이다.

오답분석

① 운전자를 대상으로 안전속도 5030 정책 인지도를 조사한 결과 68.1%의 운전자가 정책을 알고 있다고 하였으므로 10명 중 6명 이상은 정책을 알고 있다.
② 안전속도 5030 정책에 대한 20대 이하 운전자의 인지도는 59.7%로 가장 낮다.
③ 20대는 59.7%, 30대는 66.6%, 40대는 70.2%, 50대는 72.1%, 60대 이상은 77.3%로 연령대가 높을수록 정책에 대한 인지도가 높다.
⑤ 안전속도 5030 정책은 일반도로의 제한속도를 시속 50km로, 주택가 등의 이면도로는 시속 30km 이하로 하향 조정하는 정책이다.

24 정답 ②

제시문의 필자는 3R 원칙을 강조하며 가장 필수적이고 최저한의 동물실험이 필요악임을 주장하고 있다. 특히 '보다 안전한 결과를 도출해내기 위한 동물실험은 필요악이며, 이러한 필수적인 의약실험조차 금지하려 한다는 것은 기술 발전 속도를 늦춰 약이 필요한 누군가의 고통을 감수하자는 이기적인 주장'이라는 대목을 통해 약이 필요한 이들을 위한 의약실험에 초점을 맞추고 있음을 확인할 수 있다. 따라서 ②의 주장처럼 생명과 큰 관련이 없는 동물실험을 비판의 근거로 삼는 것은 적절하지 않다.

25 　정답 ④

우리나라의 낮은 장기 기증률은 전통적 유교 사상 때문이라고 주장하고 있는 A와 달리, B는 이에 대하여 다양한 원인을 제시하고 있다. 따라서 A의 주장에 대해 반박할 수 있는 내용으로 ④가 가장 적절하다.

26 　정답 ④

제시문은 미흡한 위생 관리나 건강 관리 등의 개인적 요인으로 인해 질병이 발병한다고 주장한다. 따라서 이러한 주장에 대한 반박으로는 성별, 계층, 직업 등의 사회적 요인에 따라 질병의 종류나 정도가 다르게 나타날 수 있다는 내용의 ④가 가장 적절하다.

27 　정답 ①

제시문은 인간의 생각과 말은 깊은 관계를 가지고 있으며, 생각이 말보다 범위가 넓고 큰 것은 맞지만 그것을 말로 표현하지 않으면 그 생각이 다른 사람에게 전달되지 않는다고 주장한다. 즉, 생각은 말을 통해서만 다른 사람에게 전달될 수 있다는 것이다. 따라서 이러한 주장에 대한 반박으로 ①이 가장 적절하다.

28 　정답 ⑤

이곡의 『차마설』은 말을 빌려 탄 개인적인 경험을 통해 소유에 대한 보편적인 깨달음을 제시하고 올바른 삶의 태도를 촉구하는 교훈적 수필로, 개인적 일상의 경험을 먼저 제시하고 이에 대한 자신의 의견을 제시하고 있다.

오답분석
① 말을 빌려 탄 개인의 경험을 소유에 대한 욕망이라는 추상적 대상으로 확장하는 유추의 방법을 사용하고 있다.
② 말을 빌려 탄 개인적 경험의 예화를 통해 소유에 대한 반성의 교훈을 제시하는 2단 구성 방식을 취하고 있다.
③ 주관적인 개인적 경험을 통해 소유에 대한 보편적인 의견을 제시하고 있다.
④ 맹자의 말을 인용하여 사람들의 그릇된 소유 관념을 비판하고 있다.

29 　정답 ④

제시문은 정의를 통해 집단사고와 집단지성의 개념을 설명하고, 위키피디아를 집단지성의 사례로 사용하는 예시를 들어 독자의 이해를 돕고 있다. 또한 위키피디아를 '살아 있는 백과사전'으로 표현하는 비유의 설명 방식을 사용하였으며, 집단사고와 집단지성의 차이를 밝히는 대조를 통해 집단지성의 특징을 효과적으로 설명하고 있다.

30 　정답 ③

질소가 무조건 많이 함유된 것이 좋은 비료가 아니라 탄소와 질소의 비율이 잘 맞는 것이 중요하다.

오답분석
① 커피박을 이용해서 비료를 만들면 커피박을 폐기하는 데 필요한 비용을 절약할 수 있기 때문에 경제적으로도 이득이라고 할 수 있다.
② 비료에서 중요한 요소로 질소를 언급하고 있고, 유기 비료이기 때문에 유기물의 함량 또한 중요하다. 그리고 제시문에서도 질소와 유기물 함량을 분석하고 있기에 중요한 고려 요소라고 할 수 있다.
④ 비료를 만드는 데 발생하는 열로 유해 미생물을 죽일 수 있다고 언급하였다.
⑤ 부재료로 언급된 것 중에서 한약재 찌꺼기가 가장 질소 함량이 높다고 하였다.

31 정답 ③

이소크라테스는 영원불변하는 보편적 지식의 무용성을 주장했을 뿐, 존재 자체를 부정했다는 내용은 제시문에서 확인할 수 없다.

오답분석

① 플라톤의 이데아론은 삶과 행위의 구체적이고 실제적인 일상이 무시된 채 본질적이고 이념적인 영역을 추구하고 있다는 비판을 받고 있다.
② 물질만능주의는 모든 관계를 돈과 같은 가치에 연관시켜 생각하는 행위로, 탐욕과 사리사욕을 위한 교육에 매진하는 소피스트들과 일맥상통하는 면이 있다.
④ 이소크라테스는 이데아론의 무용성을 주장하면서 동시에 비도덕적이고 지나치게 사리사욕을 위한 소피스트들의 교육을 비판했다.
⑤ 이소크라테스는 삶과 행위의 문제를 이론적이고도 실제적으로 해석하면서도, 도덕이나 정당화의 문제보다는 변화하는 실제적 행위만 추구한 소피스트들을 비판했기에 훌륭한 말(실제적 문제)과 미덕(도덕과 정당화)을 추구했음을 알 수 있다.

32 정답 ④

테크핀의 발전 원인에는 국내의 높은 IT 인프라, 전자상거래 확산, 규제 완화 등이 있다.

오답분석

① 핀테크와 테크핀의 부정적인 영향으로 혜택의 불균형이 있다.
② 핀테크는 금융기관이, 테크핀은 ICT 기업이 주도한다.
③ 테크핀은 금융보다 기술을 강조한다.
⑤ 테크핀의 발전은 핀테크의 발전을 야기하였다.

33 정답 ③

첫 번째 문단에서 오늘날 우리가 부르는 애국가의 노랫말은 외세의 침략으로 나라가 위기에 처해있던 1907년을 전후하여 조국애와 충성심을 북돋우기 위하여 만들어졌음을 알 수 있다. 따라서 1896년 『독립신문』에 현재의 노랫말이 게재되지 않았음을 알 수 있다.

오답분석

① 두 번째 문단에서 1935년 해외에서 활동 중이던 안익태가 오늘날 우리가 부르고 있는 국가를 작곡하였고, 이 곡은 해외에서만 퍼져나갔다고 하였으므로, 1940년에 해외에서는 애국가 곡조를 들을 수 있었다.
② 네 번째 문단에서 국기강하식 방송, 극장에서의 애국가 상영 등은 1980년대 후반 중지되었다고 하였으므로, 1990년대 초반까지 애국가 상영이 의무화되었다는 말은 적절하지 않다.
④ 마지막 문단에서 연주만 하는 의전행사나 시상식·공연 등에서는 전주곡을 연주해서는 안 된다고 하였으므로 적절하지 않다.

34 정답 ③

계약면적은 공급면적과 기타공용면적을 더한 것이고, 공급면적은 전용면적과 주거공용면적을 더한 것이다. 따라서 계약면적은 전용면적, 주거공용면적, 기타공용면적을 더한 것이다.

오답분석

① 발코니 면적은 서비스면적에 포함되며, 서비스면적은 전용면적과 공용면적에서 제외된다.
② 관리사무소 면적은 공용면적 중에서도 기타공용면적에 포함된다. 공급면적은 전용면적과 주거공용면적을 더한 것이므로 관리사무소 면적은 공급면적에 포함되지 않는다.
④ 공용계단과 공용복도의 면적은 주거공용면적에 포함되므로 공급면적에 포함된다.
⑤ 현관문 안쪽의 전용 생활공간인 거실과 주방의 면적은 전용면적에 포함된다.

35 정답 ⑤

현대는 텔레비전이나 만화책을 보는 문화가 신문이나 두꺼운 책을 읽는 문화를 대체하고 있다. 이처럼 휴식이 따라오는 보는 놀이는 사람들의 머리를 비게 하여 생각 없는 사회로 치닫게 한다. 즉, 사람들은 텔레비전을 보는 동안 휴식을 취하며 생각을 하지 않으므로 텔레비전을 많이 볼수록 생각하는 시간이 적어짐을 추론할 수 있다.

36 정답 ④

포지티브 방식은 PR 코팅, 즉 감광액이 빛에 노출되었을 때 현상액에 녹기 쉽게 화학구조가 변하며, 네거티브 방식은 반대로 감광액이 빛에 노출되면 현상액에 녹기 어렵게 변한다.

오답분석

① 포토리소그래피는 PR층이 덮이지 않은 증착 물질을 제거하는 식각 과정 이후 PR층을 마저 제거한다. 이후 일련의 과정을 다시 반복하여 증착 물질을 원하는 형태로 패터닝하는 것이다.

② PR코팅은 노광 과정 이후 현상액에 접촉했을 때 반응하여 사라지거나 남게 된다. 따라서 식각 과정 이전에 자신의 실수를 알아차렸을 것이다.

③ 포지티브방식의 PR 코팅을 사용한 창우의 디스플레이 회로의 PR층과 증착 물질이 모두 사라졌다면, 증착 및 코팅 불량이나 PR 제거 실수와 같은 근본적인 오류를 제외할 경우 노광 과정에서 마스크가 빛을 가리지 못해 PR층 전부가 빛에 노출되었을 가능성이 높다.

⑤ 광수가 원래 의도대로 디스플레이 회로를 완성시키기 위해서는 최소 PR 코팅 이전까지 공정을 되돌릴 필요가 있다.

37 정답 ③

보기의 내용은 독립신문이 일반 민중들을 위해 순 한글을 사용해 배포됐고, 상하귀천 없이 누구나 새로운 소식을 전달해준다는 내용이다. 따라서 ③이 가장 적절하다.

38 정답 ④

빈칸에 들어갈 진술을 판단하기 위해 앞의 문단에서 제기한 질문의 형태에 유의하자. 즉, '올바른 답을 추론해 내는 데 필요한 모든 정보와 정답 제시가 올바른 추론능력의 필요충분조건은 아니다.'라는 문장이 제시문의 중심 내용이다. 그렇다면 왓슨의 어리석음은 추론에 필요한 정보를 활용하지 못한 데에 있는 것이다. 따라서 빈칸에는 ④가 들어가는 것이 적절하다.

오답분석

① 왓슨의 문제는 정보를 올바르게 추론하지 못한 데 있다.

② 왓슨은 올바른 추론의 방법을 알고 있지 못했다.

③ 왓슨이 전문적인 추론 훈련을 받지 못했다는 정보는 없다.

⑤ 왓슨은 추론에 필요한 관련 정보를 가지고 있었다.

39 정답 ④

첫 번째 문장에서 경기적 실업이란 노동에 대한 수요가 감소하여 고용량이 줄어들어 발생하는 실업이라고 하였으므로, 빈칸에는 기업이 생산량을 줄임으로써 노동에 대한 수요가 감소한다는 내용이 들어가는 것이 적절하다.

40 정답 ②

제시문에서 '당분 과다로 뇌의 화학적 균형이 무너져 정신에 장애가 왔다고 주장'한 것과 '정제한 당의 섭취를 원천적으로 차단'한 실험 결과를 토대로 추론하면 '과다한 정제당 섭취는 반사회적 행동을 유발할 수 있다.'로 귀결된다.

| 수리 |

01	02	03	04	05	06	07	08	09	10	11	12	13	14	15	16	17	18	19	20
⑤	④	①	③	④	③	①	④	⑤	③	④	⑤	④	④	②	③	⑤	③	⑤	④
21	**22**	**23**	**24**	**25**	**26**	**27**	**28**	**29**	**30**	**31**	**32**	**33**	**34**	**35**	**36**	**37**	**38**	**39**	**40**
④	③	②	③	③	④	⑤	④	②	③	③	②	⑤	④	①	①	②	②	②	⑤
41	**42**	**43**	**44**	**45**	**46**	**47**	**48**	**49**	**50**	**51**	**52**	**53**	**54**	**55**	**56**	**57**	**58**	**59**	**60**
②	③	①	③	④	④	④	③	③	④	②	③	②	⑤	③	①	④	④	①	④
61	**62**	**63**	**64**	**65**	**66**	**67**	**68**	**69**	**70**										
②	④	②	③	①	⑤	③	①	③	③										

01 정답 ⑤

회사에서부터 식당까지의 거리를 $x$km라고 하자.

은이가 이동한 시간은 $\dfrac{x}{3}$ 시간이고, 연경이가 이동한 시간은 $\dfrac{x}{3}-\dfrac{1}{6}=\dfrac{x}{4}$ 시간이므로 $x=2$이다.

효진이의 속력을 $y$km/h라 하면 다음과 같은 식이 성립한다.

$$\frac{2}{y}+\frac{1}{12}=\frac{2}{3} \;\rightarrow\; \frac{2}{y}=\frac{7}{12}$$

$$\therefore\; y=\frac{24}{7}$$

따라서 효진이의 속력은 $\dfrac{24}{7}$ km/h이다.

02 정답 ④

올라갈 때 달린 거리를 $x$km라고 하자.

$$\frac{x}{10}+\frac{x+10}{20}=5 \;\rightarrow\; 2x+x+10=100 \;\rightarrow\; 3x=90$$

$$\therefore\; x=30$$

따라서 올라갈 때 달린 거리는 30km이다.

03 정답 ①

올라간 거리를 $x$km라 하면 내려온 거리는 $(x+2)$km이고, 올라간 시간과 내려간 시간이 같으므로 다음과 같은 식이 성립한다.

$$\frac{x}{4}=\frac{x+2}{6} \;\rightarrow\; 3x=2(x+2)$$

$$\therefore\; x=4$$

따라서 내려올 때 걸린 시간은 $\dfrac{4+2}{6}=1$시간이다.

04 정답 ③

- 20분 동안 30m/min의 속력으로 간 거리 : $20 \times 30 = 600$m
- 20분 후 남은 거리 : $2,000 - 600 = 1,400$m
- 1시간 중 남은 시간 : $60 - 20 = 40$분

따라서 20분 후 속력은 $1,400 \div 40 = 35$m/min이므로, 이후에는 35m/min의 속력으로 가야 한다.

05 정답 ④

철수가 농구코트의 모서리에 서 있으며, 농구공은 농구코트 안에서 철수로부터 가장 멀리 떨어진 곳에 있다고 하였다. 즉, 농구공과 철수는 대각선으로 마주 보고 있으므로 농구코트의 가로와 세로 길이를 이용하여 대각선의 길이를 구한다.

따라서 피타고라스의 정리를 이용하면 대각선의 길이는 $\sqrt{5^2 + 12^2} = 13$m이다.

06 정답 ③

사탕을 x개 산다고 하면 초콜렛은 $(14-x)$개 살 수 있으므로 다음과 같은 부등식이 성립한다.

$235 \leq 15x + 20(14-x) \leq 250$

$\therefore 6 \leq x \leq 9$

따라서 사탕을 최대 9개까지 살 수 있다.

07 정답 ①

8명의 선수 중 4명을 뽑는 경우의 수는 $_8C_4 = \dfrac{8 \times 7 \times 6 \times 5}{4 \times 3 \times 2 \times 1} = 70$가지이고, A, B, C를 포함하여 4명을 뽑는 경우의 수는 A, B, C를 제외한 5명 중 1명을 뽑으면 되므로 $_5C_1 = 5$가지이다.

따라서 구하고자 하는 확률은 $\dfrac{5}{70} = \dfrac{1}{14}$이다.

08 정답 ④

두 주사위의 눈의 수의 곱은 다음과 같다.

구분	1	2	3	4	5	6
1	1	2	3	4	5	6
2	2	4	6	8	10	12
3	3	6	9	12	15	18
4	4	8	12	16	20	24
5	5	10	15	20	25	30
6	6	12	18	24	30	36

4의 배수가 나오는 경우의 수는 모두 15가지이다.

따라서 확률은 $\dfrac{15}{36} = \dfrac{5}{12}$이다.

09 정답 ⑤

A~E 다섯 명이 월요일에서 금요일까지 한 명씩 당직 근무를 하는 경우의 수는 5!=5×4×3×2×1=120가지이다.
이 중 D는 금요일, E는 수요일에 당직 근무를 할 경우의 수는 D와 E를 제외한 나머지 3명을 월요일, 화요일, 목요일에 배정하는 것과 같으므로 3!=3×2×1=6가지이다.

따라서 구하고자 하는 확률은 $\dfrac{3!}{5!}=\dfrac{6}{120}=\dfrac{1}{20}$ 이다.

10 정답 ③

전체 일의 양을 1이라고 하고, A~C가 하루에 할 수 있는 일의 양을 각각 $\dfrac{1}{a}$, $\dfrac{1}{b}$, $\dfrac{1}{c}$ 라고 하자.

$\dfrac{1}{a}+\dfrac{1}{b}=\dfrac{1}{12}$ ⋯ ㉠

$\dfrac{1}{b}+\dfrac{1}{c}=\dfrac{1}{6}$ ⋯ ㉡

$\dfrac{1}{c}+\dfrac{1}{a}=\dfrac{1}{18}$ ⋯ ㉢

㉠, ㉡, ㉢을 모두 더한 다음 2로 나누면 3명이 하루에 할 수 있는 일의 양을 구할 수 있다.

$\dfrac{1}{a}+\dfrac{1}{b}+\dfrac{1}{c}=\dfrac{1}{2}\left(\dfrac{1}{12}+\dfrac{1}{6}+\dfrac{1}{18}\right)=\dfrac{1}{2}\left(\dfrac{3+6+2}{36}\right)=\dfrac{11}{72}$

따라서 72일 동안 3명이 끝낼 수 있는 일의 양은 $\dfrac{11}{72}×72=11$이므로 전체 일의 양의 11배이다.

11 정답 ④

수현이가 부모님과 통화한 시간을 x분, 동생과 통화한 시간을 y분이라 하자.
$x+y=60$ ⋯ ㉠
$40x=2×60y \rightarrow x=3y$ ⋯ ㉡
㉡을 ㉠에 대입하면 $x=45$, $y=15$이다.
따라서 수현이가 내야 하는 국제전화 요금 총액은 40×45+60×15=2,700원이다.

12 정답 ⑤

50g을 덜어낸 뒤 남아있는 소금물의 양은 50g이고, 농도는 20%이다. 이때 남아있는 소금의 양은 다음과 같다.

(소금의 양)=(농도)×(남아있는 소금물의 양)=$\dfrac{20}{100}×50=10$g

농도를 10%로 만들기 위해 더 넣은 물의 양을 xg이라고 하면 농도에 대한 식은 다음과 같다.

$\dfrac{10}{50+x}×100=10\%$

$\therefore x=50$

따라서 더 넣은 물의 양은 50g이다.

13 정답 ④

오염물질의 양은 $\dfrac{14}{100} \times 50 = 7g$이므로 깨끗한 물을 xg 더 넣어 오염농도를 10%로 만든다면 다음과 같은 식이 성립한다.

$$\dfrac{50+x}{7} \times 10 = 100 \rightarrow 700 = 10 \times (50+x)$$

$\therefore x = 20$

따라서 깨끗한 물을 20g 더 넣어야 한다.

14 정답 ④

어떤 자연수를 x라 하면, $245-5=240$과 $100-4=96$으로는 x가 나누어떨어진다고 할 수 있다.

따라서 가장 큰 x는 240과 96의 최대공약수인 48이다.

15 정답 ②

두 소행성이 충돌할 때까지 걸리는 시간을 x초라고 하자.

(거리)=(속력)×(시간)이므로 $10x+5x=150$

$\therefore x = 10$

따라서 두 소행성은 10초 후에 충돌한다.

16 정답 ③

• 서로 다른 8개의 컵 중 4개를 선택하는 방법의 수 : $_8C_4 = \dfrac{8 \times 7 \times 6 \times 5}{4 \times 3 \times 2 \times 1} = 70$가지

• 4개의 컵을 식탁 위에 원형으로 놓는 방법의 수 : $(4-1)! = 3! = 6$가지

따라서 서로 다른 8개의 컵 중에서 4개만 원형으로 놓는 방법의 수는 $70 \times 6 = 420$가지이다.

17 정답 ⑤

첫 번째 이벤트에서 같은 조였던 사람은 두 번째 이벤트에서 같은 조가 될 수 없다고 하였으므로 보기에 주어진 각 조의 조원들은 첫 번째 이벤트에서 모두 다른 조일 수밖에 없다. 그러므로 첫 번째 이벤트의 각 조에서 두 조원씩은 이미 1, 4조에 배정되었고 나머지 두 조원씩 8명을 2, 3조에 배정해야 한다. 두 번째 이벤트의 2, 3조 역시 첫 번째 이벤트에서 같은 조였던 사람은 두 번째 이벤트에서 같은 조가 될 수 없으므로 각 조에서 한 명씩을 뽑아 배정해야 한다. 한 조를 정하고 나면 나머지 한 조는 자동으로 정해지므로 $_2C_1 \times _2C_1 \times _2C_1 \times _2C_1$라는 식을 세울 수 있다.

따라서 조를 정할 수 있는 경우의 수는 $2 \times 2 \times 2 \times 2 = 16$가지이다.

18 정답 ③

전체 8명에서 4명을 선출하는 경우의 수에서 남자만 4명을 선출하는 경우의 수를 빼면 된다.

$$_8C_4 - _5C_4 = \dfrac{8 \times 7 \times 6 \times 5}{4 \times 3 \times 2 \times 1} - \dfrac{5 \times 4 \times 3 \times 2}{4 \times 3 \times 2 \times 1} = 70 - 5 = 65$$

따라서 구하는 경우의 수는 65가지이다.

19 정답 ⑤

위의 그림과 같이 8강전 대진표를 살펴보면 결승전은 4명 중에서 1명씩 진출하는 것을 알 수 있다. 그러므로 결승전 전까지 같은 국가의 선수 대결을 피하기 위해서는 A그룹과 B그룹에 두 명의 선수들이 나누어 들어가야 한다.

대진표상 A그룹과 B그룹은 따로 구별이 필요하지 않다. 하지만 두 명의 한국 선수가 각 그룹에 들어갔다고 하였을 때, 선수를 기준으로 두 그룹의 구별이 발생한다. 해당 그룹에 각 나머지 나라의 선수들이 배치되는 경우의 수는 $2 \times 2 \times 2 = 8$가지이다.

따라서 분배된 인원들의 경기의 경우의 수를 구하면 $_4C_2 \times _2C_2 \div 2 \times _4C_2 \times _2C_2 \div 2 = 9$이므로 $8 \times 9 = 72$가지이다.

20 정답 ④

A산악회 회원들을 12명씩 모았을 때 만들어지는 조의 수를 n개라 하면 A산악회 회원 수는 $(12n+4)$명이다.

$n=1$, $12 \times 1 + 4 = 16 = 10 \times 1 + 6$, 회원 수는 20명 이상이므로 조건에 맞지 않는다.

$n=2$, $12 \times 2 + 4 = 28 = 10 \times 2 + 8$

$n=3$, $12 \times 3 + 4 = 40 = 10 \times 4$

$n=4$, $12 \times 4 + 4 = 52 = 10 \times 5 + 2$

$n=5$, $12 \times 5 + 4 = 64 = 10 \times 6 + 4$

$n=6$, $12 \times 6 + 4 = 76 = 10 \times 7 + 6$

따라서 A산악회의 최소 회원 수는 76명이다.

21 정답 ④

남자 회원 수를 x명, 여자 회원 수를 y명이라고 하자.

$y = 0.8x \cdots \bigcirc$

$x - 5 = y + 1 \cdots \bigcirc\!\!\bigcirc$

$\bigcirc$과 $\bigcirc\!\!\bigcirc$을 연립하면 $x=30$, $y=24$

$\therefore x+y = 30+24 = 54$

따라서 모임의 회원 수는 54명이다.

22 정답 ③

• 파란색 식권 3장 → 최대 3명이 식사 가능
• 초록색 식권 2장 → 최대 4명이 식사 가능
따라서 최대 7명이 식사할 수 있다.

23 정답 ②

A가 합격할 확률을 P_A라 하고, B가 합격할 확률을 P_B라 할 때, 두 사람의 합격 여부는 서로 영향을 미치지 않으므로 A, B 모두 합격할 확률은 $P_A \cap P_B = P_A \times P_B = 0.3$이다.

$P_A = 0.4$이므로 $P_B = \dfrac{0.3}{0.4} = \dfrac{3}{4} = 0.75$이다.

따라서 두 사람 모두 불합격할 확률은 $(1-0.4) \times (1-0.75) = 0.6 \times 0.25 = 0.15$이다.

24 정답 ③

두 사람이 각각 헤어숍에 방문하는 간격인 10과 16의 최소공배수 80을 일주일 단위로 계산하면 11주 3일($80 \div 7 = 11 \cdots 3$)이 되므로 두 사람은 일요일의 3일 후인 수요일에 다시 만나는 것을 알 수 있다.

25 정답 ③

- 전년 대비 2022년 데스크탑 PC의 판매량 증감률 : $\dfrac{4,700-5,000}{5,000} \times 100 = \dfrac{-300}{5,000} \times 100 = -6\%$

- 전년 대비 2022년 노트북의 판매량 증감률 : $\dfrac{2,400-2,000}{2,000} \times 100 = \dfrac{400}{2,000} \times 100 = 20\%$

26 정답 ④

2018년의 부품 수가 2017년보다 $170-120=50$개 늘었을 때, 불량품 수는 $30-10=20$개 늘었고, 2019년의 부품 수가 2018년보다 $270-170=100$개 늘었을 때, 불량품 수는 $70-30=40$개 늘었다. 그러므로 전년 대비 부품 수의 차이와 불량품 수의 차이 사이에는 $5:2$의 비례관계가 성립한다.
2022년 부품 수(A)를 x개, 2020년 불량품 수(B)를 y개라고 하면 2022년의 부품 수가 2021년보다 $(x-620)$개 늘었을 때, 불량품 수는 $310-210=100$개 늘었다.
$(x-620):100=5:2 \rightarrow x-620=250$
$\therefore\ x=870$
2020년의 부품 수가 2019년보다 $420-270=150$개 늘었을 때, 불량품 수는 $(y-70)$개 늘었다. 이를 비례식으로 나타내면 다음과 같다.
$150:(y-70)=5:2 \rightarrow y-70=60$
$\therefore\ y=130$
따라서 2022년 부품 수는 870개, 2020년 불량품 수는 130개이다.

27 정답 ⑤

A규칙은 계차수열로 앞의 항에 $+5$를 하여 항과 항 사이에 $+20$, $+25$, $+30$, $+35$, $+40$, $+45 \cdots$을 적용하는 수열이고 B규칙은 앞의 항에 $+30$을 적용하는 수열이다.
따라서 빈칸에 들어갈 a와 b의 총합이 처음으로 800을 넘는 수는 a=410, b=420이므로 ⑤가 적절하다.

28 정답 ④

A기계와 B기계 생산대수의 증감 규칙은 다음과 같다.
- A기계

```
 20    23    26    29    32    35
    +3    +3    +3    +3    +3
```

공차가 $+3$인 등차수열이다.
- B기계

```
 10    11    14    19    26    35
    +1    +3    +5    +7    +9
     +2    +2    +2    +2
```

주어진 수열의 계차는 공차가 $+2$인 등차수열이다.

2025년의 A기계 생산량은 $35+5\times3=50$대이고, B기계 생산량은 $35+\displaystyle\sum_{k=1}^{5}(9+2k)=35+9\times5+2\times\dfrac{5\times6}{2}=110$대이다.

따라서 A기계와 B기계의 총 생산량은 $50+110=160$대이다.

29　정답　②

(앞의 항)−(뒤의 항)=(다음 항)인 수열이다.

따라서 ( )=−1−3=−4이다.

30　정답　③

홀수 항은 −7, 짝수 항은 +3씩 더하는 수열이다.

따라서 ( )=6−7=−1이다.

31　정답　③

앞의 항에 2^2, 2^3, 2^4, 2^5, 2^6, 2^7, …을 더하는 수열이다.

따라서 2^7=128이므로, ( )=138+2^7=266이다.

32　정답　②

홀수 항은 −3, −5, −7, …이고, 짝수 항은 2^2, 4^2, 6^2, …인 수열이다.

따라서 ( )=8^2=64이다.

33　정답　⑤

분자는 +3, +2, +1, +0, …이고, 분모는 −7, −6, −5, −4, …인 수열이다.

따라서 ( )=$\dfrac{33+0}{340-4}=\dfrac{33}{336}$ 이다.

34　정답　④

앞의 항에 +4, +4×3, +4×3^2, +4×3^3, +4×3^4, …인 수열이다.

따라서 ( )=489+4×3^5=1,461이다.

35　정답　①

홀수 항은 ×2+1.1, ×2+1.2, ×2+1.3, …이고, 짝수 항은 ×2−1.1인 수열이다.

따라서 ( )=0.3×2−1.1=−0.5이다.

36　정답　①

홀수 항은 ×$\dfrac{3}{2}$, 짝수 항은 ×$\dfrac{4}{3}$을 적용하는 수열이다.

따라서 ( )=432×$\dfrac{3}{4}$=324이다.

37　정답　②

앞의 항에 0.1, 0.15, 0.2, 0.25, …씩 더하는 수열이다.

따라서 ( )=1.1+0.3=1.4이다.

38 정답 ②

분자는 -5, -6, -7, …이고, 분모는 $+11$, $+22$, $+33$, …인 수열이다.

따라서 $(\quad)=\dfrac{-19-9}{121+55}=-\dfrac{28}{176}$ 이다.

39 정답 ②

앞의 항에 $\times(-1)$, $\times(-2)$, $\times(-3)$, …인 수열이다.

따라서 $(\quad)=(-120)\times(-6)=720$이다.

40 정답 ⑤

앞의 항에 각 자리 숫자를 합한 값을 더하는 수열이다.

따라서 $(\quad)=115+(1+1+5)=122$이다.

41 정답 ②

나열된 수를 각각 A, B, C라고 하면

$\underline{A\ B\ C} \rightarrow B-A=C$

따라서 $(\quad)=23-27=-4$이다.

42 정답 ③

나열된 수를 각각 A, B, C라고 하면

$\underline{A\ B\ C} \rightarrow C=(A-B)\times 2$

따라서 $(\quad)=19-\dfrac{10}{2}=14$이다.

43 정답 ①

나열된 수를 각각 A, B, C라고 하면

$\underline{A\ B\ C} \rightarrow A\times C=B$

따라서 $(\quad)=\dfrac{12}{3}=4$이다.

44 정답 ③

나열된 수를 각각 A, B, C라고 하면

$\underline{A\ B\ C} \rightarrow (A+B)\div 3=C$

따라서 $(\quad)=6\times 3-8=10$이다.

45 정답 ④

나열된 수를 각각 A, B, C라고 하면

$\underline{A\ B\ C} \rightarrow 2B-A=C$

따라서 $(\quad)=43\times 2-36=50$이다.

46 정답 ④

앞의 항에 +1, ×2가 반복되어 나열된 수열이다.

4, 5, 10, 11, 22, 23, 46, 47, 94, 95, 190, …

따라서 11번째 항의 값은 190이다.

47 정답 ④

세로 열에 대하여 한 칸씩 내려가면서 +12의 규칙을 갖는다.

29+12=( ), ( )+12=53

따라서 ( )=41이다.

48 정답 ③

- 2015 · 2016년의 평균 $= \dfrac{826.9+806.9}{2} = 816.9$만 명

- 2021 · 2022년의 평균 $= \dfrac{796.3+813.0}{2} = 804.65$만 명

따라서 두 평균의 차이는 $816.9 - 804.65 = 12.25$만 명이다.

49 정답 ③

상품별 고객 만족도 1점당 비용을 구하면 다음과 같다.

- 차량용 방향제 : 7,000÷5=1,400원
- 식용유 세트 : 10,000÷4=2,500원
- 유리용기 세트 : 6,000÷6=1,000원
- 32GB USB : 5,000÷4=1,250원
- 머그컵 세트 : 10,000÷5=2,000원
- 영화 관련 도서 : 8,800÷4=2,200원
- 핸드폰 충전기 : 7,500÷3=2,500원

할당받은 예산을 고려하여 고객 만족도 1점당 비용이 가장 낮은 상품부터 구매비용을 구하면 다음과 같다.

- 유리용기 세트 : 6,000×200=1,200,000원
  → 남은 예산 : 5,000,000-1,200,000=3,800,000원
- 32GB USB : 5,000×180=900,000원
  → 남은 예산 : 3,800,000-900,000=2,900,000원
- 차량용 방향제 : 7,000×300=2,100,000원
  → 남은 예산 : 2,900,000-2,100,000=800,000원
- 머그컵 세트 : 10,000×80=800,000원
  → 남은 예산 : 800,000-800,000=0원

즉, 확보 가능한 상품의 개수는 200+180+300+80=760개이다.

따라서 사은품을 나누어 줄 수 있는 고객의 수는 760÷2=380명이다.

50 정답 ④

E과제에 대한 전문가 3의 점수는 $70 \times 5 - (100 + 40 + 70 + 80) = 60$점이고, A ~ E과제의 평균점수와 최종점수를 구하면 다음과 같다.

구분	평균점수	최종점수
A과제	$\dfrac{100+70+60+50+80}{5} = 72$점	$\dfrac{70+60+80}{3} = 70$점
B과제	$\dfrac{80+60+40+60+60}{5} = 60$점	$\dfrac{60+60+60}{3} = 60$점
C과제	$\dfrac{60+50+100+90+60}{5} = 72$점	$\dfrac{60+90+60}{3} = 70$점
D과제	$\dfrac{80+100+90+70+40}{5} = 76$점	$\dfrac{80+90+70}{3} = 80$점
E과제	70점	$\dfrac{60+70+80}{3} = 70$점

따라서 평균점수와 최종점수가 같은 과제는 B, E이다.

51 정답 ②

(가) ~ (다)에 들어갈 정확한 값을 찾으려 계산하기보다는 자료에서 해결할 수 있는 실마리를 찾아 적절하지 않은 선택지를 제거하는 방식으로 접근하는 것이 효율적이다.

먼저 종합순위가 3위인 D부장의 점수는 모두 공개되어 있으므로 총점을 계산해보면, $80+80+60+70=290$점이다.

종합순위가 4위인 A사원의 총점은 $70+(가)+80+70=220+(가)$점이며, 3위 점수인 290점보다 낮아야 하므로 (가)에 들어갈 점수는 70점 미만이다.

종합순위가 2위인 C과장의 총점은 $(다)+85+70+75=230+(다)$점이며, 290점보다 높아야 하므로 (다)에 들어갈 점수는 60점을 초과해야 한다.

위의 조건에 해당하는 선택지 ②, ③에 따라 (가)=65, (다)=65를 대입하면, C과장의 총점은 $230+65=295$점이 된다.

종합순위가 1위인 B대리의 총점은 $80+85+(나)+70=235+(나)$점이며, 295점보다 높아야 하므로 (나)에 들어갈 점수는 60점을 초과해야 한다.

따라서 (나)의 점수가 60점인 ③은 제외되므로 가장 적절한 것은 ②이다.

52 정답 ③

브랜드별 중성세제의 변경 후 판매 용량에 대한 가격에서 변경 전 가격을 빼면 다음과 같다.

- A브랜드 : $(8,200 \times 1.2) - (8,000 \times 1.3) = 9,840 - 10,400 = -560$원
- B브랜드 : $(6,900 \times 1.6) - (7,000 \times 1.4) = 11,040 - 9,800 = 1,240$원
- C브랜드 : $(4,000 \times 2.0) - (3,960 \times 2.5) = 8,000 - 9,900 = -1,900$원
- D브랜드 : $(4,500 \times 2.5) - (4,300 \times 2.4) = 11,250 - 10,320 = 930$원

따라서 A브랜드는 560원 감소, B브랜드는 1,240원 증가, C브랜드는 1,900원 감소, D브랜드는 930원 증가했다.

53 정답 ②

이산화탄소의 농도가 계속해서 증가하고 있는 것과 달리 오존전량은 2016년부터 2019년까지 차례로 감소하고 있다.

오답분석

① 이산화탄소의 농도는 2016년 387.2ppm에서 시작하여 2022년 395.7ppm으로 해마다 증가했다.

③ 2022년 오존전량은 335DU로, 2016년의 331DU보다 4DU 증가했다.

④ 2022년 이산화탄소 농도는 2017년의 388.7ppm에서 395.7ppm으로 7ppm 증가했다.

⑤ 오존전량은 2017년에는 1DU, 2018년에는 2DU, 2019년에는 3DU 감소하였으며, 2022년에는 8DU 감소하였다.

54 정답 ⑤

1인당 GDP 순위는 E>C>B>A>D이다. 그런데 1인당 GDP가 가장 큰 E국은 1인당 GDP가 2위인 C국보다 1% 정도밖에 높지 않은 반면, 인구는 C국의 $\frac{1}{10}$ 이하이므로 총 GDP 역시 C국보다 작다. 따라서 1인당 GDP 순위와 총 GDP 순위는 일치하지 않는다.

오답분석

① 경제성장률이 가장 큰 나라는 D국이며, 1인당 GDP와 총인구를 고려하면 D국의 총 GDP가 가장 작은 것을 알 수 있다.
② 1인당 GDP 대비 총인구를 고려하였을 때 총 GDP가 가장 큰 나라는 C국, 가장 작은 나라는 D국이다.
- D국의 총 GDP : 25,832×46.1=1,190,855.2백만 달러
- C국의 총 GDP : 55,837×321.8=17,968,346.6백만 달러
   따라서 총 GDP가 가장 큰 나라와 가장 작은 나라는 10배 이상의 차이를 보인다.
③ 수출 및 수입 규모에 따른 순위는 C>B>A>D>E이므로 서로 일치한다.
④ A국의 총 GDP는 27,214×50.6=1,377,028.4백만 달러, E국의 총 GDP는 56,328×24.0=1,351,872백만 달러이다. 따라서 A국의 총 GDP가 더 크다.

55 정답 ③

남자가 소설을 대여한 횟수는 60회이고, 여자가 소설을 대여한 횟수는 80회이므로 $\frac{60}{80}\times100=75\%$이다.

오답분석

① 소설 전체 대여 횟수는 140회, 비소설 전체 대여 횟수는 80회이므로 옳다.
② 40세 미만의 전체 대여 횟수는 120회, 40세 이상의 전체 대여 횟수는 100회이므로 옳다.
④ 40세 미만의 전체 대여 횟수는 120회이고, 그중 비소설 대여는 30회이므로 $\frac{30}{120}\times100=25\%$이다.
⑤ 40세 이상의 전체 대여 횟수는 100회이고, 그중 소설 대여는 50회이므로 $\frac{50}{100}\times100=50\%$이다.

56 정답 ①

구매 방식별 비용을 구하면 다음과 같다.
- 스마트폰앱 : 12,500×0.75=9,375원
- 전화 : (12,500−1,000)×0.9=10,350원
- 회원카드와 쿠폰 : (12,500×0.9)×0.85≒9,563원
- 직접 방문 : (12,500×0.7)+1,000=9,750원
- 교환권 : 10,000원
따라서 피자 1판을 가장 싸게 살 수 있는 구매 방식은 스마트폰앱이다.

57 정답 ④

10대의 인터넷 공유활동을 참여율이 큰 순서대로 나열하면 '커뮤니티 이용 → 퍼나르기 → 블로그 운영 → 동영상 게시 → 댓글 달기'이다. 반면 30대는 '커뮤니티 이용 → 퍼나르기 → 블로그 운영 → 댓글 달기 → 동영상 게시'이므로 활동 순위가 서로 같지 않다.

오답분석

① 20대가 다른 연령에 비해 참여율이 비교적 높은 편임을 표에서 쉽게 확인할 수 있다.
② 남성이 여성보다 참여율이 대부분의 활동에서 높지만, 블로그 운영에서는 여성의 참여율이 높다.
③ 남녀 간의 참여율 격차가 가장 큰 영역은 13.8%p로 댓글 달기이며, 그 반대로는 2.7%p로 커뮤니티 이용이다.
⑤ 40대는 다른 영역과 달리 댓글 달기 활동에서는 다른 연령대보다 높은 참여율을 보이고 있다.

58 　정답 ④

ㄱ. 자료를 통해 대도시 간 예상 최대 소요시간은 모든 구간에서 주중이 주말보다 적게 걸림을 알 수 있다.

ㄴ. 주중 전국 예상 교통량 중 수도권에서 지방으로 가는 예상 교통량의 비율은 $\frac{4}{40} \times 100 = 10\%$이다.

ㄹ. 서울 – 광주 구간 주중 예상 소요시간과 서울 – 강릉 구간 주말 예상 소요시간은 3시간으로 같다.

오답분석

ㄷ. 지방에서 수도권으로 가는 주말 예상 교통량은 주중 예상 교통량의 $\frac{3}{2} = 1.5$배이다.

59 　정답 ①

ㄱ. 해외연수 경험이 있는 지원자 합격률은 $\frac{53}{53+414+16} \times 100 = 11\%$로, 해외연수 경험이 없는 지원자 합격률인

$\frac{11+4}{11+37+4+139} \times 100 = 7.9\%$보다 높다.

ㄴ. 인턴 경험이 있는 지원자의 합격률은 $\frac{53+11}{53+414+11+37} \times 100 = \frac{64}{515} \times 100 = 12.4\%$로 인턴 경험이 없는 지원자의 합격률인

$\frac{4}{16+4+139} \times 100 = \frac{4}{159} \times 100 = 2.5\%$보다 높다.

오답분석

ㄷ. 인턴 경험과 해외연수 경험이 모두 있는 지원자 합격률(11.3%)은 인턴 경험만 있는 지원자 합격률(22.9%)보다 낮다.

ㄹ. 인턴 경험과 해외연수 경험이 모두 없는 지원자와 인턴 경험만 있는 지원자 간 합격률 차이는 22.9-2.8=20.1%p이다.

60 　정답 ④

ㄴ. 2022년, 2023년 모두 30대 이상의 여성이 남성보다 비중이 높다.

ㄷ. 2023년도 40대 남성의 비중은 22.1%로 다른 나이대보다 비중이 높다.

오답분석

ㄱ. 2022년도에는 20대 남성이 30대 남성보다 1인 가구 비중이 더 높았지만, 2023년도에는 20대 남성이 30대 남성보다 1인 가구의 비중이 더 낮았다. 따라서 20대 남성이 30대 남성보다 1인 가구의 비중이 더 높은지는 알 수 없다.

ㄹ. 2년 이내 1인 생활의 종료를 예상하는 1인 가구의 비중은 2022년도에는 증가하였으나, 2023년도에는 감소하였다.

61 　정답 ②

제시된 그래프에서 선의 기울기가 가파른 구간은 2013 ~ 2014년, 2014 ~ 2015년, 2017 ~ 2018년이다. 2014년, 2015년, 2018년 물이용부담금 총액의 전년 대비 증가폭을 구하면 다음과 같다.

• 2014년 : 6,631-6,166=465억 원
• 2015년 : 7,171-6,631=540억 원
• 2018년 : 8,108-7,563=545억 원

따라서 물이용부담금 총액이 전년 대비 가장 많이 증가한 해는 2018년이다.

오답분석

ㄱ. 제시된 자료를 통해 확인할 수 있다.

ㄷ. 2022년 금강유역 물이용부담금 총액 : 8,661×0.2=1,732.2억 원

∴ 2022년 금강유역에서 사용한 물의 양 : 1,732.2억 원÷160원/m^3 ≒ 10.83억m^3

ㄹ. 2022년 물이용부담금 총액의 전년 대비 증가율 : $\frac{8,661-8,377}{8,377} \times 100 = 3.39\%$

62 정답 ④

ㄴ. 무료급식소 봉사자 중 40·50대는 $274+381=655$명으로 전체 1,115명의 절반 이상이다.

ㄹ. 노숙자쉼터 봉사자는 800명으로 이 중 30대는 118명이다. 따라서 노숙자쉼터 봉사자 중 30대가 차지하는 비율은 $\frac{118}{800} \times 100 = 14.75\%$이다.

ㄱ. 전체 보육원 봉사자는 총 2,000명으로 이 중 30대 이하 봉사자는 $148+197+405=750$명이다. 따라서 전체 보육원 봉사자 중 30대 이하가 차지하는 비율은 $\frac{750}{2,000} \times 100 = 37.5\%$이다.

ㄷ. 전체 봉사자 중 50대의 비율은 $\frac{1,600}{5,000} \times 100 = 32\%$이고, 20대의 비율은 $\frac{650}{5,000} \times 100 = 13\%$이다. 따라서 전체 봉사자 중 50대의 비율은 20대의 약 $\frac{32}{13} = 2.5$배이다.

63 정답 ②

ㄱ. $\frac{10,023+200\times4}{4} = \frac{10,823}{4} = 2,705.75$만 개

ㄷ. • 평균 주화 공급량 : $\frac{10,023}{4} = 2,505.75$만 개

• 주화 공급량 증가량 : $3,469\times0.1+2,140\times0.2+2,589\times0.2+1,825\times0.1 = 1,475.2$만 개

• 증가한 평균 주화 공급량 : $\frac{10,023+1,475.2}{4} = 2,874.55$만 개

따라서 $2,505.75\times1.15>2,874.550$이므로, 증가율은 15% 이하이다.

ㄴ. • 10원 주화의 공급기관당 공급량 : $\frac{3,469}{1,519} \fallingdotseq 2.3$만 개

• 500원 주화의 공급기관당 공급량 : $\frac{1,825}{953} \fallingdotseq 1.9$만 개

ㄹ. 총 주화 공급액이 변하면 주화 종류별 공급량 비율도 당연히 변화한다.

64 정답 ③

ㄴ. 학생 확진자 중 초등학생의 비율은 $\frac{489}{1,203} \times 100 \fallingdotseq 40.6\%$이고, 전체 확진자 중 초등학교 기관의 비율은 $\frac{489+73}{1,203+233} \times 100 \fallingdotseq 39.1\%$로 학생 확진자 중 초등학생 비율이 더 높다.

ㄷ. 전체 확진자 중 고등학생의 비율은 $\frac{351}{1,203+233} \times 100 \fallingdotseq 24.4\%$이고, 유치원생의 비율은 $\frac{56}{1,203+233} \times 100 \fallingdotseq 3.9\%$로, 확진자는 유치원생의 비율보다 고등학생의 비율이 약 6.3배 이상이다.

ㄱ. 확진자 중 퇴원수의 비율은 학생은 $\frac{1,089}{1,203} \times 100 \fallingdotseq 90.5\%$이고, 교직원의 비율은 $\frac{226}{233} \times 100 \fallingdotseq 97.0\%$으로 약 6% 이상 차이가 난다.

ㄹ. 고등학교와 중학교 소속 확진자 수는 $351+58+271+68=748$명이고, 이는 전체 확진자 $1,203+233=1,436$명의 약 52.1%이다.

65 정답 ①

연도별 성인 참여율과 증가율은 다음과 같다.

(단위 : %)

구분	2017년	2018년	2019년	2020년	2021년
참여 증가율	–	7.7	−21.6	−5.7	−34.8
참여율	6.4	6.8	5.2	4.9	3.2

ㄱ. 성인 참여율은 2018년도가 6.8%로 가장 높다.

ㄴ. 2019년도 참여율은 5.2%로 2020년도 참여율 4.9%보다 높다.

오답분석

ㄷ. 자원봉사 참여 인구는 2018년도 증가 후 계속 감소하였으므로 참여 증가율이 가장 높은 해는 2018년도이며, 참여 증가율이 가장 낮은 해는 2021년이다.

ㄹ. 2017년부터 2020년까지의 자원봉사에 참여한 성인 인구수는 2,667,575+2,874,958+2,252,287+2,124,110=9,918,930 명으로 천만 명 이하이다.

66 정답 ⑤

여자 흡연율의 전년도와의 차이를 정리하면 다음과 같다.

구분	2017년	2018년	2019년	2020년	2021년
여자 흡연율(%)	7.4	7.1	6.8	6.9	7.3
전년도 대비 차이(%p)	–	−0.3	−0.3	+0.1	+0.4

따라서 가장 많은 차이를 보이는 해는 2021년이다.

오답분석

① 2017년부터 2021년까지 계속 감소하고 있다.

② 2019년까지 감소하다가 이후 증가하고 있다.

③ 남자와 여자의 흡연율 차이를 정리하면 다음과 같다.

구분	2017년	2018년	2019년	2020년	2021년
남자 흡연율(%)	48.7	46.2	44.3	42.2	40.7
여자 흡연율(%)	7.4	7.1	6.8	6.9	7.3
남자·여자 흡연율 차이(%p)	41.3	39.1	37.5	35.3	33.4

따라서 남자와 여자의 흡연율 차이는 감소하고 있다.

④ 남자 흡연율의 전년도와의 차이를 정리하면 다음과 같다.

구분	2017년	2018년	2019년	2020년	2021년
남자 흡연율(%)	48.7	46.2	44.3	42.2	40.7
전년도 대비 차이(%p)		−2.5	−1.9	−2.1	−1.5

따라서 가장 많은 차이를 보이는 해는 2018년이다.

67 정답 ③

• 2018년 대비 2019년 사고 척수의 증가율 : $\dfrac{2,400-1,500}{1,500} \times 100 = 60\%$

• 2018년 대비 2019년 사고 건수의 증가율 : $\dfrac{2,100-1,400}{1,400} \times 100 = 50\%$

68　정답　①

연도별 사고 건수당 인명피해의 인원수를 구하면 다음과 같다.

• 2018년 : $\frac{700}{1,400}=0.5$명/건

• 2019년 : $\frac{420}{2,100}=0.2$명/건

• 2020년 : $\frac{460}{2,300}=0.2$명/건

• 2021년 : $\frac{750}{2,500}=0.3$명/건

• 2022년 : $\frac{260}{2,600}=0.1$명/건

따라서 사고 건수당 인명피해의 인원수가 가장 많은 연도는 2018년이다.

69　정답　③

2019년에 국유재산의 규모가 10조 원을 넘는 국유재산은 토지, 건물, 공작물, 유가증권 이렇게 4개이다.

70　정답　③

ㄱ. 2019년과 2021년에 종류별로 국유재산 규모가 큰 순서는 토지 − 공작물 − 유가증권 − 건물 − 입목죽 − 선박·항공기 − 무체재산 − 기계·기구 순으로 동일하다.

ㄴ. 2017년과 2018년에 규모가 가장 작은 국유재산은 기계·기구로 동일하다.

ㄷ. 2018년 국유재산 중 건물과 무체재산, 유가증권 규모의 합계는 616,824억＋10,825억＋1,988,350억＝2,615,999억 원으로 260조 원보다 크다.

오답분석

ㄹ. 2019년 대비 2020년에 국유재산 중 선박·항공기는 감소하였으나, 기계·기구는 증가하였다.

| 추리 |

01	02	03	04	05	06	07	08	09	10	11	12	13	14	15	16	17	18	19	20
④	②	③	③	④	①	④	③	⑤	④	⑤	②	③	③	③	④	③	⑤	②	⑤
21	22	23	24	25	26	27	28	29	30	31	32	33	34	35	36	37	38	39	40
②	②	④	④	③	③	②	⑤	②	④	④	②	①	⑤	④	②	①	⑤	③	③

01　정답　④

'눈을 자주 깜빡인다.'를 A, '눈이 건조해진다.'를 B, '스마트폰을 이용할 때'를 C라 하면, 전제1과 전제2는 각각 ~A → B, C → ~A이므로 C → ~A → B가 성립한다. 따라서 C → B인 '스마트폰을 이용할 때는 눈이 건조해진다.'가 적절하다.

02 정답 ②

'밤에 잠을 잘 자다.'를 A, '낮에 피곤하다.'를 B, '업무효율이 좋다.'를 C, '성과급을 받는다.'를 D라고 하면, 전제1은 ~A → B, 전제3은 ~C → ~D, 결론은 ~A → ~D이다.
따라서 ~A → B → ~C → ~D가 성립하기 위해서 필요한 전제2는 B → ~C이므로 '낮에 피곤하면 업무효율이 떨어진다.'가 적절하다.

03 정답 ③

'한 씨'를 'A', '부동산을 구두로 양도했다.'를 'B', '무효'를 'C'라고 하자.

구분	명제	대우
전제1	A → B	~B → ~A
결론	A → C	~C → ~A

전제1이 결론으로 연결되려면, 전제2는 'B → C'가 되어야 한다. 따라서 전제2는 '부동산을 구두로 양도하면, 무효다.'인 ③이다.

04 정답 ③

'회사원은 회의에 참석한다.'를 A, '회사원은 결근을 한다.'를 B, '회사원은 출장을 간다.'를 C라 하면 첫 번째 명제와 마지막 명제는 다음과 같은 벤다이어그램으로 나타낼 수 있다.

1) 첫 번째 명제

2) 마지막 명제

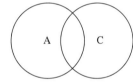

이때, 마지막 명제가 참이 되기 위해서는 B가 C에 모두 속해야 하므로 이를 벤다이어그램으로 나타내면 다음과 같다.

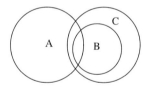

따라서 빈칸에 들어갈 명제는 '결근을 하는 회사원은 출장을 간다.'가 적절하다.

05 정답 ④

- A : 에어컨을 과도하게 쓰다.
- B : 프레온 가스가 나온다.
- C : 오존층이 파괴된다.
- D : 지구 온난화가 진행된다.

첫 번째 명제는 ~C → ~B, 세 번째 명제는 ~D → ~C, 네 번째 명제는 ~D → ~A이므로 두 번째 명제가 도출되기 위해서는 빈칸에 ~B → ~A가 필요하다. 따라서 그 대우명제인 ④가 답이 된다.

06 정답 ①

①이 들어가면, 재경 – 선영 – 경식 순으로 나이가 많다.

②가 들어가면, 재경이와 선영이 중 누가 더 나이가 많은지 알 수 없다.
③이 들어가면, 선영 – 경식 – 재경 순으로 나이가 많다.
④가 들어가면, 세 번째 명제와 모순된다.
⑤가 들어가면, 두 번째 명제와 모순된다.

07 정답 ④

'스포츠를 좋아하는 사람'을 p, '음악을 좋아하는 사람'을 q, '그림을 좋아하는 사람'을 r, '독서를 좋아하는 사람'을 s라고 하면 '$p \rightarrow q$, $r \rightarrow s$', '$\sim q \rightarrow \sim s$'가 성립한다. '$\sim q \rightarrow \sim s$' 명제의 대우는 '$s \rightarrow q$'이므로 '$r \rightarrow s \rightarrow q$'이다. 즉, '$r \rightarrow q$'이다. 따라서 '그림을 좋아하는 사람은 음악을 좋아한다.'는 참이다.

08 정답 ③

주어진 명제가 모두 참이면 명제의 대우도 모두 참이 된다. 따라서 명제와 대우 명제를 정리하면 다음과 같다.
• 마케팅 팀 ○ → 기획 역량 ○ / 기획 역량 × → 마케팅 팀 ×
• 마케팅 팀 × → 영업 역량 × / 영업 역량 ○ → 마케팅 팀 ○
• 기획 역량 × → 소통 역량 × / 소통 역량 ○ → 기획 역량 ○
• 영업 역량 ○ → 마케팅 팀 ○ → 기획 역량 ○
• 기획 역량 × → 마케팅 팀 × → 영업 역량 ×
영업 역량을 가진 사원은 마케팅 팀이고, 마케팅 팀인 사원은 기획 역량이 있다. 따라서 '영업 역량을 가진 사원은 기획 역량이 있다.'라는 명제는 참이다.

① 마케팅 팀 사원의 영업 역량 유무는 주어진 명제만으로는 알 수 없다.
② 소통 역량이 있는 사원이 마케팅 팀인지의 여부는 주어진 명제만으로는 알 수 없다.
④ 기획 역량이 있는 사원이 소통 역량을 가지고 있는지의 여부는 주어진 명제만으로는 알 수 없다.
⑤ 영업 역량이 없으면 소통 역량이 없는지의 여부는 주어진 명제만으로는 알 수 없다.

09 정답 ⑤

참인 명제는 그 대우 명제도 참이므로 두 번째 명제의 대우 명제인 '배를 좋아 하지 않으면 귤을 좋아하지 않는다.' 역시 참이다. 이를 첫 번째, 세 번째 명제와 연결하면 '사과를 좋아함 → 배를 좋아하지 않음 → 귤을 좋아하지 않음 → 오이를 좋아함'이 성립한다. 따라서 '사과를 좋아하면 오이를 좋아한다.'는 참이다.

10 정답 ④

'치킨을 판매하는 푸드트럭이 선정된다.'를 a, '핫도그를 판매하는 푸드트럭이 선정된다.'를 b, '커피를 판매하는 푸드트럭이 선정된다.'를 c, '피자를 판매하는 푸드트럭이 선정된다.'를 d, '솜사탕을 판매하는 푸드트럭이 선정된다.'를 e, '떡볶이를 판매하는 푸드트럭이 선정된다.'를 f라고 할 때, 주어진 명제를 정리하면 다음과 같다.
• $a \rightarrow \sim b$
• $\sim c \rightarrow d$
• $e \rightarrow a$
• $d \rightarrow \sim f$ or $f \rightarrow \sim d$
• $\sim e \rightarrow f$

핫도그를 판매하는 푸드트럭이 최종 선정되었으므로 b → ~a → ~e → f → ~d → c가 성립한다.
따라서 사업에 선정되는 푸드트럭은 핫도그, 커피, 떡볶이를 판매한다.

11 정답 ⑤

주어진 조건에 따라 앞서 달리고 있는 순서대로 나열하면 'A − D − C − E − B'가 된다. 따라서 이 순위대로 결승점까지 달린다면
C는 3등을 할 것이다.

12 정답 ②

제시된 명제만으로는 진실 여부를 판별할 수 없다.

오답분석
① 첫 번째와 두 번째 명제에 의해 참이다.
③ 두 번째 명제로부터 참이라는 것을 알 수 있다.
④ 두 번째와 세 번째 명제를 통해 참이라는 것을 알 수 있다.
⑤ 모든 사람이 자신을 비방하지 않는 사람에게 호의적이라고 했을 때, 세 번째 명제에 의해 참이다.

13 정답 ③

• A : 수요일에는 혜진, 수연, 태현이가 휴가 중이고, 목요일에는 수연, 지연, 태현이가 휴가 중이므로 수요일과 목요일에 휴가
　　　중인 사람의 수는 같다.
• B : 태현이는 금요일까지 휴가이다.
따라서 A, B 모두 옳다.

14 정답 ③

각각의 조건을 수식으로 비교해 보면 다음과 같다.
$C>D$, $F>E$, $H>G>C$, $G>D>F$
∴ $H>G>C>D>F>E$
따라서 A, B 모두 옳다.

15 정답 ③

A와 D의 진술이 모순되므로, A의 진술이 참인 경우와 거짓인 경우를 구한다.
ⅰ) A의 진술이 참인 경우
　　A의 진술에 따라 D가 부정행위를 하였으며, 거짓을 말하고 있다. B는 A의 진술이 참이므로 B의 진술도 참이며, B의 진술이
　　참이므로 C의 진술은 거짓이 되고, E의 진술은 참이 된다. 따라서 부정행위를 한 사람은 C, D이다.
ⅱ) A의 진술이 거짓인 경우
　　A의 진술에 따라 D는 참을 말하고 있고, B는 A의 진술이 거짓이므로 B의 진술도 거짓이 된다. B의 진술이 거짓이므로 C의
　　진술은 참이 되고, E의 진술은 거짓이 된다. 그러면 거짓을 말한 사람은 A, B, E이지만 조건에서 부정행위를 한 사람은 두
　　명이므로 모순이 되어 옳지 않다.

16 정답 ④

만약 A가 진실이라면 동일하게 A가 사원이라고 말한 C도 진실이 되어 진실을 말한 사람이 2명이 되므로, A와 C는 모두 거짓이다. 또한, E가 진실이라면 B가 사원이므로 A의 'D는 사원보다 직급이 높아.'도 진실이 되어 역시 진실을 말한 사람이 2명이 되기 때문에 E도 거짓이다. 따라서 B와 D 중 한 명이 진실이다.

만약 B가 진실이라면 E는 차장이고, B는 차장보다 낮은 3개 직급 중 하나인데, C가 거짓이므로 A가 과장이고, E가 거짓이기 때문에 B는 사원이 아니므로 B는 대리가 되고, A가 거짓이므로 D는 사원이다. 그러면 남은 부장 자리가 C여야 하는데, E가 거짓이므로 C는 부장이 될 수 없어 모순이 된다. 따라서 B는 거짓이고, D가 진실이 된다.

D가 진실인 경우 E는 부장이고, A는 과장이며, A는 거짓이므로 D는 사원이다. 또한 B가 거짓이므로 B는 차장보다 낮은 직급이 아니므로 차장, C는 대리가 된다. 따라서 진실을 말한 사람은 D이다.

17 정답 ③

ⅰ) A와 B의 말이 진실일 경우
A는 자신이 범인이 아니라고 했지만, B는 A가 범인이라고 하였으므로 성립되지 않는다.

ⅱ) A와 C의 말이 진실일 경우
A는 거짓말을 한 사람과 범인이 아니며, C의 진술에 따르면 거짓말을 한 사람과 범인은 B가 된다.

ⅲ) B와 C의 말이 진실일 경우
C의 진술에서 B가 거짓말을 하고 있다고 했으므로 둘의 진술은 동시에 진실이 될 수 없다.

따라서 거짓말을 한 사람과 물건을 훔친 범인은 모두 B이다.

18 정답 ⑤

대화 내용을 살펴보면 영석이의 말에 선영이가 동의했으므로 영석과 선영은 진실 혹은 거짓을 함께 말한다. 이때 지훈은 선영이가 거짓말만 한다고 하였으므로 반대가 된다. 그리고 동현의 말에 정은이가 부정했기 때문에 둘 다 진실일 수 없다. 하지만 정은이가 둘 다 좋아한다는 경우의 수가 있으므로 둘 모두 거짓일 수 있다. 또한 마지막 선영이의 말로 선영이가 진실일 경우에는 동현과 정은은 모두 거짓만을 말하게 된다. 이를 미루어 경우의 수를 표로 나타내 보면 다음과 같다.

구분	경우 1	경우 2	경우 3
동현	거짓	거짓	진실
정은	거짓	진실	거짓
선영	진실	거짓	거짓
지훈	거짓	진실	진실
영석	진실	거짓	거짓

문제에서는 지훈이 거짓을 말할 때, 진실만을 말하는 사람을 찾고 있으므로 선영, 영석이 된다.

19 정답 ②

먼저 A사원의 말이 거짓이라면 A사원과 D사원 두 명이 3층에서 근무하게 되고, 반대로 D사원의 말이 거짓이라면 3층에는 아무도 근무하지 않게 되므로 조건에 어긋난다. 결국 A사원과 D사원은 진실을 말하고 있음을 알 수 있다. 또한 C사원의 말이 거짓이라면 아무도 홍보팀에 속하지 않으므로 C사원도 진실을 말하고 있음을 알 수 있다. 따라서 거짓말을 하고 있는 사람은 B사원이며, 이때 B사원은 총무팀 소속으로 6층에서 근무하고 있다.

20 정답 ⑤

A ~ E의 진술에 따르면 B와 D의 진술은 반드시 동시에 참이나 거짓이 되어야 하며, A와 B의 진술 역시 동시에 참이나 거짓이 되어야 한다. 이때 B의 진술이 거짓일 경우, A와 D의 진술 모두 거짓이 되므로 2명이 거짓을 말한다는 조건에 어긋난다.

따라서 진실을 말하고 있는 심리상담사는 A, B, D이며, 거짓을 말하고 있는 심리상담사는 C와 E가 된다. 이때, 진실을 말하고 있는 B와 D의 진술에 따라 근무시간에 자리를 비운 사람은 C가 된다.

21 정답 ②

먼저 B의 진술이 거짓일 경우 A와 C는 모두 프로젝트에 참여하지 않으며, C의 진술이 거짓일 경우 B와 C는 모두 프로젝트에 참여한다. 따라서 B와 C의 진술은 동시에 거짓이 될 수 없으므로 둘 중 한 명의 진술은 반드시 참이 된다.
 ⅰ) B의 진술이 참인 경우
   A는 프로젝트에 참여하지 않으며, B와 C는 모두 프로젝트에 참여한다. B와 C 모두 프로젝트에 참여하므로 D는 프로젝트에 참여하지 않는다.
 ⅱ) C의 진술이 참인 경우
   A의 진술은 거짓이므로 A는 프로젝트에 참여하지 않으며, B는 프로젝트에 참여한다. C는 프로젝트에 참여하지 않으나, B가 프로젝트에 참여하므로 D는 프로젝트에 참여하지 않는다.
따라서 반드시 프로젝트에 참여하는 사람은 B이다.

22 정답 ②

재은이가 요일별로 달린 거리를 정리하면 다음과 같다.

월	화	수	목
$200-50=150$m	200m	$200-30=170$m	$170+10=180$m

따라서 재은이가 목요일에 화요일보다 20m 적게 달린 것을 알 수 있다.

23 정답 ④

• 이번 주 – 워크숍 : 지훈
• 다음 주 – 체육대회 : 지훈, 영훈 / 창립기념일 행사 : 영훈
따라서 다음 주 체육대회에 지훈이와 영훈이가 참가하는 것을 알 수 있으며, 제시된 사실만으로는 다음 주 진행되는 체육대회와 창립기념일 행사의 순서를 알 수 없다.

24 정답 ④

네 번째와 다섯 번째 결과를 통해 실용성 영역과 효율성 영역에서는 모든 제품이 같은 등급을 받지 않았음을 알 수 있으므로 두 번째 결과에 나타난 영역은 내구성 영역이다.

구분	A	B	C	D	E
내구성	3	3	3	3	3
효율성			2	2	
실용성		3			

내구성과 효율성 영역에서 서로 다른 등급을 받은 C, D제품과 내구성 영역에서만 3등급을 받은 A제품, 1개의 영역에서만 2등급을 받은 E제품은 첫 번째 결과에 나타난 제품에 해당하지 않으므로 결국 모든 영역에서 3등급을 받은 제품은 B제품임을 알 수 있다. 다섯 번째 결과에 따르면 효율성 영역에서 2등급을 받은 제품은 C, D제품뿐이므로 E제품은 실용성 영역에서 2등급을 받았음을 알 수 있다. 또한 A제품은 효율성 영역에서 2등급과 3등급을 받을 수 없으므로 1등급을 받았음을 알 수 있다.

구분	A	B	C	D	E
내구성	3	3	3	3	3
효율성	1	3	2	2	
실용성		3			2

이때, A와 C제품이 받은 등급의 총합은 서로 같으므로 결국 A와 C제품은 실용성 영역에서 각각 2등급과 1등급을 받았음을 알수 있다.

구분	A	B	C	D	E
내구성	3	3	3	3	3
효율성	1	3	2	2	1 또는 3
실용성	2	3	1	1 또는 2	2
총합	6	9	6	6 또는 7	6 또는 8

D제품은 실용성 영역에서 1등급 또는 2등급을 받을 수 있으므로 반드시 참이 되지 않는 것은 ④이다.

25　정답 ③

B의 발언이 참이라면 C가 범인이고 F도 참이 된다. F는 C 또는 E가 범인이라고 했으므로 C가 범인이라면 E는 범인이 아니고,
E의 발언 역시 참이 되어야 한다. 하지만 E의 발언이 참이라면 F가 범인이어야 하므로 모순이다.
따라서 B의 발언이 거짓이며, C 또는 E가 범인이라고 말한 F 역시 범인임을 알 수 있다.

26　정답 ③

조건을 정리하면 다음과 같다.
• 첫 번째 조건 : 삼선짬뽕
• 마지막 조건의 대우 : 삼선짬뽕 → 팔보채
• 다섯 번째 조건의 대우 : 팔보채 → 양장피
세 번째, 네 번째 조건의 경우 자장면에 대한 단서가 없으므로 전건 및 후건의 참과 거짓을 판단할 수 없다. 그러므로 탕수육과
만두도 주문 여부를 알 수 없다. 따라서 반드시 주문할 메뉴는 삼선짬뽕, 팔보채, 양장피이다.

27　정답 ②

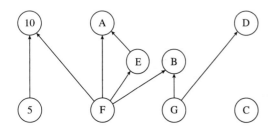

A, B, C를 제외한 빈칸에 적힌 수를 각각 D, E, F, G라고 하자.
F는 10의 약수이고 원 안에는 2에서 10까지의 자연수가 적혀있으므로 F는 2이다.
10을 제외한 2의 배수는 4, 6, 8이고, A는 E와 F의 공배수이다. 즉, A는 8, E는 4이고, B는 6이다.
6의 약수는 1, 2, 3, 6이므로 G는 3이고 D는 3의 배수이므로 9이며, 남은 7은 C이다.
따라서 A, B, C에 해당하는 수의 합은 8+6+7=21이다.

28 정답 ⑤

원형 테이블은 회전시켜도 좌석 배치가 동일하다. 이를 고려하여 좌석에 인원수만큼의 번호 1 ~ 6번을 임의로 붙인 다음, A가 1번 좌석에 앉았다고 가정하여 배치하면 다음과 같다.

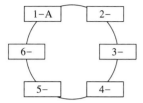

- 두 번째 조건 : E는 A와 마주보는 4번 자리에 앉게 된다.
- 세 번째 조건 : C는 E 기준으로 왼쪽인 5번 자리에 앉는다.
- 첫 번째 조건 : B는 C와 이웃한 자리 중 비어있는 6번 자리에 앉는다.
- 마지막 조건 : F는 A와 이웃한 2번이 아닌, 나머지 자리인 3번 자리에 앉는다.

그러므로 D는 남은 좌석인 2번 자리에 앉게 된다.
위의 내용을 정리하면 다음과 같다.

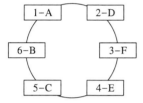

따라서 F와 이웃하여 앉는 사람은 D와 E이다.

29 정답 ②

조건에 따라 A ~ D의 사무실 위치를 정리하면 다음과 같다.

구분	2층	3층	4층	5층
경우 1	부장	B과장	대리	A부장
경우 2	B과장	대리	부장	A부장
경우 3	B과장	부장	대리	A부장

따라서 B가 과장이므로 대리가 아닌 A는 부장이다.

오답분석

① A부장 외의 또 다른 부장은 2층, 3층 또는 4층에 근무한다.
③ 대리는 3층 또는 4층에 근무한다.
④ B는 2층 또는 3층에 근무한다.
⑤ C의 직위는 알 수 없다.

30 정답 ④

주어진 조건에 따라 매대를 추론해보면 다음과 같다.

4층	사과
3층	배
2층	귤
1층	감

따라서 귤은 2층, 배는 3층, 감은 1층이므로, 귤이 배와 감 사이에 위치하는 추론이 적절하다.

31 정답 ④

- ☆ : 각 자릿수 +4, +3, +2, +1
- ♡ : 1234 → 4321
- □ : 1234 → 4231
- △ : 각 자릿수 +1, −1, +1, −1

US24 → 4S2U → 8V4V
        □   ☆

32 정답 ②

KB52 → OE73 → 37EO
     ☆   ♡

33 정답 ①

1839 → 2748 → 8472 → 9381
    △   ♡   △

34 정답 ⑤

J7H8 → 87HJ → 96II
    □   △

35 정답 ④

- ☆ : 각 자릿수 +4, +3, +2, +1
- ♡ : 1234 → 4321
- □ : 1234 → 4231
- △ : 각 자릿수 +1, −1, +1, −1

24US → S4U2 → W7W3
       □   ☆

36 정답 ②

52BK   →   95DL   →   LD59
       ☆   ♡

37 정답 ①

1983 → 2892 → 2982 → 3891
     △   ♡   △

38 정답 ⑤

7J8H → HJ87 → II96
       □   △

39 정답 ③

- ♡ : 1234 → 3412
- △ : 1234 → 4321
- □ : 각 자릿수 +1, −1, +1, −1

ㄱㅌWN → ㄴㅋXM → XMㄴㅋ
        □   ♡

40 정답 ③

ㅎBㄱG → ㄱAㄴF → FㄴAㄱ
       □   △

아이들이 답이 있는 질문을 하기 시작하면 그들이 성장하고 있음을 알 수 있다.

- 존 J. 플롬프 -

2025 최신판 시대에듀 기출이 답이다 롯데그룹 온라인 L-TAB 10개년 기출 + 무료롯데특강

개정14판1쇄 발행	2025년 02월 20일 (인쇄 2024년 11월 20일)
초 판 발 행	2017년 10월 10일 (인쇄 2017년 09월 07일)
발 행 인	박영일
책 임 편 집	이해욱
편 저	SDC(Sidae Data Center)
편 집 진 행	안희선 · 정수현
표지디자인	하연주
편집디자인	김기화 · 장성복
발 행 처	(주)시대고시기획
출 판 등 록	제10-1521호
주 소	서울시 마포구 큰우물로 75 [도화동 538 성지 B/D] 9F
전 화	1600-3600
팩 스	02-701-8823
홈 페 이 지	www.sdedu.co.kr
I S B N	979-11-383-8307-3 (13320)
정 가	23,000원

기출이 답이다

L-TAB

롯데그룹 온라인 직무적합진단

10개년 기출복원문제 + 기출유형 완전 분석 + 무료롯데특강